基金支持：国家社科基金重大项目“丝绸之路经济带沿线国家文化产业合作共赢模式及路径研究”（项目编号17ZD043）

中国对外文化贸易年度报告

（2020）

THE ANNUAL REPORT ON INTERNATIONAL CULTURAL TRADE OF CHINA

向 勇◎主编

中国经济出版社
CHINA ECONOMIC PUBLISHING HOUSE
·北京·

图书在版编目（CIP）数据

中国对外文化贸易年度报告.2020／向勇主编.--北京：中国经济出版社，2021.5

ISBN 978-7-5136-6403-5

Ⅰ.①中… Ⅱ.①向… Ⅲ.①文化产业-对外贸易-研究报告-中国-2020 Ⅳ.①G124

中国版本图书馆CIP数据核字（2020）第246851号

责任编辑 闫明明

责任印制 巢新强

出版发行 中国经济出版社

印 刷 者 北京艾普海德印刷有限公司

经 销 者 各地新华书店

开　　本 787mm×1092mm 1/16

印　　张 19.5

字　　数 373千字

版　　次 2021年5月第1版

印　　次 2021年5月第1次

定　　价 128.00元

广告经营许可证 京西工商广字第8179号

中国经济出版社 **网址** www.economyph.com **社址** 北京市东城区安定门外大街58号 **邮编** 100011

本版图书如存在印装质量问题，请与本社销售中心联系调换（联系电话：010-57512564）

编委会

目　录

总报告

专题报告

中国文化产品出口与对外文化贸易的结构优化 …… 17
中国对外文化贸易的“一带一路”发展策略 …… 28
数字经济时代下文化贸易的国际新格局和中国策略 …… 37
中国对外文化贸易平台发展及创新机制研究 …… 48

行业报告

旅游业对外文化贸易发展研究 …… 61
演艺业对外文化贸易发展研究 …… 75
动漫业对外文化贸易发展研究 …… 86
游戏业对外文化贸易发展研究 …… 96
艺术品业对外贸易发展研究 …… 114
创意设计业对外文化贸易发展研究 …… 124
工艺美术业对外文化贸易发展研究 …… 136
文化装备制造业对外文化贸易发展研究 …… 150
出版业对外文化贸易发展研究 …… 161
影视业对外文化贸易发展研究 …… 178

区域报告

京津冀地区对外文化贸易发展研究 …… 193
长三角地区对外文化贸易发展研究 …… 202
粤港澳大湾区对外文化贸易发展研究 …… 215

国际报告

中日韩文化贸易发展现状和趋势 …… 231
中国和南非的文化贸易发展现状和趋势 …… 242
中国与越南的文化贸易发展状况和趋势 …… 250
中国与中东欧国家的文化贸易现状和趋势 …… 263
捷克文化旅游业发展路径及其对我国的启示 …… 274

附　录

附录 1　中国对外文化贸易政策梳理（2017—2019 年） …… 283
附录 2　中国对外文化贸易文献整理（2017—2019 年） …… 287
附录 3　中国对外文化贸易大事记（2017—2019 年） …… 303

总报告[①]

① 本文作者：向勇，北京大学艺术学院教授、北京大学文化产业研究院副院长、北京大学信息技术高等研究院数字经济研究中心 PI；范颖，社会科学文献出版社博士后科研工作站博士后。

2017—2019 年，我国对外文化贸易取得了长足的进步，贸易结构趋于优化，贸易范围不断扩大，越来越多的项目获得国际市场的认可，实现了经济效益和文化效益的双丰收。文化贸易的发展为推动我国外贸高质量发展、加强国家软实力建设提供了有力支撑。

一、中国对外文化贸易的政策环境

2017 年 5 月，中共中央办公厅、国务院办公厅印发了《国家“十三五”时期文化发展改革规划纲要》（以下简称《纲要》），为我国“十三五”时期文化产业的发展提出了总体性的指导意见。《纲要》在序言部分就对文化交流和文化贸易提出了总体要求——提高文化开放水平，广泛参与世界文明对话，增强国际话语权，展示中华文化独特魅力，增强国家文化软实力。之后，《纲要》在“提高文化开放水平”部分的内容中提出“发展对外文化贸易和投资”，具体措施包括：第一，培育对外文化贸易主体，鼓励和引导各种所有制文化企业参与文化产品和服务出口，加大内容创新力度，打造外向型骨干文化企业；第二，稳定传统优势文化产品出口，利用跨境电子商务、市场采购贸易等新兴贸易方式，提高数字文化产品的国际市场竞争力，推动文化装备制造技术标准“走出去”；第三，支持中华医药、中华烹饪、中国园林、中国武术等“走出去”；第四，大力发展文化服务外包；第五，鼓励各类企业在境外开展文化投资合作，建设国际营销网络，扩大境外优质文化资产规模；第六，支持文化企业参加重要国际性文化节展。

除了为文化贸易定下发展方向的《纲要》，2017—2019 年我国还出台了一系列与文化产业和文化贸易相关的政策，主要包括以下两个方面。

（一）推动文化产业发展，鼓励和支持对外文化贸易

2017 年 3 月 1 日，《中华人民共和国电影产业促进法》[①] 作为我国文化产业领域的第一部法律正式实施。《中华人民共和国电影产业促进法》中明确提出“国家鼓励开展平等、互利的电影国际合作与交流，支持参加境外电影节（展）”“国家鼓励法人、其他组织通过到境外合作摄制电影等方式进行跨境投资，依法保障其对外贸

① 《（受权发布）中华人民共和国电影产业促进法》，新华网，http://www.xinhuanet.com/politics/2016－11/07/c_1119867357.htm，访问日期：2020 年 5 月 17 日。

易、跨境融资和投资等合理用汇需求”。

2017年4月，原文化部发布了《关于推动数字文化产业创新发展的指导意见》[①]（以下简称《指导意见》），目标是到2020年，使国内形成导向正确、技术先进、消费活跃、效益良好的数字文化产业发展格局，数字文化产业处于国际领先地位。在对外文化贸易方面，《指导意见》将“参与数字文化产业国际分工与合作”列为建设数字文化产业创新生态体系的重要手段，举措包括：充分利用国内国外两个市场、两种资源，鼓励企业参与国际分工与合作，培育具有国际竞争力的数字文化企业和产品，为全球数字文化产业发展提供中国模式；鼓励优势企业到境外设立研发机构，通过境外投资并购、联合经营、设立分支机构等方式不断开拓海外市场；鼓励数字文化企业积极参与国际交易、会展，深化人才、创意、技术、管理方面的国际交流与合作；推动产业链全球布局，针对重点国别地区确定不同的推进方式和实施路径，实现产业链资源优化整合。积极面向“一带一路”沿线国家开展国际合作。

2017年9月4日，原国家新闻出版广电总局、发展改革委员会、财政部、商务部、人力资源和社会保障部等五部委联合下发了《关于支持电视剧繁荣发展若干政策的通知》[②]，提出“支持优秀电视剧走出去”，包括：积极开展影视领域国际交流与合作，加强电视剧国际合作合拍，打造“电视中国剧场”品牌，促进优秀电视剧和相关影视机构“走出去”，提升中国电视剧的竞争力和影响力；完善电视剧出口激励机制，加大对电视剧出口扶持奖励力度；对符合条件的国产电视剧版权购买、译制、国际版本制作等环节给予支持；每年有计划地组织制作机构参加有国际影响力的国际影视节，设立展台并举办节目推介活动。针对电视剧出口可能面临的风险，还提出“加强公共信息服务，为电视剧走出去提供重点国别投资与贸易信息，为影视机构了解海外市场提供帮助。支持有条件的各类实施主体通过并购、合资、合作等方式开办中国影视节目播出频道、时段，在境外兴办实体，建立海外制作和传播平台。”

（二）鼓励产业融合创新，推动对外文化贸易高质量发展

2017年3月，国务院办公厅转发了原文化部、工业和信息化部、财政部《中国传统工艺振兴计划》。自该计划发布以来，工艺美术业开始从传统单纯的手工艺制作逐渐转向“工艺+文创”“工艺+特色旅游”“工艺+互联网”的发展模式，实现了工艺美术与文化衍生品、特色街道景区、服装服饰、网络动漫等领域的跨界合作，并积极开展国际交流与合作。

---

① 《文化部关于推动数字文化产业创新发展的指导意见》，中华人民共和国中央人民政府官网，http://www.gov.cn/gongbao/content/2017/content_5230291.htm，访问日期：2020年5月17日。

② 《〈关于支持电视剧繁荣发展若干政策的通知〉全文发布》，新华网，http://www.xinhuanet.com/politics/2017-09/04/c_1121597445.htm，访问日期：2020年5月17日。

2017 年 4 月 26 日，原文化部发布《“十三五”时期文化科技创新规划》，指出各级文化创新部门应当深入文化建设主战场和科技发展大舞台，有效利用新技术、新工艺、新材料和新设备，实现内容为王、技术制胜，发扬工匠精神，创作具有思想深度、艺术精湛、制作精良的文化产品。同时提出要“促进国际合作”，包括：开展多层次、多方位的文化科技国际交流；引导国内企业和国际优势企业加强文化领域关键技术、产品的研发合作；支持国内企业开拓国际市场，形成若干具有国际竞争力的文化科技企业和产品。

2018 年 3 月，国务院办公厅印发的《关于促进全域旅游发展的指导意见》指出“要不断提升旅游业现代化、集约化、品质化、国际化水平”“深入挖掘历史文化、地域特色文化、民族民俗文化、传统农耕文化等，实施中国传统工艺振兴计划，提升传统工艺产品品质和旅游产品文化含量”。以文促旅、以旅彰文，推动旅游与动漫、演艺、非遗、休闲、体育等各个产业融合发展，将全域旅游发展作为推动经济社会发展的重要抓手，也为“在地”文化贸易打下基础。

2019 年 8 月，科技部、中央宣传部、中央网信办、财政部、文化和旅游部、广播电视总局共同印发了《关于促进文化和科技深度融合的指导意见》，旨在促进文化和科技深度融合，全面提升文化科技创新能力，转变文化发展方式，推动文化事业和文化产业更好更快发展，更好地满足人民精神文化生活新期待，增强人民群众的获得感和幸福感，让文化和科技融合成为文化高质量发展的重要引擎。

二、中国对外文化贸易发展情况

（一）文化产品出口的整体情况[①]

2018 年，根据商务部的统计，我国文化贸易进出口总额达 1370.1 亿美元，比上年增长 8.3%，实现快速增长。[②]

文化产品贸易方面，2018 年我国文化产品进出口额达 1023.8 亿美元，同比增长 5.4%。其中，出口额达 925.3 亿美元，增长 4.9%；进口额达 98.5 亿美元，增长 10.3%；顺差额达 826.8 亿美元，规模比上一年扩大 4.3%。[③]

而文化服务贸易方面增长速度更快。2018 年，我国文化服务进出口总额为 346.3 亿美元，增长 17.8%，占文化产品和服务进出口总额的比重为 25.3%，比上

① 《2018 年成绩单亮眼 我国文化贸易结构持续优化》，中华人民共和国商务部官网，http://coi.mofcom.gov.cn/article/y/gnxw/201903/20190302846260.shtml，访问日期：2020 年 5 月 15 日。

② 《2018 年成绩单亮眼 我国文化贸易结构持续优化》，中华人民共和国商务部官网，http://coi.mofcom.gov.cn/article/y/gnxw/201903/20190302846260.shtml，访问日期：2020 年 5 月 15 日。

③ 《2018 年成绩单亮眼 我国文化贸易结构持续优化》，中华人民共和国商务部官网，http://coi.mofcom.gov.cn/article/y/gnxw/201903/20190302846260.shtml，访问日期：2020 年 5 月 15 日。

一年提升2.1个百分点。这是我国文化贸易高质量发展的重要体现。2018年，我国文化服务出口额为72.9亿美元，增长18.2%，增幅比上一年提升22.1个百分点。文化服务进口增势保持良好，文化服务进口额为273.4亿美元，增长17.7%，增幅比上一年下降2.8个百分点。①

2018年，我国对外文化贸易呈现如下特点。

第一，工艺美术品、玩具、游艺器材及娱乐用品、文化专用设备等依托制造业的商品占文化产品出口的主力地位，我国文化产品的出口趋势与货物出口趋势相同。

2018年，我国出口的文化产品中，工艺美术品、玩具、游艺器材及娱乐用品、文化专用设备四类商品的出口额分别是300.2亿美元、250.8亿美元、199.3亿美元和121.2亿美元，加总后占当年我国文化产品出口总额的90%以上（表1-1-1），处于巨大的顺差状态；而图书、报纸、期刊，音像制品及电子出版物，收藏品等文化产业核心层商品的出口则相对微小得多，部分类别商品出口出现逆差。因此，我国文化产品的出口趋势与我国货物贸易发展的趋势密切相关（图1-1-1和图1-1-2），世界经济形势、汇率变动等因素对文化产品的出口也影响很大。

表1-1-1　2018年文化产品的进出口情况（按商品类别分类）　单位：亿美元

项目		进出口总额	出口额	进口额	贸易差额
出版物	总计	50.2	35.6	14.6	21
	图书、报纸、期刊	26.3	17.9	8.4	9.5
	音像制品及电子出版物	3.8	0.5	3.3	-2.8
	其他出版物	20.1	17.2	2.9	14.3
工艺美术品及收藏品	总计	318.8	300.4	18.4	282
	工艺美术品	317.9	300.2	17.7	282.5
	收藏品	0.9	0.2	0.7	-0.5
文化用品	总计	487.5	468.1	19.4	448.7
	文具	1.7	1.7		1.7
	乐器	21.2	16.3	4.9	11.4
	玩具	257.3	250.8	6.5	244.3
	游艺器材及娱乐用品	207.3	199.3	8	191.3
文化专用设备	总计	167.3	121.2	46.1	75.1
	印刷专用设备	30.7	16.7	14	2.7
	广播电视电影专用设备	136.6	104.5	32.1	72.4

① 《2018年成绩单亮眼 我国文化贸易结构持续优化》，中华人民共和国商务部官网，http://coi.mofcom.gov.cn/article/y/gnxw/201903/20190302846260.shtml，访问日期：2020年5月15日。

续表

项目	进出口总额	出口额	进口额	贸易差额
合计	1023.8	925.3	98.5	826.8

资料来源：国家统计局社会科技和文化产业统计司，中宣部文化体制改革和发展办公室．中国文化及相关产业统计年鉴2019［M］．北京：中国统计出版社，2019：42.

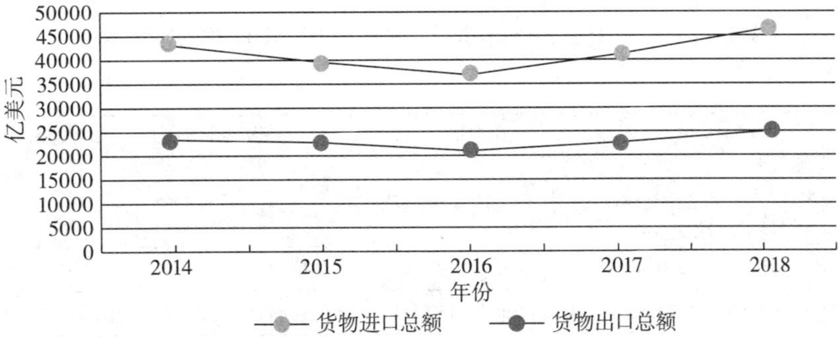

图 1－1－1　2014—2018 年我国货物进出口趋势图

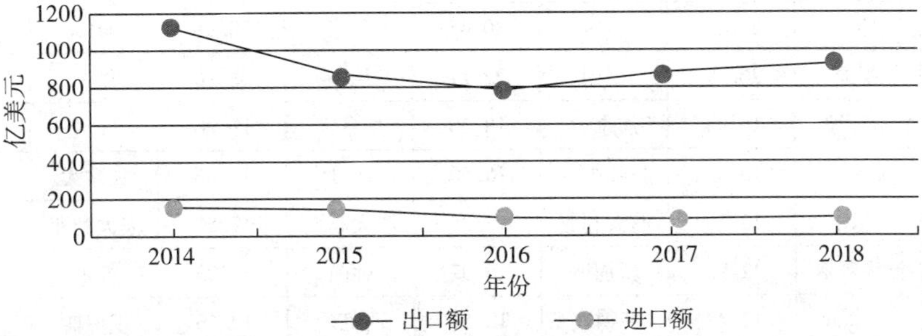

图 1－1－2　2014—2018 年我国文化产品进出口趋势图

第二，民营企业是文化产品出口的主力军。

2018 年，民营企业（集体、私营及其他企业）文化产品出口额为 523.1 亿美元，占文化产品出口总额的 56.5%（表 1－1－2），继续保持第一大出口主体地位。

表 1－1－2　2018 年文化产品按企业性质分类的进出口情况　　单位：亿美元

项目	进出口总额	出口额	进口额
国有企业	59.5	37.9	21.6
外资企业	418.9	364.3	54.6
集体、私营及其他企业	545.4	523.1	22.3
贸易总额	1023.8	925.3	98.5

资料来源：国家统计局社会科技和文化产业统计司，中宣部文化体制改革和发展办公室．中国文化及相关产业统计年鉴2019［M］．北京：中国统计出版社，2019.

第三，出口市场相对固定，美国和中国香港依然是中国文化产品的重要出口市场。

从2015—2018年中国文化产品出口市场的前15位排名可以看出，美国和中国香港是中国文化产品的重要出口市场，这两个市场占前15位出口市场总出口额的58%以上（表1-1-3）。整体来看，中国文化产品的出口市场相对稳定，出口产品主要分布在北美洲、欧洲、东南亚、东北亚和澳大利亚，南美洲只有巴西偶尔上榜，非洲则无缘榜单。

表1-1-3 2015—2018年中国文化产品出口前15位的市场排名

单位：亿美元

位次	2015年		2016年		2017年		2018年	
	国家或地区	累计金额	国家或地区	累计金额	国家或地区	累计金额	国家或地区	累计金额
1	美国	240.47	美国	227.76	美国	273.35	美国	282.68
2	中国香港	224.93	中国香港	157.97	中国香港	122.97	中国香港	144.09
3	英国	36.37	荷兰	41.95	荷兰	48.18	荷兰	44.63
4	荷兰	35.03	英国	35.03	英国	40.59	英国	40.13
5	日本	29.16	日本	30.47	日本	38.98	日本	39.54
6	德国	26.29	德国	22.17	德国	28.16	德国	28.65
7	新加坡	16.94	加拿大	18.30	加拿大	19.90	印度	23.85
8	加拿大	15.03	韩国	15.50	印度	17.66	加拿大	21.34
9	韩国	13.52	澳大利亚	15.08	澳大利亚	17.50	澳大利亚	18.62
10	澳大利亚	12.92	新加坡	15.07	韩国	14.23	韩国	14.09
11	菲律宾	12.22	菲律宾	12.57	西班牙	12.66	俄罗斯	13.07
12	印度	11.65	印度	12.19	新加坡	12.36	意大利	12.51
13	法国	10.70	阿联酋	12.05	阿联酋	12.25	法国	12.32
14	意大利	10.49	意大利	10.02	俄罗斯	11.88	西班牙	12.08
15	马来西亚	9.76	法国	9.47	意大利	11.78	墨西哥	11.77

资料来源：国家统计局社会科技和文化产业统计司，中宣部文化体制改革和发展办公室．中国文化及相关产业统计年鉴2019［M］．北京：中国统计出版社，2019.

（二）各细分行业的出口概况和发展特点

《中国文化及相关产业统计年鉴2019》内容主要以海关的货物贸易统计数据为依据。为能全面反映演艺、出版、影视、动漫、游戏等细分行业的贸易状况，本报告对行业主管部门、行业协会以及专业咨询机构发布的统计数据进行了综合分析，盘点了2017—2019年各行业对外贸易的发展状况和特点。

1. 文化旅游业：文旅融合形成新优势，国际差距逐渐缩小

据文化和旅游部统计数据，2019年我国入境旅游达1.45亿人次，其中外国人达3188万人次，观光旅游的游客占比为35%。国际旅游收入达到1313亿美元，其

中外国人在我国消费771亿美元。

“十三五”以来，我国旅游业格局日趋完善，产业规模快速增长，已经成为国民经济的战略性支柱产业。文旅融合为文化产业和旅游业注入了创意和活力。文化旅游的对外贸易，更是进行文化交流和展示国家文化自信的重要途径。我国的文化旅游贸易在国家多项战略和政策的支持下正持续健康发展，与传统的旅游发达国家相比差距明显缩小。

2. 演艺业：以多元演艺形式开拓国际市场，商演占比略有提升

2018年文艺表演团体赴海外演出收入为31.86亿元，较2017年增长6.66%；其中商业演出2000场，收入12.97亿元，比上一年增长4.76%。[①]

音乐、舞蹈、儿童剧、杂技、旅游演艺等多种形式演艺实现了出口，演艺直播等形式的网络表演也找到了国际市场的突破口。伴随着“一带一路”建设的稳步推进，演艺团体依托“欢乐春节”“中国文化周”等品牌活动继续开展国际交流，大批优秀的演艺产品和服务在国际舞台上亮相并收获好评。国有和民营院团积极开拓国际市场，商业演出占比略有上升。

3. 动漫业：利用多平台进军海外，优秀作品获得国际主流平台认可

据不完全统计，2018年至今，已有至少23部国产动画作品实现出海或发布海外上映计划。2012年至2019年10月，国产动画电影票房靠前的87部影片中，有海外发行经历的约占40%。[②]

《熊出没》《哪吒之魔童降世》《白蛇：缘起》进入美国、俄罗斯、澳大利亚等欧美主流市场。2018年，国外视频平台Netflix购买了《妈妈咪鸭》《肆式青春》《大鱼海棠》《未来机器城》等四部动画电影的海外平台播放权。其中，《大鱼海棠》在海外受到了大量好评，目前在烂番茄网站上的新鲜度高达91%，平均得分7.2分。[③]

国产动画正逐步获得海外市场更大的认可。而随着Netflix、Disney+、Prime Video、Apple TV+等流媒体平台的全球市场扩张，它们对海外内容的需求也会越来越大，为国产动画带来了机遇。

4. 游戏业：自主研发游戏，海外市场收入继续攀升，但增速放缓

2017—2019年，中国自主研发游戏的海外收入依然呈稳健上涨趋势，从82.8亿美元上升到115.9亿美元，但增长率逐步放缓。有7家中国游戏公司的年收入位

---

① 《2017中国演出市场年度报告》《2018中国演出市场年度报告》，中国演出行业协会官方网站，http://www.capa.com.cn/news/newslist? max=20&offset=120&type=1，访问日期：2020年3月18日。

② 郑蕊：《国产动画出海记》，人民网，http://capital.people.cn/n1/2019/1029/c405954-31425184.html，访问日期：2020年2月15日。

③ 烂番茄网，https://www.rottentomatoes.com/m/big_fish_and_begonia，访问日期：2020年2月15日。

列2018年全球游戏公司年收入排名前35位，包括腾讯、网易、三七互娱、完美世界等国内游戏大厂。

在2019年谷歌推出的中国企业出海品牌50强年度榜单中，游戏企业数量由2018年的8家增长到10家。其中，智明星通、趣加游戏、Tap4fun、龙创悦动、掌趣科技、腾讯6家企业连续两年上榜。

5. 艺术品：出口额实现回升，全球化发展下机遇与挑战并存

国家统计局的数据显示，2014年我国艺术品的出口额为5.97亿美元，之后逐年降低，到2017年已跌至1.28亿美元。2018年，我国艺术品出口额为1.88亿美元，实现了回升。我国艺术品的主要出口对象是日本和欧美等国家。[①] 美国是2018年我国艺术品出口量最大的国家，出口额达到0.72亿美元，其次为中国香港和英国。

随着中美经贸摩擦的白热化，中美两国将艺术品关税互加10%无疑对世界艺术品市场造成了冲击。

6. 设计业：继续保持贸易顺差，并向高质量发展转型

创意设计业与相关产业的融合发展，成为我国经济和外贸转型升级的重要引擎之一。近年来，我国创意设计业产品的发展质量逐步提升，出口量显著增加，具有巨大的发展潜力，推动着“中国制造”向“中国智造”转型。

2017—2019年，在各项扶持政策的推动下，我国创意设计产业的出口朝着高质量发展的方向前进，产品附加值逐渐提升，贸易结构不断优化。受到文化折扣的影响，出口的主要市场为亚洲、欧洲和美洲；依托制造业的优势，保持贸易顺差状态。

7. 工艺美术业：出口贸易增速明显，贸易范围持续扩大

近年来，我国工艺美术行业出口贸易增速由负转正，呈现良好的发展态势。2018年工艺美术行业累计实现出口额375.58亿美元，同比增长12.85%，增速高于上一年同期13.98个百分点。[②] 2019年，随着我国对外开放水平日益提高、传统文化对外宣传力度逐步加大，工艺美术品相关的出口贸易情况可喜。

2018年，我国的工艺美术行业贸易竞争力指数为0.87，接近于最高值1，说明我国的工艺美术行业在国际市场上具有较强的竞争优势。[③] 2018年，工艺美术品销往全球228个国家和地区，出口贸易范围的不断扩大，促进了中外文化贸易更深层次的融合交流。

---

① 资料来源：国家统计局，http://www.stats.gov.cn/。

② 《数说2018工艺美术行业》，中国轻工业网，http://www.clii.com.cn/ReDianJuJiao/TouTiaoXinWin/201905/t20190521_3934588.html，访问日期：2020年1月18日。

③ 《数说2018工艺美术行业》，中国轻工业网，http://www.clii.com.cn/ReDianJuJiao/TouTiaoXinWin/201905/t20190521_3934588.html，访问日期：2020年1月20日。

8. 文化装备制造业：出口量稳定增长，技术含量和附加值不断提升

2017 年，玩具、游艺器材及娱乐用品、印刷专用设备、广播电视电影专用设备等项目的出口额实现稳定增长，尤其是游艺器材及娱乐用品一项，进出口额占比超过 20%，出口增幅高达 31.4%①。游艺器材及娱乐用品、广播电视电影专用设备两项出口总额同比增长 19.4%，占比提升 2 个百分点至 34.5%②，2018 年开始，文化专用设备等相关产品所占比重基本维持了 2017 年的发展态势，而 2019 年，在各项扶持举措的推动下，文化装备制造业继续推动文化出口技术含量和附加值不断提高、贸易结构趋于优化。

9. 出版业：实物出口贸易逆差扩大，版权出口贸易逆差缩小

2017—2018 年，出版产业对外贸易打破了前几年稳中有增的平稳走势，出版物进出口差距显著拉大，版权输出品种与引进品种比进一步提高。

2018 年，全国累计出口图书、期刊、报纸、音像制品、电子出版物、数字出版物（不含游戏）1701.4 万册（份、盒、张），较 2017 年下降 21.9%，出口额 10092.6 万美元，下降 6.3%。③

2018 年，全国共输出版权 12778 项，其中输出出版物版权 11830 项，包括图书版权 10873 项，音像制品 214 项，电子出版物 743 项；图书版权输出较 2017 年增长 1.9%。图书版权输出增加，版权贸易逆差有所缩小。④

10. 影视业：电影出口表现平平，电视节目屡获认可，开启品牌发展之路

2017 年，海外发行国产影片近百部，海外票房和销售总收入 42.53 亿元，比上一年增长 11.19%。2018—2019 年多部国产大片在国际市场上表现平平，《流浪地球》虽然拿下近 5 年来中国电影在北美的最高票房收入，但也只有 587 万美元。⑤中国电影如何走出华人圈，打入国际主流电影市场，依旧是亟待研究解决的问题。

近几年，电视剧的出口表现比较可喜。国产现代剧、古装剧逐渐形成新品牌并实现 IP 出口，《好先生》《小别离》等多部剧不仅在东南亚市场广受好评，而且出口到中东和非洲；《天盛长歌》《皓镧传》等获得了 NETFLIX、福克斯集团的认可。

---

① 国家统计局社会科技和文化产业统计司. 中国文化及相关产业统计年鉴 2018[M]. 北京:中国统计出版社, 2018:52.

② 《商务部召开例行新闻发布会(2018 年 2 月 8 日)》,中华人民共和国商务部官方网站,http://www.mofcom.gov.cn/article/ae/ah/diaocd/201802/20180202710101.shtml,访问日期:2020 年 2 月 28 日。

③ 《2018 年新闻出版产业分析报告》,搜狐网,https://www.sohu.com/a/337562577_120108075,访问日期:2020 年 2 月 5 日。

④ 《2018 年新闻出版产业分析报告》,搜狐网,https://www.sohu.com/a/337562577_120108075,访问日期:2020 年 2 月 5 日。

⑤ 《2019,中国电影在北美市场砥砺前行》,新华网,http://www.xinhuanet.com/ent/2020 - 01/02/c_1125413234.htm,访问日期:2020 年 1 月 10 日。

（三）重点区域出口情况①

从国内出口区域来看，东部地区优势明显，占据绝对主力地位，中西部的文化服务出口增长迅速。

文化产品方面，出口集中在东部地区，增长4.4%，占文化产品出口总额的92.9%；广东、浙江、江苏、山东、福建的出口居前五位，合计占比达89.4%。中西部地区出口增长较快，增速为14.2%，占比提升0.5个百分点至6.6%，其中，西部地区出口增长22.7%。东北地区出口下降0.1%，占比为0.5%。

文化服务方面，出口也主要集中在东部地区，但能看出中西部增长迅速。东部地区文化服务出口增长16.6%，占比达94.6%；中西部地区出口增长60.6%，占比提升1.3个百分点至4.8%；东北地区增长22.5%。上海、北京、广东、江苏、浙江文化服务出口排名前五位，合计占我国文化服务出口总额的91.5%。

三、中国对外文化贸易的发展特点

第一，文化产品和文化服务的出口结构均呈现优化趋势。文化产品贸易方面，文化用品为出口第一大类别，增长2.0%，占比达50.6%。中华文化内涵较为丰富的工艺美术品及收藏品、出版物出口增幅较高，分别增长9.9%和5.9%，增幅比上一年分别提升12.4个和9.3个百分点。文化专用设备出口增长4.4%，占比13.1%，比上一年下降0.1个百分点。文化服务贸易方面，2018年实现增长18.2%，增幅比上一年提升22.1个百分点，结构优化速度加快。②

第二，出口范围扩大，贸易伙伴更加多元。2017—2018年我国的主要贸易伙伴相对稳定，美国、中国香港、荷兰、英国、日本为我国文化产品出口前五大市场，合计占比达59.6%。同时，我国与新兴和发展中经济体贸易保持稳步增长，对“一带一路”沿线国家出口162.9亿美元，为历年最高水平，对金砖国家、中东欧国家出口分别增长18.1%和8.9%，对拉丁美洲、亚洲其他国家出口分别增长14.5%和7.5%，说明我国的贸易伙伴更加多元，出口贸易的地区结构更加优化。③

第三，国内出口地区集聚效应明显，重点区域向高质量、一体化迈进。京津冀、长三角和粤港澳大湾区不仅文化资源富集，而且各具发展优势和特色。在区域经济一体化的背景下，这三个区域的文化产业蓬勃发展，诞生了不少龙头文化企业，不断在“走出去”的过程中发挥带头示范作用；在优化出口结构的同时，深度参与全球文化贸易的分工与合作。

---

① 《2018年成绩单亮眼 我国文化贸易结构持续优化》，中华人民共和国商务部官网，http://coi.mofcom.gov.cn/article/y/gnxw/201903/20190302846260.shtml，访问日期：2020年5月15日。

② 同上。

③ 同上。

四、中国对外文化贸易的对策和建议

（一）鼓励创新，打造精品，尽快达到行业领先水平，将比较优势转化为竞争优势

我国文化贸易的优势主要来自强大的制造业，面临传统优势国家的技术垄断和新兴发展中国家的低成本竞争，如果单纯依靠比较优势，则会被锁定在产业链的低端位置，落入“比较优势陷阱”。经过多年的发展，已经有部分行业走上了“进口（或合拍）—原创—出口”的产业链攀升之路。未来，应从政策上进一步鼓励创新和品质提升，树立品牌意识，借助高科技等手段不断丰富文化产品和服务的形式，创新、变革盈利模式，打造出真正有国际影响力的外贸精品，占据国际文化贸易产业链的有利位置。

（二）继续推动产业融合，继续调整出口结构，实现对外文化贸易的高质量发展

发挥文化创意的引擎作用，引导传统行业转型升级，推动产业提质增效，包括：深度践行文旅融合，带动特色旅游业和工艺美术行业并行发展；推动创意设计、高科技与文化装备制造业融合发展，提升技术研发水平，打造自主品牌并走向国际市场；鼓励新媒体与传统出版、演艺、影视等产业融合发展，丰富表现形式，促进内容的多元化，从内容输出向价值传播转变。未来仍将关注文化贸易的出口结构，尤其是文化服务出口的增长速度和占比，力争实现对外文化贸易的高质量发展。

（三）积极开拓国际渠道，通过国际合作、国际投资等多种方式进行对外文化贸易

与国际主流渠道、平台建立良好的合作关系，积极参与各类周、节、展，推动文化产品和服务的出口。同时，也要注重网络平台的传播，利用多元化的国际传播渠道，让更多的企业“走出去”。鼓励联合制作和对外投资，巧妙地规避文化贸易壁垒，让更多的企业通过并购、合资、独资等方式建立海外分支机构，以更积极的姿态“走出去”。

（四）做好信息支持、市场咨询等服务工作，为外贸企业开拓新兴市场提供支持，有效规避贸易风险

通过建立产业联盟、自由贸易区等方式，积极构建国际文化贸易的信息平台，尤其是为开拓新兴市场的文化企业提供当地的政策和市场信息，帮助企业增进对目标市场的了解，有效降低贸易风险。鼓励目标市场相同的文化出口企业多进行经验交流与分享，抱团出海。

（五）做好文化贸易的数据统计、学术研究和人才培养工作，为对外文化贸易的长远发展打下基础

规范文化产品和文化服务贸易的统计标准，建立文化贸易研究智库，鼓励研究者利用不同学科资源对文化贸易开展研究。同时，加强文化贸易的人才培养，建立多层次、高水平的教师梯队，鼓励高校建立交叉学科体系；积极深化校企合作，建立高水平实习实践基地，培养国际视野、理论水平、产业实践兼具的贸易人才，为文化贸易的发展注入持久的动力。

专题报告

中国文化产品出口与对外文化贸易的结构优化[①]

【摘要】本文主要基于联合国商品贸易数据库的HS－6位数据，对中国文化贸易的总体规模、产品结构、地区分布结构进行分析，进而发现，在当前中国对外文化贸易的出口中，存在产品层次低，文化服务出口量小，出口市场和国内出口省（市）相对集中的问题。如何推动文化贸易出口结构优化，实现文化贸易的高质量发展，成为亟待思考和解决的问题。结合文化贸易出口实际情况和分析结果，本文提出相应的政策、建议，包括运用数字科技手段，加快文化产品创新；积极开拓国际市场，优化国际市场布局；充分利用中华民族传统文化资源，打造中国特色文化品牌；推动文化服务产业发展，提高文化服务产品供给质量。

一、引言

2008年金融危机对当年的国际贸易造成巨大冲击，全球贸易量出现明显下滑，但全球文化产品和服务出口却呈现逆增长态势，比同期全球货物贸易和服务贸易额的增速高出6.6个百分点。国际文化贸易存在较大的增长潜力，文化贸易对促进经济增长和社会发展具有显著的推动作用，文化贸易在创造就业机会、促进产品创新、催生新兴业态等方面的贡献得到了各国政府的普遍认同和高度重视。

在国际文化市场上，美国、日本、英国等发达国家一直扮演着主要角色。尤其是美国，作为世界上文化产业最为发达的国家，一直保持着强大的国际竞争力。以电影业为例，2018年美国电影以及电视节目出口额为163.01亿美元，占美国视听服务出口额的75%。[②] 欧洲视听观察组织（EAO）的统计数据显示，2018年欧洲票

① 本文作者：王丽，北京第二外国语学院中国服务贸易研究院讲师，首都国际服务贸易与文化贸易研究基地研究员；张伟玉，对外经济贸易大学全球化与中国现代化问题研究所讲师，对外经济贸易大学区域国别研究院助理研究员。

② 资料来源：美国国际服务数据，美国经济分析局（Bureau of Economic Analysis），https://apps.bea.gov/iTable/iTable.cfm? ReqID=62&step=1#reqid=62&step=9&isuri=1&6210=4，访问日期：2020年3月6日。

房榜前20名的电影中，美国电影占据了18个。① 在2014—2018年欧盟市场（按原产国划分）中，美国电影的比重一直保持在60%以上。除了传统的发达国家以外，近年来新兴市场国家国际文化贸易发展势头迅猛，在国际文化市场中表现亮眼，已经成为世界文化贸易增长的重要助推力。

中国是世界文化产品出口大国，根据联合国教科文组织2016年发布的报告，早在2010年，中国已经是世界上第一大文化产品出口国家，② 中国对外文化贸易发展态势持续保持良好，根据商务部的统计数据，2019年第一季度，我国文化产品进出口总额为196.9亿美元，同比增长7.0%；其中，出口额为173.3亿美元，增长7.6%，进口额为23.6亿美元，增长2.9%。③

与一般的货物贸易不同的是，文化贸易不但具备基本的贸易属性，而且文化产品能够体现独特的文化特色和文化价值，所以文化贸易的发展不仅有利于推动出口商品结构、出口目的国和国内出口区域布局的持续优化，激发文化服务贸易的发展潜力，而且有利于发挥中国优秀传统文化资源优势，提高中国文化产品的国际竞争力，促进中华文化的国际传播，提升国家软实力。

本文从中国对外文化贸易出口总体规模、产品结构和地区结构角度出发，深入了解中国文化产品出口现状，全面分析中国文化产品出口结构，为制定文化贸易发展规划，出台鼓励文化出口政策措施提供有力参考；对转变中国文化贸易的出口结构，提升文化贸易的发展质量具有重要的现实意义。

二、中国文化产品出口结构分析

考虑到文化贸易的统计口径、数据的可得性和标准性，本文对文化产品范围的界定采用了《2009年联合国教科文组织文化统计框架》下的统计分类标准，④ 在该统计框架中，将文化产品分为核心文化产品和相关文化产品，其中核心文化产品包括文化和自然遗产（Cultural and Natural Heritage）、表演和庆祝活动（Performance and Celebration）、视觉艺术和手工艺（Visual Arts and Crafts）、书籍和报刊（Books and Press）、音像和交互媒体（Audio - visual and Interactive Media）、设计和创意服务（Design and Creative Services），相关文化产品主要包括文化产品的装备和辅助材

---

① 资料来源：欧洲视听观察组织，https://www.obs.coe.int/en/web/observatoire/home/-/asset_publisher/9iKCxBYgiO6S/content/eu-box-office-revenues-dropped-in-2018-as-eu-market-share-increased?_101_INSTANCE_9iKCxBYgiO6S_viewMode=view/，访问日期：2020年3月6日。

② UNESCO Institute for Statistics，"The Globalisation of Cultural Trade: A Shift in Consumption - International Flows of Cultural Goods and Services 2004—2013"，2016，11.

③ 资料来源：《2019年一季度我国文化产品进出口总额196.9亿美元》，中国经济网，http://www.ce.cn/culture/gd/201905/13/t20190513_32063618.shtml，访问日期：2019年1月20日。

④ 虽然当前对文化贸易的分类和统计标准国际上仍然存在争议，但联合国教科文组织发布的文化统计框架得到了普遍的认可和广泛的使用。

料、相关产品的装备和辅助材料。

（一）总体规模

从图 2－1－1 中可以看出，2007—2018 年，中国文化产品出口总额走势呈现“W”形。2007—2009 年文化产品出口额先上升后下降，2010—2014 年出口额呈现上升趋势，之后连续两年下降。从 2017 年开始，文化产品出口额稳步增加。世界贸易组织（WTO）的统计数据显示，2017 年中国货物贸易出口总额为 2.263 万亿美元，2018 年增长到 2.49 万亿美元。2017 年中国文化产品出口总额为 2995.6 亿美元，文化产品出口额占当年中国货物贸易出口总额的比例约为 13.24%。2018 年出口额为 3317.4 亿美元，占货物贸易出口总额的比例小幅增加到 13.3%。在 2007—2015 年的货物贸易总出口额中，文化产品出口额占比较小，且总体上呈现逐年下降趋势，自 2017 年开始，中国文化产品的出口比例呈现出明显的上升趋势。

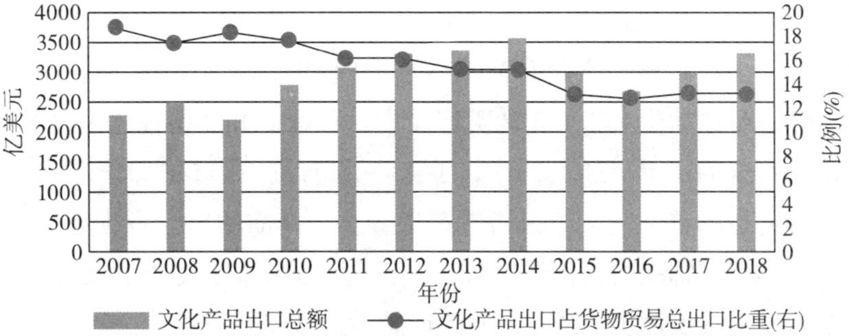

图 2－1－1　2007—2018 年中国文化产品出口总额及其占比

资料来源：根据联合国商品贸易数据库（UN Comtrade）中的文化贸易 HS（07）6 位编码数据加总获得。

2007—2018 年，中国核心文化产品的出口额呈现“先上升后下降”的趋势（图 2－1－2），同时期内，文化产品出口总额与中国相关文化产品出口额的变动趋势一致，呈现“W”形（图 2－1－1 和图 2－1－2）。UN Comtrade 的统计数据显示，2017 年核心文化产品出口额约为 307 亿美元，占中国文化产品出口总额的 10.24%；2018 年核心文化产品的出口额约为 350 亿美元，比例上升至 10.56%。2016—2018 年核心文化产品出口额占文化产品出口总额的比例呈现下降态势，在同一时期，相关文化产品的出口规模逐渐扩大，说明相关文化产品出口对 2016—2018 年中国文化产品出口量的贡献最大。

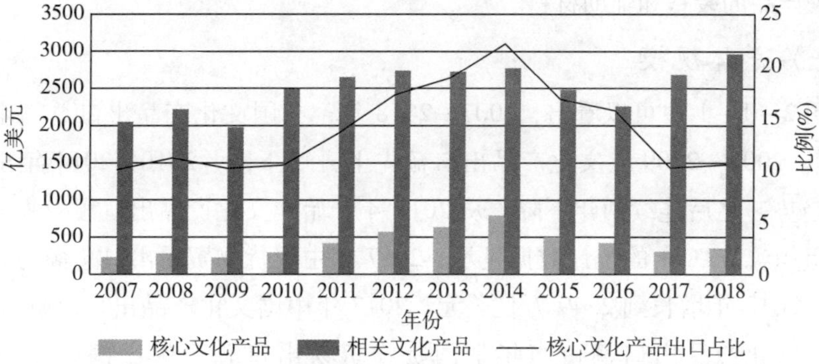

图 2－1－2　2007—2018 年中国文化产品出口情况

资料来源：同图 2－1－1。

（二）产品结构

按照联合国教科文组织对文化贸易产品的定义，中国出口文化产品包括六大类，在这六大类产品中，视觉艺术和手工艺类产品出口占据绝对比重，2017 年视觉艺术和手工艺类产品出口占核心文化产品出口总额的 79.34%，2018 年上升至 80.44%（表 2－1－1）。在视觉艺术和手工艺类产品中，首饰类和其他视觉艺术类产品占核心文化产品出口额的比重超过了 70%，手工艺类产品的比重在 22% 左右。2018 年，由其他贵金属铸造的首饰（无论是否镀有贵金属）产品的出口占比为 36.29%，小雕像以及其他塑料装饰品的占比约为 10%，说明当前中国核心文化出口商品构成的主要部分是劳动密集型加工制造类产品，产品附加值较低。

表 2－1－1　2017 年和 2018 年中国核心文化产品出口额及其比重

产品分类	2017 年		2018 年	
	出口额（亿美元）	比重（%）	出口额（亿美元）	比重（%）
文化和自然遗产	0.095	0.03	0.214	0.06
表演和庆祝活动	38.757	12.63	42.277	12.07
视觉艺术和手工艺	243.411	79.34	281.836	80.44
书籍和报刊	24.419	7.96	25.955	7.41
音像和交互媒体	0.002	0.001	0.001	0.0003
设计和创意服务	0.104	0.03	0.074	0.02
总计	306.788	100	350.357	100

资料来源：作者根据联合国商品贸易数据库（UN Comtrade）中的 HS－6 位编码数据加总获得。

在相关文化产品的出口种类中，计算机及相关设备的占比较高，2017 年为 64.89%，2018 年提高到 66.71%；2018 年音像产品出口额的比重较 2017 年略有下降，约为 17.6%；2017 年音乐类产品的出口比重为 5.5%，2018 年下降到 5.13%；2017 年和 2018 年书籍和报刊类产品的出口比重相对稳定，维持在 0.02%（表 2－1－2）。

表 2-1-2 2017 年和 2018 年相关文化产品出口额及其比重

产品分类	2017 年		2018 年	
	出口额（亿美元）	比重（%）	出口额（亿美元）	比重（%）
音乐	147.974	5.5	152.203	5.13
摄影	16.398	0.61	17.178	0.58
书籍和报刊	0.412	0.02	0.463	0.02
音像	489.848	18.22	521.921	17.59
计算机及相关设备	1744.729	64.89	1979.326	66.71
体育运动	96.505	3.59	103.604	3.49
总计	2495.866	92.83	2774.695	93.52

资料来源：同表 2-1-1。
注：百分比为各类相关文化产品出口额占当年相关文化产品出口总额的比例。

（三）地区分布结构

核心文化产品贸易发展水平是一国文化贸易国际竞争力的重要体现。对核心文化产品出口地域结构的研究有助于了解中国文化贸易的国际市场的地理分布状况，研判未来中国文化产品的出口流向，基于此，在文化产品出口地区结构的分析中，主要采用的样本数据是核心文化产品出口数据。

在中国文化产品出口排名前 10 位的伙伴国（地区）中，对中国香港和美国的文化产品出口占比较高。2017 年，中国文化产品出口排名前 10 位的国家（地区）出口额占中国文化产品出口总额的比重约为 68.21%。2018 年，比重上升至 70.08%（表 2-1-3）。2017 年和 2018 年中国对前 10 位的国家（地区）的文化产品出口相对稳定，对各个国家（地区）出口额占中国文化产品出口总额的比重变化幅度不大。一方面说明当下中国文化产品贸易的市场相对集中，文化贸易的国际市场比较稳定；另一方面说明中国文化产品的国际销售市场范围相对狭窄，中国文化产品只在少数几个国家（地区）认同度较高，中国文化贸易市场的多元化水平有待提高。

表 2-1-3 2017 年和 2018 年文化产品出口排名前 10 位的国家（地区）

2017 年				2018 年			
排名	国家（地区）	出口额（亿美元）	比重（%）	排名	国家（地区）	出口额（亿美元）	比重（%）
1	中国香港	97.670	31.84	1	中国香港	127.202	37.14
2	美国	71.439	23.29	2	美国	70.448	20.57
3	英国	7.820	2.55	3	英国	8.205	2.40
4	德国	7.478	2.44	4	德国	8.086	2.36
5	印度	5.419	1.77	5	印度	5.214	1.52

续表

2017 年				2018 年			
排名	国家（地区）	出口额（亿美元）	比重（%）	排名	国家（地区）	出口额（亿美元）	比重（%）
6	日本	4.612	1.50	6	日本	5.036	1.47
7	澳大利亚	4.413	1.44	7	澳大利亚	4.317	1.26
8	印度尼西亚	3.750	1.22	8	新加坡	3.938	1.15
9	新加坡	3.409	1.11	9	法国	3.832	1.12
10	法国	3.241	1.06	10	加拿大	3.747	1.09
总计		209.251	68.21	总计		240.026	70.08

资料来源：同表 2－1－1。

在 2014—2018 年中国核心文化产品[①]出口排名前 5 位的省市中，广东省、浙江省和上海市位居前三，其中广东省一直占据首位，广东省核心文化产品出口比重 2014—2018 年保持在 63% 以上；排名在第 2 位的省市核心文化产品出口占比在 10% 左右。2018 年排名前 5 位省市的核心文化产品出口额占全国核心文化产品出口总额的 92.36%，说明在全国 31 个省（区、市）中，广东、浙江等省的文化贸易出口量较大，而其余 26 个省（区、市）的核心文化产品出口量较小，比重不高，中国核心文化产品出口量增加主要由少数几个省（区、市）的出口拉动，中国核心文化产品出口的国内来源地集中度较高，见表 2－1－4。

表 2－1－4　2014—2018 年中国核心文化产品出口排名前 5 位的省（市）

排名	2014 年	2015 年	2016 年	2017 年	2018 年
1	广东省（71.77%）	广东省（68.41%）	广东省（63.89%）	广东省（68.17%）	广东省（63.02%）
2	上海市（10.18%）	浙江省（10.62%）	上海市（11.50%）	浙江省（11.57%）	浙江省（15.22%）
3	浙江省（8.33%）	上海市（9.86%）	浙江省（10.85%）	上海市（10.21%）	江苏省（5.79%）
4	福建省（3.91%）	福建省（3.89%）	北京市（4.69%）	福建省（3.84%）	上海市（4.30%）
5	天津市（1.73%）	天津市（2.36%）	福建省（3.80%）	天津市（1.31%）	福建省（4.03%）

资料来源：商务数据网——进出口货物贸易数据分库。

注：括号内百分比为各省（市）核心文化产品出口额占当年全国核心文化产品出口总额的比例。

① 此处核心文化产品的统计定义标准为《我国文化产品进出口统计目录(2015)》。

三、中国文化服务出口结构分析

对于文化服务贸易的范围界定和统计框架，本文选取《2002 年国际服务贸易统计手册》中对文化服务贸易的分类指标，包括广告、市场调研和民意调查服务，计算机和信息服务，个人、文化和娱乐服务，视听及相关服务，特许使用费和许可费。

2007—2018 年中国文化服务贸易出口额逐年增加，2007 年中国文化服务出口额为 72. 32 亿美元，2018 年中国文化服务出口额为 511. 79 亿美元，年均增长率为 19. 5%。文化服务贸易出口增长率的波动幅度较大，特别是在 2008—2013 年，增长率的不稳定表现非常明显。2009 年文化服务贸易出口增长率低于 0，2010 年文化服务贸易出口增长率高于 50%，2014 年之后文化服务贸易出口增速放缓，变动幅度相对平稳（图 2 -1 -3）。

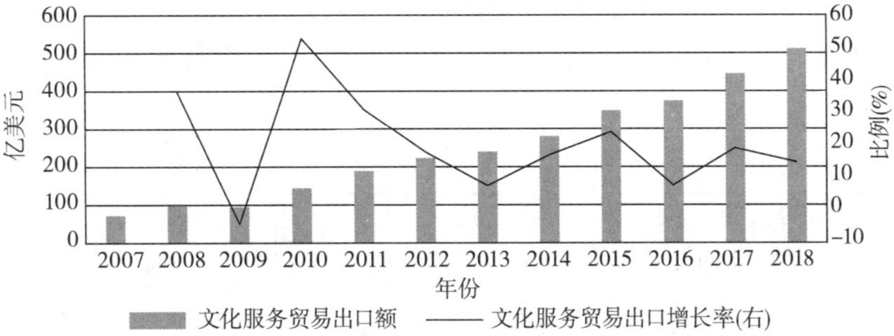

图 2 -1 -3　2007—2018 年文化服务贸易出口额及其增长率

资料来源：UN Comtrade 数据库和联合国贸发会议创意经济数据库。

对比 2017 年和 2018 年文化产品贸易和文化服务贸易数据，可以看出在中国文化贸易中占据主导地位的是文化产品贸易，文化服务贸易占比较低。在 2018 年各项文化服务贸易出口中，计算机和信息服务的增幅为 11. 77%，占文化服务出口的比例为 58. 66%（图 2 -1 -4），广告、市场调研和民意调查服务较 2017 年

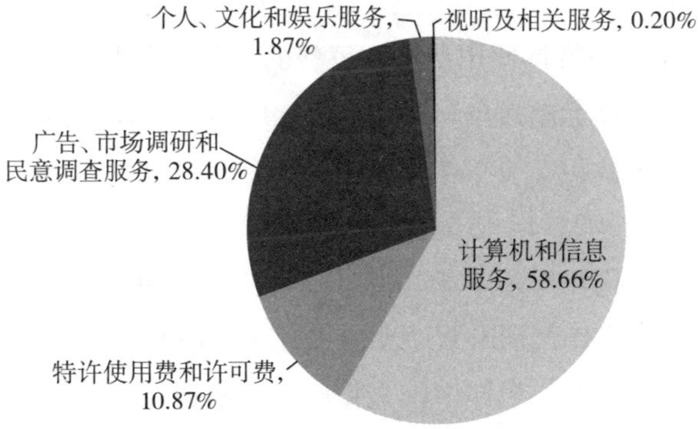

图 2 -1 -4　2018 年各项文化服务贸易出口占比

资料来源：同图 2 -1 -3。

增长了20.49%，占比由27.05%提升至28.40%，特许使用费和许可费在文化服务出口中的比例为10.87%，个人、文化和娱乐服务出口量较小，视听及相关服务出口占比不足1%。

纵观2011—2018年部分国家文化服务贸易差额数据（表2-1-5），可以发现，美国、日本、英国和德国的文化服务贸易一直保持顺差，且呈现增长态势。在同一期间中国文化服务贸易始终处于逆差状态，且逆差逐年扩大，文化服务出口在中国文化出口总额中的优势并不突出。2011年美国的文化服务贸易差额为838.470亿美元，2018年为871.242亿美元，年增长趋势相对稳定。日本文化服务贸易差额在2011—2018年的年增长率为13.73%。德国2011年文化服务贸易差额仅为15.053万亿美元，2018年迅速增长到76.575亿美元，年增长率达到了26.16%。2011年中国文化服务贸易差额为-43.980亿美元，2018年上升到-217.213亿美元，年下降幅度为25.63%。对比中国与美国、日本、英国和德国的文化服务贸易差额数据，发现中国文化服务贸易量较小，文化服务出口优势较弱，文化服务贸易的国际竞争力亟待增强。

表2-1-5　2011—2018年部分国家文化服务贸易差额　　单位：亿美元

年份	中国	美国	日本	英国	德国
2011	-43.980	838.470	50.506	212.814	15.053
2012	-48.487	856.435	68.041	219.214	41.267
2013	-94.622	891.949	83.721	193.762	33.120
2014	-110.003	887.305	73.422	228.259	69.743
2015	-63.160	888.981	82.199	239.192	70.780
2016	-83.676	849.936	73.299	230.743	73.979
2017	-146.877	859.772	108.677	272.648	98.724
2018	-217.213	871.242	124.281	298.718	76.575

资料来源：UN Comtrade数据库、经合组织（OECD）数据库和联合国贸发会议创意经济数据库。

2011—2018年中国特许使用费和许可费的贸易差额最大，每年中国特许使用费和许可费的进口量都远远超过出口量（表2-1-6），该项贸易差额是中国文化服务贸易逆差的最大来源。2011年，特许使用费和许可费的贸易差额为-139.628亿美元，2018年扩大至-302.217亿美元，年扩大幅度超过10%。除了特许使用费和许可费以外，个人、文化和娱乐服务，视听及相关服务都处于贸易逆差状态，计算机和信息服务，广告、市场调研和民意调查服务在2011—2018年一直保持贸易顺差，但差额不大，不能从根本上扭转中国文化服务贸易逆差格局。

表 2-1-6　2011—2018 年中国文化服务贸易差额构成　单位：亿美元

年份	计算机和信息服务	特许使用费和许可费	广告、市场调研和民意调查服务	个人、文化和娱乐服务	视听及相关服务
2011	88.737	-139.628	12.447	-2.768	-2.768
2012	107.565	-167.049	19.775	-4.389	-4.389
2013	94.745	-201.464	24.654	-6.356	-6.200
2014	94.246	-219.374	30.677	-6.987	-8.566
2015	131.403	-209.378	38.104	-11.629	-11.660
2016	126.949	-228.184	47.252	-13.982	-15.711
2017	74.933	-239.434	58.510	-19.865	-21.021
2018	64.902	-302.217	72.351	-24.265	-27.984

资料来源：同表 2-1-5。

四、中国文化产品贸易结构优化建议

通过对中国文化产品和文化服务出口的总体规模、产品结构、地区结构分别进行分析，可以发现：中国核心文化产品的出口总量相对较小，相关文化产品出口占据了文化产品出口的绝大部分比例；中国文化贸易中产品层次较低，高附加值产品出口量不大。中国文化产品出口市场集中于发达国家（地区），国内文化产品出口省（区、市）集中于东部地区，中西部地区文化产品出口量较小。处于核心层的特许使用费和许可费、视听及相关服务以及个人、文化和娱乐服务出口规模不大，文化服务出口占比较低，文化服务出口的国际竞争力较小。

基于中国文化贸易发展现状和文化产品、文化服务出口结构分析结果，为进一步推动文化贸易发展，优化文化贸易出口结构，提出以下建议。

第一，运用数字科技手段，加快文化产品创新。

数字技术的应用为文化产业发展提供了强劲动力，催生了新业态。中国的数字技术发展水平飞速提升，数字化生态系统不断扩张，数字技术已经对中国经济增长产生了根本性的影响。根据《2019 胡润全球独角兽榜》的统计数据，截至 2019 年 6 月 30 日，中国独角兽企业数量约占全球独角兽企业数量的 42%，[1] 这些企业已成为新经济发展的重要驱动力。在文化贸易结构优化的过程中，应借助大数据、物联网、虚拟现实、人工智能等新技术、新方式，整合文字、图像、音乐等文化产品要素，推动“文化+科技”的纵深融合，改进文化产品的制作方式和呈现形式，推动传统文化产品创新，提升文化产品创意品质和技术附加值，提高文化产品出口质量，逐

① 资料来源：《2019 胡润全球独角兽榜》，胡润百富，https://www.hurun.net/CN/Article/Details? num=E7190250C866，访问日期：2020 年 3 月 6 日。

渐推动“文化产品出口大国”转变为“文化创意出口大国”“文化设计出口大国”。

第二，积极开拓国际市场，优化国际市场布局。

通过对中国文化产品出口目的国进行分析发现，当前中国文化产品出口的目的国相对集中，文化贸易目的国范围需要进一步拓宽。“一带一路”倡议为国际市场的开拓提供了良好的契机。通过举办丰富多彩的文化交流活动，推动中国与“一带一路”沿线国家文化交流，促进文化贸易发展。建议充分利用政府已出台的支持政策，重点开拓“一带一路”沿线国家文化贸易市场。建议在进入目的国市场前，深入调研消费者的文化产品需求和消费习惯，贴合目的国消费者的文化消费偏好，制定产品营销策略，同时加强与目的国相关企业的国际合作，借助当地企业的市场销售渠道，构建国际营销网络，节省跨国销售成本，降低文化产品国际销售的市场进入风险，延长文化产品出口持续期。

第三，充分利用中华民族传统文化资源，打造中国特色文化品牌。

悠久的华夏文明历史和深厚的文化积淀赋予了中国发展文化贸易得天独厚的优势，但中国文化品牌在世界范围内没有形成较大的影响力。美国虽然立国不足三百年，但始终居于世界文化品牌强国的地位，星巴克、可口可乐、漫威电影等风靡全世界，成为美国文化的标志性品牌。如何运用中国传统文化资源，塑造特色文化品牌，形成良好的中华民族文化特色品牌效应？建议：一是依托中华民族传统文化资源，考虑到各国消费者文化背景和文化差异，合理运用中国文化元素，塑造国际文化品牌。二是开展国际展览、国际文化交流活动等，拓宽中国文化品牌宣传渠道，提升中国文化品牌的软实力，提高中国文化品牌的国际知名度。三是在全国认定国家重点文化企业，每年定期公布文化重点企业名单、重点项目目录，发展壮大国有文化企业，培育一批核心竞争力强的文化龙头企业，以点带面，助推整个行业发展。四是鼓励并支持文化企业通过跨境并购、合作经营等方式“走出去”，建立全球性文化企业，提高中国文化企业品牌的国际影响力。

第四，推动文化服务产业发展，提高文化服务产品供给质量。

与中国占据文化产品出口大国地位形成强烈反差的是，中国文化服务贸易常年处于逆差状态，文化服务出口成为建设“文化贸易强国”的“软肋”。当前中国文化服务出口优势不强的内在根本原因在于文化服务产业不能提供优质的文化服务产品。文化服务贸易发展的迫切需求倒逼国内文化产业结构升级，应促进技术和知识密集型文化服务产业发展，提高国内文化服务产品供给质量。建议各地政府根据本地文化服务业发展实际，制定阶段性产业发展规划和实施方案，给予文化服务企业财政资金、税收优惠、融资渠道等方面的政策支持，特别是基于传统文化资源从事文化创意服务开发的中小企业，给予人才引进、专项资金、分类补贴等特殊支持，助力中小企业发展。在产业层面，建议增强研究、开发、生产、销售、售后服务等各个环节的衔接性，完善文化产业的全产业链条，混合型文化产业链模式发展，促进产业链的上下游纵向溢出效应和行业间横向溢出效应的发挥，推动文化服务业整体实力增强。

中国对外文化贸易的“一带一路”发展策略①

【摘要】2013年国家主席习近平提出“一带一路”倡议后，中国与沿线国家的经济合作开始蓬勃发展，而文化贸易也随之发展起来，逐渐成为对外贸易的重点领域。为了进一步促进文化贸易发展，本文在分析现阶段中国与“一带一路”沿线国家文化贸易特点基础上，寻找文化贸易存在的问题，并从其机制和路径建设角度提出中国对外文化贸易的“一带一路”发展策略。

2015年，国家发展改革委、外交部、商务部三部委联合发布《推动共建丝绸之路经济带和21世纪海上丝绸之路的愿景与行动》，明确文化贸易对推进“一带一路”倡议的重要意义；2016年，原文化部编制了《“一带一路”文化发展行动计划(2016—2020年)》，该计划将中国与“一带一路”沿线国家的文化贸易具体化，包括贸易理念、贸易手段、贸易目标等。中国与“一带一路”沿线国家的文化贸易在政策的引导下逐渐发展起来。在政策的推动和保障下，中国与“一带一路”沿线国家的文化贸易形成了自己的特点，但同时也存在着发展的困境。

一、中国在“一带一路”对外文化贸易中的发展现状及特点

文化产品是文化贸易的主要载体，学术界至今对文化产品没有明确的定义。依据联合国教科文组织发布的《2009年联合国教科文组织文化统计框架》的界定，文化产品主要包括文化和自然遗产、表演和庆祝活动、视觉艺术和手工艺品、图书和报刊、音像和交互媒体、设计和创意服务。

近年来，中国对外文化贸易蓬勃发展，随着“一带一路”倡议的推进，中国与“一带一路”沿线国家的文化贸易在规模、结构、对象以及潜力等方面形成了如下特点。

（一）文化贸易规模不断扩大

“一带一路”倡议的提出，快速扩大了中国与“一带一路”沿线国家的文化贸

① 本文作者：张凌志，北京银行新疆分行零售部总经理助理；尤立杰，新疆农业大学经济与贸易学院讲师。

易规模。文化贸易总额由2008年的58.9亿美元迅速增长到2018年的184.8亿美元；出口总额从2008年的55.4亿美元增加到2018年的162.8亿美元；进口总额从2008年的3.5亿美元增加到2018年的22亿美元①。从文化贸易规模变化趋势来看，2009年中国对“一带一路”沿线国家的贸易规模开始不断扩大，特别是从2010年后快速上升，2016年虽有所降低，但2017年迅速回升，2018年再创新高，如图2-2-1所示。

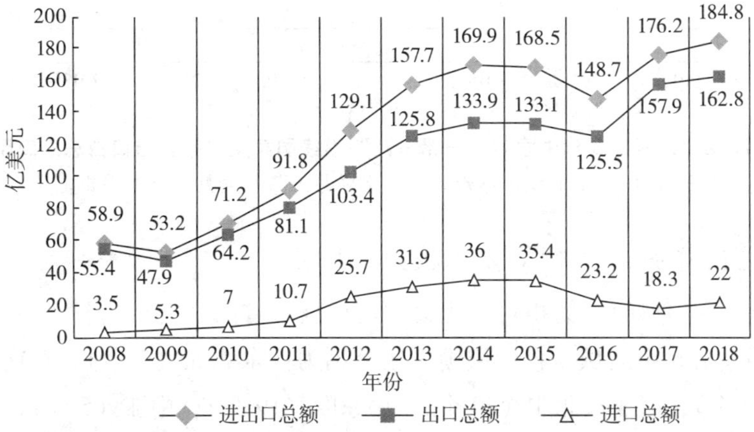

图2-2-1　2008—2018年中国与“一带一路”沿线国家文化贸易规模及变化

资料来源：中华人民共和国商务部服务贸易和商贸服务业司文化贸易公共信息服务平台，http://tradeinservices.mofcom.gov.cn/cultureTrade/index.shtml，访问日期：2020年2月20日。

（二）文化贸易结构进一步优化

从进出口贸易结构看，中国与“一带一路”沿线国家的贸易以中国出口为主，2008年出口总额占比达到了94%，到了2018年为88.1%，虽然出口比例有所降低，但还维持在90%左右，随着文化贸易规模不断扩大，我国文化产品出口力度也得到加强。除了联合国教科文组织的分类方式，文化贸易在研究过程中也常被划分成文化产品和文化服务。文化产品是文化元素依附商品，如服装、玩具、艺术品等；文化服务则包含电影、表演、软件、数字产品等蕴含价值理念的产品。在影响力上，文化服务对价值观的传播至关重要。近些年，我国文化服务出口逐渐加强，所占比例由2012年的20.5%上升到2018年的29.7%。2018年文化服务进出口总额达到346.3亿美元，文化服务出口额达到72.9亿美元，比上一年增长18.2%。其中，文化和娱乐服务、著作权等研发成果使用费以及试听及相关产品许可费三项服务出口额达到18.7亿美元，比上一年增长21.4%②。文化服务贸易额逐渐增

① 资料来源：中国服务贸易指南网，http://tradeinservices.mofcom.gov.cn/，访问日期：2020年2月20日。

② 资料来源：中国服务贸易指南网，http://tradeinservices.mofcom.gov.cn/，访问日期：2020年2月20日。

加，所占比例不断加大，促使我国与“一带一路”沿线国家的文化贸易结构不断优化，如图2－2－2所示。

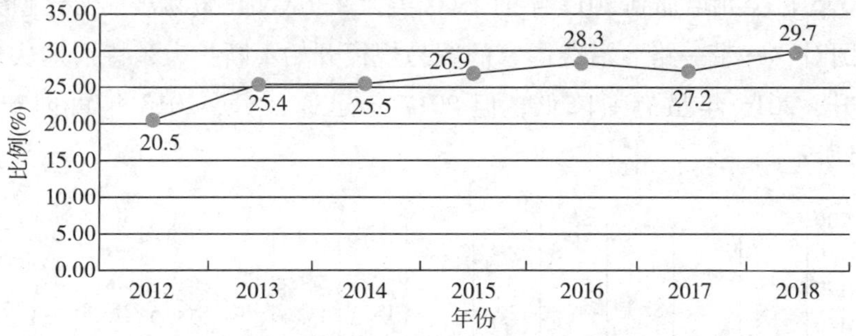

图2－2－2　2012—2018年中国对“一带一路”沿线国家文化服务出口占总出口比例

资料来源：根据UN Comtrade数据库六大类文化贸易产品相关数据计算得出。

（三）文化贸易供需对象分布较为集中

中国文化产品出口的市场相对较为集中。根据现有的研究认为，“一带一路”沿线国家主要包括6个区域，各区域国家数分别为：东北亚（2个），东南亚（11个），南亚（7个），西亚、北非（20个），中东欧（19个），中亚（5个），涵盖64个国家。在这六个区域中，中国文化出口主要集中在东南亚和西亚、北非，而南亚、中东欧、东北亚特别是中亚占比很小，如图2－2－3所示。

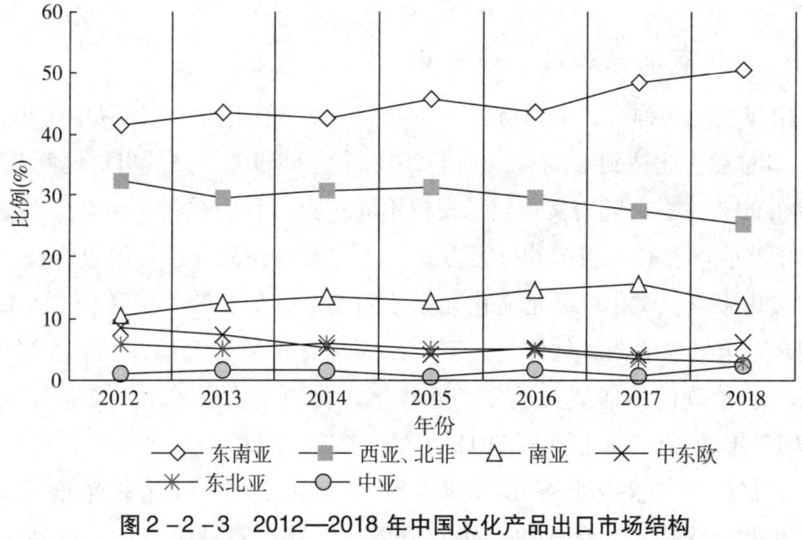

图2－2－3　2012—2018年中国文化产品出口市场结构

资料来源：根据UN Comtrade数据库数据整理计算得出。

在不同地区，国家也相对较集中。东南亚国家以新加坡、菲律宾、马来西亚为主；西亚、北非以阿联酋为主；南亚以印度为主；东北亚以俄罗斯为主。根据商务部统计，2013—2018年在中国文化产品出口额排名前15位的国家中，“一带一路”沿线国家有新加坡、印度、俄罗斯、菲律宾、马来西亚、阿联酋。其中在中国出口数量最大的国家：2013—2016 年为新加坡，2017—2018 年为印度，见表 2－2－1。

从供给区域分布情况来看，我国文化出口主要分布在东部地区，其他地区分布较少。2018 年我国东部地区文化贸易出口占比达到 94.6%，而中西部地区占比为 4.8%，东北地区占比仅为 0.6%。其中上海、北京、广东、江苏、浙江贸易出口排在全国前五位，占比达到全国的 89.4%，其他省份仅占 10.6%①。

表 2－2－1　2013—2018 年中国文化产品出口排名前 15 位国家中“一带一路”沿线国家排名

单位：亿美元

年份	项目	第一名	第二名	第三名	第四名
2013	国家	新加坡	印度	俄罗斯	—
	金额	15.24	11.68	10.32	—
2014	国家	新加坡	俄罗斯	印度	—
	金额	14.37	13.59	9.90	—
2015	国家	新加坡	菲律宾	印度	马来西亚
	金额	16.94	12.22	11.65	9.76
2016	国家	新加坡	菲律宾	印度	阿联酋
	金额	15.07	12.57	12.19	12.05
2017	国家	印度	阿联酋	俄罗斯	—
	金额	17.66	12.66	12.25	—
2018	国家	印度	俄罗斯	—	—
	金额	23.85	13.07	—	—

资料来源：中华人民共和国商务部服务贸易和商贸服务业司文化贸易公共信息服务平台，http：//tradeinservices.mofcom.gov.cn/cultureTrade/index.shtml。

（四）文化贸易潜力有待进一步释放

自“一带一路”倡议提出以来，中国与沿线国家文化贸易得到了很大发展，但从整体看，文化贸易潜力还有待进一步释放。第一，虽然中国与“一带一路”沿线国家文化贸易规模逐渐扩大，但在中国文化贸易总量中所占比例增长却较为缓慢。2008 年，中国对“一带一路”沿线国家的文化贸易额占中国文化贸易总额的 13.6%，2018 年虽然贸易额为历史之最，但也仅为中国文化贸易总量的 15.9%，所占比例十年间仅增长了 2.3%。从增长速度上看，增长潜力有待进一步释放②。第二，与“一带一路”沿线国家的文化贸易，无论是“一带一路”国家的需求市场，还是我国的供给市场，均相对集中。未来随着文化贸易进一步扩大，供、需的市场

① 资料来源：中国服务贸易指南网，http：//tradeinservices.mofcom.gov.cn/，访问日期：2020 年 2 月 24 日。

② 资料来源：中国服务贸易指南网，http：//tradeinservices.mofcom.gov.cn/，访问日期：2020 年 2 月 24 日。

空间会进一步拓展。第三，从贸易意愿上来说，随着“一带一路”倡议的推进，中国经济发展惠及更多国家，会增强各国人民了解中国的意愿，从而进一步推进文化贸易发展。第四，随着互联网建设和5G的应用，促进数字经济快速发展，使文化贸易增添新的活力。

二、中国在“一带一路”对外文化贸易中的困境

（一）缺少整体战略规划

文化贸易特别是文化服务贸易不仅代表国家经济发展能力，更是国家话语权和软实力的象征，这决定了需要从国家整体战略上进行规划，将文化服务贸易纳入国家服务贸易的整体战略，实现由关注文化产品出口的市场覆盖率转向关注国际社会价值引导能力的提升。从中国“一带一路”文化贸易结构上看，中国文化服务出口只占很小一部分，2018年中国文化服务出口额仅为出口总额的29.7%，加之我国文化贸易以民营中小型企业为主，这些企业无论风险抵抗能力还是研发能力都较为薄弱，出于降低风险和成本的目的，它们大多选择资源密集型和劳动密集型的文化产品作为主要贸易方向，技术密集型的文化服务贸易则较少，实现企业的经济诉求与国家文化传播和价值传导相结合是企业面临的主要问题。因此，为加快我国文化服务领域快速发展，应在国家层面进行总体战略规划，根据我国自身文化优势，整合技术力量，统筹企业力量，进行海外产业布局，并给予企业方向指导、政策保障以及资金支持，以促进文化服务贸易快速发展。

（二）缺少核心产品，竞争力不足

党的十八大报告中强调“文化实力和竞争力是国家富强、民族振兴的重要标志”。纵观世界，文化贸易依然以文化资源禀赋和比较优势为重要基础。我国拥有五千年的文明，文化资源非常丰富，但竞争力却逊色很多。从美国文化影响力来看，其传媒影响居世界之首，一系列的美国电影、电视剧成为文化贸易中有力的竞争产品。相比美国，我国文化贸易缺少核心产品、竞争力不足的问题甚是明显。比如，《流浪地球》是我国电影产品的优秀代表，不仅画面效果达到世界先进水平，而且传达了“人类命运共同体”这一中国重要的发展价值理念，但能与这部电影媲美的影视作品少之又少。而且，在文化贸易中，传媒、表演、动漫、软件以及数字经济等文化服务是技术、知识、文化、创意等密集型的产品，需要大量的技术和人员支撑，而现阶段，无论我国的技术水平还是技术人员数量都有待进一步提高。文化产品缺少核心产品和竞争力不足等事实严重阻碍了我国文化贸易的进一步发展。

（三）国内制约因素

我国企业在文化产业发展中面临的主要国内制约因素包括以下几点：首先，人

才匮乏。文化贸易是一系列工作的集合体，包括研发、管理、营销等环节。企业不但需要高端技术人才，需要具有深厚国外知识背景和语言能力的翻译及市场开拓人才，更需要具有广阔人文视野、精通产业发展理念、懂得文化产业管理的复合型管理人才。而现阶段我国与“一带一路”沿线国家的文化贸易在整个贸易中占比不足10%，规模有限、吸引力不足造成了人才大量缺失。其次，平台缺失和国家政策、措施不足。为促进文化贸易，2016年原文化部出台《“一带一路”文化发展行动计划（2016—2020年）》，对文化贸易机制、平台、品牌效应和贸易规模要达到目标进行了远景规划，取得了积极成果，但推动的项目、数量有限，“一带一路”沿线包括64个国家，总人口超过44亿，大项目需求量不止几十个，需要建立更多的平台，拓宽文化贸易渠道。在国家政策和措施上，文化贸易整体还是没有得到足够的重视，配套措施不健全，如缺乏资金支持、监管体制、激励机制以及融资渠道等。由于研发成本较大、研发资金严重匮乏，遏制了文化企业开拓国外市场的积极性。最后，重点领域不突出。根据文化和旅游部2018年和2019年“一带一路”文化产业和旅游产业国际合作重点项目清单，文化服务类中表演项目较多，传媒领域、数字化领域、软件开发领域的项目所占比例很小。

（四）国外制约因素

保持文化独立、维护价值观对国家安全稳定至关重要。美国历来是文化输出大国，而以德、法为代表的欧洲国家在文化贸易上却一直保持着高度警惕，坚持“文化例外”政策，对美国文化产品的输入采取极其严格的措施，可见文化接纳是文化贸易中的重要问题。文化接纳同样是中国与“一带一路”沿线国家贸易面临的重要问题。出于国家安全角度考虑，许多从国家层面采取限制措施的案例层出不穷，多数国家政府对文化接纳持保守态度。同时，消费群体由于语言、宗教、生活习惯和价值观的不同也存在文化接纳问题，如中国电影和电视剧“走出去”就遇到了因语言、国情、叙事习惯不同而受到影响的情况。此外，文化产品和服务的进口需要一定的消费市场和受众，而“一带一路”沿线国家大都是发展中国家，经济发展和人口数量有限，对于引进文化产品、文化服务的需求有限。国外政治稳定性和政策可持续性，贸易壁垒和非贸易壁垒的存在，也增加了文化企业市场开发的风险。

三、中国与“一带一路”沿线国家文化贸易机制的建设

为了克服我国文化产品和文化服务进入“一带一路”沿线国家的障碍，需要在国家层面、政府层面和企业层面建立相应的应对机制，促进我国与沿线国家文化贸易向更高层次发展。

（一）国家层面建立文化贸易机制

在国内，文化贸易企业多以民营企业为主，市场竞争缺乏有序性，恶性竞争经

常出现，而且由于企业规模较小、抵御风险能力有限，大多选择投入小、获利快的文化产品贸易，而文化服务贸易鲜有涉及。因此，应该在国家层面建立文化贸易企业有序竞争机制、文化贸易方向引导机制。通过国家统筹战略规划，在充分的信息和资金保障基础上，以有效监督为手段，促进企业进行公平有序竞争，并逐步分层引导企业文化贸易方向。

文化贸易涉及国家间的政治和经济利益，互相谅解是贸易进行的重要前提，而我国应该把文化贸易纳入“一带一路”倡议自由贸易体系，在国家领导层间建立沟通机制，在国家层面解决相关政策和贸易壁垒问题，这样不但可以降低中国对外文化贸易风险，还可以在国家需求的层面进行贸易方向引导。此外，应该进一步借助“一带一路”倡议框架，发挥各国文化相关部门作用力，建立双边或多边的交流、沟通、合作机制，根据文化贸易需求和困难来确定合作的具体内容，使其真正起到促进文化贸易的作用。

（二）各级政府层面建立文化贸易机制

我国不同地区对应的文化贸易出口对象有所不同，如新疆地处中亚中心，由于地缘优势，文化贸易主要面向中亚五国，这就需要各省在统筹自己的文化资源情况下，带领企业“走出去”。因此，建立跨国省级政府间的文化合作机制非常必要。通过各国省级政府之间的沟通和协调，根据需求和实际情况，引导企业向规模化生产转变，促进文化贸易结构进一步优化，拓展文化贸易渠道，并解决企业在贸易过程中遇到的实际困难。省级政府可以根据企业的具体情况，实施不同的扶持措施，对文化贸易重点领域给予一定的政策倾斜和资金支持，实现精准帮扶。

（三）企业间建立合作、交流机制

企业是贸易主体，更是市场信息最早接收者。在文化贸易中，加强企业间的交流和合作，是增强文化接纳和促进文化贸易的重要手段。以我国传媒业为例，中国与“一带一路”沿线国家合拍的纪录片《丝绸之路经济带》《亚洲的亚马逊——阿穆尔河》，电影《大唐玄奘》以及《功夫瑜伽》等在国内外取得了很好的效果，进一步验证了加强企业间的合作交流对推动文化贸易的重要作用。因此，应该在国家和政府层面为企业搭建平台，建立中国企业与各国企业合作、交流机制，通过定期举行交流会来了解各国需求，建立企业间的联系，促使大项目的落地。

四、中国与“一带一路”沿线国家文化贸易的路径选择

（一）借助互联网和5G技术大力发展文化贸易

2014年国务院出台了《关于推进文化创意和设计服务与相关产业融合发展的若干意见》，文化创意被提到国家发展的战略高度，而文化创意不仅是文化贸易的重要

来源，更是推动文化产业良性发展的重要动力。互联网是文化创意传输的重要路径。通过互联网将创意、软件、硬件、资本和市场等要素整合在一起，可以满足海外消费者不同文化产品和服务需求。随着中国互联网技术的成熟和5G网络的建设，数字贸易将进一步被激发。未来我国与“一带一路”沿线国家的文化贸易应该以互联网为抓手，大力发展“互联网+文化”贸易，这对促进我国文化贸易特别是文化服务贸易具有重要的意义。

（二）建立文化贸易推动平台

为了促进文化贸易发展，解决企业遇到的实际问题，需要建立相应的服务平台，为企业发展提供动力，解决中国与“一带一路”沿线国家文化贸易的瓶颈问题。具体措施如下：

一是建立投融资平台。我国企业对内进行产品研发，对外进行文化贸易，资金是制约企业前进的最大阻力。而文化贸易企业大多以私营企业为主，融资存在一定困难。在国家进行资金支持和财政补贴的同时，更需要调动社会一切金融力量来支持文化企业发展。通过建立投融资平台，使金融机构和企业的相关信息更加透明，对主导领域实施精准融资，对于信用较高的企业融资条件可适当放宽，为企业开拓海外市场提供动力。

二是建立信息共享平台。信息是企业开拓海外市场的重要指导因素，而“一带一路”建设中，中国要对接近70个国家，加之语言障碍，信息不对称现象严重，不仅增加了企业投资风险，也给企业带来了大量沉没成本。通过整合社会信息资源，建立信息共享平台，了解各国消费习惯和文化需求，这对降低企业成本、寻找中国与这些国家的文化契合点具有重要意义。

三是建立人才孵化平台。人才一直以来是对外贸易的重要资源，特别是对于文化服务贸易，更需要大量的技术人员和翻译人员。应通过人才孵化平台，打造过硬的技术团队和翻译团队。根据市场情况对不同技术和语言人才进行专项培养，为文化贸易提供智力支持。

（三）建设文化产业园区

文化产业园区不仅是文创企业的重要孵化器，也是规避贸易和非贸易壁垒的重要途径。现阶段，文化产业园区多在国内建设，如长沙、云南等地建立的文化产业园区，这些园区对国内文创企业的孵化和规模化发展起到重要作用。而文化贸易出口主要面对的是国外市场，由于境外文化产业园区相对较少，对规避贸易壁垒、加强对外文化贸易往来和投资的作用有限。为了加强我国与“一带一路”沿线国家的文化贸易和投资，在推进国内文化产业园区建设的同时要加强境外文化产业园区的建设，这样不仅可以减少贸易壁垒，还可以为中国与沿线国家的文化企业交流提供重要的平台。

（四）重点领域重点发展

要加速中国与“一带一路”沿线国家的文化贸易，明确重点领域非常必要。基于现阶段我国文化资源、与沿线国家的文化贸易情况，应着重在以下几个方面加强建设。

首先，大力发展数字产业。由于中国互联网技术的不断成熟，数字产业获得重大发展，并逐渐成为中国文化贸易的新亮点。从2008年到2017年，中国的游戏产业销售收入增长超过10倍。网络文学从2012年的26亿元增长到2017年的130亿元[①]。网络游戏成为2019年中国与“一带一路”沿线国家进行文化贸易的重点领域。国家统计局数据显示，2018年数字等新型文化产业上半年的营业收入超过4万亿元人民币，比2017年同比增长近10%。可见，数字产业发展潜力巨大，也会成为我国与“一带一路”沿线国家文化贸易的重点。

其次，加强国产电视剧和电影等传媒产品的出口。经过多年的努力，中国电视剧和电影在“一带一路”沿线国家逐渐打开市场，如中非影视合作工程已经用6种非洲当地的语言翻译了国内10部电视剧和52部电影[②]。而中亚国家、印度、越南、土耳其、马来西亚、新加坡、泰国等都是中国电视剧的主要出口地，为进一步发展影音贸易奠定了良好的基础。影音、视频是文化服务的重要产品之一，其不仅可以促进文化服务贸易，还可以增进国外对中国的直观了解，为“一带一路”建设顺利推进发挥了重要作用。

最后，继续加强文化产品贸易。文化产品贸易在现阶段的文化贸易中占据2/3的比例，虽然要进行文化贸易结构调整，促进文化服务贸易比例的进一步提升，但文化产品作为文化贸易的基石，是外国了解中国文化的重要载体。因此，在推进文化贸易进程中，扩大文化产品贸易规模和调整文化贸易结构应该齐头并进，不能顾此失彼。

随着经济合作的深入，我国与“一带一路”沿线国家的文化贸易会进一步加强，针对现阶段文化贸易的特点和存在的问题，必须采取有效的机制，建立有效的合作路径，才能保证文化贸易顺利、有效地进行。

---

① 李怀亮文化贸易研究专辑:《中国对外文化贸易的新趋势:从市场占有率到价值引导力》,元浦说文,https://www.sohu.com/a/238968895_179557,访问日期:2020年2月25日。

② 《国产剧借“一带一路”东风时机已到？亟待政策扶持,内容渠道两手都要硬》,看电视,TYwatching,https://www.sohu.com/a/145353524_211289,访问日期:2020年2月25日。

数字经济时代下文化贸易的国际新格局和中国策略[①]

习近平总书记在2018年世界互联网大会的致辞中指出，当今世界正在经历一场更大范围、更深层次的科技革命和产业革命。互联网、大数据、人工智能等现代信息技术不断取得突破，数字经济蓬勃发展，各国经济更加紧密相连。随着第四次科技革命序幕的缓缓拉开，数字化成为推动生产力发展的重要动力。继第一阶段的传统贸易和第二阶段的全球价值链贸易之后，全球经济发展进入了第三阶段的“数字贸易”。数字技术应用推动了跨境数据流动，以零成本复制和共享优势，打破了传统经济资源稀缺性，将价值链上的参与者相互连接起来，改变了产品和服务的生产和交付方式，推动了国际贸易的数字化发展。

数字技术发展也改变了国际文化贸易的结构和贸易方式，以实物介质为依托的文化产品贸易的占比将下降，比如图书、报纸、杂志、胶片电影、音像制品、视频游戏等，而以互联网为依托的数字化文化产品贸易快速增长，如在线音乐、视频、影视、动漫游戏、电竞、数字内容服务、创意设计、文化信息服务等。国际数字文化产品交流和贸易主要通过社交平台、电子商务平台和搜索引擎等进行，并呈现出数字化、实时化、移动化和社交化等特点。同时，数字技术也引发了新型文化贸易壁垒及对数字文化贸易规则的争议，需要世界各国在用户数据隐私保护、知识产权保护、跨境数据流动规则等方面协商合作完善规则，积极推进全球数字文化贸易的自由化与便利化发展。

一、全球文化贸易新趋势

（一）数字时代全球文化贸易市场发展趋势

1. 数字化

数字文化产业已成为全球文化市场的发展主流，数字化已渗透至全球文化市场的

---

① 本文作者：方英，中国传媒大学经济与管理学院教授；郑国华，中国传媒大学经济与管理学院产业经济学研究生。

各个细分市场。目前，全球数字荧幕数量持续增加，2017 年，全球数字 3D 荧幕的增速为 14%，在全球数字电影荧幕中占比达到了 59%；截至 2017 年，数字音乐收入增长 19.1%，达 94 亿美元，而实体音乐总收入则自 1999 年开始一路下滑，2010 年跌破三位数，2017 年已跌至 52 亿美元，市场占比下滑到 30%；在游戏市场上，AR 游戏日渐受到广大玩家喜爱，2019 年，《精灵宝可梦 GO》收入达 14 亿美元，并且又推出了《哈利波特：巫师联盟》和《我的世界：地球》等多款 AR 游戏以满足日益增长的市场需求。此外，数字旅游、数字广告、数字版权等名词也逐步进入人们的视野。可见，数字化无疑将是新时代国际文化市场最重要的发展趋势。

2. 实时化

随着生活和工作节奏的加快，人们越来越渴求在碎片化的时间里随时随地进行文化消费，对泛娱乐内容需求的增加，促进了移动视频的崛起。近年来，随着智能手机、平板电脑等移动终端的普及，在线观看视频受到越来越多的用户青睐。根据 Stream Elements 和 Armatal.gg 的年度流媒体报告，2019 年 Mixer 的流媒体内容观看小时数增长了 149%。观众在该平台上总共观看了 3.537 亿小时的视频，高于 2018 年的 1.422 亿小时。[①] 同时，Media Partners Asia（MPA）分析指出，由于订阅费的增加，中国在线视频收入将每年增长 14%，并在 2024 年达到 700 亿美元；中国在线平台收入占总收入的份额将从 2019 年的 29% 提高到 2024 年的 44%。[②] 此外，在音乐市场，消费者可以通过互联网，从设置在各地的服务器查询并下载最新排行榜曲目，及时聆听最新歌曲。在游戏领域，游戏数据实时更新，实时化渐成趋势。2019 年全球移动游戏收入达 640 亿美元，占全球游戏总收入的一半以上，比 2018 年同比增长 13.3%。

3. 移动化

移动游戏是近年来游戏市场的主要游戏类型。2014 年，移动游戏首次超过家庭主机游戏及 PC 和 Mac 游戏，成为用户支出最多的游戏类型。目前移动端游戏消费支出指数持续遥遥领先于 PC 和 Mac、家用游戏机和掌上游戏机。2016 年，移动游戏在全球范围内的市场占有率还小于 10%，如今已迅速占据前沿和核心地位。

移动视频市场发展迅猛。智能终端的普及为移动视频平台带来了海量的用户，其便携性、智能化，与社交场景的融合满足了用户个性化的需求以及对碎片化的时间安排需求。近年来，移动视频市场逐渐分化，出现了综合性视频、聚合视频、垂直视频、网络电视、移动短视频等细分领域。其中，门槛低、时长短、碎片化和易传播的短视频受到用户的追捧。国外的 YouTube、Snapchat 短视频平台，以及国内

---

① Stream Elements:《2019 年视频流报告》，199IT 互联网数据中心，http://www.199it.com/archives/990125.html，访问日期：2020 年 2 月 27 日。

② 《MPA：亚太地区在线视频市场将在五年内翻番》，199IT 互联网数据中心，http://www.199it.com/archives/870151.html? weixin_user_id = a5o6ETQjnlHLut6AD4OSpUSex0AkzE，访问日期：2020 年 2 月 27 日。

的快手、抖音等都积累了大量的用户群体，备受“千禧一代”追捧。

4. 社交化

音乐流媒体与社交媒体平台的融合，以及社交电视的出现是文化市场呈现社交化趋势的典型特征。融媒体时代已势不可当，音乐产业在此背景下找到了连接音乐人、乐迷与音乐的最新方式。流媒体音乐平台中原创音乐人的作品被更加高效地分享，乐迷可以随时随地分享对音乐作品的感受，在很大程度上依赖于社交媒体自身的特点——坚实的用户黏性和高效的人际传播。据统计，2019 年 Amazon Music Unlimited 在全球范围内的订阅付费客户已超过 5500 万人，Apple Music 宣布其订阅人数已超过 6000 万人，Spotify 则拥有不低于 1. 15 亿订阅者。[①] 而社交电视则是将电视与媒体的特性结合，使用户在观看节目的过程中通过社交媒体在线互动，围绕节目内容形成特定的情景和社交群体，通过分享和参与，构建共同的认知，为用户提供了丰富的信息和互动性的观看体验。

5. 付费

预计到 2023 年，全球付费电视和订阅型视频点播用户数量将达到 18. 77 亿人，相比 2017 年，订阅型视频点播用户将会实现两倍的增长，而传统的付费电视用户仅增加 9400 万人（图 2 –3 –1）。云计算公司 Zuora 和市场调查公司 YouGov 联合发布的调查报告显示，有 78% 的英国人（约 4000 万人）至少会为一项订阅服务买单；40% 的英国人称，相比五年前，他们如今使用更多付费服务；超过 25% 的英国人认为，在未来五年中，他们还将使用更多付费服务。其中，视频流媒体是最受欢迎的付费订阅类型，有超过 27% 的被调查者会选择订阅这一服务。至于音乐流媒体 Spotify 和 Apple Music，二者的付费订阅比例分别是 11% 和 5%，付费习惯逐渐养成的趋势格外明显。

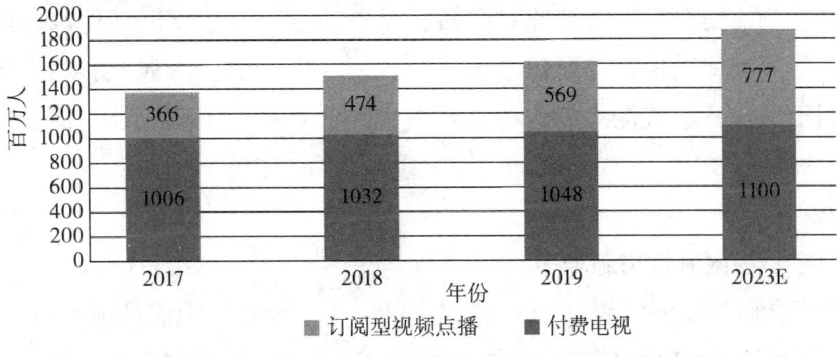

图 2 –3 –1 按平台计 2017—2023 年全球订户数量

资料来源：李怀亮，方英．国际文化市场报告 2018［M］．北京：首都经济贸易大学出版社，2019.

① 《2019 年亚马逊音乐用户超过 5500 万》，199IT 互联网数据中心，http://www.199it.com/archives/1002222.html，访问日期：2020 年 2 月 27 日。

6. 智能化

随着电脑、手机、iPad、Kindle 等智能设备的普及，游戏、视频、音乐市场享受着智能化所带来的便利。同时，电视更加智能化，多屏互动成为潮流。智能电视凭借其大屏、高清、多屏互动、人机交互等优势为用户带来了个性化的观影体验，打破了传统电视的束缚，实现了随时、随地、分类和多屏观看。

（二）数字时代全球文化市场的发展机遇与挑战

1. 机遇

（1）文化贸易成本降低，贸易效率大幅提高。

数字技术的推广和使用降低了传统的贸易成本。传统意义上的文化产品如胶片电影、印刷品（图书、报纸、期刊、地图等）、唱片等，其成本大致分为运输成本、过境成本、交易和信息成本以及贸易政策壁垒带来的成本。而数字技术的应用改变了文化产品的生产和交付方式，数据流的信息共享更是减少了信息不对称的情况发生，从而有效匹配供求，在大大降低贸易成本的同时，也提高了贸易效率。

（2）文化贸易突破了地域界限，助力中小企业发展。

数字贸易打破传统贸易地域界限，将文化市场扩展至世界各地，甚至是偏远山村，并且能够保证与客户之间的交易和服务更加简单、高效，为数字文化贸易的发展提供持续、强大的动力。此外，就贸易流程而言，以前很难想象一家中小企业独立面对报关、通关、仓储、配送等各个环节，而现在，下单、通关、退税、结汇等环节正开始形成一体化的综合服务平台，极大地激发了中小企业参与的积极性。

（3）营造了良好的营商环境。

互联网时代，无论是采购方还是供应商，不管是售前、售中、售后哪个环节，其支付信息、物流信息，以及彼此对产品、服务、结款等的反馈评价都已经在网络上形成大量的沉淀数据，进而建立了一套可靠、安全的保障体系和动态评级机制。这有利于形成一个扶优汰劣的贸易环境，降低贸易的不确定性，促进国际文化贸易的发展。

2. 挑战

（1）数字贸易限制性措施增多。

根据经济合作与发展组织（OECD）对世界 34 个经合组织成员国和 10 个发展中国家数字服务贸易限制性措施的评估，2014—2018 年全球数字服务贸易限制性措施呈现增多态势，在这 5 年期间，10 多个国家的指数平均增长 32%，同期最高增长率达 50%。[①] 各国管理数字服务贸易的政策措施中，80% 为限制性措施。显然，随着世界数字贸易限制性措施的增多，国际数字文化贸易的发展变得障碍重重。

---

① 王拓．数字服务贸易及相关政策比较研究[J]．国际贸易，2019(9)：80－89.

（2）数字贸易规则体系尚未建立。

目前，全球数字贸易规则尚未成熟，各国出于本国利益的考虑，正在展开激烈的博弈。在数据安全和个人信息保护方面，各国对于跨境数据自由流动设置各种障碍。而且，不同国家已经采取或制定措施，以保护数据隐私为由，实施数据本地化，这在一定程度上限制了以数字信息和数据为载体的文化贸易发展。

此外，数字文化贸易的标的多为知识密集型产品，知识产权保护自然成为文化贸易重点关注的问题。关于知识产权保护问题，世界各国都处于积极探索阶段，尚无统一的标准，不利于国际文化贸易中知识产权的保护和创新。同时，国际市场上出现了众多投机型 NPE（Non - Practicing Entities，非专利实施主体），其实质就是拥有专利权的主体本身并不实施专利技术，即不将技术转化为用于生产流通的产品，而是把购买的专利用于应对市场上运转成功的产品，依靠所持专利榨取远高于专利实际附加于产品价值的利润。此类公司通常会遭到运营公司的痛斥，认为其行径无异于敲诈，与知识产权以法律来培育和鼓励创新的本意恰恰背道而驰，被称为“专利流氓”。此类现象给主要依靠版权、靠 IP 生存的文化产业发展带来很大阻碍。

二、全球文化贸易新格局

（一）全球有线电视受冲击，社交电视、移动视频成主流媒体产品

外部环境的变化推动了全球电视产业的变革，大数据、人工智能、算法推荐等新技术的发展催生了新的传播形态和传播手段。融合、跨界和创新成为当今电视市场的主旋律。

1. 有线电视

目前，全球有线电视行业正面临着 IPTV、OTT TV 等网络电视的冲击。在中国，有线电视用户数量持续负增长。截至 2019 年第一季度，有线电视用户总量已降至 2.22 亿，环比减少 144.2 万。在市场份额方面，2018 年第四季度，有线电视收视份额虽仍居第一位，但已下降到 49.89%；OTT TV 收视份额提升至 36.69%，同比增长 12.08%，位居第二；IPTV 收视份额 34.68%，位居第三。[①] 美国也是如此，尼尔森公布的统计数据显示，有线电视发展在美国处于没落前期，已有 500 万美国人不再通过传统渠道观看电视节目。韩国 IPTV 服务用户数量也即将赶超有线电视订户数量。总之，从全球范围来看，有线电视市场发展呈下降趋势，无论用户数量还是收入水平都在降低。

2. 社交电视

尼尔森的一项研究表明，人们在观看电视节目的过程中热衷于发 Twitter，电视

① 《2019 年中国有线电视行业市场现状及发展趋势分析 有线电视的数字网络化发展》，前瞻产业研究院，https://bg.qianzhan.com/report/detail/459/190612 - ab492539.html，访问日期：2020 年 2 月 12 日。

节目的收视率与人们在 Twitter 上讨论的热度成正比。而社交电视解决了传统电视单向传输的弊端和时空局限性问题，满足了多屏时代用户跨场景的消费需求。除了基本的观影功能外，还增加了聊天交友、弹幕、评论等功能。美国的 Social TV2、英国的 Zeebox、日本的 Teleda 系统以及中国的 CCTV 微视都是社交电视应用的成功案例。2017 年全球社交电视市场的收入已经达到 2564. 4 亿美元。未来，随着电视和社交媒体更多合作渠道的打通，电视和社交媒体的深度融合将为社交电视使用发展提供更多的空间和路径。

3. 移动视频

We Are Social 和 Hootsuite 联合发布了 2019 年数字报告，报告显示，76. 76 亿的全球人口中手机用户为 51. 1 亿人，网民为 43. 9 亿人，也就是说，每 1. 75 个人中就有 1 人使用互联网。① Sandvine 发布的《2018 年全球互联网现象报告》表明，在全球整体的互联网下行流量中，视频流量占 58%。② 可见，随着移动智能设备的普及，移动视频正在成为互联网时代的新宠。美国、日本、中国是增长规模排名全球前三的视频市场。移动视频因其用户数量和广告收入的不断增加，成为传统电视媒体最强劲的竞争者。Netflix 是全球视频用户最青睐的流媒体视频平台，在全球处于领先地位。该平台占全球互联网下行流量的 15%，其订阅数量从 2011 年第三季度的 2293 万一路攀升至 2018 年第一季度的 1. 25 亿，用户规模增加了 4. 45 倍。Amazon Prime Video、Hulu、YouTube 以及中国的三大综合视频平台爱奇艺、腾讯、优酷等也在不断发展。

4. 短视频

短视频作为移动视频市场的明星级细分市场，是互联网"时长红利"唯一的增长入口。AOL（美国在线）曾对英国的 1000 名视频浏览用户做过一项调查，结果显示，1 ~ 10 分钟的短视频内容在互联网用户中受欢迎程度不断加深。③ 在短视频行业，中国早已领先全球，从 2017 年 4 月到 2019 年 4 月，中国短视频 App 日均使用时长已从不到 1 亿小时增长到了 6 亿小时，两年的增长率高达 600%。从 QuestMobile 的 2019 年数据可以看出，字节跳动三款短视频产品去重用户近 5. 9 亿；快手用户达到 3. 4 亿；腾讯微视、百度系的短视频产品也在同比上涨。④ 字节跳动的 TikTok、快手的 Kwai 以及 YY、腾讯系、阿里系等一众产品也走出国门，进而风靡各

---

① 《最新全球网民数量公布：中国增长规模排第二》，快科技，https://baijiahao. baidu. com/s? id = 1624146868495422430&wfr = spider&for = pc，访问日期：2020 年 2 月 13 日。

② Sandvine：《2018 年全球互联网现象报告》，中文互联网数据资讯网，http://www. 199it. com/archives/789800. html，访问日期：2020 年 2 月 13 日。

③ 李怀亮，方英. 国际文化市场报告 2018[M]. 北京：首都经济贸易大学出版社，2019.

④ 《短视频 2020：风会往哪个方向吹?》，钛媒体 App，https://baijiahao. baidu. com/s? id = 1654598143608317829&wfr = spider&for = pc，访问日期：2020 年 2 月 22 日。

国，TikTok 在日本、美国、泰国、印度尼西亚、印度、德国、法国和俄罗斯等国家多次登上当地 App Store 或 Google Play 总榜的首位。Sensor Tower 公布的数据显示，TikTok 海外下载量已达 15 亿。2019 年 9 月，TikTok 更是多次占据美国苹果应用商店的前三强之位。此外，快手海外版 Kwai 多次位居巴西应用软件总榜第一，YY 短视频也拓展至中东、北非、欧洲和北美地区。[①] 中国短视频的发展带来了巨大的市场效益，因此 Facebook、亚马逊 Prime Video 、Twitter 等互联网巨头也纷纷布局短视频平台。

当前，流媒体之争还处于早期阶段，预计将有更多的竞争者进入市场，包括 NBC Universal 旗下的 Peacock 和 HBO Max，它们将提供直接面向消费者的 OTT（DTC）服务，那时全球视频市场竞争将愈发激烈。

（二）全球移动游戏、电竞行业跨境贸易快速增长

当今时代，游戏正在成为流量的重要贡献者。游戏市场运作的方式，游戏平台、游戏组织形式以及商业模式都发生了根本性的变化。游戏产品不断更新，改变了人们对媒体的消费和互动方式，其不仅提供了良好的移动体验，而且设计具有无处不在的连接性，吸引了更多的消费者。硬件和软件的创新使得游戏业成为高科技研发的领导行业之一。

1. 移动游戏

2019 年移动游戏稳坐最大游戏市场者宝座，占据全球游戏市场规模的 45%，预计市场收入将达到 685 亿美元。App Annie 与 IDC 联合发布的《2018 年度游戏回顾报告》显示，2018 年已经有 1/3 的世界人口成为移动游戏玩家。全球移动游戏用户支出分别是 PC/Mac 游戏以及家庭主机游戏的 2.1 倍和 2.8 倍，移动游戏明显占有领先优势。[②] 近几年来，游戏厂商将那些曾被视为太过复杂的类别的游戏搬到了移动设备上，成功推出的几款移动游戏兼具角色扮演游戏（RPC）的高体验性和 MOBA 游戏的高竞技性。竞技类游戏和移动游戏开始在移动设备上兴起。《王者荣耀》《堡垒之夜》和《绝地求生》在手游领域的成功证明了中西方游戏市场同样都做好了迎接核心手游体验的准备，移动端或将复兴热门系列游戏。在出版商确定了 PC 游戏的机制可以成功运用到手机后，移动端口设备越来越受欢迎。热门游戏或大型 IP 都陆续登入移动平台，或为日后更大型的游戏造势。

2. 电竞行业

电竞作为一种新的游戏细分行业，已经在全球引发热潮。该细分行业正在步入

---

① 《短视频 2020：风会往哪个方向吹?》，钛媒体 App，https://baijiahao.baidu.com/s?id=1654598143608317829&wfr=spider&for=pc，访问日期：2020 年 2 月 22 日。

② App Annie：《2018 年度游戏回顾报告》，Useit 知识库，https://www.useit.com.cn/thread-22663-1-1.html，访问日期：2020 年 2 月 13 日。

一个全新的成熟发展阶段，大型投资正在逐渐增加，新的联赛架构正在组建，广告赞助正在从实验阶段向持续投入阶段转变，国际版权交易正在升温，运动员的薪酬也水涨船高。2019 年 6 月 20 日，在海南举办的“全球电竞运动领袖峰会”上，企鹅智库联合腾讯电竞与《电子竞技》杂志发布了《世界与中国：2019 年全球电竞运动行业发展报告》，2019 年全球电子竞技市场盈利规模首次超过 10 亿美元，同比增长 26.7%。中国营收占比排行全球第二位，仅次于北美，中国电竞用户将达到 3.5 亿。Newzoo《2019 全球电子竞技市场报告》显示，2019 年全球电竞观众将突破 4.5 亿，核心电竞爱好者将达到 2.01 亿，其中，中国拥有最核心的电竞爱好者，预计人数达 7500 万。① 电子竞技游戏产业链逐渐完善，电子竞技赛事体系成型，电子竞技与综艺、直播平台、俱乐部、赛事组织进一步融合发展，未来发展势头强劲。

（三）实体书线上销售备受青睐，电子书销售增速放缓

席卷全球的数字化浪潮冲击了图书出版市场，改变了人们的阅读习惯，也促使人们的购买行为发生了变化。电商平台迅速占领全球市场，消费者购书大都趋向在线上进行，连锁书店和独立书店等传统的销售渠道发展长期处于低迷状态。10 年来，美国实体书店年均减少 600 余家，英国平均每年约有 500 家独立书店倒闭。② 而电商巨头亚马逊仅 2017 年上半年图书销售额便高达 30 亿美元，同比增长 46%；当当网在 2019 年也占据了 44% 的国内图书零售市场份额，其 2018 年销售额达 116 亿元，经营利润 4.7 亿元，同比增长了 34.9%。③

自 2010 年起，电子书销售得到了迅速发展，但近几年的销售增幅逐渐降低，在有些国家甚至出现销售额下滑的现象。目前，美国、德国、英国和法国的电子出版市场已经进入平稳发展期。2017 年，这四国电子书销售额占本国整体出版市场份额分别为 10%、4.5%、15% 和 6.5%。尽管近年来俄罗斯、日本和韩国电子书市场的发展势态良好，但在出版市场所占份额不大，分别仅为 2.9%、10.6% 和 2.9%。可见，经过前几年的飞速发展，电子书的发展已经放缓，主要图书出版国家的电子书市场已经趋于平稳。读者依旧更加青睐纸质书籍，纸质书籍销售仍占据各国出版市场的主要份额。

（四）音乐流媒体成为数字音乐主要业务形式

国际音乐市场中，数字音乐开始进入音乐消费者的视野并悄然改变着人们的音乐欣赏方式，成为近年来全球音乐产业发展的“核心动力”。国际唱片协会（IFPI）

---

① 《2019 全球电竞行业发展报告：全球电竞市场规模首超 10 亿美元》，搜狐网，https://www.sohu.com/a/322021883_505583，访问日期：2020 年 2 月 14 日。

② 李怀亮，方英. 国际文化市场报告 2018［M］. 北京：首都经济贸易大学出版社，2019.

③ 《占据 44% 的市场份额，论卖书，20 周年的当当无人能及》，中国网，http://science.china.com.cn/2019-10/31/content_40941384.htm，访问日期：2020 年 2 月 14 日。

《2019全球音乐报告》显示，2017年流媒体收入在全球范围内超过了实体唱片，2018年流媒体收入占全球总收入的46.8%，是实体唱片收入的1.89倍。全球十大音乐市场中，除了日本以外，流媒体收入都超过了实体唱片收入。流媒体以其音乐消费者的快速增长以及音乐产品营销商业模式的创新成为数字音乐行业的主要业务形式。目前，全球流媒体市场最大的平台是Spotify，截至2019年第三季度末，其月活跃用户（MAU）数量为2.48亿，同比增长30%，环比增长7%。① 其他主流音乐流媒体平台Apple Music、Amazon Music Unlimited、YouTube、Deezer以及中国的网易云音乐、腾讯旗下的QQ音乐等也拥有大量的付费用户群体。

（五）数字科技开启旅游新体验

数字技术的应用推动国内外在线旅游平台兴起，FlyerTalk论坛、Jetsetter为用户提供优惠信息和一些旅游灵感；HomeAways拥有40个使用超过20种语言的网站，为旅客提供最全面的租赁选择，提供的住宿类型包括小屋、城堡、公寓和谷仓等；Airfarewatchdog提供特价机票交易服务；携程、去哪儿旅行与飞猪等综合旅游平台满足了用户一系列的旅行需求。在线旅游平台的兴起给人们的生活提供了极大的便利，也促进了国际旅游贸易的发展。

尼尔森发布的《2019年中国境外游移动支付趋势报告》显示，2019年中国游客移动支付使用率走势保持平稳，移动支付平台完成的交易数量继续增长。2019年，每10笔中国游客交易中有3.4笔交易使用的是移动支付方式，比2018年（3.2笔）稍有增长。② 移动支付以其便捷、安全、高效的优势越来越成为旅游市场推崇的主要支付方式，这是旅游业数字化发展的显著特点。英国是最快采用中国移动支付的国家之一，英国、韩国、新加坡有超过一半的商家认为移动支付和相关服务改善了店铺管理的效率。可见，作为中国“新四大发明”之一的移动支付将为全球数字旅游市场增添浓墨重彩的一笔。

此外，以AR技术为支撑的虚拟旅游也进入人们的视野，AR技术依托独特的视觉效果为游客提供了一种前所未有的新体验。旅行社+VR旅游的模式方便了游客规划旅游路线，也提高了旅行社的运营效率，同时还能够保护原生态景点以及古建筑群。英国、德国和美国等发达国家的网络虚拟旅游已经成为旅游业的一部分，而在中国，虚拟旅游也正在蓬勃发展。

（六）全球数字广告支出持续增长

数字网络传播双向互动、载体多样的特点使得数字广告在人们现今的生活中已经无处不在、无时不在。Zenith发布的《2018年全球广告行业报告》显示，全球广

① 《为什么说音乐已经进入流媒体时代?》,36氪,https://36kr.com/p/5213715,访问日期:2020年2月20日。

② 《2019年中国境外游移动支付趋势报告》,199IT互联网数据中心,https://mp.weixin.qq.com/s/sKVjXRP9GTTzsmpGfaGnNw,访问日期:2020年2月24日。

告支出以每年4%的速度稳定增长，其中，数字广告增长最快，增速高达20.7%，占媒体时间的31%，预计到2020年将贡献700亿美元的新增广告支出。① 美国2019年广告支出的一半以上投入到数字媒体平台。2020年总统大选筹备期间，众多候选人将广告支出投入在了数字广告上，其中亿万富翁迈克尔·布隆伯格（Michael Bloomberg）在数字广告上的支出超过其他候选人，达到5850万美元；特朗普位列第二，花费3900万美元。全球数字广告支出的增长势头也依旧强劲，印度尼西亚是全球数字广告市场成长最快的国家，其次是印度，因为它们的数字媒体和移动用户数量处于高速上升期。2021年，数字广告有望达到整体广告收入的50%。② 可见，互联网媒介平台的发展正在逐渐侵占着传统广告的市场份额，数字广告业正处于蓬勃发展期。

三、中国策略

中国作为第四次工业革命的领军者之一，在全球数字文化贸易中有着举足轻重的地位和作用。但是，我国虽然是数字贸易大国，却存在较大的逆差；电子商务规模虽然位居世界第一，但是数字技术和数字贸易发展仍处于起步阶段；在数字贸易相关政策体系建设和管理规制探索方面，依然有很多地方需要向先进国家学习。

（一）积极参与数字贸易国际规则的制定

当前，全球数字贸易规则正处在成型过程中，以美国、欧盟为首的发达国家纷纷抢占规则制定的主导权。我国作为全球数字技术的主要参与者之一，也要提早部署，以防在新规则制定中处于被动地位。一方面，我国可以借助各个国际组织平台积极参与双边、多边和区域数字贸易规则的谈判和制定，积极与世界各国进行磋商，加强在新规则制定中的话语权。另一方面，我国要抓住"一带一路"发展契机，与相关国家开展数字贸易讨论，与沿线国家建立互利共赢的数字贸易规则和数据共享机制。

（二）逐步完善数字文化贸易政策

经济合作与发展组织（OECD）发布的数字服务贸易限制性指数③数据显示，中国的数字服务贸易限制性指数在44个国家中得分最高，限制性最强。但在全球化大势之下，合理开放发展更有利于经济的繁荣。因此，我国需要不断完善与数字贸易

① 《2018年全球广告行业报告》，199IT互联网数据中心，http://www.199it.com/archives/714495.html，访问日期：2020年2月27日。

② 《2018年全球广告行业报告》，199IT互联网数据中心，http://www.199it.com/archives/714495.html，访问日期：2020年2月27日。

③ 数字服务贸易限制性指数：是OECD为了明晰和度量数字服务贸易发生和发展中存在的限制性政策而构建的指数体系，是在服务贸易限制性指数的基础上进行改造和补充而来的。该指数可以对服务贸易数字化进程中，阻碍数字服务贸易发展的各国限制性政策进行识别和量化，主要关注任何影响数字贸易的跨境政策性阻碍。该指数将影响数字服务贸易发展的壁垒分为五大领域：基础设施和连通性、电子交易、支付系统、知识产权、其他影响数字化服务贸易的壁垒。

有关的政策法规，促进数字文化贸易政策逐步放开，激发我国文化市场的经济活力。同时在制定新的数字文化贸易政策时还要及时对政策体系进行系统性梳理，避免出现新旧政策并存的现象。

（三）借力“一带一路”倡议，打造数字丝绸之路

2017 年 5 月 14 日，习近平主席在“一带一路”国际合作高峰论坛上提出推动大数据、云计算、智慧城市建设领域合作，共建 21 世纪数字丝绸之路的新理念。截至 2019 年 4 月，中国与超过 16 个国家签署了数字丝绸之路建设合作协议，联合 7 个国家共同发起了“一带一路”数字经济合作倡议。“一带一路”倡议的提出加深了中国与沿线国家的合作交流，为中国数字文化贸易的发展奠定了基础。因此，在面对数字科技时代新的国际文化贸易格局，面对发达国家各种竞争和贸易壁垒的阻碍时，中国要与“一带一路”沿线国家携手合作，构建自己的数字文化贸易体系，增强国际话语权，实现经济共同繁荣。

（四）深化数字科技应用，适应国际新格局

数字科技的发展给企业带来了众多新机遇。我国各类文化企业可以利用大数据、云计算、各类信息数据库等充分了解消费者需求，进而研发出满足不同消费群体的产品，迅速扩大市场份额，实现产业升级。此外，企业还可以通过整合线上和线下传播，利用各大数字平台进行产品营销推广，树立品牌形象，提升品牌价值。

四、结束语

文化多样性让世界缤纷绚丽、异彩纷呈。文化交流让各民族求同存异、共同发展。数字科技为文化贸易的发展掀开了新篇章，新的文化产品、新的贸易形式、新的国际竞争格局都在焕发着无限生机，在线视频、移动游戏、电竞、数字音乐、数字旅游、数字广告的快速发展印证着数字时代的到来。面对数字科技时代下的机遇与挑战，我国要积极参与世界数字文化贸易规则的制定，逐步提升我国数字文化贸易的自由化与便利化水平。文化企业要充分利用信息和互联网技术，通过科技手段极大地丰富文化内容、创意和艺术样式，不断优化文化产品生产创造、传播扩散、接受应用和社交互动的方式，促进中国文化产品和服务“走出去”，提升中国文化的软实力。

中国对外文化贸易平台发展及创新机制研究①

【摘要】文化贸易平台对推动中国对外文化贸易可持续高质量发展具有重要作用。目前，平台建设基本覆盖文化贸易价值链的各个环节，具有类型多样、功能多元、优势整合等特点。随着对外开放水平进一步提升，面对市场环境的严峻挑战，平台亟须探索适应时代及自身需求的创新机制。考虑到资金投入及相关产业支持、科技应用转化能力、资源集中转化能力、平台服务水平与品牌号召力等影响平台创新的因素，未来中国对外文化贸易平台应在协同联动、资源聚集、信息传递、线上线下混合发展、范围经济助推五种机制上深化创新。同时，要做好平台的顶层设计，充分运用“互联网+”思维，加强资源集聚，加大政策与金融支持，加大文化贸易人才培养力度，深化完善中国对外文化贸易平台创新机制。

一、引言

伴随互联网、云计算、大数据、人工智能等新科技的迅猛发展，不同规模、类型且各具特色的平台企业正快速成长，由此推动方兴未艾的平台经济发展成为当下社会经济转型升级和企业创新发展的重要力量。无论是三大产业领域还是对外贸易，平台的机制不断深化，功能持续延伸，不仅改变了市场的结构、组织运营的模式，提升了交易的效率，还促进了产业链、价值链和供应链的加速形成和密切协同，开辟了更为广阔的创新空间，使促进平台经济的繁荣发展成为各地社会经济发展的重要战略指向。

相较其他一般货物贸易以及服务贸易，对外文化贸易领域的平台建设以及经济发展显得格外特殊，也分外重要。其原因在于：第一，随着对外贸易结构的优化升级以及新时代对外开放新格局的全方位构建，中国对外文化贸易正处于快速发展的新阶段。无论文化贸易企业、项目的数量，还是文化产品与服务供给的质量、市场

---

① 本文作者：王海文，北京第二外国语学院经济学院副院长、教授，首都对外文化贸易研究基地研究员；崔若溪，北京第二外国语学院国际商务专业硕士研究生。本文为国家统计局项目“基于全球价值链的我国对外文化贸易统计国际比较研究”（项目编号：2018LY15）阶段性成果。

消费需求都得到了大幅提高。依据商务部统计数据，2019 年，中国文化贸易保持平稳、快速发展。文化产品进出口总额 1114.5 亿美元，同比增长 8.9%；其中，出口额为 998.9 亿美元，增长 7.9%；进口额为 115.7 亿美元，增长 17.4%。从国别和地区看，对东盟、欧盟出口增长较快，分别增长 47.4%、18.9%；对“一带一路”沿线国家出口增长 24.9%；对美出口下降 6.3%。[①]在文化贸易繁荣发展、规模不断壮大的态势之下，急需进一步畅通渠道、补齐文化贸易平台支撑的短板，为更多文化贸易企业更高质量文化贸易产品和服务的跨国交易奠定基础、提供条件，从而能够更好地把握文化贸易战略发展机遇期。第二，文化贸易所涉行业众多，且差异化显著，其中个性化生产、小规模灵活交易以及产品与服务供给与需求的及时双向互动等成为文化生产与贸易的重要特征。显然，平台的建设有利于发挥平台经济的功能和作用，适应上述特征和市场交易需求，进一步强化信息处理和供需对接，降低信息不对称，促进文化贸易全面创新和高质量发展。

有鉴于此，本文将在剖析中国对外文化贸易平台发展状况、特点的基础上，探究中国对外文化贸易平台创新的影响因素以及创新机制，并提出相应对策，以期能深化对文化贸易平台发展规律的认识，促进文化贸易平台的建设。

二、中国对外文化贸易平台建设的现状及特点

（一）文化贸易平台的发展现状

随着文化市场交易规模、范围的不断扩大，交易对象的不断拓展，各类文化资源和要素在区域以及全球的加速流动，与贸易直接相关的平台的地位和作用日益突出。国内学者指出，中国文化产业领域中的服务平台在数量和功能上大为增加和拓展，包括创意研发设计平台、文化投融资和交易平台、资源配送和社交平台、国际文化贸易平台四大类。[②]2019 年发布的《国务院办公厅关于促进平台经济规范健康发展的指导意见》强调，互联网平台经济是生产力新的组织方式，是经济发展新动能，对优化资源配置、促进跨界融通发展和大众创业创新、推动产业升级、拓展消费市场、增加就业有重要作用。伴随实践的发展以及理论研究的推进，政产学研各界对平台的认识也在不断深化。

随着国际分工的发展，全球产业链、价值链、供应链的构建、延伸和完善，各种平台和平台企业应运而生，在资源、资金、信息的流动、共享以及文化产品和服务交易等方面发挥着独特的作用。平台服务本身就是服务模式和业态创新。就国际

① 中国服务贸易指南网，http://tradeinservices.mofcom.gov.cn/article/wenhua/xinxifb/202003/100686.html。

② 花建.发展我国文化产业的服务平台体系：要求·重点·业态[J].同济大学学报(社会科学版)，2015，16(3)：25-32.

文化贸易而言，相关平台呈现不同形式，处于不同行业，发挥着不同功能。平台既有实体平台，也有虚拟的空间交易市场平台、资源汇聚和信息交换平台，还有通过产业链中的研发、设计、管理、营销、展会、公共服务等环节构建的文化贸易相关平台。

从产业链各环节看，研发设计平台处于文化贸易产业链的前端。借助平台的依托作用，研发者能够接收合适的订单需求，筛选其认可的开发方或制造商。而需求方可以提出设计要求，并寻求其认为有商业价值的创意。平台使双方减少了沟通和时间成本，并集合了大量丰富的需求信念和资源。如南京国家级文化与科技融合服务产业平台就聚焦于“文化＋科技”的创新，推动大数据、物联网、云计算、人工智能等先进技术在新闻出版、广播影视、文化旅游等领域的深度应用。2018 年融交会现场签约了 35 个重点项目，涵盖电竞、IP 开发等多个门类。

文化投融资和交易平台对于文化资源、要素以及文化产品与服务价值的界定、评估、抵押、租赁、投资和高效交易，贸易规模的扩大、结构的优化和企业的成长有着极为重要的作用。如上海文化产权交易所主要受理各文化类项目的产权交易、文化类企业的股权交易和融资并购，同时提供咨询服务。北京莱锦文化创意产业园则聚焦“文化＋金融”模式，打造一站式“文化金融服务超市”，该园区吸收北京银行、深圳证券交易所北京中心等数十家金融服务机构为文化企业提供文创普惠贷、银担通等数十余种特色金融服务产品。

资源汇聚和服务平台则将传统意义上不同的细分市场打破，把海量的客户需求与供应方集中于一个平台，利用长尾效应，极大提高了资源配置效率。如腾讯集社交、娱乐、金融、咨询等工具于一体，打造全年龄型服务平台，娱乐板块更是细分出了视频、动漫、电竞、文学、音乐等领域，分别对接不同的供应商和用户群体，甚至可以实现满足同一用户群体的不同需求，社交平台通过多元化增长成长为一网式平台。

信息服务及交易平台主要提供相关文化产品及服务的交易信息和渠道，如提供电影放映信息及票务售卖服务的猫眼，以及提供体育赛事、音乐会、戏剧等语言类演出的大麦。豆瓣作为社群反馈平台的代表，集中了各类影评、书评、乐评，其开创的评分体系成为文化贸易特有的“售后”评价体系，消费群体发布的评论会影响文化产品或服务的交易量。

国际文化贸易基地作为国家级平台，重点培育和集聚中国文化出口企业，以期在贸易过程中实现多方的资源、人才、技术的流通，主要提供展览展示、仓储物流、报关报税以及交易支持等服务。中国（浙江）影视产业国际合作区的六大产业平台基本包含了产业链上大部分环节，如影视国际交流和交易平台、影视产业国际投融资平台等，突破了传统意义上影视产业在固定场所交易的限制，同时着力与国际知名电视节目制作公司、发行商及视频网站组成联盟，推动华语内容走向国际市场。

总体来看，中国对外文化贸易平台伴随文化贸易的繁荣以及中华文化“走出去”步伐的加快，正处于快速成长、创新的阶段。虽然平台的功能和整体水平有待提高，相关平台企业的运营能力和国际竞争力有待提升，但是平台地位和功能日益受到社会各界更加广泛的关注，发展潜力巨大。

（二）我国对外文化贸易平台的特点

1. 类型多样

无论规模、结构、所有制、所属行业等哪一方面，中国对外文化贸易平台的类型都更加多样，以适应文化行业领域众多、复杂、业态不断创新的特点。一方面，通过资本运作、科技助力、政策扶持等建设起来的以互联网为支撑的大型综合文化贸易平台正逐渐成为主流平台；另一方面，根据文化产品生产和服务个性化、个体化的特征，推动规模小、专业性强、灵活性强的平台的打造。这些不同类型的平台将成为文化贸易发展的重要推动力量，为文化贸易生态环境的建设和营商环境的改善发挥重要作用。

2. 功能多元

文化贸易中的不同平台可以匹配贸易的各个环节，平台功能呈现多元化的特点。从最初仅围绕交易环节存在和衍生出的创意设计、资源汇聚和服务平台，到后来涉及投融资、信息服务和交易等的服务平台，平台业务逐渐囊括文化贸易中从研发到生产、流通、消费等各个环节。这些不同功能的平台与文化贸易价值链相契合，不仅有助于平台功能的发挥，而且能促进平台功能的创新。

3. 优势整合

国际文化贸易平台的出现促进了文化贸易产业链的形成和完善，它使得原本分散的各企业聚合到某一具体的地理范围内，减少了上下游及提供服务支撑的企业间的交易成本，并重点立足某一方面打造“区位品牌”，促进区域经济的发展。我国于 2018 年公布的 13 个国家文化出口基地及若干自贸区平台中的文化板块都以提升我国整体文化竞争力为目标，凭借区域优势打造国际品牌。

三、影响中国对外文化贸易平台创新的因素

（一）资金投入及相关产业支持

近年来，中国不断出台对外文化贸易平台创新的利好政策，如依托自贸区发展对外文化贸易，评选国家文化出口基地等。这些对外文化贸易平台建设需要大量资金支持，其投融资体系较为复杂。国际文化贸易平台可以依托政府或主管部门的财政投入或专项资金进行建设，在发展初期享有各种税收优惠，也可以鼓励和吸收民

间资本，如腾讯、阿里巴巴旗下的猫眼等，来获取平台建设需要的大量资金和金融服务支持。

在平台创新中，人才要素同样关键。类型众多的文化贸易平台业务涵盖价值链不同环节，包括但不限于咨询、研发、生产、流通、投融资、交易、通关、保税各领域。以上海文化产权交易中心为例，其不仅需要精通知识产权的人才，还需要了解相关法律、有一定投资并购经验或金融背景的人才。所以，文化贸易平台因其自身业务范围的广泛势必需要专业能力强、学科背景丰富的复合型人才。

（二）科技应用转化能力

随着互联网的发展进步，人们对信息的实效性、交易的便捷性要求越来越高，平台的数字化发展已成必然。对外文化贸易平台的数字化不仅有利于减少交易参与方的信息不对称，还能降低和突破交易成本和文化贸易壁垒。① 平台的数字化主要包含两个方面，其一是平台模式的数字化，如线下版权交易中心衍生出的版权贸易数字化平台，上海文化产权交易所的线上平台令信息的呈现更为全面，能够在有限的类别中，通过条件筛选，选择自己感兴趣的项目，同时有利于各参与方更加便捷、高效地沟通。其二是服务的数字化，运用5G和VR技术，交易双方能够更直观地展示其交易的产品或服务，并就细节进行沟通；大数据的应用则能根据交易双方的偏好和需求进行快速匹配。

（三）资源集中转化能力

目前中国正在加快建设13个国家文化出口基地。在地理位置分布上，有7个集中在东部或沿海地区，其余则分散在中西部地区。沿海地区信息通达、交通便利、行业基础扎实、市场体制健全、国际化程度高，多种资源聚集促进了平台建设和模式的创新，但也可以看出中国内陆地区资源集中转化能力有限，尚未能依托独特的文化资源等优势推动平台的形成和完善。

此次入选“首批国家文化出口基地”的四川省自贡市，“灯、龙、盐、食”已经成为享誉海内外的品牌，资源差异化态势明显；西安高新技术开发区也借助秦唐古都文化沉淀走出了“互联网＋文化＋外贸”的独特模式，努力建设成为西北对外文化贸易的桥头堡。可见，部分内陆地区已依托文化资源探索有别于沿海地区文化贸易的新发展模式，努力依托基地平台提升资源汇聚和转化能力。

（四）平台服务水平与品牌号召力

平台服务水平与创新能力息息相关。当服务水平低时，平台吸引到的双方用户有限，进而可能造成供需不平衡，若想激发创新的活力，则要素投入需求较大。当

---

① 戴慧. 构建版权贸易数字化平台和联盟 促进版权贸易发展[J]. 发展研究，2019(11)：32－36.

平台在战略规划、组织结构、运营模式上有所创新后，其服务水平将会明显提升，制订接下来的创新计划也会更加得心应手。以猪八戒网为例，在采用比稿模式的起步阶段，其所能满足的客户需求较少，平台提供的服务种类单一，想要发展就必须进行创新。依托天使投资，猪八戒网对其平台的服务模式进行创新，不断推出招标模式、店铺模式和撮合匹配机制，逐渐渗透至更多细分市场，通过收取佣金赚得了不少利润。[①] 在这样的基础上，猪八戒网又推出了“零佣金制”，并借此机会不断吸收交易双方用户，最终成功转变为了综合性的服务交易平台。可见，平台服务水平与创新机制互相提供动力、相辅相成。

品牌号召力对于平台企业的发展而言十分重要。如猪八戒网，处于成长期时，不少优质服务提供商并不看好这一平台，因此猪八戒网只能引入外部人才资源去培养一些平台自己的品牌，增强平台自身的创新力量和品牌知名度。目前，猪八戒网借由品牌效应与高校积极开展校企合作，共建专业人才培养、实践、双创平台及基地，为平台日后的创新发展储备力量。总而言之，品牌号召力是平台创新的结果之一，也是平台后续发展的重要动力。

四、中国对外文化贸易平台的创新机制

（一）协同联动机制

文化贸易平台应突破自身的服务定位，与其他类型平台协同联动，融合发展。处于价值链上下游的平台除不断完善应有功能外，还应积极寻求彼此之间的合作与融合。如此不仅可以提升交易双方的满意度，还能使平台规模得以扩大，进入更多细分市场，增强竞争力。

创意研发设计平台与学术研究平台的融合，能够开发出更多适应市场需求的产品和服务，同时为学术研究提供一手的案例素材。信息服务及交易平台与社群反馈平台的融合将为消费者提供更全面、直观的评价以供参考，同时发行商可根据消费者反馈调整自己的营销策略及未来的产品开发计划。另外，某些平台也能成为“中介的中介”，在平台间搭建沟通桥梁。如版权贸易服务平台就为电影节（电影展）这种影视交易平台提供了法律及程序支撑，有效发挥节约版权标的物搜寻成本、扩展贸易范围、优化版权产业价值链构成的重要作用。[②] 可见，平台的多维度协同联动将成为对外文化贸易平台的发展趋势之一。

（二）资源聚集机制

平台的外部性可以划分为成员外部性与用途外部性。[③]成员外部性指一类用户的

---

① 林冠颖. 猪八戒网商业模式发展及转型研究[J]. 商业经济，2019(8)：40－41.

② 鲁昱晖，朱婷婷. 电影版权贸易平台的市场现状、特征与功能[J]. 东南传播，2016(4)：16－19.

③ 徐晋，张祥建. 平台经济学初探[J]. 中国工业经济，2006(5)：40－47.

数量将影响另一类用户对平台的使用效用。对外文化贸易平台的主要职能是提高国内外文化企业与市场需求的对接质量与效率，当平台上存在大量用户需求时，就能够吸引更多供应商加入平台，也会提高产品的差异化程度。同时，平台提供的产品或服务越丰富，越能吸引用户，平台的使用率也越高。

目前中国大部分对外文化贸易平台的发展模式类似后者，在建立之初引入大量文化企业，以供给带动消费。如猪八戒网在平台创立初期吸引了大量的服务商加入平台，最大限度地保证需求方获得自己满意的方案，以大量优质的创意服务供给吸引了众多新用户注册。随着用户数量的逐渐增多，其用户群体所需求的服务种类也越发庞杂，对财税、印刷、知识产权、家装等领域服务供应商的及时引进不仅使平台本身保持积极的成长，还激发了平台运营模式的创新。未来一段时间，应继续以打造中国品牌为发展对外文化贸易的创新点，引导更多资源进入平台，通过学习效应不断提供优质产品和服务，逐渐形成忠实用户群。

（三）信息传递机制

有效的信息传递和共享将有助于平台更加熟悉相关政策法规和行业动态，并对自身的创新战略和规划做出合理调整。2020 年 2 月，商务部发布的“文化贸易公共信息服务平台”，就是基于信息传递与共享机制形成的创新平台。为帮助文化出口企业在防控新冠肺炎疫情的关键时期化解不利影响，开拓国外市场，其前身——服务贸易指南网的“文化贸易”栏目在重新搭建后，提供的信息服务更加全面、多样。平台下设的 10 个栏目涉及政策法规、对外文化贸易国别指南、文化贸易境内外展会、国家文化出口基地等方面，各文化贸易平台都可以从中获取有关文化贸易基本内容的相关信息，寻求商务合作伙伴，完善前期市场调查，并学习其他平台在运营和创新发展中的成功经验。

同时，加强文化贸易平台和文化企业间的信息交流，可以促进两者关于创新思路的相互借鉴。近些年，众多国有文化企业开始踏上转型之路，平台化是其选择之一。此外，国有文化企业具有丰富的经验，如歌华文化集团深知“将创意变成版权、版权变成产品、产品营销形成市场、市场开拓形成品牌”这一文化产品价值生成链条的操作步骤，又了解如何将文创企业的劣势转化为优势，在软逻辑与硬资产的碰撞中，其平台开放战略实施卓有成效。①由此，对外文化贸易平台可以参考定位、体量与己方相似的企业，学习其平台化转型或发展经验。

（四）线上线下混合发展机制

打破时间与空间的壁垒，推动线上与线下平台的混合发展，两端信息可以借此

---

① 《与时偕行的益众之道——北京歌华文化发展有限公司建设平台型国有文化企业的思考与探索》，歌华集团，http://www.gehua.com/html/2017/zybd_0508/82.html，访问日期：2020 年 3 月 15 日。

同步发布或互为补充。线下平台具有专业性强、知名度高、政策或资金支持力度大的特点，而线上平台在交互性、受众覆盖面以及提供服务的时效性上优势突出。两者混合发展的创新机制能够分别将自身优势转变为平台升级的推动力，同时提升用户在使用过程中的满足感。

很多文化贸易平台都兼具线上与线下两种发展模式。一部分线下平台在互联网时代经数字技术支撑下发展出了线上模式，如猫眼、大麦等信息服务及交易平台，其前身主要是电影院、剧院或体育馆售票处。线上平台出现后，人们可以随时获取不同地区、不同类型的影视、演出或赛事信息，分销渠道经过创新提高了信息的传递效率和资源的配置效率。同时线下平台仍然提供售、取票业务，二者在融合后焕发出新的活力。另一部分平台则在创立之初就衍生出了线上与线下两种方式。线下平台方便本地用户现场办理必要手续或了解平台运营情况，线上平台则为地理位置相对较远的双方提供达成交易的可能性，两者互为支撑，促进平台在业务能力上的完善与创新。

（五）范围经济助推机制

平台经济理论中的用途外部性则强调当通过平台进行交易或互动增加时，双方都能从中获益。平台经过初创期后势必要朝着水平多元化或集团多元化的方向发展，而中国大多数对外文化贸易平台从创立开始就兼具多种功能，有些依托已形成的区域经济来为文化贸易布局，有些则是由于文化贸易平台而产生了范围经济。

以国家对外文化贸易基地（北京基地）为例，该基地落户北京天竺综合保税区后，发挥空港保税的功能优势，为仓储管理、进出口代理、跨境电商、国际物流等服务提供便利，支撑国际影视、国际演艺活动及艺术品的展览与交易顺利开展。此外，基地吸引了北京当红齐天国际文化发展集团有限公司等20余家文化企业入驻，借助各企业在文化科技、影视制作、宣传推广等方面的资源优势，形成了保税区内的范围经济。区域比较优势为平台的搭建提供了先天条件，价值链上的各个企业又通过专业化分工和社会化协作有效提高了生产效率，范围经济带来的外部性将提升中国对外文化贸易平台的效率及竞争力。

五、深入实施中国对外文化贸易平台创新机制的对策

（一）做好平台顶层设计，推动平台协同创新

在中国对外文化贸易平台从打造贸易基地、出口基地向构建全方位对外开放新格局迈进的过程中，要科学把握平台经济的发展趋势，做好顶层设计，破除平台短板，推动各级各类平台协同合作，更加主动促进平台的升级、平台体系的建设以及平台生态系统的打造，从而为以产业链为基础的平台体系功能的发挥以及平台生态

系统的培育打下坚实的基础。特别是针对实体平台，要结合实际创新线上线下混合发展机制，进一步提升平台服务水平，实现新时代中国对外文化贸易平台的高质量、国际化发展。

（二）运用“互联网＋”思维，加强科技助力

大数据和 VR、5G 技术创新已然成为当今各行业发展的大方向。文化贸易平台应该结合自身特色积极融入“互联网＋”与大数据的新业态，开创“互联网＋文化贸易平台”的新模式。与大数据平台的融合将有助于平台增强对市场的掌控能力以及对市场的分析能力，能够准确识别交易双方的实际需求与供给，并进行快速匹配，同时，平台也能迅速洞察市场情况的变化，并对自身功能进行相应调整。“互联网＋”思维的运用具体体现在：平台服务地点的突破，能够满足与国际客户便捷沟通的需求；产品或服务的交互，能够更加直观地向对方展现细节；海量的存储空间，能够支持和容纳多样性信息的存在，并通过程序设计满足快速筛选的需要。

（三）促进资源集聚，强化转化能力

中华民族传统文化应该成为我国独特的资源优势，不仅需要加大保护力度，还应借助现代科学技术手段对其进行深入的挖掘与开发，增强文化贸易平台的文化标识度和品牌号召力。而文化资源将带动经济、人才、技术等资源聚合，最终打造出地区或全国的平台品牌。文化产品和服务朝精致化、大众化、特色化发展是大势所趋，文化资源独特性所带来的品牌效应不仅能够唤起用户的文化认同，[①]更能提高对外文化贸易平台在国际市场上的熟识度，因而要进一步强化集聚效应和转化能力，持续增强和提升中国对外文化贸易平台的功能和实力。

（四）加大扶持力度，增强创新动力

针对文化贸易平台创新的政策不仅应该聚焦于平台本身，还应放眼文化事业、文化产业、对外文化投资和文化交流等层面。良好的产业大环境是平台高效运转的前提。只有文化贸易生态环境良好，平台创新才有基础和发展动力。同时，各地方还应根据本地区的实际制定差异化的政策措施。

加大文化产业发展专项资金等的支持力度，综合运用多种政策手段，对文化贸易平台建设与创新、人才培养等方面给予支持。采取设立专项基金、给予平台内企业税收优惠等方式促进平台可持续运营，加强对知识产权的保护，激励创新机制落地。

（五）加强国际合作，培养创新人才

文化产业具有资金密集、人才密集和智力密集的突出特点。由于培养体系的不

① 刘涛，王星星，李舒薇. 不忘本来与吸收外来：内陆自贸区扩大文化贸易路径研究［J］. 江南大学学报（人文社会科学版），2019（18）：108－118.

成熟，人才匮乏已经成为制约我国对外文化贸易发展的主要原因。对于文化贸易平台创新所需要的专业性强、素质能力高的复合型人才的吸收，可以从以下两方面着手：一是大力引进人才。欧美等国的文化产业起步较早，已有一套成熟的平台体系与配套的人才队伍。在人才引进的过程中，将同时带来成功经验，能够在短期内弥补国内专业人才的欠缺。二是加大与院校的合作。推动国际文化贸易专业人才的培养和模式的创新，加大熟悉中国文化产业、文化贸易政策与环境，以及具有交叉学科专业背景的复合型人才培养力度。

行业报告

旅游业对外文化贸易发展研究[①]

据文化和旅游部统计数据，2019 年我国入境旅游人数达 1.45 亿，其中外国人数为 3188 万，观光旅游的游客人数占比为 35%。国际旅游收入达到 1313 亿美元，其中外国人在我国消费 771 亿美元。我国居民出境旅游人数达到 1.55 亿，比 2018 年增长 3.3%。从数据中可以看出，首先，整体出入境旅游都呈稳定增长态势；其次，入境游客的市场集中度很高，留待文化旅游开发的潜在市场比较大；再次，入境游客的文化体验需求增多，文化旅游融合的优势将凸显；最后，我国出境旅游消费变化大，文化旅游消费形式多样表现突出。

"十三五"以来，我国旅游业格局日趋完善，产业规模快速增长，已经成为国民经济的战略性支柱产业。在旅游业高质量发展的进程中，文化与旅游融合成为传统的文化产业和旅游业各自深入及拓展的重要路径。一方面，旅游成为推动文化开发的可行方案，文化为旅游提供了内在软要素驱动力，文化旅游的目标在于以文化为"卖点"吸引游客到来[②]，此为旅游业供给侧改革发展的必然选择。另一方面，新兴中产阶层的崛起以及"特定文化游客"阶层的存在[③]，使文化旅游已从精英阶层旅游形式演化成大众旅游形式[④]，对文化旅游的市场消费需求大幅度增长。正是基于产业供给侧的内驱力以及消费市场需求的变化，文化旅游正成为重要的发展趋势。而文化旅游的对外贸易，不仅提供了旅游业的国际竞争舞台，更是成为文化交流和展示国家文化自信的重要途径。我国的文化旅游贸易在国家多项战略和政策的部署下持续健康发展，与传统的旅游发达国家相比差距明显缩小。

---

① 本文作者：朱文静，江苏开放大学副教授，经济学博士；周振华，江苏开放大学教授，文学博士，文化研究所所长。

② 闫玉刚，戴宁歆. 从"文化漂移"到"文化浸入"——文化旅游视域中的城市公共空间文化表达[J]. 河南教育学院学报（哲学社会科学版），2013（15）.

③ 吴承忠. 西方国家历史文化旅游发展的现状和趋势[J]. 人文地理，2004（12）.

④ 张胜男. 文化旅游与创意旅游比较分析[J]. 旅游论坛，2014（11）.

一、宏观环境和产业基础

（一）政策环境

党的十八大提出“五位一体”总体布局和“四个全面”战略布局，为旅游业提供了“旅游+”的发展方向和空间，为从封闭的旅游自循环向与多产业融合发展提供契机，文化旅游是“旅游+”的重要一环。在全面贯彻党的十九大精神，以习近平新时代中国特色社会主义思想为指导，认真落实党中央、国务院决策部署行动中，旅游供给侧有了高质量发展的必然选择。在建立和完善现代旅游市场体系的过程中，突破门票经济的瓶颈，营造产业发展的市场氛围，文化旅游更是为满足人民追求美好生活的需要提供了重要抓手。《中共中央关于深化文化体制改革、推动社会主义文化大发展大繁荣若干重大问题的决定》指出：要积极发展文化旅游，发挥旅游对文化消费的促进作用，要推动文化产业与旅游、体育、信息、物流、建筑等产业融合发展。文旅融合发展成为文化产业发展的重要内容。《中华人民共和国旅游法》的公布实施，《国民旅游休闲纲要（2013—2020年）》《国务院关于促进旅游业改革发展的若干意见》等文件的发布，为旅游业现代治理体系的建立添砖加瓦。《关于实施旅游服务质量提升计划的指导意见》《在线旅游经营服务管理暂行规定》的颁布为提升旅游服务质量、规范管理提供政策保障。而《国务院办公厅关于进一步激发文化和旅游消费潜力的意见》中提到“提升入境旅游环境”，推动入境旅游环境得到明显改善，入境消费规模保持持续扩大态势。在《“十三五”全国旅游业发展规划》中，将“提升旅游业国际影响力”作为重要目标，提出要实施旅游业“走出去”战略、实施国家旅游援外计划以及基金参与国际旅游规则制定等措施，都为文化旅游的对外贸易开展提供了战略支持、平台支持和贸易环境支持。

另外，我国在出入境旅游相关的签证、免税等便利化政策方面一直在协调、推进，为文化旅游贸易的发展提供了有力的政策保障。截至2019年年底，共有131个国家或地区为我国公民提供旅游签证服务。其中互免普通护照签证的国家有14个，包括阿联酋、巴巴多斯、巴拿马、白俄罗斯、卡塔尔等国家；单方面允许中国公民免签入境的国家或地区有15个，包括印度尼西亚、韩国等2个亚洲国家，摩洛哥等非洲3个国家，海地、牙买加等7个美洲国家和地区，萨摩亚等3个大洋洲国家；单方面允许中国公民办理落地签证的国家和地区有44个，包括泰国、越南、缅甸、约旦等20个国家和地区，埃及、马达加斯加、津巴布韦等16个非洲国家和地区，玻利维亚等4个美洲国家和地区，帕劳等4个大洋洲国家和地区。入境规定方面，北京、上海、海南等地逐步推进过境免签、购物免税等政策，明显提升了入境旅游消费水平。

（二）产业概况

1. 居民人均可支配收入七年来不断提高，为旅游市场的扩容奠定了经济基础

如图 3－1－1 所示，我国居民人均可支配收入在 2019 年突破 3 万元，城镇居民人均可支配收入在 2015 年超过 3 万元之后于 2019 年又突破 4 万元。不管城镇居民还是农村居民，人均可支配收入和人均消费支出近年来都处于不断攀升态势之中，而居民消费能力的提升为满足生存需求、安全需求之后满足对美好生活追求的潜在需求提供更多可能性，在这些可能性中文化旅游的作用也必将占有一席之地。

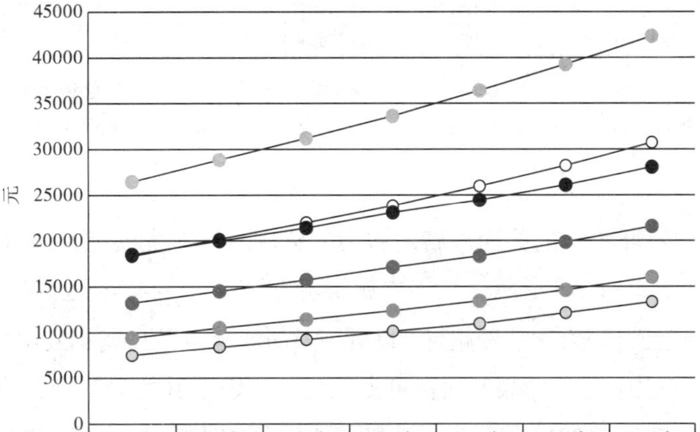

	2013年	2014年	2015年	2016年	2017年	2018年	2019年
居民人均可支配收入	18310.76	20167.12	21966.19	23820.98	25973.79	28228.05	30733
城镇居民人均可支配收入	26467	28843.85	31194.83	33616.25	36396.19	39250.84	42359
农村居民人均可支配收入	9429.59	10488.88	11421.71	12363.41	13432.43	14617.03	16021
居民人均消费支出	13220.42	14491.4	15712.41	17110.75	18322.15	19853.14	21559
城镇居民人均消费支出	18487.54	19968.08	21392.36	23078.9	24444.95	26112.31	28063
农村居民人均消费支出	7485.15	8382.57	9222.59	10129.78	10954.53	12124.27	13328

图 3－1－1　2013—2019 年居民人均可支配收入与居民人均消费支出

资料来源：国家统计局，http：//data. stats. gov. cn/easyquery. htm？ cn = C01，访问日期：2020 年 5 月 10 日。

2. 稳定增长的 GDP 为旅游产业发展储备可能的投资资本

尽管经历了 2008 年的全球金融危机、正在经历着中美贸易摩擦，在经济增长方式转变、供给侧改革的过程中，传统实体经济经历着结构性甚至是颠覆性调整，但我国国内生产总值（GDP）增速仍保持着较为稳定的增长态势，如图 3－1－2 所示。这一方面得益于新兴经济的发展，特别是互联网经济、共享经济、文化产业、新能源、物联网等的发展，可以看出从 2013 年开始第三产业增加值超过第二产业增加值，并呈现差距逐步扩大的趋势。另一方面 GDP 的稳定增长也为旅游产业提供了更多的投资资本，以 2019 年为例，据统计，国家发展改革委核准发行的文化和旅游企业债券规模约 777 亿元，同比增长 5. 34 倍。

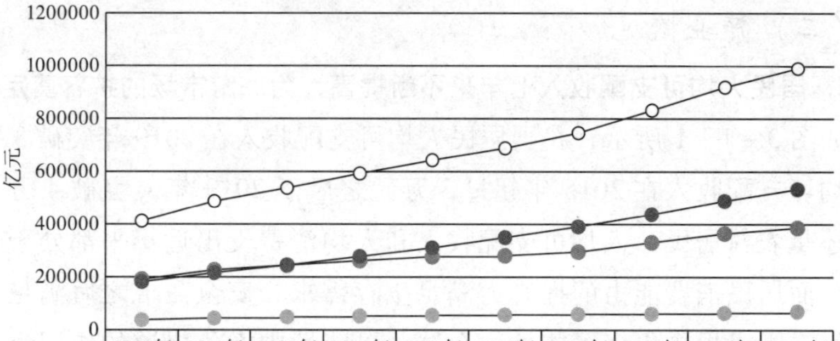

	2010年	2011年	2012年	2013年	2014年	2015年	2016年	2017年	2018年	2019年
国内生产总值	412119	487940	538580	592963	643563	688858	746395	832035	919281	990865
第一产业增加值	38430	44781	49084	53028	55626	57774	60139	62099	64745	70466
第二产业增加值	191626	227035	244639	261951	277282	281338	295427	331580	364835	386165
第三产业增加值	182061	216123	244856	277983	310654	349744	390828	438355	489700	534233

图 3－1－2　2010—2019 年国内生产总值变化

资料来源：国家统计局，http：//data. stats. gov. cn/easyquery. htm？ cn = C01，访问日期：2020 年 5 月 10 日。

3. 不断扩容的国内旅游消费为文化旅游产业发展提供充分的本地市场效应

如图 3－1－3 所示，从国内旅游看，2019 年的游客达 60. 1 亿人次，旅游花费达 57251 亿元，每人次消费超过 900 元。从近十年的两项指标发展变化情况来看，都呈逐步上升态势。这个结果和居民可支配收入稳定上升的趋势相符合，而且国内旅游总花费从 2012 年至 2019 年一直保持超过 10% 的年增长率；国内游客人次则从 2012 年至 2018 年保持超过 10% 的年增长率，2019 年比 2018 年增长 8. 5%。就出游人次来说，按全国 14 亿人口来计算，每人年平均出游 4. 29 次。而且随着旅游产业的文化内容的不断挖掘，旅游产业价值链得到进一步完善，产业的国内市场规模仍然在扩张，将持续保有较高的本地市场效应①，使得规模收益递增的旅游产品和服务在有相对更大需求的区域会有更大比例的产出，从而为文化旅游贸易的出口提供更好的国内市场供给。

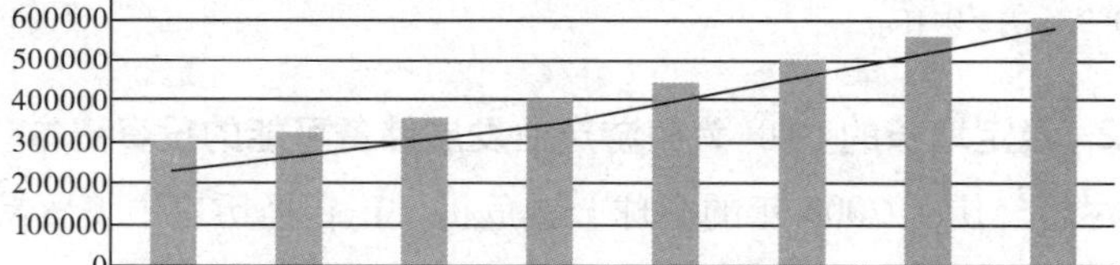

	2012年	2013年	2014年	2015年	2016年	2017年	2018年	2019年
国内游客（万人次）	295700	326200	361100	400000	444000	500100	553900	601000
国内旅游总花费（亿元）	22706.2	26276.12	30311.86	34195.05	39390	45660.75	71278.29	57251

图 3－1－3　2012—2019 年国内游客人次及花费

资料来源：国家统计局，http：//data. stats. gov. cn/easyquery. htm？ cn = C01，访问日期：2020 年 5 月 10 日。

① 本地市场效应又称为本土市场效应，是指在一个存在报酬递增和贸易成本的世界中，那些拥有相对较大国内市场需求的国家将成为净出口国。

4. “全域旅游”理念的推行为文化旅游发展注入新动力

2017 年 3 月 5 日，第十二届全国人民代表大会第五次会议召开，李克强总理在政府工作报告中提到了“全域旅游”概念。2018 年 3 月，国务院办公厅印发《关于促进全域旅游发展的指导意见》。该文件指出，要推动旅游与科技、教育、文化、卫生、体育融合发展；科学利用传统村落、文物遗迹及博物馆、纪念馆、美术馆、艺术馆、世界文化遗产展示馆、非物质文化遗产展示馆等文化场所开展文化、文物旅游，推动剧场、演艺、游乐、动漫等产业与旅游业融合开展文化体验旅游；要提升旅游产品品质[①]；深入挖掘历史文化、地域特色文化、民族民俗文化、传统农耕文化等，实施中国传统工艺振兴计划，提升传统工艺产品品质和旅游产品文化含量[②]。“全域旅游”理念的推行在全国试点区域效果已经逐步呈现。如在南京市江宁区，主题游乐园、智慧农业生态园、度假村、博物馆、节庆活动等各种旅游业态分布于全区各个村镇，各有特色，增加了有效供给，突破传统的乡村旅游“季节性”瓶颈以及同质化供给困境，餐饮、住宿、生态环境、主题内容等都以目标客户的体验为中心，传统的农家乐也纳入集团统一管理和指导范畴，提升了旅游产品和服务的品质，不仅解决了当地人的就业，还吸引了更多高层次人才加入，成为南京市区及周边城市居民周末休闲、企事业单位活动等的较好选择，初步形成多点支撑的大旅游发展格局，与地域特色文化、非遗、民族民俗文化等的融合也为乡村旅游丰富了内涵、提升了品质，为文化旅游发展提供了新动力。

（三）技术条件

云计算、物联网、大数据等现代信息技术在旅游业的广泛应用，为旅游业拓展服务内容、提升服务品质开拓新空间，为旅游发展打造新引擎。

1. 互联网技术的普及为旅游出行提供方便快捷、个性化的服务

互联网旅游企业在市场角逐中的格局基本稳定，携程、艺龙、途牛、驴妈妈等龙头企业将互联网与旅游相融合，在网络营销、预订、网上支付以及咨询服务等方面更加智能化，让消费者的参与度大幅度提升。AR、VR、AI、5G 等数字化场景的应用缓解了旅游市场的信息不对称，让游客在消费前有更多了解旅游产品的平台和资源的机会，可以增强游客的旅游获得感。

2. 文化创意和高科技的运用提高了文化旅游顾客满意度

以故宫、南京博物院等为代表的文旅单位纷纷推出云游服务，为消费者揭开更多文化景点的神秘面纱；App 预约门票制缓解了现场体验的拥挤，提升现场感受的

① 《国务院办公厅关于促进全域旅游发展的指导意见》，http://www.gov.cn/zhengce/content/2018－03/22/content_5276447.htm，访问日期：2020 年 3 月 14 日。

② 《国务院办公厅关于促进全域旅游发展的指导意见》，http://www.gov.cn/zhengce/content/2018－03/22/content_5276447.htm，访问日期：2020 年 3 月 14 日。

质量；高质量的内容营销提高了市场定位的准确度；以5G、物联网、人工智能、实验室经济等为代表的科技成果运用拓宽了文化旅游消费的认知维度。这些进步无不提高了文化旅游的顾客满意度。再比如这两年使用普及率很高的抖音短视频，不仅到其文旅用户上海、首尔等国内外知名城市打卡成为网红，其更成为乡村文旅资源丰富的贫困县的重要传播渠道，成为当地旅游发展的突破口。2019年，抖音平台上乡村文旅短视频内容投稿量超过了2963万，总播放量超过了805亿①。

二、贸易概况

我国文化部和国家旅游局于2018年合并，文化和旅游融合发展在政策上、在主管部门上的体现更为清晰。但因为文化旅游概念被厘清的时间还比较短，在数据统计上还比较零散，目前没有系统的统计数据，这给研究工作带来一定的难度。所以文中所采用数据多为文化和旅游部公开发布的数据以及中国旅游研究院的数据。依据分析所得数据，2019年我国文化旅游出入境的贸易情况呈现以下特点。

（一）2019年出入境旅游市场总体平稳增长，保持旅游贸易顺差

文化和旅游部授权中国旅游研究院发布的《2019年旅游市场基本情况》显示，2019年我国入境旅游人数达1.45亿人次，其中外国人3188万人次；入境过夜旅游人数6573万人次，其中外国人2493万人次。与上年同期相比都呈现上升趋势。国际旅游收入达到1313亿美元，比2018年同比增长3.3%。其中外国人在我国消费771亿美元。我国居民出境旅游人数达到1.55亿人次，比2018年同比增长3.3%。

如图3－1－4所示，2012—2019年入境游客人次、入境过夜游客人次增长缓慢，国内居民因私出境人数在2012—2015年增加较快，2015年增速开始放缓。而外国入境游客人次的变化，从更长时段区域的变化看（图3－1－5），在2008年全球金融危机后有一个从萎缩到复苏的过程。数据显示，从2015年开始，外国入境游客人次呈现稳步增长态势，这个结果一方面与2008年金融危机的持续影响周期有关，各个受影响国家的经济复苏有周期，从而居民的消费能力也有一个恢复时长；另一方面，我国国内的旅游产品供给侧改革的效果逐渐产生，旅游产品和旅游服务的质量都得到大幅度提升，旅游产业链进一步完善，游客既有消费需求又能够得到满足，满意度较之以前有较大提高。

① 《巨星引擎：2019抖音文旅行业大数据报告》，http://www.199it.com/archives/993865.html，访问日期：2020年3月14日。

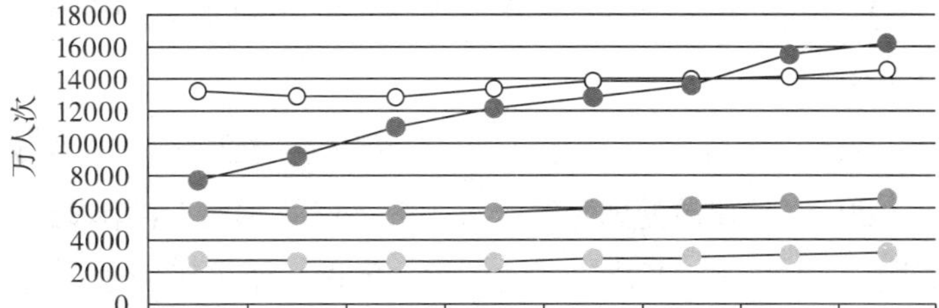

	2012年	2013年	2014年	2015年	2016年	2017年	2018年	2019年
—○— 入境游客	13240	12907	12849	13382	13844	13948	14119	14531
—●— 外国入境游客	2719.1	2629	2636.1	2598.5	2815.1	2916.5	3054.2	3188
—●— 入境过夜游客	5772.4	5568.5	5562.2	5688.5	5926.7	6073.8	6289.5	6573
—●— 国内居民因私出境人数	7705.5	9197.0	11002	12172	12850	13581	15501	16211

图 3-1-4　2012—2019 年出入境游客人数

资料来源：国家统计局，http://data.stats.gov.cn/easyquery.htm? cn = C01，访问日期 2020 年 5 月 10 日。

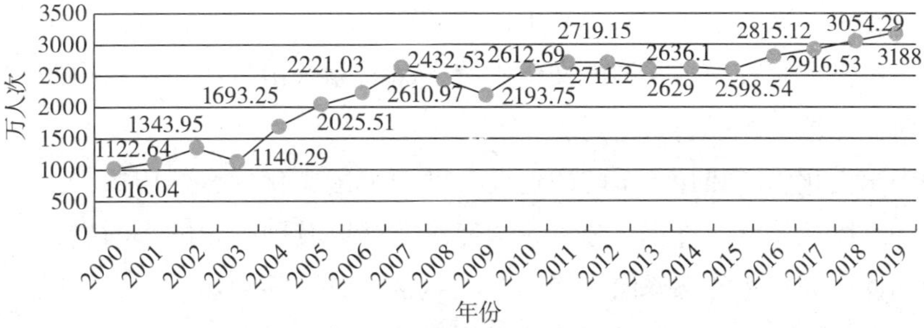

图 3-1-5　2000—2019 年外国入境游客

资料来源：国家统计局，http://data.stats.gov.cn/easyquery.htm? cn = C01，访问日期：2020 年 5 月 10 日。

在出境游消费方面，国际退税服务机构 Global Blue（环球蓝联）的一项新研究发现，中国“精英”旅客数量为全球最多，占到全球“精英”国际旅客[①]数量比例的 40%。然而我国居民的出境游消费已经逐渐趋于理性，法兰西银行等国际专业机构以及《费加罗报》披露，中国游客人数增长的同时，消费金额却在下降。当然，其原因应该是多方面的，包括游客自身的消费心理的成熟、消费偏好的变化等，也包括国内商品供给的日益丰富，特别是国内电商平台的扩张，使得国际购物、消费越来越便捷，购物已经不再是很多人出境游的目的了。

所以总体来说，入境游外汇收入的持续增长高于出境消费，旅游贸易呈现顺差状态。

① “精英”国际游客是指平均每年退税购物消费金额达到 5.5 万欧元（约合人民币 43 万元），发生过至少 12 次交易，平均每年进行 3 次国际旅行（每次至少待 15 天）的旅客。

（二）入境游客源市场集中度较高，待挖掘市场潜力大，文化旅游机会多

文化和旅游部授权中国旅游研究院发布的《2019 年旅游市场基本情况》显示，2019 年，我国入境旅游的国际客源市场 75.9% 集中在亚洲国家，包括缅甸、越南、韩国、日本、马来西亚、菲律宾、新加坡、印度、泰国等国家；美国、加拿大等美洲国家占据 7.7%；德国、法国、意大利、英国、俄罗斯等欧洲国家占据 13.2%；澳大利亚等大洋洲国家占据市场的 1.9%，非洲占据 1.4%。[①] 一方面可以看出，超过 3/4 的客源来自亚洲国家，市场集中度非常高。究其原因，观光休闲等文化旅游消费市场上，文化折扣的影响应该还是存在的，同属儒家文化圈的日本、韩国等国家的游客对中国的文化旅游消费内容的理解和接受更容易，文化旅游消费产品的价值传递就更完整，文化旅游消费的体验性更强，也符合目前旅游业发展阶段游客的消费需求。

但另一方面我们也看到，亚洲之外的客源市场目前所占份额较小，原因应该是多方面的，首先，地理距离较远，来中国旅游的成本就比较高；其次，对中国的文化、历史、经济了解较少，我国的文化旅游产品国际营销力度还比较小，信息传递不充分，对国际游客的吸引力不足。

海外中国文化中心和孔子学院的建设有助于中国文化的海外传播，但文化的影响力还是一个厚积薄发的过程。随着我国经济发展以及国际影响力的提高，有些国家开设中文课作为高考的必修课，特别是“一带一路”沿线国家，中文以及中国文化在这些国家的年轻人中越发受到重视，将来也必然带来更多的国际青年游客在中国境内进行文化旅游消费。所以，事实上，亚洲以外的国际市场是有待开发的潜在市场，随着中国国际影响力的增强，这些潜在市场必然能够得到更好的开发。

（三）入境游目的地范围扩大，逐渐呈现更多的细分市场，文化旅游展优势

据中国旅游研究院和 Google 联合发布的《2019 中国入境游游客行为与态度分析报告》，40% 以上的入境游客不再选择北京、上海和广州等“经典”城市作为目的地，中高收入者和中年人更趋向于京津冀和江浙，年轻人和中等收入者选择云南、贵州和四川的比较多。随着国内都市圈的构建，城市之间的距离在缩短，高速公路网、高铁、机场为出行提供了多项便捷的选择，以江苏为例，13 个地级市有 9 个民用机场，高铁基本修建到每一个城市，境内有 52 条高速，而且每一个地级市都有丰富的文化旅游内容，现在正在成为入境游客的重要目的地选项。事实上，随着各省市文化旅游业的开拓，文化旅游项目的供给越来越丰富，文化旅游项目得到越来越

---

① 《2019 年中国旅游行业总收入达 6.63 万亿元 入境旅游人数达 1.45 亿》，中国报告网，http://free.chinabaogao.com/gonggongfuwu/202003/03134S5402020.html，访问日期：2020 年 3 月 13 日。

有深度的开发，文化旅游项目品牌或城市品牌越来越具国际影响力，必将成为更多入境游客的选择。而国际游客对中国的了解途径更加多元化，了解的信息更丰富，比如抖音短视频的碎片化传播在年轻游客中影响力很大，成就了很多的网红打卡点和网红美食，这些都成了年轻人出行的理由。以西安为例，随着《长安十二时辰》在网络上播出，西安在2019年成为国内外游客热捧的目的地，其浓厚的历史文化底蕴及文化产业的开发使得城市吸引力剧增。基于我国文化旅游产业的供需双方的变化，市场细分有了可能，将细分市场做到极致成为发展目标。

（四）出境游增长态势依然保持，文化体验需求凸显

从图3－1－4看出，我国的出境游从2012年至2019年一直处于增长态势，并在2018年出境游人次首超入境游人次。随着居民可支配收入的持续增长，人民币购买力的增强，出境游对国内居民特别是城市居民不再是奢侈行为，甚至在寒暑假的旅游旺季部分国际游的价格低于国内游的价格。我国经济发展进入新常态阶段，出境游的消费群体更大，二、三线城市消费者数量不断增加，三线及以下城市出境游人次同比增长160%，超过一线城市；出境游目标更加多样化，包括购物、探访影视剧拍摄地、游学、美食、听演唱会、看体育赛事、休闲放松、体验生活等；出境游的出行方式中自驾游、自由行的比重增加，消费者不再满足于“到此一游”，而是去了解、理解听说的和看到的，在旅行中感受生活。从种种变化中我们看出，我国的出境游消费中，文化体验的需求越来越强，这个与消费群体的变化，与国内物品生产供给能力的变化，与国内网购平台的变化，与消费者需求层次的变化都不无关系。随着这些变化，文化体验逐渐成为热点，除了独特的自然和人文景观，旅游休闲、艺术馆、博物馆、饮食等文化交流和互动体验方式都已成为吸引中国游客的新热点①。另外，随着“一带一路”倡议的推进，丝绸之路沿线国家也成为出境游的热点地区。

三、国际交流

2019年我国各省市主办了几十个旅游展会，并组织或参与多项国际展映，为促进文化旅游贸易发展提供了巨大的支持。

（一）我国文化旅游国际展会主办和参加情况

如表3－1－1所示，2019年全年我国主办或参加的国际旅游展会至少34个，国内主办的活动分别在20个城市举办，相对来说，北上广的旅游展会举办频率更高，层次也更高些。2019年4月18日，第十六届上海世界旅游博览会开幕，来自53个国家和

① 参见中国旅游研究院发布的《2019旅游经济运行盘点及2020年发展预测系列报告（二）：旅游服务质量发展》。

地区的750家联合参展商在现场联袂呈现“世界真奇妙”。上海世界旅游博览会（WTF）作为中国长三角地区公民旅游市场年度采购盛会，每年为业内旅行社及公司买家和众多旅游爱好者展示来自世界各地的丰富旅游资源；经过八年的发展，已成为国内最具影响力的旅游产品及线路的交易采购平台之一。2019年6月18日至20日举行的第十六届北京国际旅游博览会，参展商来自81个国家及地区，该展会更加注重新产品、新技术的推广，如VR现实虚拟技术在旅游领域的应用等，是全球旅游业机构人士交流的平台，是全球旅游资源展示的舞台。11月4日至6日，2019英国伦敦世界旅游展览会开展，以“超乎想象的中国”为主题的中国展区亮相。

表3-1-1　2019年我国主办的主要国际旅游展

序号	时间	地点	展会名称
1	2019年2月21日	广州	2019广州国际旅游展览会
2	2019年3月8日	苏州	2019苏州国际旅游展
3	2019年3月19日	上海	2019中国（上海）国际会奖旅游博览会
4	2019年3月29日	西安	2019第六届西安丝绸之路国际旅游博览会
5	2019年4月15日	北京	2019第十五届中国出境旅游交易会
6	2019年4月18日	上海	2019第十六届上海世界旅游博览会
7	2019年4月19日	厦门	2019第十五届海峡旅游博览会
8	2019年4月27日	义乌	2019第11届中国国际旅游商品博览会
9	2019年5月9日	广州	2019亚洲乐园及景点博览会
10	2019年5月11日	西安	2019第四届丝绸之路国际博览会
11	2019年5月15日	上海	2019 ITB China-国际旅游交易会
12	2019年5月31日	济南	2019第十七届山东（济南）国际旅游交易会
13	2019年5月31日	南京	2019第八届南京国际度假休闲及房车展览会
14	2019年6月4日	北京	2019北京第九届国际景点游乐、儿童乐园展览会
15	2019年6月18日	北京	2019第十六届北京国际旅游博览会
16	2019年6月21日	重庆	2019第六届中国西部旅游产业博览会
17	2019年7月3日	上海	2019中国（上海）国际智慧旅游产业博览会
18	2019年7月12日	山西	2019中国（五台山）国际旅游文化用品及工艺品展览会
19	2019年7月18日	大连	2019中国（大连）国际文化旅游产业交易博览会
20	2019年8月23日	广州	2019中国·广东21世纪海上丝绸之路国际博览会
21	2019年9月6日	天津	2019中国旅游产业博览会
22	2019年9月6日	乐山	2019第六届四川国际旅游交易博览会
23	2019年10月15日	北京	2019 UTE环球旅游展览会
24	2019年10月18日	北京	2019第八届北京国际旅游商品及旅游装备博览会
25	2019年10月25日	合肥	2019第五届合肥国际文创旅游商品博览会
26	2019年11月22日	海南	2019海南世界休闲旅游博览会
27	2019年11月22日	深圳	2019第六届中国（深圳）国际旅游博览会
28	2019年11月29日	合肥	2019第二届中国国际景区用品暨旅游装备博览会

续表

序号	时间	地点	展会名称
29	2019 年 12 月 6 日	福州	“海上丝绸之路”（福州）国际旅游节
30	2019 年 12 月 13 日	桃园	2019 桃园国际旅游展暨美食伴手礼展
31	2019 年 12 月 17 日	广州	2019 中国（广州）国际智慧旅游及景区设施博览会
32	2019 年 9 月 18 日	哈萨克斯坦	2019 年 PATA 旅游交易会
33	2019 年 9 月 19 日	杭州	2019 世界旅游联盟·湘湖对话
34	2019 年 11 月 4 日	伦敦	2019 英国伦敦世界旅游展览会

资料来源：本文作者收集整理。

（二）国际奖项

2019 英国伦敦世界旅游展览会 WTM 国际旅游业大奖于 11 月 5 日晚在英国伦敦崭新的活动场地 Magazine London 隆重揭晓，该奖项提供了一个表彰 15 个类别中来自世界各地旅游机构和旅游业的领军人物的平台。爱点击凭借迪拜范思哲宫殿酒店的市场营销案例，从海量的参选机构中脱颖而出，进入全球最佳旅游营销机构的 8 强，并最终斩获铜奖的好成绩。

2019 年，杭州良渚古城遗址申遗成功，我国世界遗产总数达 55 处，暂居世界第一位。

（三）展映

2019 年是中国文化和旅游融合发展的开局之年，“中国旅游文化周”活动是全球 37 家中国文化中心和 19 家驻外旅游办事处联合举办的。活动期间，举办超过 257 场各类文化和旅游交流活动，阐发中国精神，描绘中国风貌，展现真实、立体、全面的中国。湖南、贵州、云南、甘肃等省市参与了“中国旅游文化周”活动，这样的旅游交流活动是很好的文化旅游国际营销平台。

2019 年 4 月 12 日，第八次中国—中东欧国家领导人会晤在克罗地亚举行。国务院总理李克强与中东欧 16 国领导人出席会议。李克强总理在发言中强调，要深入开展人文交流合作；要发挥好“16 + 1”文化合作协调中心作用，促进文明对话和民心相通；要用好既有合作平台，扩大双方在地方、旅游、卫生、体育、智库等领域交流合作；办好“16 + 1”首都市长论坛，推动中国与中东欧国家省州市区直接开展合作；东欧国家自然风光秀美，历史文化积淀深厚，旅游资源丰富，是受中国游客青睐的目的地之一；中方欢迎中东欧企业在华举办旅游博览会进行推介，愿考虑在条件成熟时开通更多民航直航航线，为中国游客的中东欧之行提供便利。7 年来，“16 + 1”文化和旅游的交流合作渐入佳境，广度和深度不断扩大。

四、问题和对策

（一）提高市场创新能力，提高文化旅游产品的国内有效供给

文化旅游融合发展中，需要加强旅游的内容建设。在融合过程中做好文化甄别，开拓创新，避免文化产业和旅游业之普遍出现的雷同模仿供给。在此过程中，需要做的，一方面是鼓励文化旅游单位进行创新开发，包括给予奖励和资金扶持、帮助寻找合作单位等，另一方面是保护好正在做或者已经做出的创新，对文化旅游单位的知识产权提供保护，提高文化旅游产品的国内有效供给能力。这样才能保护和促进文化旅游市场进行创新的良性循环。比如南京玲珑天文化发展有限公司开发了南京文化品牌形象代言人阿槑，公司通过阿槑做了丰富的文化产品开发，这些文化产品开发为南京文化旅游的推广锦上添花。而玲珑天通过这个产品的成功运作也开拓了相关业务，受邀为多个城市进行这样的文化形象设计。

（二）避免固守文化或旅游的单一模式，积极双向融合

一件新兴事物的初始发展总是有难度的，产业发展也是一样，有路径依赖，从业人员有多年的职业习惯。但传统的旅游业已经发展到了瓶颈期，传统的门票经济已经饱为诟病，所以在国家经济高质量发展阶段，旅游产业也一样亟须进行供给侧改革，文化与旅游的双向融合势在必行。南京设计师马聪老师2016 年荣获素有“设计界奥斯卡”之称的德国红点奖的至尊设计奖作品“ECHO”（守候回声），灵感源自南京大报恩寺琉璃宝塔遗址。后者的文化内涵成就了马聪设计师的文化创意创作，前者的文化创意创作又是后者文化旅游开发价值的延伸，实现了双赢。

（三）打破成规讲好中国故事，做好文化旅游国际营销

互联网时代是一个好时代，我们有更多的表达和传播的平台；但它又是一个不那么好的时代，平台太多，提供的信息太多，被关注的难度很高，对信息提供者提出了更高的要求。那么应该提供什么样的信息？一方面不能想当然，文化旅游贸易的对象很多是对入境国文化并不十分了解的游客，如何用他们能听懂的语言讲明白你的文化故事，并且对他们产生吸引力，这是我们很多城市的难题。在这一点上，商务印书馆“汉语世界”英文丛书的做法值得借鉴。该系列《杭州一瞥》《智水仁山》等书以地道英文讲述中国故事，以国际视角看待中国风物，用故事体现文化，用文化带动旅游，不仅塑造了个性化的地方旅游形象，而且激发了海外游客来华体验的动机，实现了社会效益与经济效益双丰收。

（四）规范统计标准，解决学术研究的困难

文化旅游贸易目前还没有规范化的统计数据，这给学术研究工作带来很大的困难。中国知网以“文化旅游贸易”为关键词搜索的文章中，直接写文化旅游贸易的

论文篇数为个位数，与之有关联的论文共120篇。之所以需要规范的统计数据来支持研究，是希望从历史数据中发现问题、总结经验、提炼或优化已有的理论，并能够将这些研究成果用于实践。

案例　牛首山文化旅游区的国际营销①

牛首山位于南京市南郊风景区江宁区境内，因山顶突出的双峰相对峙恰似牛头双角而得名，民间又称为牛头山。东晋宰相王导曾劝谏初创政权的晋元帝司马睿打消在皇宫外兴建象征皇权的双阙的念头，请晋元帝乘舆出宣阳门，南眺牛首，见两峰对峙，十分壮观，趁机劝喻元帝："此天阙也，岂烦改作!"故得名"天阙山"。牛首山自然风光秀美，素有"春牛首"之美誉；文化底蕴深厚，乃岳飞抗金之地，郑和长眠之所；佛禅文化源远流长，乃中国禅宗牛头一系牛头禅宗的开教处与发祥地。

作为南京市"十二五"期间重大文化项目，牛首山文化旅游区以"长期安奉世界佛教最高圣物——佛顶骨舍利"为主题，以"世界佛教文化新遗产、当代建筑艺术新景观"为建设定位，整个景区在挖掘生态资源、文化资源和旅游资源的基础上，着力打造"生态、文化、休闲"三大胜境。

2015年10月27日，释迦牟尼佛顶骨舍利正式供奉至牛首山佛顶宫内，牛首山文化旅游区正式开园。截至2019年底，累计接待海内外游客500万人次，实现年旅游综合收入1.4亿元，逐渐呈现"世界级"影响力。在2019年6月参加的第33届香港国际旅游展中获评为"海外游客最想去的内地旅游目的地"。这样的成绩当然源于牛首山文化旅游区实施的国际营销措施。

（1）牛首山文化旅游区积极参与有影响力的活动，特别是尽量成为国际活动的现场，为文化旅游贸易打造高效率的营销契机和平台。牛首山文化旅游区自成立以来，积极参与有影响力的国际会议活动，为牛首山旅游的国际营销争取广阔的展示平台。比如2017年作为第二届中英国际文化论坛的会场以及协办单位，在论坛中全方位展示牛首山佛教文化；牛首山文化旅游区作为2019南京·江宁春牛首国际马拉松赛起跑点参与国际赛事的举办；2019年7月13日至14日，"盛世茶歌"茶文化交流活动在南京牛首山举行，茶文化研究专家、茶文化传播学者等200余名中外茶界同仁参与了此次雅会。2019年11月16日开幕的首届蓝星球科幻电影周落地牛首山，共收到了来自17个国家和地区的185部科幻影片，包括专

---

① 牛首山文化旅游区相关信息来自牛首山官网，https://www.niushoushan.net/。

业性、交叉性、复合型较强的电影类型，无论在电影数量、质量还是国际化、代表性上，都堪称空前，海内外知名的科幻电影人、科幻作家、科学家、教育家走上“蓝毯”，在国际电影节的深度交流正式开启。这些活动的深度参与，无不让牛首山文化旅游区在国际文化旅游市场上获得展露机会。

（2）积极打造牛首特色文化活动，注重“牛首山”国际品牌塑造。春牛首国际马拉松赛、“南京新民俗　牛首新年俗”新年系列活动、佛顶文化艺术节、M2K街道竞速赛等活动已成为牛首山特色品牌活动；“牛首论道·参禅互联”论坛、“中国杯”定向越野巡回赛、“牛首·四季”全国摄影大赛、圣境嘉年华等主题活动社会参与面广、游客参与度高，为景区集聚了较高人气，有力提升了景区社会知名度和影响力①。

（3）拓展“旅游+文化”的多元融合路径，夯实牛首山旅游的文化内涵。

随着牛首山文化旅游区的开发得到进展，其不仅仅进行佛教文化的世界级殿堂的打造，更在多角度、多层面进行文化的融合，包括与茶文化、电影、体育、摄影、自然生态等多元融合，丰富了牛首山文化旅游区的文化内核，使其在国际旅游市场的目标客户规模的潜力更大，拓宽了市场的广度，也避免了“春牛首”的季节性问题。

（4）牛首山文化旅游区自成立以来，积极主动与中国台湾、印度、日本等地区和国家进行佛教文化交流。在交流中学习借鉴，不断完善自己，并在交流中扩大自身的影响力。

（5）牛首山文化旅游区还利用新技术打造虚拟旅游平台，擦亮牛首文化输出新窗口。牛首山不仅有自己的官网，有提供便捷服务的订票服务系统，能够实时查看景区人流量，而且通过虚拟旅游，游客可以全方位观赏牛首山，特别是佛顶宫，虚拟旅游中游客可以不留遗憾地看到舍利子，实地游览中只是特定日期才会展出。

① 参见《南京晨报》2018年10月29日第A01版。

演艺业对外文化贸易发展研究[①]

2017—2019 年，得益于“十三五”规划的全面推进，我国演艺业产品创作持续繁荣，结构转型和产业升级的步伐加快。原文化部和原国家旅游局合并成立文化和旅游部，文旅融合趋势下的旅游演艺业成为演艺业发展重点。伴随着“一带一路”倡议的稳步落实推进，演艺业依托“欢乐春节”“中国文化周”等品牌活动继续开展国际交流，大批优秀的演艺产品和服务在国际舞台上亮相。与此同时，我国演艺业在对外文化贸易方面也存在一些问题，包括：演艺业“走出去”的行为大部分局限于国际交流合作，产生经济收益的产业化行为不多；走出国门的演艺产品欣赏门槛偏高，“文化折扣”明显；产品和服务类型单一，缺乏创新性，在国际舞台上的知名度偏低；演艺业对外文化贸易产值统计难度大。

一、宏观环境和产业基础

（一）政策环境

1. “一带一路”倡议稳步落实推进

为了加强与“一带一路”沿线国家和地区的文化交流与传播、文化贸易创新发展，2015 年 3 月，国家发展改革委、外交部、商务部联合发布了《推动共建丝绸之路经济带和 21 世纪海上丝绸之路的愿景与行动》，该文件提出推动“沿线国家间互办文化年、艺术节、电影节、电视周和图书展等活动，合作开展广播影视剧精品创作及翻译，联合申请世界文化遗产，共同开展世界遗产的联合保护工作”，旨在推动包括演艺、影视等重点领域在内的“一带一路”文化产业繁荣发展，开拓、完善国际合作渠道，促进“一带一路”文化贸易合作。

2. “十三五”规划全面实施

2017 年，《国家“十三五”时期文化发展改革规划纲要》（以下简称《纲要》）、《文化部“十三五”时期文化产业发展规划》（以下简称《规划》）等文件为我国演

① 本文作者：李晓唱，北京舞蹈学院舞蹈研究所讲师，北京大学艺术学博士。

艺业在“十三五”期间的发展做出了总体规划。《规划》在促进演艺业的发展方面明确提出，“十三五”期间应打造一批深受人民群众喜爱、久演不衰的精品剧目，大幅扩大城乡居民演艺消费规模，通过加大政府补贴力度的方式扶持演艺企业创作生产。在对外贸易方面，鼓励演艺企业创作、开发体现中华优秀文化、展示当代中国形象、面向国际市场的演艺精品。《纲要》在“完善现代文化市场体系和现代文化产业体系”的要求中指明，要加快文化产品市场建设，发展基于互联网的新型文化市场业态，发展演出院线等现代流通组织形式，鼓励演出、娱乐、艺术品展览等传统业态实现线上线下融合发展。

3. 文化旅游融合发展

2018 年，原文化部和原国家旅游局合并为文化和旅游部，释放了文化和旅游融合发展的讯号。2019 年，国务院办公厅印发《关于进一步激发文化和旅游消费潜力的意见》提出了改造、提升演出场所和博物馆配套服务设施，鼓励打造中小型、主题性、特色类的文化旅游演艺产品，鼓励各地开发一批适应外国游客需求的旅游线路、目的地、旅游演艺及特色商品等政策。2019 年 11 月，中国演出行业协会旅游演艺分会正式成立，推动旅游演艺产业的发展。

（二）产业概况

近两年，我国演艺业基础设施建设愈加完善，艺术创作持续繁荣。2018 年末，全国共有艺术表演团体 17123 个，比上年末增加 1381 个；从业人员约 41.64 万人，比上年末增加约 1.34 万人。全国共有艺术表演场馆 2478 个，比上年末增加 23 个；观众座席数约 192.04 万个，比上年增长 6.9%。全年全国艺术表演团体共演出约 312.46 万场，比上年增长 6.4%；国内观众 13.76 亿人次，比上年增长 10.3%；总收入约 366.73 亿元，比上年增长 7.2%，其中演出收入约 152.27 亿元，增长 3.1%[①]，见表 3－2－1。

表 3－2－1　2017—2018 年全国艺术表演团体基本情况

年份	机构数（个）	从业人员数（人）	演出场次（万场）	国内观众（万人次）	总收入（万元）	演出收入（万元）
2017	15742	402969	293.57	124739.06	3419618	1476786
2018	17123	416374	312.46	137568.42	3667258	1522685

但是，艺术演出场次和收入有下降趋势。2018 年全年共举行艺术演出 17.89 万场次，比上一年降低 15.5%；艺术演出观众 5862 万人次，比上一年降低 8.2%；艺

① 《中华人民共和国文化和旅游部 2018 年文化和旅游发展统计公报》，中华人民共和国文化和旅游部官方网站，http://zwgk.mct.gov.cn/auto255/201905/t20190530_844003.html? keywords =，访问日期：2020 年 3 月 12 日。

术演出收入 37.44 亿元，比上一年降低 13.5%。其中各级文化和旅游部门所属艺术表演场馆 1236 个，比上一年减少 17 个；全年共举行艺术演出 6.02 万场次，比上一年降低 15.2%；艺术演出观众 2588 万人次，比上一年降低 4.6%。①

具体到不同种类的演艺市场，演唱会、音乐节、戏曲、曲艺等领域表现突出。2019 年全年演唱会、音乐节票房收入超过 40 亿元，总场次超过 2000 场，票房收入和演出场次同步上升。2019 年上半年戏曲类演出场次 0.74 万场，比 2018 年同期上升 4.51%；票房收入 4.1 亿元，比 2018 年同期上升 7.89%。以相声为代表的曲艺演出市场各统计数据持续增长，以北京为例，2019 年德云社、大逗相声社、嘻哈包袱铺等相声团体各个剧场日常演出门票销售均超过 80%②，并带动了以“80 后”观众为主体的粉丝经济。

（三）技术条件

2017—2019 年，以大数据、人工智能、5G 等为代表的高新技术不断发展，不仅为传统演艺产品的创新提供了新的可能性，同时也拓宽了演艺业的推广渠道和方式，以直播为主要方式的网络表演成为带动文化娱乐消费的主力军。2017 年，原文化部出台了《关于推动数字文化产业创新发展的指导意见》，提出大力推动包括演艺娱乐在内的传统文化产业的数字化转型升级；中国演出行业协会与爱奇艺、腾讯分别达成战略合作，共同探索创建“演艺 + 互联网”新生态圈。

传统文化借助数字技术和网络平台开展了大规模的演出活动。中国互联网新闻中心与国家京剧院签署战略合作协议，通过数字技术向世界传播传统京剧文化；在抖音、快手等直播和短视频平台上进行传统文化表演的演员越来越多，戏曲、京韵大鼓、快板、评书、相声等内容打破传统剧场演出的观念，在网络平台上不断涌现，这成为网络表演中的一股潮流。

二、贸易概况

2017—2019 年，在政策环境、产业基础和技术条件的助力下，我国演艺业的进出口行为异常活跃，既引进了大批高质量的外国产品和服务，又将音乐、舞蹈、杂技等多种精品剧目推向海外市场，有效推动了中华文化的海外传播。

① 《中华人民共和国文化和旅游部 2018 年文化和旅游发展统计公报》，中华人民共和国文化和旅游部官方网站，http://zwgk.mct.gov.cn/auto255/201905/t20190530_844003.html? keywords = ，访问日期：2020 年 3 月 12 日。

② 《2019 年中国演出市场回顾——演唱会、音乐节篇》《2019 年中国演出市场回顾——戏曲篇》《2019 年中国演出市场回顾——曲艺篇》，中国演出行业协会官方网站，http://www.capa.com.cn/news/showDetail/168064，http://www.capa.com.cn/news/showDetail/168062，http://www.capa.com.cn/news/showDetail/168061，访问日期：2020 年 3 月 12 日。

（一）进口情况

2017 年国外文艺表演团体来华演出收入 47.25 亿元，比 2016 年上升 8.17%，演艺业的对外文化贸易仍然存在较大逆差。①

1. 音乐剧

在音乐剧领域，国外原版作品的引进和改编持续升温。近几年，国外原版引进作品、国外原版音乐剧改编、原创音乐剧的数量都较往年有所增加，观众人次、巡演场次、社会影响力等也都有显著提升，尤其是《摇滚莫扎特》《猫》《长靴皇后》《芝加哥》《罗密欧与朱丽叶》《阴阳师》《白夜行》《我，堂吉诃德》《拉赫玛尼诺夫》等一批既有口碑又有票房号召力的作品不断推出，为整个市场的持续升温起到明显的助燃作用。从 2018 年开始，法语音乐剧的热度持续上涨。2019 年，《摇滚莫扎特》《巴黎圣母院》《摇滚红与黑》《罗密欧与朱丽叶》等一系列别具风格的法语音乐剧演出在中国掀起了一阵又一阵的热潮。尤其是被称为“法扎”的《摇滚莫扎特》现场表现堪比流行明星演唱会，这是因为法语音乐剧在中国最早出现的平台是哔哩哔哩，经由该网站用户的传播，法语音乐剧在未正式引进时就已经拥有了一部分忠实粉丝。②

2. 音乐会

越来越多的国外知名乐团来华巡演。除了圣彼得堡爱乐乐团、柏林爱乐乐团、纽约爱乐乐团、维也纳约翰·施特劳斯乐团、英国皇家利物浦交响乐团等多次来华的世界名团造访，2018 年，为北美近半世纪最大、最知名乐团之一的美国太平洋交响乐团、维也纳莫扎特交响乐团等国际名团也实现了首次访华巡演。③

3. 舞蹈

国际知名舞团持续来华，带来高品质演出。2019 年来华演出的有俄罗斯莫斯科大剧院芭蕾舞团、俄罗斯圣彼得堡艾夫曼芭蕾舞团、德国斯图加特芭蕾舞团、意大利斯卡拉歌剧院芭蕾舞团、丹麦皇家芭蕾舞团等，他们带来的经典作品吸引了众多国内芭蕾爱好者的关注。

4. 儿童剧

儿童剧市场的发展离不开国外剧目对创作团队的启发。2018 年从国外引进到国内市场的儿童剧剧目数量持续增多，引进的原版剧目和引进版权的剧目全年超过

---

① 《大麦网联合演出行业发布〈2017 中国演出市场年度报告〉》，光明网，http://culture.gmw.cn/2018-09/10/content_31090110.htm，访问日期：2020 年 4 月 25 日。

② 《2018 中国演出市场年度报告》，腾讯网，https://new.qq.com/omn/20190729/20190729A0O79M00.html，访问日期：2020 年 3 月 18 日；《2019 年中国演出市场回顾——音乐剧篇》，中国演出行业协会官方网站，http://www.capa.com.cn/news/showDetail/168060，访问日期：2020 年 3 月 18 日。

③ 《2018 中国演出市场年度报告》，腾讯网，https://new.qq.com/omn/20190729/20190729A0O79M00.html，访问日期：2020 年 3 月 18 日。

100 部，演出场次比上年增长 300%，仅浙江大船文化公司一家引进的海外儿童剧《我是演奏家》《汪汪队》等剧目 2018 年演出场次就突破了 600 场，观众人数超过 30 万。①

（二）出口情况

2017—2019 年，我国演艺产品出口延续了近几年来艺术类型多样化的趋势，涵盖了音乐、舞蹈、儿童剧、杂技、旅游演艺、网络表演等多种演出形式。2017 年，我国文艺表演团体赴海外演出收入为29. 87 亿元，比 2016 年上升 8. 43%；赴海外演出的总场次和商演占比持续上升，但商演占比仍然较低，占演出总场次的 38. 1%。2018 年文艺表演团体赴海外演出收入为 31. 86 亿元，较 2017 年增长 6. 66%；其中商业演出场次 2000 场，收入 12. 97 亿元，比上一年增长 4. 76%，② 见图 3 -2 -1。

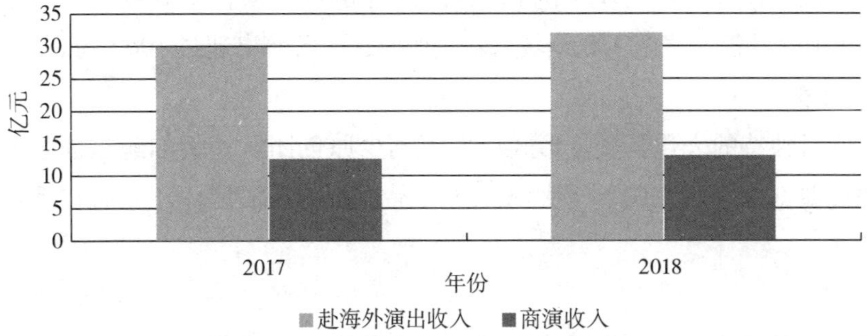

图 3 -2 -1　我国文艺表演团体赴海外演出收入

1. 音乐

除了海外演出的不断引入，国内音乐走出去也成为行业发展的新通路。2018 年音乐经纪公司、音乐平台、音乐节主办机构等从业者纷纷选择向海外拓展。摩登天空、战马时代等一批以独立音乐为特色的经纪公司加快了展开国际合作的步伐，经海外合作伙伴将中国音乐送达欧美市场。如战马时代签约的安达乐团每年欧美巡演场次达近百场；摩登天空投资在美国和北欧举办音乐节，以欧美本土音乐人和中国音乐人同台的方式吸引当地乐迷关注，向海外观众传播中国音乐；MTA 天漠音乐节 2018 年受邀音乐团队赴全球最具影响力的泛音乐领域综合盛会之一的西南偏南，呈现“CHINA NIGHT”，引发行业关注。各音乐经纪公司从小众 live 到大型音乐节的

① 《2018 中国演出市场年度报告》，腾讯网，https://new. qq. com/omn/20190729/20190729A0O79M00. html，访问日期:2020 年 3 月 18 日。

② 《大麦网联合演出行业发布〈2017 中国演出市场年度报告〉》，光明网，http://culture. gmw. cn/2018 -09/10/content_31090110. htm，访问日期:2020 年 4 月 25 日；《2018 中国演出市场年度报告》，腾讯网，https://new. qq. com/omn/20190729/20190729A0O79M00. html，访问日期:2020 年 3 月 18 日。

舞台，积极拓展国际合作，获得更开阔的视野和前沿动态。①

2. 舞蹈

被誉为“东方天鹅湖”的中国舞剧《朱鹮》2018年在美国多地演出，亮相世界顶级艺术殿堂——林肯艺术中心，连演多场备受好评。以中央芭蕾舞团、上海芭蕾舞团等为代表的中国芭蕾舞团在国际市场的影响力持续增长，2018年《大红灯笼高高挂》《过年》等芭蕾舞剧的海外商演获得市场青睐；2018年以陶身体、北京当代芭蕾舞团等为代表的民营现当代舞团受邀参加了多个国际知名舞蹈艺术节，并成功进行欧美地区巡演，成为中国现当代艺术国际化发展的排头兵。②

中国歌剧舞剧院的《孔子》、山西华晋舞剧团的《一把酸枣》《粉墨春秋》等一些知名的优秀民族舞剧2019年持续在国内外市场上演，受到好评。迄今，舞剧《孔子》已在世界各地演出400余场，《一把酸枣》已演出超过1000场。③

3. 儿童剧

国外剧目独特的表达、交流形式启发了不少原创团队，例如鲸鱼创艺在近年来制作了现代偶剧《小兵张嘎》《大海》等作品，《小兵张嘎》还先后在俄罗斯、英国等国巡演。

4. 杂技

海外市场是目前国内杂技团体表演的主要市场。2018年中国演艺产品海外商演中近40%是杂技类项目，但是，中国杂技演出在海外市场的收入未见增长，甚至一度出现下滑，主要原因是中国杂技表达方式重技巧、轻内容，缺少故事性和趣味性，单纯的高难度技巧展示已经难以满足观众的观演需求。④ 2018年，国内杂技团体尝试通过国际合作实现创新升级，例如中国杂技团推出国际合作剧目《TOUCH－奇遇之旅》，被称为“中国第一部新杂艺实验剧”。⑤

5. 旅游演艺

伴随着文旅融合，旅游演艺产品也在逐渐走向国际市场，但目前“走出去”的旅游演艺剧目仍以服务出国旅游的中国游客为主，在跨文化的深度融合、本土化运

---

① 《2018中国演出市场年度报告》，腾讯网，https://new.qq.com/omn/20190729/20190729A0O79M00.html，访问日期：2020年3月18日。

② 《2018中国演出市场年度报告》，腾讯网，https://new.qq.com/omn/20190729/20190729A0O79M00.html，访问日期：2020年3月18日。

③ 《2019年中国演出市场回顾——舞蹈篇》，中国演出行业协会官方网站，http://www.capa.com.cn/news/showDetail/168063，访问日期：2020年3月18日。

④ 《2018中国演出市场年度报告》，中国演出行业协会官方网站，http://www.capa.com.cn/news/showDetail?id=143428，访问时间2021年11月22日。

⑤ 《2018中国演出市场年度报告》，腾讯网，https://new.qq.com/omn/20190729/20190729A0O79M00.html，访问日期：2020年3月18日。

营和当地观众的认可等方面存在问题。一些演出还因为没能充分尊重他国文化传统、遵守相关法律法规而被迫暂停。[①]

6. 网络表演

在国家政策支持、互联网加速普及、多媒体技术日臻成熟等的推动下，网络表演（直播）行业在我国迅速发展。网络表演企业在创新产品内容和商业模式之余，还积极寻求国外互联网市场的机遇。

YY 旗下的直播平台 BIGO LOVE 覆盖了新加坡、印度尼西亚、印度、越南、泰国、马来西亚、菲律宾等东南亚国家；Kitty Live 自 2017 年 7 月在泰国上线以来，先后进入了泰国、马来西亚、新加坡和印度尼西亚等多个国家和地区的 App Store 和 Google Play 下载榜前十位名单，并于 2016 年 11 月登顶泰国 Google Play 下载榜首；广州视讯科技的 Nonolive 以印度尼西亚作为主阵地与第一突破口，先后上线印度尼西亚、马来西亚、泰国和新加坡等多个国家，并曾登顶印度尼西亚 App Store 畅销榜；快手韩国版在韩国迅速走红；猎豹移动的直播产品 Live. me 进入美国互联网市场；腾讯的 VOOV、映客的 MeMe 等面向海外提供直播服务，熊猫直播有 4. 16% 的境外用户。[②]

三、国际交流

2017—2019 年，伴随着“一带一路”倡议的稳步落实推进，演艺业依托“欢乐春节”“中国文化周”等品牌活动持续开展国际交流，大批优秀的演艺产品和服务在国际舞台上亮相。

2017 年全年经文化系统审批的对外文化交流项目有 3054 个，参加人次为 63961；对中国港澳文化交流项目 496 项，参加人次为 12567；对中国台湾文化交流项目 342 项，参加人次为 6428。2018 年全年经文化系统审批的对外文化交流项目 3383 项，参加人次为 66734；对中国港澳文化交流项目 490 项，参加人次为 11411；对中国台湾文化交流项目 311 项，参加人次为 3642。[③]

2017 年，第四届“丝绸之路国际艺术节”和第三届“海上丝绸之路国际艺术节”成功举办。截至 2017 年底，我国已与 157 个国家签署了文化合作协定，累计签

---

① 《2018 中国演出市场年度报告》，腾讯网，https://new. qq. com/omn/20190729/20190729A0O79M00. html，访问日期:2020 年 3 月 18 日。

② 《中国演出行业协会:2017 中国网络演出（直播）行业发展报告》，中文互联网数据资讯网，http://www. 199it. com/archives/687522. html，访问日期:2020 年 3 月 18 日。

③ 《中华人民共和国文化和旅游部 2017 年文化和旅游发展统计公报》《中华人民共和国文化和旅游部 2018 年文化和旅游发展统计公报》，中华人民共和国文化和旅游部官方网站，http://zwgk. mct. gov. cn/auto255/201805/W020180531619385990505. pdf，http://zwgk. mct. gov. cn/auto255/201905/t20190530 _ 844003. html? keywords =，访问日期:2020 年 3 月 18 日。

署文化交流执行计划近800个，初步形成了覆盖世界主要国家和地区的政府间文化交流与合作网络。“中美文化论坛”、第十五届亚洲艺术节、“东亚文化之都”、首届金砖国家文化节等文化交流活动的举办进一步扩大了中华文化的国际影响力。

以讲好中国故事为主线，以提升“欢乐春节”文化交流品牌形象为目标，2017年“欢乐春节”在全球140多个国家和地区的500余座城市举办了2000多项文化活动，“欢乐春节”品牌效应逐步形成。2018年，我国以“欢乐春节”为品牌，在全球130个国家和地区的400多座城市举办近2000场活动：在阿维尼翁戏剧节、爱丁堡艺穗节等节展框架下举办“聚焦中国”系列活动；在美国、加拿大、俄罗斯、尼泊尔等国举办文化年（节）活动，进一步塑造“中国年节”形象品牌；指导海外中国文化中心联合举办“中国文化周”统一品牌活动和“天涯共此时”中秋品牌活动。①

海外中国文化中心建设顺利推进，2017年，希腊雅典中国文化中心、越南河内中国文化中心、保加利亚索非亚中国文化中心、以色列特拉维夫中国文化中心、缅甸仰光中国文化中心开始启用，海外中国文化中心总数达35个。计划到2020年，海外中国文化中心总数达到50个，形成覆盖全球主要国家和地区的中国文化对外传播推广网络。

2018年是文化与旅游深度结合的元年，也是非物质文化遗产备受关注的一年。各地文艺院团将本地特色文化以及非物质文化遗产特色融入文艺创作，借政策的东风，利用旅游文化交流的契机，将中国传统文化呈现在世界观众的眼前。2018年为中加旅游年，四川省曲艺研究院受加中文化发展协会邀请，携巴蜀文化特色的曲艺节目亮相加拿大，举行“蜀风雅韵”主题专场演出，获得当地民众的关注与青睐；在“2018中欧旅游年”活动中，中国·乌审马头琴交响乐团为法国尼斯的观众带来了马头琴弦乐齐奏曲《贺慕日》《回想曲》《洁白的鸿雁》《万马奔腾》等精彩的传统文化表演。

随着“一带一路”倡议的提出，中国与沿线国家文化交流日益密切。在这样的背景下，旅游演艺行业与“一带一路”沿线国家的演艺团队加深合作，共同创作旅游演艺剧目。例如山水盛典文化产业股份有限公司与越南GAMI集团联袂打造的大型实景演出《越南往事》在“一带一路”的重要站点越南会安成功首演，实现中国的文化产品模式与越南本土文化内核相结合。②

① 《中华人民共和国文化和旅游部2017年文化和旅游发展统计公报》《中华人民共和国文化和旅游部2018年文化和旅游发展统计公报》，中华人民共和国文化和旅游部官方网站，http://zwgk.mct.gov.cn/auto255/201805/W020180531619385990505.pdf，http://zwgk.mct.gov.cn/auto255/201905/t20190530_844003.html? keywords=，访问日期：2020年3月18日。

② 《2018中国演出市场年度报告》，腾讯网，https://new.qq.com/omn/20190729/20190729A0O79M00.html，访问日期：2020年3月18日。

四、问题和对策

我国演艺业在对外文化贸易方面尽管取得了不少成就，但是在下述几个方面还存在问题。

第一，演艺业“走出去”的行为大部分局限于国际交流合作，产生经济收益的产业化行为不多，贸易逆差仍然存在。从近几年的统计数据来看，中国已经成为世界领先的演艺产品生产大国，艺术表演场馆和演出场次逐年增多，演艺企业和从业人员的数量逐年增加，我国文艺表演团体赴海外演出的收入也在逐年升高。但是，国外文艺表演团体来华演出的收入还是明显高于我国文艺表演团体赴海外演出的收入；赴海外演出的总场次和商演占比持续上升，但商演占比仍然较低，文化演出贸易仍然存在较大逆差。这说明，我国演艺业的国际市场占有率虽然提高了，但是“走出去”的产品和服务以文化交流为主而贸易出口比重不高，产业化程度仍有待提升。因此，我国文艺表演团体和演艺企业应该面向国际市场选准定位，充分挖掘优质文化资源的产业价值，将演艺产品和服务从单纯的艺术创作转变为有市场价值的产业项目，致力于在海外刮起一波演艺业的“国潮”热。

第二，走出国门的演艺产品欣赏门槛偏高，“文化折扣”显著。近年来，我国的戏剧、曲艺等演艺产品演出频繁登上海外舞台，但是这些产品的海外接受度远不及杂技、舞蹈等动作技巧型的艺术形式，提升中华文化国际影响力的作用有限。以相声为代表的曲艺近几年在海外巡演的上座率很高，但其受众仍局限于华人或没有语言障碍的观众，目标群体范围小，且很少能登上主流大剧院的舞台。如何降低欣赏门槛、缩小“文化折扣”成为语言类演艺产品在海外传播需要攻克的难题。为此，我们一方面需要培养大量精通中国传统文化的专业翻译人才，准确传达演艺产品中的文化意涵，另一方面又要对出口海外的演艺产品做有针对性的筛选和调整，挑选契合外国观众审美习惯的内容来有效输出，最终降低欣赏门槛，扩大演艺产品的海外受众规模。

第三，产品和服务类型单一，缺乏创新性，在国际舞台上的知名度偏低。近年来，我国的音乐剧、杂技、戏曲、曲艺等演艺产品“走出去”的频次明显升高，但却很少产生具有国际影响力的作品。以音乐剧为例，大部分产品的原创力不足，整个行业都存在严重的贸易逆差；以杂技为例，大部分产品停留于传统的炫技，创新能力不足，虽然将海外市场作为其主要市场，但海外商演的收入却出现下滑；具体到戏曲行业，虽然在国际市场上发出了一些声音，但还缺乏能占领国际市场，尤其是被海外观众广为接受和获得好评的品牌作品。究其原因，我国出口的演艺产品和服务与海外市场需求之间存在断层。为此，传统演艺产品和服务应针对国际市场的潮流不断创新，借助技术手段不断丰富演出形式，创新演出内容，变革营利方式，打造出真正有国际影响力的外贸精品。

第四，演艺业对外文化贸易的数据统计难度大，无法及时进行市场反馈。与影视、动漫、广告等传播渠道相对清晰、可在主要媒介渠道投放产品的行业相比，演艺业的海外演出场馆包括专业剧院、艺术中心和其他娱乐场所等，海外商演的营利方式包括线上、线下售票和赞助等，演出场次、各项收入、观众人数、观众上座率等数据统计难度都很大，纵观近几年国内权威部门的统计公报，都鲜有演艺业对外文化贸易的翔实数据。因此，专家学者和专业研究人员也无法通过客观的数据来分析演艺产品出口过程中的具体症结。为此，应当在加大演艺业海外传播力度的同时，拓宽获取相关数据的渠道，实现基础数据的及时反馈，并从中找到产业链各个环节的漏洞，为演艺业对外文化贸易的可持续发展创造更多可能性。

案例　“开心麻花”的海外品牌战略

北京开心麻花娱乐文化传媒股份有限公司（以下简称“开心麻花”）成立于2003年，以为人民娱乐服务为宗旨制作、发行舞台剧，并首创“贺岁舞台剧”的概念。从2003年至2019年，开心麻花陆续推出了26部舞台剧，在大剧场的演出超过2000场，惠及上百万观众，票房收入在同类演出产品中拔得头筹。凭借强大的喜剧创作实力和营销能力，开心麻花打造出了国内独具市场竞争力和号召力的喜剧品牌。2017年11月，开心麻花登陆海外舞台，爆笑舞台剧《夏洛特烦恼》在澳大利亚墨尔本丽晶大剧院拉开帷幕，这是开心麻花成立14年来的首次海外商演，成为墨尔本的头条文化新闻，其火爆程度可见一斑。自此之后，开心麻花又陆续将《隐婚男女》《乌龙山伯爵》两部剧目输出海外，将有中国特色的喜剧元素传播到世界各地。开心麻花的海外品牌战略有很多值得借鉴的地方，总结如下：

第一，选择在国内运作较成功的剧目，确保将经过国内市场检验的精品输送海外。迄今为止，开心麻花推往海外的三部作品都是在国内创造了高票房的作品。特别是经典爆笑舞台剧《夏洛特烦恼》，自2013年在国内首演至2015年，每场演出的上座率几乎都能保持在95%以上，演出票房破亿，创造了中国话剧演出的奇迹。其同名改编电影在2015年国庆档上映，以14.5亿元的票房登上当时华语2D片票房亚军席位，成为一部“现象级”影片。《隐婚男女》和《乌龙山伯爵》两部剧在国内一经推出，也成了场场爆满的人气之作。开心麻花在征战海外舞台时，首选这些制作精良且在国内广受好评的精品剧目，规避了不成熟的剧目可能带来的市场风险，也有利于树立该品牌在海外市场的良好口碑。

第二，不拘于传统模式，探索可持续发展的海外演出系统的建立。以往我国演艺产品的海外演出大多数遵循“单城市，单场次”的模式，而开心麻花则采用在海外某个城市进行多场演出的形式，尽可能地维持品牌在海外的持续热度。从2017年11月到2018年底，开心麻花辗转海外3个国家的4座城市——墨尔本、悉尼、奥克兰、多伦多，展开了20余场线下演出，收获了海外观众的一致好评。这种全新的海外演出模式不仅有利于将中国的演艺产品推至更大、更高、更远的世界舞台，同时在同一城市的多次演出能保持该作品在海外市场的持续热度甚至使其逐步升温，使开心麻花的作品及品牌更加深入人心。

第三，结合海外地区特色拓宽业务范围，围绕品牌核心内容实现跨界运营。开心麻花对国内市场的迅速占领得益于舞台剧与影视剧的结合，在开拓海外市场时仍然沿用了跨界运营的成功经验。2018年9月，开心麻花“2018海外战略发布会”在墨尔本召开，开心麻花海外合伙人、开心麻花澳新总部执行总裁梁卓在会上公布了开心麻花未来的全新海外战略方向——开心我加战略（5+Plus），该战略在充分考虑澳大利亚和新加坡地区特色的基础上，在剧院和影院之外开拓了开心麻花的业务范围，其中包括“喜剧+社会+责任”的开心公益行计划、“喜剧+校园+青春”的开心进校园计划、“喜剧+美食+小剧场”的开心小食堂计划、“喜剧+即兴+旅游”的开心即兴游计划、“喜剧+儿童+教育”的开心小麻花计划。五项计划包含“责任、校园、美食、旅游及教育”五大方向内容，计划为澳大利亚和新西兰的民众带去更多的开心和欢乐。除此之外，开心麻花还注重海外观众对作品的参与度和体验感，从2019年下半年开始逐步在海外公演中启用当地演员，为热爱表演的海外年轻人提供更多参与其中的机会。开心麻花在海外运营的领域看似分散，实则对每个领域的开发都围绕着“分享开心，传播快乐”的发展愿景展开。

动漫业对外文化贸易发展研究[①]

2017—2019年，随着全球经济的逐渐复苏，社会信息化的持续推进，移动互联网等技术的进一步发展，在国家多项政策的支持下，我国动漫业的对外贸易发展稳中向好，国际交流不断深入，一大批优秀的国产动漫作品走向世界。但动漫作品"数量不多、金额不大、影响有限"等问题依然存在并亟待解决，"作品翻译"与"融资困难"等瓶颈问题较为突出，缺乏成熟稳定且有一定规模的海外发行渠道。

一、宏观环境和产业基础

（一）政策环境

2017年，中共中央办公厅、国务院办公厅印发了《国家"十三五"时期文化发展改革规划纲要》（以下简称《纲要》），原文化部出台了《文化部"十三五"时期文化产业发展规划》（以下简称《规划》）《关于推动数字文化产业创新发展的指导意见》（以下简称《意见》）等文件，对我国"十三五"时期动漫业的发展提出了总体性的指导意见。在对外文化贸易方面，《意见》指出，要充分利用国内国外两个市场、两种资源，培育具有国际竞争力的数字文化企业和产品，为全球数字文化产业发展提供中国模式。《规划》针对动漫游戏产业明确提出了"动漫游戏产业'一带一路'国际合作行动计划"，要求发挥中国动漫游戏产业的比较优势，培育重点企业，实施重点项目，开展国际产能合作。《纲要》则从"加强国际传播能力建设、扩大文化交流合作、健全文化贸易促进政策、简化文化出口行政审批流程、支持开展涉外知识产权维权工作"等方面，提出了继续提高文化开放水平的具体要求。

另外，在国家相关部门的推动下，关于对外文化贸易的一系列文件精神得以贯彻。2018年6月，根据《国务院关于加快发展对外文化贸易的意见》（国发〔2014〕13号），北京天竺综合保税区、中国（浙江）影视产业国际合作区等13家园区被认定为国家文化出口基地。此举对于"创新文化贸易发展的体制机制和政策措施、形成一批具有较强辐

---

① 本文作者：安铮，北京大学艺术学院艺术管理与文化产业2013级硕士研究生。

射力的国际文化交易平台”具有重要意义。2019年1月，根据《国务院关于促进服务外包产业加快发展的意见》（国发〔2014〕67号），海关总署会同有关部门，结合产业发展的新情况编制并发布了《服务外包产业重点发展领域指导目录（2018年版）》，对促进我国服务外包产业转型升级，推动“中国服务”再上台阶、走向世界具有重要意义。

（二）产业概况

在资本、新媒体和消费市场的多重驱动下，我国动漫产业进入稳定发展的阶段，并向内容精品化方向发展。2019年的总产值达到1941亿元，较2018年增长13.38%。[①] 动漫题材逐渐丰富，成人化的优质内容增加，本土化动漫IP崛起，受众趋向全民化。

在电视动画片方面，2017年全国共生产电视动画片时长达83599分钟，与2016年相比，降幅为30.28%。2018年国产电视动画片总时长为86257分钟，与2016年相比虽有增长，但涨幅不大。国产电视动画片的生产整体呈现出持续下降的趋势，表明在市场需求和政策引导的双重作用下，国产电视动画片生产进入深度调整期，从原来大规模依赖政府补贴、以量取胜的增长模式向以优质内容为核心的、以质取胜的增长模式转变，如图3-3-1所示。

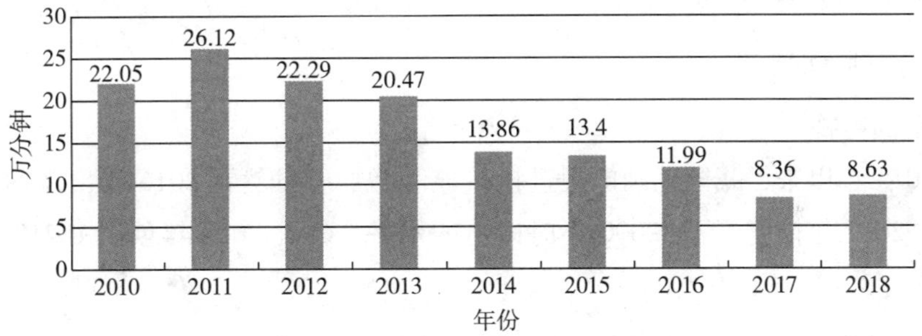

图3-3-1　2010—2018年国产电视动画片产量

资料来源：《中华人民共和国国民经济和社会发展统计公报》，国家统计局官网，http://www.stats.gov.cn/tjsj/tjgb/ndtjgb/，访问日期：2020年1月15日。

在动画电影方面，2017年共上映52部动画电影，票房达49.28亿元，占全年电影总票房的8.83%。其中，国产片票房达12.8亿元，占比25.97%；进口片票房36.48亿元，占比74.03%。2018年共上映63部动画电影，票房达40.38亿元，占全年电影总票房的6.65%。其中，国产片票房15.38亿元，占比38.09%；进口片票房25亿元，占比61.91%。2019年共上映74部动画电影，票房达115.45亿元，占全年电影总票房的18%。其中，国产片票房71.23亿元，占比61.7%；进口片票

① 《艾瑞咨询:2019年中国动画行业研究报告》，中文互联网数据资讯网，http://www.199it.com/archives/900660.html，访问日期:2020年1月15日。

房44.22亿元，占比38.3%。①

（三）技术条件

截至2019年6月，我国网络视频用户规模达7.59亿人②，而2019年泛二次元网络用户达到3.9亿人。③ 各大视频平台不断加大对动漫领域的投入，并通过大数据技术深入分析用户内容消费的相关数据，助力优质内容的生产。腾讯视频启动国漫“百番计划”，计划联手原力动画等数十家公司推出近百部优质国漫作品。优酷土豆推出动漫“创计划”，计划每年投入5亿元，支持国产动漫精品内容创作。爱奇艺则计划通过“轻春联盟”“晨星计划”以及“苍穹计划”加强与动漫产业链各环节的合作联动。

除此之外，网络视频平台还积极发挥自身的技术优势，将先进的创新科技应用于内容制作之中。爱奇艺将智能合成、动态捕捉、VR、全息投影等技术运用在动漫产业多个环节中。在自制动画《大主宰》《四海鲸骑》等作品中，爱奇艺大量使用了Zoom AI视频增强技术和动作捕捉技术，这些技术一方面可以大大提高动画生产效率，另一方面可以呈现更加流畅的人物动作和画面，给予观众更好的视听体验。

二、贸易概况

（一）进口情况

1. 动画电视

自2015年以来，我国动画电视进口量显著增加。虽然在2016年出现回落，但随后又在2017年恢复到了12000小时以上的水平，并在2018年创出18213小时的新高，见表3-3-1。

表3-3-1　2011—2018年中国动画电视进口量

年份	电视节目进口量（小时）	动画电视进口量（小时）	比重（%）
2011	21790	279	1.3
2012	13089	385	2.9
2013	18943	2879	15.2
2014	26089	4560	17.5
2015	31109	12690	40.8
2016	20102	7752	38.6

---

① 数据来自猫眼专业版App，通过年代搜索票房数据整理而得。

② 《中国互联网络信息中心：第44次中国互联网络发展状况统计报告》，中文互联网数据资讯网，http://www.199it.com/archives/931033.html，访问日期：2020年1月15日。

③ 《艾瑞咨询：动漫二次元人群营销价值白皮书》，中文互联网数据资讯网，http://www.199it.com/archives/986999.html，访问日期：2020年1月15日。

续表

年份	电视节目进口量（小时）	动画电视进口量（小时）	比重（%）
2017	26396	12022	45.5
2018	66341	18213	27.5

资料来源：国家统计局编：《中国统计年鉴》，国家统计局官网，http：//www.stats.gov.cn/tjsj/ndsj/，访问日期：2020年2月2日。

2017年、2018年，我国动画电视的进口额分别为82254万元、250634万元，占电视节目进口总额的43.22%和69.5%；动画电视进口量分别为12022小时、18213小时，占电视节目进口总量的45.5%和27.5%，[①] 见表3－3－2。

值得注意的是，2018年我国动画电视进口额占电视节目进口总额的69.5%，而动画电视进口量却仅占电视节目进口总量的27.5%，表明2018年动画电视的进口单价显著增加，究其原因，有可能与各大平台争夺优质内容资源有关。

表3－3－2　2017—2018年中国动画电视进口情况

指标	年份	合计	欧洲	非洲	美洲		亚洲	大洋洲
						美国		
全年动画电视进口总额（万元）	2017	82254	7512	—	15149	15135	59571	22
	2018	250634	35112	7	59045	58933	156428	42
全年动画电视进口量（小时）	2017	12022	1526	—	2403	2394	8041	52
	2018	18213	1865	1	2665	2659	13609	72
全年动画电视进口单价（万元/小时）	2017	6.84	4.92	—	6.30	6.32	7.41	0.42
	2018	13.76	18.83	7	22.16	22.16	11.49	0.58

资料来源：国家统计局编：《2018中国统计年鉴》，国家统计局官网，http：//www.stats.gov.cn/tjsj/ndsj/2018/indexch.htm，访问日期：2020年2月2日。

从我国动画电视的进口来源区域看，近年来，我国动画电视进口的区域结构没有变化。其中，亚洲仍然是我国动画电视进口的最大来源地，占进口总量的一半以上；日本仍是我国动画电视进口的最大来源国，占亚洲区域的90%以上；美洲是我国动画电视进口的第二大来源地，主要国家是美国。从动画电视的进口单价来看，相较于2017年，2018年动画电视的进口单价显著增加。从全球各大洲的情况来看，各个区域的进口单价均有所上涨，其中欧洲、美洲的最为显著，涨幅高达282.7%和251.7%；同时美洲和欧洲的进口单价也高居前两位；亚洲次之，涨幅约为55%。大洋洲的进口单价虽也有38%的涨幅，但与其他区域相比，进口单价最低。从亚洲区域来看，日本的进口单价涨幅最大，为58%；而中国香港和中国台湾的进口单价

① 国家统计局编：《2018中国统计年鉴》，国家统计局官网，http：//www.stats.gov.cn/tjsj/ndsj/2018/indexch.htm，访问日期：2020年2月2日；国家统计局编：《2019中国统计年鉴》，国家统计局官网，http：//www.stats.gov.cn/tjsj/ndsj/2019/indexch.htm，访问日期：2020年2月2日。

则大幅下跌，见表3－3－3。

表3－3－3　2017—2018年中国动画电视进口亚洲区域情况

指标	年份	亚洲	日本	韩国	东南亚	中国香港	中国台湾
全年动画电视进口总额（万元）	2017	59571	54926	416	240	2980	649
	2018	156428	156068	99	236	14	11
全年动画电视进口量（小时）	2017	8041	7387	147	277	134	16
	2018	13609	13258	46	213	19	1
全年动画电视进口单价（万元/小时）	2017	7.41	7.44	2.83	0.87	22.24	40.56
	2018	11.49	11.77	2.15	1.11	0.74	11

资料来源：国家统计局编：《2018中国统计年鉴》，国家统计局官网，http：//www. stats. gov. cn/tjsj/ndsj/2018/indexch. htm，访问日期：2020年2月2日。

2. 动画电影①

2017年，我国的电影总票房为558亿元，同比增长22.9%，其中包含52部动画电影，票房达49.28亿元，占全年电影总票房的8.83%。其中，国产动画电影的票房为12.8亿元，占比25.97%；进口动画电影的票房为36.48亿元，占比74.03%。《寻梦环游记》等进口动画电影仍然表现出强劲的竞争实力，而爆款作品的缺乏以及国产动画电影上映数量的减少是2017年国产动画电影票房表现欠佳的主要原因。

2018年，我国的电影总票房为607亿元，同比增长8.8%，其中包含63部动画电影，票房达40.38亿元，占全年电影总票房的6.65%。其中，国产动画电影的票房为15.38亿元，占比38.09%；进口动画电影的票房为25亿元，占比61.91%。在13部票房破亿的动画电影中，国产动画电影占据4席，其中《熊出没之变形记》有着6.05亿元的票房成绩，表现较为突出，并在该年度上映的全部动画电影中票房成绩排列第一。剩余的票房过亿之作中，美国好莱坞动画电影占据6席，日本动画电影占据3席。可以看出，国内动画电影市场的头部阵容基本形成了中、美、日三足鼎立的局势。但整体来看，本年度的动画电影市场表现平平，往年表现强势的好莱坞动画电影表现失常，不仅缺乏排在头部的爆款作品，推出的续集作品也没有产生以往的续集动画带来的轰动效应。

2019年，我国电影总票房为641亿元，同比增长5.6%，其中包含74部动画电影，为近三年来上映动画电影最多的一年，票房达115.45亿元，占全年总票房的18%。其中，国产动画电影的票房为71.23亿元，占比61.7%；进口动画电影的票房为44.22亿元，占比38.3%。本年度国产动画电影表现出惊人的发展潜力，《哪吒之魔童降世》以50.13亿元的票房成绩不仅位居动画电影票房榜首，而且超过

① 本段数据均来自猫眼专业版App,通过年代搜索票房数据整理而得。

《流浪地球》成为本年度的票房冠军。而《熊出没之原始时代》《白蛇：缘起》《罗小黑战记》的票房成绩也甚为突出，分别是7.17亿元、4.55亿元、3.15亿元。在进口动画电影中，好莱坞动画电影《冰雪奇缘2》《狮子王》分别以8.6亿元、8.33亿元的成绩位列票房排行榜第二、三位。日本动画电影《千与千寻》《天气之子》《名侦探柯南：绀青之拳》以4.88亿元、2.88亿元、2.31亿元的成绩位居动画电影排行榜前十之列。

（二）出口情况

无论是电视动画片还是动画电影，国家统计局等相关部门都没有确切的数据披露。但据不完全统计，2018年至今，已有至少23部国产动画作品实现出海或发布海外上映计划。而自2012年至2019年10月，国产动画电影票房靠前的87部影片中，约40%有海外发行经历。①

国内动画企业利用海外渠道播放、海外代理发行等多种方式，通过海外电视频道、海外网络视频平台、海外电影院线等多种渠道，积极推动国产动画进入国际市场。如华强方特出品的《熊出没》动画系列先后出口到美国、俄罗斯、意大利、马来西亚等全球100多个国家和地区，累计出口量超过二十五万分钟，登陆了尼克儿童频道、迪士尼频道等海外主流电视平台。② 2019年7月，由企鹅影视和上游动漫联合出品的动画片《超级小熊布迷》登陆加拿大著名儿童电视频道TreehouseTV，取得该频道2~5岁男孩观众群体的收视第一名的成绩。③

2018年，国外视频平台Netflix先后购买了《妈妈咪鸭》《肆式青春》《大鱼海棠》《未来机器城》四部动画电影的海外平台播放权。其中，《大鱼海棠》在海外受到了大量好评，目前在烂番茄网站上的新鲜度高达91%，平均得分7.2分。④ 此外，2019年的国产电影票房冠军《哪吒之魔童降世》也先后登陆澳大利亚、新西兰和北美等多个市场的电影院线，并在澳大利亚打破了华语电影在当地的多项纪录，取得了不错的口碑。⑤《白蛇：缘起》也于2019年11月在美国洛杉矶Nuart Theatre点映，并随后扩大范围，在美国全境上线。

可见，国产动画正逐步获得海外市场更大的认可。而随着Netflix、Disney +、

---

① 郑蕊：《国产动画出海记》，人民网，http://capital.people.cn/n1/2019/1029/c405954-31425184.html，访问日期：2020年2月15日。

② 王金跃：《发行100多个国家和地区〈熊出没〉走向世界》，中国日报网，https://baijiahao.baidu.com/s?id=1601759476024552960&wfr=spider&for=pc，访问日期：2020年2月15日。

③《"超级小熊布迷"海外表现优异 中国原创动画获北美市场认可》，环球网，https://ent.huanqiu.com/article/9CaKrnKlJFH，访问日期：2020年2月15日。

④ 烂番茄网，https://www.rottentomatoes.com/m/big_fish_and_begonia，访问日期：2020年2月15日。

⑤《"哪吒"票房超"流浪地球" 跃居电影票房总榜第二》，中国新闻网，https://baijiahao.baidu.com/s?id=1643385095302447744&wfr=spider&for=pc，访问日期：2020年2月15日。

Prime Video、Apple TV + 等流媒体平台的全球市场扩张，它们对海外内容的需求也会越来越多。国产动画应抓住这一机遇，积极推动国产动画走出去。

与国产动画仍需依靠海外平台发行不同，近年来，我国互联网漫画平台迅速崛起，它们正以更为积极主动的方式进行海外布局，逐步开拓国外市场。WebComics 是一家欧美地区规模较大的国漫出海发行平台，2018 年 1 月上线，同年 11 月，便获得数百万美元的 A 轮融资，用户月活跃度约 230 万人，位列美国 Google Play 动漫榜单第二，在英、法、意、西、德等国也进入了前三的序列。① 而拥有 9500 万用户的漫画岛近年来同样致力于布局海外市场，其独家原创作品《拂晓的花嫁》《变成男神怎么办》已陆续上线韩国 KakaoPage、BoomToon、RidiBooks 等平台，累计向海外输出数十部原创国漫。②

三、国际交流

近年来，在"走出去"战略和"一带一路"倡议的指导下，我国正以多种形式加强在动漫领域的中外交流。2017 年 9 月，"俄中动画文化周"在北京顺利举办，中俄双方就动画合拍、品牌授权、衍生品开发、影视播出、出版与新媒体等方面展开了全面交流与合作。2018 年 2 月，上海左袋文化传播有限公司等 7 家国内动漫公司参加了在尼日利亚首都阿布贾举办的"动漫嘉年华暨中国动漫企业推介会"，希望利用四达时代集团在尼日利亚的电视平台等渠道，积极寻求与当地动漫产业的合作机会。2019 年 6 月，"中国动漫日本行"展览在日本大阪顺利开幕，中日双方文化机构、动漫企业、知名漫画作者、学者汇聚一堂，就中日两国动漫艺术与产业合作展开讨论，进一步加深了中日两国动漫产业的交流。

此外，参与国外知名电影节仍然是国产动画电影走出去的主要渠道。在 2018 年举办的第 71 届戛纳国际电影节期间，深圳华强方特出品的《熊出没》系列动画片签约了俄罗斯等近 10 个国家，而在国内创下 6.05 亿元票房的动画电影《熊出没·变形记》同样签约了韩国、中东等 10 余个国家和地区。③

除积极参与海外电影展会之外，我国还积极主办展会，用"请进来"推动"走出去"，深度参与国际竞争。2019 年 5 月，第十五届中国国际动漫节在杭州举办，吸引了来自 86 个国家和地区的动漫企业、机构和专业人士参加，参与人次高达 143.6 万，成交及达成的签约交易、意向合作项目 1368 项，涉及金额 139.84 亿元，

---

① 《国漫出海进行时，海外漫画发行平台「WebComics」获天使轮融资》，36 氪，https://36kr.com/p/5129565?f_ww=1，访问日期：2020 年 2 月 15 日。

② 张熠：《国漫出海要造船也需要建港》，人民网，http://media.people.com.cn/n1/2019/0704/c40606-31212324.html，访问日期：2020 年 2 月 15 日。

③ 王金跃：《发行 100 多个国家和地区〈熊出没〉走向世界》，中国日报网，https://baijiahao.baidu.com/s?id=1601759476024552960&wfr=spider&for=pc，访问日期：2020 年 2 月 15 日。

动漫节消费涉及金额25.2亿元，总计165.04亿元。[①] 在动漫节上，多部取材传统民间故事的中国动漫作品接连亮相，极大地吸引了国际市场的关注。

四、问题和对策

第一，在国产动画海外发行中，个例表现突出，但整体竞争力依然薄弱。出口贸易的区域结构性问题突出，“数量不多、金额不大、影响有限”的问题依然存在。

近年来，我国电视动画片进出口贸易的区域结构相对稳定，以日本为代表的亚洲地区、以美国为代表的美洲地区，依然是我国电视动画片进出口贸易的主要地区，我国与其长期处于贸易逆差的状态；而非洲、大洋洲、南美洲、东南亚等地区的贸易规模相对较小，且我国与其大部分处于贸易顺差的状态。说明与这些地区相比，我国的电视动画片进出口贸易具有较为明显的优势。因此，我国应积极调整贸易区域结构，在“一带一路”倡议的积极落实过程中，着重开拓亚非拉等发展中国家的市场。通过合拍、开发衍生品、与当地新媒体平台合作等多种方式加深合作，寻找新的利润增长点。

第二，国内外文化差异导致的“作品翻译困难”等问题亟待思考与解决。

在《哪吒之魔童降世》海外发行的过程中，如何准确地翻译“急急如律令”等台词曾在网上引起热议。可见，在具有浓厚中国色彩的玄幻故事里，很多名词、称呼的翻译难度较大，而精准的翻译却是尽可能降低文化折扣的关键。[②] 这表明，以动漫为代表的文化产品的出口是一个复杂的系统性工程。在培养内容创意人才、技术创新人才的同时，也需要大力培养熟悉中西方文化的专业翻译人才，不断提高翻译质量，以尽可能贴合海外受众的文化和视听习惯。

第三，尽管近年来我国动画市场不乏爆款作品，但动画企业融资难，资本方投资热情不高仍是制约动漫企业发展的主要障碍。

动画电影《风语咒》融资困难，导致其制作经费有限，全片制作成本仅相当于好莱坞动画电影《寻梦环游记》5分钟的成本。制作经费受限导致在制作过程中，CG动画、特效制作部分无法与国外成熟的后期团队合作；部分宏观镜头也因耗资较大而被迫放弃。因此，相关部门应进一步推动文化产业与金融机构的融合发展，包括：鼓励金融机构开发适合文化企业特点的文化金融产品；规范并引导面向文化领域的互联网金融业务发展；完善文化金融中介服务体系，促进文化金融对接；探索开展无形资产抵押、质押贷款业务；鼓励开发文化消费信贷产品。

---

① 《143.6万人次参与第十五届中国国际动漫节》，中国新闻网，http://www.chinanews.com/cul/2019/05-06/8828378.shtml，访问日期：2020年2月16日。

② 郑蕊：《国产动画“出海记”如何才能突破各种障碍》，人民网，http://media.people.com.cn/n1/2019/1029/c40606-31425068.html，访问日期：2020年2月16日。

第四，缺乏成熟稳定且有一定规模的海外发行渠道仍然是制约我国国产动漫“走出去”的瓶颈。

针对海外发行渠道这一瓶颈，一方面，国家应该在政策层面积极鼓励和推动国内动漫业者与国外发行商建立稳定的合作关系，推动国产动漫片海外发行渠道的建设；另一方面，则应该进一步鼓励中外动漫业者通过合作、合拍等形式，制作、发行动漫产品。① 值得注意的是，随着移动互联网在全球范围内的迅速发展，在我国动漫产品的海外传播与发行中，还应特别注重网络平台的传播，不仅需要与国外主流平台建立良好的合作关系，还需要大力支持本土国际化网络平台的建设，积极推动国产动漫作品通过互联网渠道对外传播。

案例　《熊出没》系列动画海外受追捧

经过多年的积累和发展，由深圳华强方特出品的《熊出没》系列动画在国内广受欢迎的同时，在海外也得到了广泛的追捧。截至目前，《熊出没》系列动画片已经累计出口20万分钟，发行覆盖美国、土耳其、俄罗斯、意大利、韩国、澳大利亚、新西兰等50多个国家及地区，并在迪士尼、NETFLIX、NICKELODEON、SONY等全球知名电视频道及新媒体平台持续播映。《熊出没》系列动画电影也在多国院线上映，好评如潮。在土耳其，《熊出没》系列动画电影的票房成绩屡创新高。2016年2月，《熊出没之夺宝熊兵》第一次在土耳其上映，便深受当地观众的喜爱，票房一路飘红。2019年6月，第四部电影《熊出没·奇幻空间》在土耳其继续上映，票房一举超出上一部2倍多，观影人次超过15万。《熊出没》系列动画在海外的成功为我国动漫走出去提供了范本，具有重要的启示作用。

第一，传递正能量价值观，引起观众的共鸣和认可，降低文化折扣带来的负面影响。

《熊出没》品牌自推出以来，一直致力于为观众提供优质内容与产品，不断推出优秀的动画作品，并持续提升内容创作和制作质量。在内容创作上，《熊出没》系列作品一直秉承“环保、自然、健康、快乐”的品牌理念，始终贯彻和呼吁“保护自然、爱护动物、自然和谐”的理念，将亲情、友情、成长、希望、梦想、勇敢、快乐等正能量元素融入作品中，以幽默、搞笑的方式进行呈现和表达。从第一部大电影《熊出没之夺宝熊兵》传递的童真与快乐，

① 刘健．新世纪中国动画片的海外发行状况及对策［J］．浙江艺术职业学院学报，2019（1）：98－101．

第二部《熊出没之雪岭熊风》的友情与坚持，第三部《熊出没之熊心归来》的梦想与勇气，第四部《熊出没·奇幻空间》的勇敢与团结，再到第五部《熊出没·变形记》中感人至深的亲情，《熊出没》在不断提升作品质量的同时，也不断地深化作品中的故事内涵和主题思想，使其内容更加富有意义。这些正能量的价值观与世界各国观众产生了共鸣并得到了认可。

第二，积极开拓亚非拉美等蓝海市场，主动寻求与海外视频平台、国际发行机构的深入合作，助推影片落地发行。

在拉丁美洲，华强方特与索尼影业开启战略合作，索尼影业持续购进《熊出没》动画电影，发行覆盖整个拉美地区。2018 年 5 月，《熊出没之熊心归来》在墨西哥上映，覆盖超 270 家影院，票房稳步上升。在非洲，华强方特与战略合作伙伴 Star Times 展开紧密合作，输出了大量内容，覆盖非洲绝大部分国家和地区。

第三，积极参与国际知名影展，把握机遇进行品牌营销。

2018 年，华强方特第七次参加戛纳国际电影节。经过多年的探索和积累，华强方特对戛纳电影节的了解也逐渐深入。电影节期间，举办了《熊出没》大电影展映等多种主题活动，并得到了英国权威电影杂志 *screen* 和美国权威杂志 *variety* 等知名杂志期刊的关注。电影节期间，《熊出没》系列动画片现场签约了俄罗斯等 10 个国家，《熊出没·变形记》也签约了韩国、中东等 10 余个国家和地区，其品牌影响力已累计覆盖超过 60 多个国家和地区。

第四，全盘考虑，缜密筹划，在项目创作之初便将全球发行考虑在内。

华强方特积极践行"一带一路"倡议，动画作品在创作时便同步翻译成英语、俄语、印度语、西班牙语、葡萄牙语、意大利语、法语等多个语种的语言，以适用"一带一路"多个国家的不同语种环境。从 2012 年开始，《熊出没》系列动画便开始在"一带一路"国家广泛发行，先后进入俄罗斯 Karusel、中东 IRIB、新加坡 PCCW、印度尼西亚 MNCTV、土耳其 SHOWTV 等多个国家电视台和主流平台播出。

游戏业对外文化贸易发展研究[①]

根据国际游戏数据机构Newzoo推出的市场报告，全球游戏市场总收入保持稳定增长态势，截至2019年底，从2016年的1011亿美元增长至1521亿美元。根据该机构的预测，在未来，全球游戏年收入还会持续攀升，预计在2022年底将达到1960亿美元。[②]

近三年来，中国、美国、日本一直是游戏消费大国，中国在2017年和2018年分别以2.86亿美元和3.92亿美元的市场收入位居全球榜首，但在2019年被美国（3.69亿美元）超越，以0.04亿美元的微弱差距位列全球市场收入第二名。[③] 中国游戏市场的快速发展吸引了越来越多国际机构和企业的关注；在大力推行精品化游戏战略的背景下，中国游戏产业还需要在游戏产品质量、游戏理论研究、游戏从业人才三方面持续发力，才能不断扩大海外市场规模和提升国际影响力。

一、宏观环境和产业基础

（一）政策环境

2017年12月14日，上海颁布《关于加快本市文化创意产业创新发展的若干意见》（上海“文创50条”），提出发掘游戏市场潜力，加快游戏产品进出口步伐，打造具有全球影响力的品牌。其中，特别强调了建设“全球电竞之都”的规划，“鼓励投资建设电竞赛事场馆，重点支持建设或改建可承办国际顶级电竞赛事的专业场馆1~2个，规划建设若干个特色体验馆。发展电竞产业集聚区，做强本土电竞赛事品牌，支持国际顶级电竞赛事落户。促进电竞比赛、交易、直播、培训发展，加快

① 本文作者：孙静，完美世界游戏研究中心主任。

② Newzoo：2017 Global Games Market Report（Free Version），Newzoo，2017，pp. 15. Newzoo：2018 Global Games Market Report（Free Version），Newzoo，2018，pp. 16. Newzoo：2019 Global Games Market Report（Free Version），Newzoo，2019，pp. 16－17. 以上数据中的中国市场额为原图表中中国大陆及中国台湾地区数据总和。

③ Newzoo：2017 Global Games Market Report（Free Version），Newzoo，2017，pp. 15. Newzoo：2018 Global Games Market Report（Free Version），Newzoo，2018，pp. 16. Newzoo：2019 Global Games Market Report（Free Version），Newzoo，2019，pp. 16－17. 以上数据中的中国市场额为原图表中中国大陆及中国台湾地区数据总和。

品牌建设和衍生品市场开发，打造完整生态圈，为国内著名电竞企业落户扎根营造良好环境”①。

2018 年 6 月 21 日，北京市委、市政府印发《关于推进文化创意产业创新发展的意见》，“鼓励研发具有传统文化特色和自主知识产权的网络游戏，推进多语言翻译等技术应用，支持原创游戏产品出口。加强网络游戏出版物内容审核监管平台建设，不断提升服务效能。支持举办高品质、国际性的电子竞技大赛，促进电竞直播等网络游戏产业健康发展”②。

2019 年 12 月 14 日，北京市委宣传部发布《关于推动北京游戏产业健康发展的若干意见》（以下简称《意见》），设定了“一都五中心”的目标，即以“建成国际网络游戏之都为总目标，在北京建设全球领先的精品游戏研发中心、网络新技术应用中心、游戏社会应用推进中心、游戏理论研究中心、电子竞技产业品牌中心”。该《意见》13 条推动游戏产业发展的举措中，明确提出了“推动游戏‘走出去’”举措，倡导“通过游戏讲好中国故事。一是推进游戏行业国际传播能力建设，鼓励面向海外发行优秀原创游戏产品。二是支持北京游戏企业开拓海外市场。三是定期组织本市游戏企业赴境外参加海外展会，深化中外游戏文化交流”。③

（二）产业基础

2019 年，中国游戏市场销售收入增加，用户规模增长速度放缓，自主研发游戏收入喜人，游戏产业进入新的发展局面。

2019 年，中国游戏市场实际销售收入 2308.8 亿元，比 2018 年增长 164.4 亿元，同比增长 7.7%，行业发展逐渐回暖（图 3－4－1）。

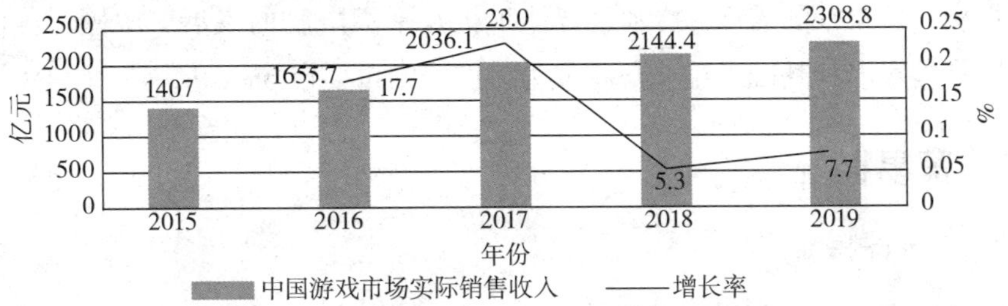

图 3－4－1　中国游戏市场实际销售收入及增长率

资料来源：中国音数协游戏工委（GPC），国际数据公司（IDC）. 2019 年中国游戏产业报告（摘要版）[M]. 北京：中国书籍出版社，2019.

① 《上海印发〈关于加快本市文化创意产业创新发展的若干意见〉》，http://shzw.eastday.com/shzw/G/20171214/u1ai11069790.html。

② 《中共北京市委 北京市人民政府印发〈关于推进文化创意产业创新发展的意见〉的通知》，http://www.gov.cn/xinwen/2018－07/05/content_5303724.htm。

③ 《关于推动北京游戏产业健康发展的若干意见》新闻发布会，2019 年 12 月 31 日，http://www.beijing.gov.cn/shipin/Interviewlive/100.html。

随着游戏市场的快速扩张，游戏市场竞争更加激烈，中国游戏用户规模进入稳定发展阶段。2018 年，中国游戏用户规模达到 6.3 亿人，而 2019 年仅增加 0.1 亿人，同比增长 2.5%，增速明显放缓。①

随着国内游戏市场逐渐走向成熟，国内游戏企业通过深耕自主研发，探索新的发展模式和途径取得较快收入增长。2019 年，中国自主研发游戏国内市场实际销售收入达到 1895.1 亿元，同比增加 251.2 亿元，增长率为 15.3%（图 3－4－2）②。

图 3－4－2　中国自主研发游戏市场实际销售收入及增长率

资料来源：中国音数协游戏工委（GPC），国际数据公司（IDC）. 2019 年中国游戏产业报告（摘要版）[M]. 北京：中国书籍出版社，2019.

（三）技术条件

在全年市场版图中，电竞、VR/AR 游戏、云游戏成为近几年全球游戏产业发展的新趋势。首先，近年来，电子竞技已经超出小众亚文化和职业体育的范畴，成为游戏生态中重要的组成部分。其次，沉浸式游戏技术正逐步受到游戏产业从业者的关注。再次，近年来随着 5G 技术、智能手机及平板电脑的发展，中国、美国、日本、韩国等国家因其基础设施优势将成为云游戏的重要市场。

二、贸易概况

（一）进口情况

2017—2019 年，中国进口游戏数量分别为 464 款、53 款和 185 款，分别占同年总游戏产品数量的 5%、2% 和 11%（图 3－4－3）。国内玩家主要消费的产品以本土自研产品为主，海外进口产品数量比重不大。

① 中国音数协游戏工委（GPC），国际数据公司（IDC）. 2019 年中国游戏产业报告（摘要版）[M]. 北京：中国书籍出版社，2019.

② 中国音数协游戏工委（GPC），国际数据公司（IDC）. 2019 年中国游戏产业报告（摘要版）[M]. 北京：中国书籍出版社，2019.

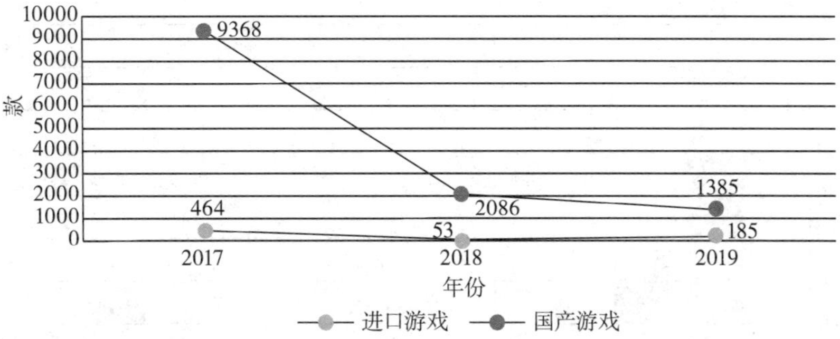

图 3-4-3 2017—2019 年中国进口游戏与国产游戏数量分布

资料来源：根据国家新闻出版署 2017—2019 年数据整理而成，详情可见《国产网络游戏审批信息》，http：//www. nppa. gov. cn/nppa/channels/320. shtml，访问日期：2020 年 8 月 31 日。

就游戏类型而言，近三年来，中国游戏进口产品以移动游戏为主，如《纪念碑谷 2》《突出重围：出击》《旅行青蛙·中国之旅》等。引进最少的游戏类型是网页游戏，三年总进口量为 11 款（图 3-4-4）。

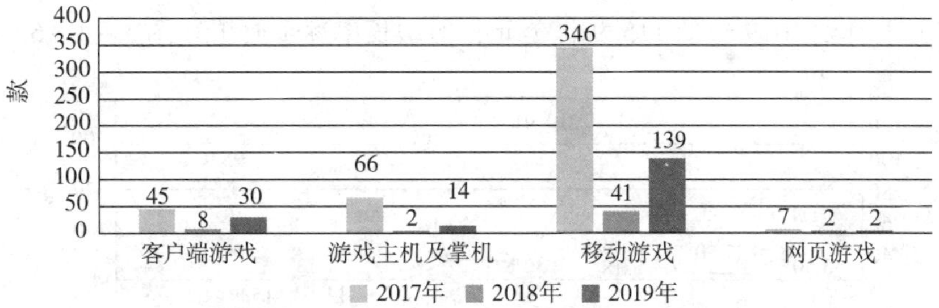

图 3-4-4 2017—2019 年进口网络游戏审批数量及类型分布

资料来源：2017—2019 年《进口网络游戏审批信息》，国家新闻出版署网站，http：//www. nppa. gov. cn/nppa/channels/318. shtml，访问时间 2020 年 8 月 31 日。根据国家新闻出版署 2017—2019 年数据整理而成，详情可见《国产网络游戏审批信息》，http：//www. nppa. gov. cn/nppa/channels/320. shtml，访问日期 2020 年 8 月 31 日。

近年来，中国主机游戏玩家数量逐年上升。根据国外公司统计数据，2018 年中国游戏主机及游戏产品的市场收入为 7. 67 亿美元，到 2023 年，该收入将达到 15 亿美元。[①]然而就目前而言，无论是进口产品还是自研产品，数量都非常有限，无法满足国内游戏受众的需求（图 3-4-5）。

① Nikopartners：China's Console & TV - Based Games Market，https：//nikopartners. com/chinas - console - tv - based - games - market/，访问日期：2020 年 4 月 17 日。

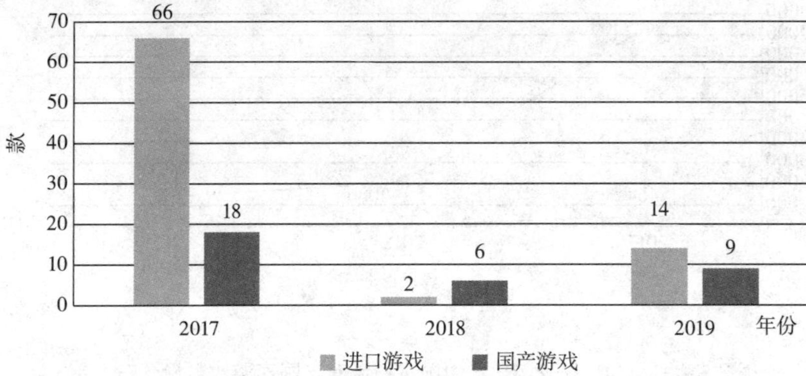

图3－4－5　2017—2019年中国进口与自研的主机游戏（含掌机）数量对比

资料来源：根据国家新闻出版署2017—2019年数据整理而成，详情可见《国产网络游戏审批信息》，http：//www. nppa. gov. cn/nppa/channels/320. shtml，和《进口网络游戏审批信息》，http：//www. nppa. gov. cn/nppa/channels/318. shtml，访问日期：2020年8月31日。

（二）出口情况

近三年，中国自主研发游戏的海外收入依然保持稳健上涨趋势，从2017年的82.8亿美元上升到2019年的115.9亿美元，但增长率逐步放缓（图3－4－6）。

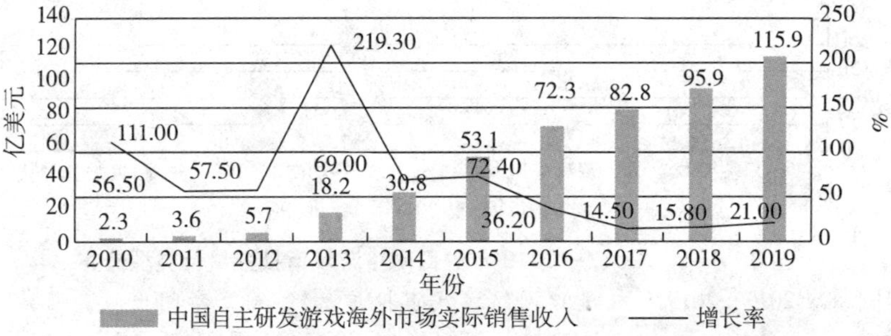

图3－4－6　2010—2019年中国自主研发游戏海外市场实际销售收入

资料来源：中国音数协游戏工委（GPC）、CNG中新游戏研究（伽马数据）、国际数据公司（IDC）：《2018年中国游戏产业报告（摘要版）》，中国书籍出版社2018年版，第46页。中国音数协游戏工委（GPC）、国际数据公司（IDC）：《2019年中国游戏产业报告（摘要版）》，中国书籍出版社2019年版，第8页。

有6家中国游戏公司的年收入进入2018年全球排名前35位名单，包括腾讯、网易、三七互娱、完美世界等国内游戏大厂。这些企业的年收入均有不同幅度的上涨，其中，世纪华通表现优异，年增长率达到573%（表3－4－1）。

表 3－4－1　2018 年全球游戏公司年收入前 35 榜单中的中国企业

排名	公司	年收入（百万美元）					年增长率（%）
		第一季度	第二季度	第三季度	第四季度	2018 年	
1	腾讯	5502	4687	4903	4641	19733	9
7	网易	1346	1546	1590	1694	6177	11
22	三七互娱	232	240	319	300	1091	27
23	完美世界	197	208	206	285	897	3
26	世纪华通	125	228	222	232	807	573
35	游族互娱	132	121	119	146	518	

资料来源：Newzoo：2019 Global Games Market Report（Free Version），Newzoo，2019，pp15.

在谷歌推出的中国企业出海品牌 50 强年度榜单中，游戏企业数量也由 2018 年的 8 家增长到 10 家。其中，智明星通（简称）、趣加游戏（简称）、Tap4fun（简称）、龙创悦动（简称）、掌趣科技（简称）、腾讯（简称）六家企业连续两年上榜。值得关注的是，在中国游戏企业整体品牌影响力下降的情况下，趣加游戏、腾讯和 Tap4fun 三家企业的品牌力都出现上升趋势（表 3－4－2）。

表 3－4－2　中国出海品牌 50 强（游戏企业部分）

2018 年			2019 年		
排名	品牌力	游戏企业	排名	品牌力	游戏企业
6	724	北京智明星通科技有限公司	11	577	趣加游戏
10	512	北京猎豹移动有限公司	16	416	IGG
17	388	北京趣加科技有限公司	20	338	腾讯
23	285	上海游族网络股份有限公司	21	324	创智优品
25	276	Tap4fun 成都移动游戏	22	296	Tap4fun
30	235	北京龙创悦动网络科技有限公司	32	241	网易
31	219	腾讯深圳互联网服务公司	35	229	智明星通
33	207	掌趣科技股份有限公司	37	218	云图微动
			47	150	掌趣科技
			48	143	龙创悦动

资料来源：谷歌：《BrandZ 2018 中国出海品牌 50 强》，搜狐财经频道，2018 年 2 月 9 日，http：//www. sohu. com/a/221852570_ 100012556。谷歌：《2019 年 BrandZ 中国出海品牌 50 强报告》，金羊网，2019 年 3 月 30 日，http：//http：//3c. ycwb. com/2019－03/30/content_ 30229174. htm。

与此同时，国内机构也通过一年一度的产业年会对出海的游戏企业及产品进行评奖。根据游戏工委自 2017 年至 2019 年间发布的信息，完美世界、智明星通、米哈游三家游戏企业连续三年位列“年度中国十大海外拓展游戏企业”榜单，腾讯连续两年上榜，2019 年新锐游戏出海企业包括莉莉丝（简称）、猎豹网络（简称）、心动网络（简称）、紫龙奇点互动（简称）四家公司（表 3－4－3）。

表 3-4-3　2017—2019 年年度中国十大海外拓展游戏企业

序号	2017 年	2018 年	2019 年
1	完美世界（北京）软件科技发展有限公司	完美世界（北京）软件科技发展有限公司	完美世界股份有限公司
2	北京智明星通科技股份有限公司	北京智明星通科技股份有限公司	北京智明星通科技股份有限公司
3	上海米哈游网络科技股份有限公司	上海米哈游网络科技股份有限公司	上海米哈游网络科技股份有限公司
4	北京掌趣科技股份有限公司	北京掌趣科技股份有限公司	上海莉莉丝科技股份有限公司
5	北京昆仑万维科技股份有限公司	北京昆仑万维科技股份有限公司	北京猎豹网络科技有限公司
6	广州易幻网络科技有限公司	广州易幻网络科技有限公司	心动网络股份有限公司
7	游族网络股份有限公司	游族网络股份有限公司	天津紫龙奇点互动娱乐有限公司
8	点点互动（北京）软件科技发展有限公司	深圳市腾讯计算机系统有限公司	深圳市腾讯计算机系统有限公司
9	三七互娱（上海）科技有限公司	广州网易计算机系统有限公司	广州网易计算机系统有限公司
10	大连天神娱乐股份有限公司	北京龙创悦动网络科技有限公司	北京龙创悦动网络科技有限公司

资料来源：http：//2017gametop. cgigc. com. cn/；http：//2018gametop. cgigc. com. cn/；http：//2019gametop. cgigc. com. cn/.

就游戏产品而言，《列王的纷争》《崩坏 3》和《永恒纪元》连续三年被评为年度十大最受海外欢迎游戏。《狂暴之翼》《王国纪元》《拳皇 98 终极之战 OL》曾在 2017 年和 2018 年表现出众，但在 2019 年被《万国觉醒》《梦幻模拟战》和《守望黎明》取代（表 3-4-4）。

表 3-4-4　2017—2019 年年度十大最受海外欢迎游戏

序号	2017 年	2018 年	2019 年
1	列王的纷争	列王的纷争	列王的纷争
2	崩坏 3	崩坏 3	崩坏 3
3	永恒纪元	永恒纪元	永恒纪元
4	狂暴之翼	狂暴之翼	万国觉醒
5	王国纪元	王国纪元	梦幻模拟战
6	拳皇 98 终极之战 OL	拳皇 98 终极之战 OL	守望黎明
7	阴阳师	荒野行动	荒野行动
8	诛仙手游	碧蓝航线	碧蓝航线
9	王者荣耀	放置奇兵	放置奇兵
10	阿瓦隆之王	仙境传说：守护永恒的爱	不休的乌拉拉

资料来源：http：//2017gametop. cgigc. com. cn/；http：//2018gametop. cgigc. com. cn/；http：//2019gametop. cgigc. com. cn/.

就游戏类型而言，2019 年中国自主研发的出海游戏较为单一，多数属于角色扮演类，占出海总产品的 37.8%，其余产品依次为策略类、MOBA 类、射击类、休闲类、卡牌类、竞速类等，如图 3-4-7 所示。

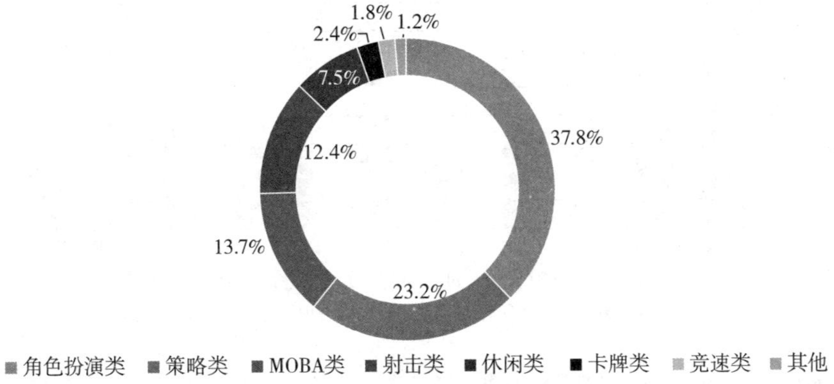

图 3-4-7　2019 年中国自主研发游戏海外市场实际销售收入产品类型分布

资料来源：中国音数协游戏工委（GPC），国际数据公司（IDC）.2019 年中国游戏产业报告（摘要版）[M]. 北京：中国书籍出版社，2019.

从地区分布来看，2019 年，美国是中国游戏产品的主要出口国，约占我国出海游戏市场份额的 1/3，其次是日本和韩国，两国约占 1/3，其余游戏海外市场既包括德国、法国等欧洲国家，也包括印度尼西亚、印度等亚洲国家，还辐射到南美洲，如巴西，如图 3-4-8 所示。

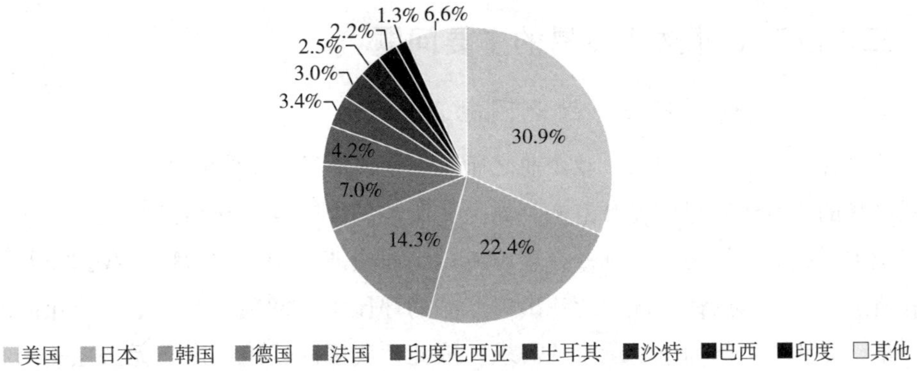

图 3-4-8　2019 年中国自主研发游戏海外市场实际销售地区分布

资料来源：中国音数协游戏工委（GPC），国际数据公司（IDC）.2019 年中国游戏产业报告（摘要版）[M]. 北京：中国书籍出版社，2019.

虽然美国是中国最大的海外游戏市场，但我国游戏产品在亚洲地区更具竞争优势，尤其是印度尼西亚和泰国。2019 年，曾登陆印度尼西亚每日游戏百强榜单的中国游戏企业高达 170 家，更为多元；进入榜单的游戏产品数量为 107 款，证明中国游戏产品更契合当地市场需求和玩家偏好。与之相比，在美国和日本的同类榜单中，中国游戏企业和游戏产品出现次数较少。如图 3－4－9 所示。

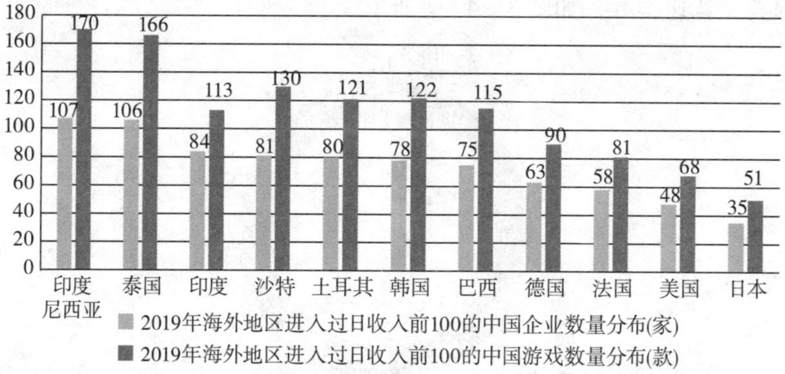

图 3－4－9　2019 年海外地区进入过日收入前 100 的中国企业数量与游戏数量

资料来源：中国音数协游戏工委（GPC），国际数据公司（IDC）.2019 年中国游戏产业报告（摘要版）［M］. 北京：中国书籍出版社，2019.

简言之，2017—2019 年，全球游戏市场规模呈上升态势，而且市场消费能力将在未来继续攀升。技术的快速发展正悄然塑造着新的游戏生产和消费模式，云游戏平台会改变玩家的游戏习惯，VR/AR 游戏技术将日益成熟，为玩家提供更丰富的产品，电子竞技将成为年轻人日常文化消费的重要组成部分。对中国游戏出海企业而言，这既是机遇，也是挑战。

三、游戏对外文化贸易的主要问题

（一）游戏精品不多，缺乏国际竞争力

从某种程度上说，中国游戏企业之所以在全球市场表现优异，是由于人口红利，游戏产品的质量还有很大提升空间。如上文所述，2019 年中国游戏总收入在全球收入中呈下行趋势，被美国超越；在全球游戏出海企业品牌的评价中，我国游戏品牌力有所下降；在国内针对优秀游戏出口产品的评比中，发现游戏类型同质化问题较为严重，无法满足国际市场玩家的需求。因此，我国游戏出口产品无法在美国和日本这样的第一梯队游戏市场中获得深度认可。

实际上，与欧美日韩的游戏作品相比，中国的游戏产品缺乏在海外市场叫好又叫座的精品，国际竞争力还有待提升。以号称“游戏界奥斯卡”的全球游戏奖的评选（The Game Award）为例，作为一年一度的国际游戏评奖活动，其奖项不仅涉及不同游戏类型，如角色扮演、多人游戏、AR/VR 游戏、家庭游戏等，还有针对不同游戏岗位的评比，以及与电竞相关的评价体系。令人遗憾的是，榜单上一直排着欧美日韩等国家的游戏制作团队名称，中国作品只在 2017 年获得了中国地区人气奖，

从未因为产品的硬核竞争力而上榜（表3-4-5）。

表3-4-5　2017—2019年TGA游戏获奖名单

奖项	2017年	2018年	2019年
年度最佳游戏	赛达尔传说：旷野之息	战神	只狼：影逝二度
最佳游戏指导	赛达尔传说：旷野之息	战神	死亡搁浅
最佳游戏叙事	艾迪芬奇的记忆	荒野大镖客：救赎2	极乐迪斯科
最佳艺术指导	茶杯头	奥博拉丁的回归	控制
最佳游戏音乐	尼尔：机械纪元	荒野大镖客：救赎2	死亡搁浅
最佳音效设计	地狱之刃：塞娜的献祭	荒野大镖客：救赎2	使命召唤：现代战争
最佳表演奖	梅林娜·尤尔根斯 （《地狱之刃》）	罗杰·克拉克 （《荒野大镖客：救赎2》）	麦斯·米克尔森 （《死亡搁浅》）
最佳社会影响力游戏	地狱之刃：塞娜的献祭	蔚蓝	格里斯
最佳持续运营奖	守望先锋	堡垒之夜	堡垒之夜
最佳独立游戏	茶杯头	蔚蓝	极乐迪斯科
最佳移动端游戏	纪念碑谷2	弗洛伦斯	使命召唤手游
最佳VR/AR游戏	生化危机7	太空机器人救援任务	节奏光剑
最佳动作/冒险游戏	重返德军总部2：新巨像	战神	只狼：影逝二度
最佳角色扮演游戏	女神异闻录5	怪物猎人：世界	极乐迪斯科
最佳家庭游戏	超级马里奥：奥德赛	胡闹厨房2	路易吉鬼屋3
最佳策略游戏	马里奥+疯兔：王国之战	突破	火焰纹章：风花雪月
最佳体育/竞速游戏	极限竞速7	极限竞速：地平线4	古惑狼赛车：重制版
最佳动作冒险游戏	赛达尔传说：旷野之息	战神	只狼：影逝二度
最佳格斗游戏	不义联盟2	龙珠斗士z	任天堂明星大乱斗
最佳多人游戏	绝地求生	堡垒之夜	最强英雄
最佳学生制作游戏	水平方块	对战2018	—
最佳独立游戏工作室处长	茶杯头	信使	—
行业偶像	卡罗尔·肖 （Carol Shaw）	格雷格·托马斯 （Greg Thomas）	—
最佳电竞游戏	守望先锋	守望先锋	英雄联盟
最佳电竞选手	李相赫（Faker）	多米尼尔·麦克莱恩 （SonicFox）	凯尔·吉尔斯多夫 （Bugha）
最佳电竞战队	Cloud9	Cloud9	G2
最佳电竞教练	—	Cloud9教练卜韩圭 （Reapered）	Astralis教练丹尼· 索伦森（Zonic）
最佳电竞赛事	—	英雄联盟全球总决赛	英雄联盟全球总决赛
最佳电竞主持/解说	—	艾芙杰·德普特尔 （Sjokz）	艾芙杰·德普特尔 （Sjokz）

续表

奖项	2017 年	2018 年	2019 年
年度最佳主播/视频创作者	—	理查德·泰勒·布莱文思（Ninja）	迈克尔·格尔泽西耶克（Shroud）
最佳动作游戏	—	死亡细胞	鬼泣 5
最佳社区支持	—	—	命运 2
最佳电竞时刻	—	Cloud9 战队以三次 OT 大败 FAZE 战队	—
最佳掌机游戏	银河战士：萨姆斯归来	—	—
最受期待游戏	最后生还者 2	—	—
风云游戏人物	居伊·毕姆（Dr. Disrespect）	—	—
最受中国玩家欢迎游戏	剑网 3 重制版	—	—

资料来源：https：//thegameawards. com/.

（二）缺乏学术研究，理论发展极为滞后

近年来，无论是产业界还是学界，抑或是公众，国内大多数人对电子游戏的评价可以分为“过瘾派”和“戒瘾派”两种观点。“过瘾派”往往以市场的成功作为衡量标准，认为所有电子游戏都是好的，过分强调商业利润和纯粹娱乐。“戒瘾派”则站在另一个极端，让游戏成为社会问题的替罪羊，为所有游戏贴上“网瘾”“电子海洛因”“玩物丧志”的负面标签。两种态度都缺乏足够的客观视角的思考和批判性思维，没有形成电子游戏的学术话语体系。

在国外，游戏研究（Game Studies）已经成为一个专门的跨学科研究领域。1938年，荷兰著名的文化历史学家约翰·赫伊津哈（Johan Huizinga）的专著《游戏的人：文化中游戏成分的研究》（*Homo Ludens*：*Study of the Play - Element in Culture*）出版，从文化史学的角度阐释游戏的定义及功能。1958 年，法国哲学家罗杰·凯鲁瓦（Roger Caillois）出版了《人与游戏》（*Les Jeux et Les Hommes*），进一步奠定了游戏研究的理论基础。1970 年，《模拟与游戏》（*Simulation & Gaming*）正式创刊，《游戏与文化》（*Games and Culture*）于 2006 年创立，两者都是专注于游戏研究的国际核心期刊，收录的文章涉及计算机科学、媒体研究、文化研究、社会学、人类学、教育学、心理学等多个领域的研究方法。此外，在亚马逊官网上搜索关键词“游戏研究”，会出现 50000 条图书结果，涉及游戏理论阐释、游戏作品分析、玩家研究、产业研究等多个方面。[①]可以说，国外学者对电子游戏的生产和消费进行了深度阐释，已经构建了越来越成熟的理论体系，从而进一步推动着游戏产业的良性发展。

① 此处指的是亚马逊美国官网，www. amazon. com，访问日期：2020 年 3 月 2 日。

与之相比，中国的游戏研究在各方面都极为欠缺，尤其是缺乏严谨的高质量学术成果。一方面，国外学者具有成熟的研究方法，但碍于语言及文化差异，他们更关注自己本国的游戏现象和游戏产品，即便以中国游戏文化为研究对象，往往容易带有预设性的偏见和明显的误读。另一方面，由于我国缺乏对相关游戏的支持和研发平台，使得游戏研究学者无法通过研究成果为国内游戏出海企业提供高效的理论支撑及指导。如此一来，国内游戏更多依赖游戏企业以及游戏媒体的商业宣传，缺乏针对海外游戏文化的客观深入的阐释，更缺少对中国游戏出海的相关研究。[①] 换句话说，我国的游戏对外贸易在极大程度上依赖于产业的自发探索，严重掣肘中国海外游戏产品的竞争力。

（三）缺乏更具竞争力的产业人才

在国外，游戏产业从业者大多拥有本科、硕士、博士等不同层次的高等教育背景，其中不乏纽约大学、南加州大学、卡内基梅隆大学等国际知名院校的毕业生。根据电子游戏高等教育联盟（Higher Education Video Game Alliance）开展的一项调查，国外为游戏从业者提供了丰富多样的游戏课程以及完善的游戏教育体系。2018 年，美国有 520 多家机构开设了超过 1200 个与游戏相关的学位项目，还有大量非学位项目。在加拿大，高校在 2018 年开设的游戏相关项目比 2008 年同比增长了 9 倍。[②]

与之相比，我国缺乏足够的产业人才。根据 2018 年公布的数据，中国游戏产业从业者数量约为 145 万，人才缺口超过 40 万。[③]电竞产业也面临着同样的问题。根据《2019 年中国电竞人才发展报告》，截至 2018 年底，中国电竞产业从业者数量为 7. 1 万，只有 26% 的岗位处于人力饱和状态，人才缺口达到 15 万。根据该报告的预测，2019 年底，中国电竞行业的从业者需求将达到 33. 15 万。[④]

同时，我国缺少高质量的产业人才储备。根据中国教育网相关检索结果，国内有 61 个专科（高职）院校和 15 个本科层次的游戏专业，其中没有重点高校开设此专业（表 3 – 4 – 6）。开设电竞专业的专科（高职）院校有 22 所，开设本科层次游戏专业的只有 6 所，亦不含重点高校（表 3 – 4 – 7）。由此可见，中国游戏教育更依赖专科（高职）院校完成，无法为产业提供足够的高质量人才。

---

① 孙静．西学东渐：从游戏到游戏研究[J]．教育传媒研究，2018(4)：19 – 22.

② Higher Education Video Game Alliance. 2019 Survey OF Program Graduates. 2019, pp. 12. https://hevga. org/wp – content/uploads/2019/03/HEVGA_2019_Survey_of_Program_Graduates. pdf.

③ 伽马数据、完美世界教育研究院：《中国游戏教育人才培训行业分析与发展趋势》，2018 年 12 月。

④《2019 年度中国电竞人才发展报告》，新浪网，http://games. sina. com. cn/y/n/2019 – 06 – 03/hvhiqay3340200. shtml，访问日期：2020 年 1 月 3 日。

表3－4－6　国内部分本科层次游戏专业概览

学校名称	专业名称	重点专业	重点高校
南昌航空大学	教育技术学（游戏软件开发）	否	否
青岛农业大学	动画（含二维动画、三维动画、虚拟现实与游戏设计方向）	否	否
大连东软信息学院	艺术设计（游戏设计方向）	是	否
四川电影电视学院	数字媒体艺术（含数字影视、动漫游戏、电子竞技方向）	是	否
四川电影电视学院	动画（影视动画、动漫产品设计、动画游戏方向）	是	否

资料来源：伽马数据、完美世界教育研究院：《中国游戏教育人才培训行业分析与发展趋势》，2018年12月。

表3－4－7　国内本科层次电子竞技专业概览

学校名称	专业名称	重点专业	重点高校
山东体育学院	电子竞技运动与管理	否	否
河北传媒学院	电子竞技运动与管理	否	否
四川传媒学院	艺术与科技（电子竞技分析方向）	否	否
中国传媒大学南广学院	艺术与科技（电子竞技设计与运营）	否	否
四川大学锦江学院	广播电视编导（电子竞技方向）	否	否
四川电影电视学院	数字媒体艺术（含数字影视、动漫游戏、电子竞技方向）	是	否

资料来源：中国教育在线，https：//gkcx. eol. cn/specials/school？argschtype = &province = &recomschprop = &argspecialtyname = % E7% 94% B5% E5% AD% 90% E7% AB% 9E% E6% 8A% 80，访问日期：2020年1月3日。

四、游戏对外文化贸易发展的建议

如上文所述，游戏产品质量、游戏理论研究、游戏从业人才是影响我国游戏对外文化贸易的三大核心问题。想要根本上有所改善，我们需要从生产和消费两个环节提升人才游戏素养。美国知名游戏学者詹姆斯·保罗·吉（James Paul Gee）指出，电子游戏是由多模态符号组成的跨媒介互动语言。所谓游戏素养（Game Literacy），是指人们用这种语言进行“阅读”和“写作”的能力，其中批判式思维是游戏素养的核心。①它们是创新型游戏生产者必不可少的两项技能，更是提升游戏出海企业核心竞争力必不可少的条件。可以说，只有全面提升国内游戏人才的游戏素养，才能提高中国游戏在全球市场中的竞争力，并进一步使中国的游戏产品和电竞产品作为文化载体，促进中国文化在海外地区的传播。

（一）加强理论建设，用学术研究为产业发展赋能

近年来，国内学者已经开始探索游戏研究。2018年10月，北京师范大学数字创

① 詹姆斯·保罗·吉．游戏改变学习：游戏素养、批判性思维与未来教育［M］．上海：华东师范大学出版社，2020：53－60.

意媒体研究中心主办了名为“数字游戏批评的理论与实践”的圆桌论坛活动，针对游戏艺术的本体论、游戏的跨媒介融合、游戏素养与游戏教育等话题展开了深入讨论。2019年，完美世界邀请来自日本、澳大利亚、瑞典等国家游戏学者，就严肃游戏（功能游戏）、海外游戏产业、电竞、游戏出海等主题开展学术沙龙活动，吸引了国内多所大学的师生和产业从业者。同年，《澎湃新闻》的《思想市场》栏目开设“游戏论”专栏，由邓剑博士主持及组稿，集合来自中国、日本、美国、澳大利亚等地的青年游戏研究者，共同针对游戏的批评范式、游戏史、游戏的文化维度等话题先后发表了20余篇文章，成为国内首个从学术角度讨论电子游戏的开放专题栏目。同时，华东师范大学出版社也相继出版了《游戏改变学习》等国外经典游戏研究著作。

在此基础上，我国应加大对游戏研究的科研支持：设立游戏研究科研基金，鼓励研究者运用不同学科资源对游戏进行研究，对海外游戏文化逻辑进行深度解读；设立游戏研究学术期刊，组织游戏研究学术会议，为国内游戏学者提供分享研究成果的平台；译介国外优秀的游戏研究著作，鼓励国内学者在国内外平台发表高水平游戏研究成果。

（二）发展教育体系，为产业提供高质量人才

2019年，电子游戏高等教育联盟对400名受访者进行了问卷调查，其中，有过半数的人学习过游戏设计、游戏制作、游戏编程课程，超过1/3的人学习过游戏设计、游戏项目管理、游戏与社会等与游戏相关的十余门专业课程。此外，该课程体系中还包含数据分析、质量评估等与游戏产业强相关的课程，以及VR/AR等前沿游戏技术课程（表3-4-8）。

可以说，欧美国家已经建立起成熟的游戏教育体系，包括专科、本科、硕士、博士学历等共计14个种类的学位项目，涉及计算机科学、艺术学、音乐、美术、娱乐技术、互动技术等多个不同学科。这些项目不仅持续为全球的游戏产业输送高质量人才，而且还通过优质游戏媒体促进了当地整体的游戏素养培养，形成了产、教、研一体的良性游戏生态。这些都可以成为我们借鉴的经验，结合当前国内的高等教育框架，增加电子竞技方面的相关课程，构建服务于国内外游戏市场的游戏教育体系。

表3-4-8　国外游戏教育课程概览①　（%）

课程名称	比例	课程名称	比例
游戏设计	71	游戏美术	29
游戏制作	54	游戏引擎脚本编程	28
游戏编程	52	功能游戏	26

① 资料来源：Higher Education Video Game Alliance：2019 Survey OF Program Graduates. 2019，pp24. https://hevga. org/wp-content/uploads/2019/03/HEVGA_2019_Survey_of_Program_Graduates. pdf.

续表

课程名称	比例	课程名称	比例
3D 建模	47	声音设计	24
动画	41	游戏化	23
关卡设计	38	游戏 AI	23
项目管理	37	视觉设计	22
游戏与社会	33	虚拟现实/增强现实	21
游戏研究	33	质量评估	21
互动叙事/创意写作	32	概念美术	20
批判性游戏研究	32	艺术	17
项目式学习	32	音乐	13
游戏与学习	31	数据分析	11
游戏企业管理	31	游戏平台硬件结构	9

（三）促进产品创新，丰富产品多样性

只有以坚实的学术研究和优质的产业人才为基础，才能切实推动中国游戏产品朝着创新和多样化的方向发展，进而提升中国游戏出口产品的品质和国际竞争力。具体说来，我们可以从以下三个方面着手。

第一，提升娱乐游戏品质，打造国际精品游戏。从长期来看，虽然休闲玩家是未来市场的主要增长点的带动者，但硬核玩家是整个游戏生态的基础驱动力，因为该群体付费能力更强，但前提是游戏质量得到他们的认可。想要开发出可以媲美全球游戏大赛获奖作品的游戏，我国开发团队需要从技术和内容方面出发，深耕细作，从文学、电影、历史等传统学科中汲取灵感，让游戏成为真正承载文化的媒介。

第二，支持独立游戏发展，提升出海产品创新力。近年来，随着苹果游戏商店、Steam、Epic 等平台的兴起，国外游戏素养的普遍提高，独立游戏开发者和消费者的规模都在逐步扩大。鉴于未来休闲游戏玩家市场增速会较快，独立游戏具有篇幅较短、游戏机制创新性强、价格较低的特点，在很大程度上吸引着休闲游戏玩家，甚至部分硬核游戏玩家。这一游戏类型不仅能够提升游戏产业人才的效能，让无法进入大厂工作的游戏开发者有用武之地，还能成为中国游戏产品的重要创新力量。

第三，鼓励严肃游戏的研发，延伸已有游戏素材效能。所谓严肃游戏（Serious Games），是与娱乐游戏相对而言，是将游戏思维拓展至纯粹娱乐之外，应用于教育、医疗健康、公共服务等严肃领域。当前的年轻人都是名副其实的“游戏世代”（Game Generation），更偏好兼具趣味性和功能性的体验，这是严肃游戏可以达到的目标。作为游戏生产大国，我们的游戏企业可以复用娱乐游戏的素材，以此为基础开发面向海外受众的功能游戏，进一步为游戏出口产品提能增效。

案例 完美世界游戏出海研发及运营

2019 年 12 月，完美世界中法团队合作研发的横版过关游戏《非常英雄》（Unruly Heroes）获得第 47 届安妮奖（Annie Awards）的最佳动画角色（游戏类）奖提名，并最终斩获该奖项。如上文所述，中国游戏企业的作品鲜少因游戏本质而获得国际大奖。完美世界能够获此殊荣并非偶然，而是源于多年来游戏出海的研发及运营经验的积累。

实际上，早在 2006 年，完美世界就在海外运营旗舰游戏《完美世界国际版》，进行了游戏出海的探索，继而在美国、日本、韩国、法国等国家及地区设立了 20 多家分支机构。2017 年，完美世界推出的《射雕英雄传手游》连续两周进入海外苹果商店游戏产品畅销榜前十名，海外年用户数量增长了 30% 以上。[①] 与此同时，《最终幻想：觉醒》等产品也受到多个国家及地区的欢迎，在畅销榜上表现优异。全球权威游戏数据机构 Newzoo 在 2020 年初发布的产业报告公布有 7 家中国游戏企业出现在“2018 年全球游戏公司年收入前 35 榜单”中，其中就包括完美世界。

作为国内最大的影游服务提供商，完美世界之所以在海外市场有如此稳健的发展，简言之，是因为它在产品、研究和教育方面的综合优势。

第一，完美世界在游戏开发和运营过程中有效地协调了全球化与本土化之间的平衡，推出了受海外市场较为认可的游戏精品。以《非常英雄》为例，首先，该游戏开发团队具有鲜明的国际化特色，曾参与开发《波斯王子》《刺客信条》《雷曼传奇》《疯狂兔子》《幽灵行动》《分裂细胞》等多款国外游戏名作。制作人路杨曾就职于知名游戏厂商育碧（Ubisoft），因此能够与法国本土团队合作，将中国传统文化与游戏这一新媒介和谐地融合在一起。它以中国经典文化故事为基础构建世界观，采用符合西方玩家审美趣味的视觉风格，符合国外玩家对游戏创新的偏好。[②] 此外，个人探险和玩家对战两种模式兼顾到探索型、成就型、杀手型玩家的需求，不同难度设定也契合了休闲玩家和硬核玩家两个群体的特点。可以说，《非常英雄》是中式传统文化与西方游戏玩法融合的成功案例，不仅能让玩家享受到流畅的游戏体验，还能进一步达成中国传统文化出海的宗旨。

---

① 王雨蕴．完美世界海外发展之路［M］//中国国际文化贸易发展报告（2018 年）．北京：社会科学文献出版社，2018：295－307.

② 《完美世界中法团队〈非常英雄〉摘得“动画界奥斯卡”安妮奖》，中国经济网，http://www.ce.cn/xwzx/gnsz/gdxw/202001/27/t20200127_34191970.shtml，访问日期：2020 年 1 月 3 日。

第二，近年来，完美世界也在致力于构建国际化的学术研究平台，推动游戏的理论研究和产业研究，并进一步促进中外学术交流。自2019年起，完美世界游戏研究中心开展了一系列国际游戏研究沙龙活动，邀请来自日本立命馆大学、瑞典舍夫德大学、澳大利亚皇家墨尔本理工大学、中国汕头大学等学校国际知名专家进行主题演讲，并促成国内外学者、游戏教育专家和产业专家参与圆桌对谈，通过线上和线下同步的方式对外分享，吸引了来自首都多所知名高校的师生以及产业从业者参与讨论。相关主题包括“中美日游戏产业发展及比较”“功能游戏设计与案例”“全球化与本土化：游戏出海与中国游戏美术风格”“电子竞技与跨机构的互动参与”“从任天堂到完美世界：全球语境中的中日游戏文化传承与创新”，聚焦当年国内外研究及产业热点，既为国内的游戏研究提供了有效的参考，又为游戏行业从业者提供了可操作性强的实践案例。

第三，完美世界大力发展电竞教育和游戏教育，为国内提供高质量的终身教育资源。作为国际知名电竞产品 CS：GO 和 DoTA2 的中国合作方，完美世界在国际电竞赛事组织及运营方面有着丰富的经验。完美世界教育以此为基础，进行一系列电竞课程体系建设：与国际知名学者、汕头大学陈莱姬教授合作，以科研课题的方式编写符合学术规范的高质量《电竞概论》教材；邀请知名产业专家担任课程主讲教师；设立无边界课堂，通过企业参观学习帮助学生了解产业一线的情况。

就游戏教育而言，最具代表性的是完美世界教育和英国阿伯泰大学（Abertay University）合作推出的游戏开发专业硕士项目（MPPOP）。阿伯泰大学是英国最早开设游戏设计专业的高校，拥有兼顾游戏研究与游戏创作实践的教师团队，包括现任全球电子游戏研究协会主席威廉·胡伯（William Huber）、知名游戏艺术家约瑟夫·德拉普（Joseph DeLappe）以及多位曾任职任天堂等国外知名游戏大厂的知名游戏设计师，其课程设计采用国外典型的游戏教育体系，学生需先在完美世界教育下属的像素种子数字艺术学院进行为期数月的国际化预科学习，通过考核后前往英国阿伯泰大学完成后续学位课程学习，进一步学习包括游戏技术、游戏设计、游戏美术设计、游戏声音设计、游戏项目管理等内容。2018年，完美世界教育与阿伯泰大学又推出了“在职游戏开发专业硕士（Work－based MProf）”项目，旨在为国内游戏行业从业者提供国际化的职业提升课程。可以说，此类项目能够高效地让我国的学生接触到国际化的游戏教育资源，极大提升学生游戏设计的专业技能和综合素质。

综上所述，完美世界通过构建国际化的游戏研究平台，兼顾考虑全球视野与本土语境，为产业提供学术视角和理论支持。其研究成果同时也为完美世界的教育体系提供了优质的教育资源，并打造出适应全球化产业趋势的游戏及电竞储备人才。未来，这些新鲜血液将陆续加入完美世界及其他中国游戏企业，有助于我国推出更具国际竞争力的游戏出口产品，并进一步推动中国文化的海外传播。

艺术品业对外贸易发展研究①

回望2019年，我国经济运行状况整体平稳。从宏观层面上来看，经济发展转型仍在进行，包括去杠杆，防范、化解重大金融风险以及发展实体经济等在内的改革措施也在稳步推进，但也面临着不少的阻力。从全球范围来看，世界经济依然萧条，且充满动荡。2019年10月，国际货币基金组织（IMF）公布全球经济增速从4月预期的3.3%下调至3%，这也是十二年以来的最低水平。全球经济下行，核心经济体普遍降速，贸易摩擦和部分地区的紧张局势都给世界经济和国际贸易带来了不小的影响。

艺术品市场对全球经济变化和本土宏观经济的依赖性很高，中美贸易摩擦导致关税加重，对艺术品市场造成了较大的影响。在此背景下，我们除了关注国内外艺术品市场以及国际贸易政策的变化外，还应进一步推进我国艺术品业对外贸易结构和贸易方式的升级。

一、宏观环境和产业基础

（一）政策环境

2019年的艺术品市场看似平淡无奇，然而，2018年国务院关税税则委员会印发《关于降低日用消费品进口关税的公告》，从2018年7月1日开始，将"唐卡以外的手绘油画、粉画及其他画""雕版画、印制画、石印画的原本""各种材料制的雕塑品原件"税率由3%下调至1%；将"唐卡由现行12%的最惠国税率下调至6%"；将"手绘油画、粉画及其他画的复制品""拼贴画及类似装饰板由现行14%最惠国税率下调至6%"，由此我国又经历了一次较大的关税变动。下调艺术品关税有利于艺术品市场迸发活力。但是在艺术品进口方面，海关的关税低并不能极大地促进艺术品流入中国，进口后由国家税务机关征收的13%的进口增值税显然同样吸引着业

---

① 本文作者：高子昕，北京第二外国语学院经济学院国际商务硕士研究生；程相宾，北京第二外国语学院经济学院讲师，硕士生导师。

界的注意。

2017 年 4 月 20 日，《文化部“十三五”时期文化产业发展规划》[①]（以下简称《文化产业发展规划》）发布，对艺术品业的发展路线做出了重要指示。为了确保能够在三年内使中国艺术品市场交易总额保持在全球前列，并同时形成两到三家具有世界影响力的艺术品产业集聚区，《文化产业发展规划》制定了“积极构建艺术原创、学术评价、艺术品市场互为推进的艺术品业发展体系”的基本路线。在该基本路线的基础上，原文化部希望通过联动各有关部门，加强艺术品市场监管力度，从而构建出一条集艺术品评估、鉴定、拍卖、展示、保险等服务于一体的艺术品交易全产业链。此外，在创作层面，《文化产业发展规划》要求各地基层文化机构能够切实做到支持多种艺术形式、艺术风格、艺术流派的创新发展，并且鼓励创作更多思想性、艺术性、观赏性俱佳的艺术品。最后，画廊业等一级市场的健康运营与原创新媒体艺术发展的培育和引导也作为下一个五年的首要工作得到了强调。

（二）产业概况

近年来，艺术品拍卖市场发展迅速，回顾 2018 年的拍卖市场，一整年共成交 19.2 万件，累计金额达 524.1 亿元，平均成交价超过 27 万元。与 2017 年相比，2018 年成交额同比增长 0.3%，成交量同比增加了 2.7%，拍品的平均成交价下降了 6307 元。此外，2018 年亿元级拍品的成交状况稍逊，2018 年全年亿元以上区间成交件数为 26 件，同比 2017 年全年减少 4 件，成交额同比下降 18.8%[②]。

从拍卖地域来看，京津冀表现最为突出，2018 年全年京津冀地区成交额为 212.8 亿元人民币，占比达到 40.6%，领跑中国艺术品拍卖市场，但与 2017 年的市场份额相比，下滑了 7.1 个百分点。[③] 2018 年，中国港澳台地区以 38.3% 的亮眼成交额占比紧跟其后，创收达到 200.5 亿元人民币，较 2017 年市场份额占比提升了 6.4 个百分点。2018 年，长三角与珠三角地区市场份额占比分别为 12.1% 和 5.0 个百分点(图 3－5－1)。

根据雅昌艺术市场监测中心（AMMA）的公开资料，2019 年上半年国内拍卖公司春季大拍成交额前二十名榜单中，7 家公司来自中国香港地区，8 家北京地区的公司上榜；长三角、珠三角地区分别上榜 4 家和 1 家公司。前十名的榜单数据中，排

---

① 文化部关于印发《文化部“十三五”时期文化产业发展规划》的通知，中华人民共和国文化和旅游部，https://www.mct.gov.cn/whzx/ggtz/201704/t20170420_695671.htm，访问日期：2020 年 2 月 15 日。

② 《AMMA——上半年拍卖行成绩盘点》，雅昌艺术检测中心，https://amma.artron.net/observation_shownews.php?newid=1060497，访问日期：2020 年 2 月 15 日。

③ 《2018 年全球及中国艺术品拍卖行业市场现状及行业竞争格局分析》，中国产业信息网，http://www.chyxx.com/industry/201912/816674.html，访问日期：2020 年 2 月 15 日。

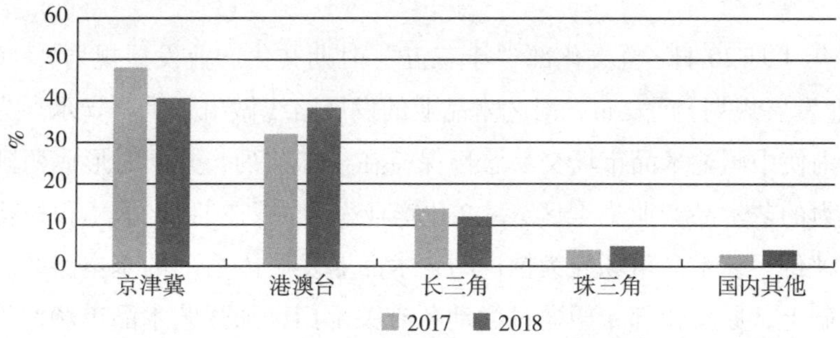

图 3－5－1　2017—2018 年分地区艺术品拍卖成交额占比及变化

资料来源：《2018 年全球及中国艺术品拍卖行业市场现状及行业竞争格局分析》，中国产业信息网，http：//www. chyxx. com/industry/201912/816674. html，访问日期：2020 年 2 月 15 日。

名第一公司的成交额是第十名公司成交额的将近十倍（表 3－5－1）。[①]

表 3－5－1　2019 年国内拍卖公司春季大拍成交额排名　　单位：亿元

排名	拍卖公司	拍卖会名称	成交额
1	香港苏富比	2019 年春季拍卖会	32. 31
2	北京保利	北京保利 2019 春季拍卖会	28. 18
3	佳士得香港	2019 年春季拍卖会	22. 04
4	中国嘉德	中国嘉德 2019 春季拍卖会	18. 37
5	西泠印社	2019 年春季拍卖会	10. 04
6	保利香港	保利香港 2019 春季拍卖会	7. 2
7	中贸圣佳	2019 春季艺术品拍卖会	5. 95
8	北京荣宝	2019 春季艺术品拍卖会	4. 78
9	华艺国际	华艺国际（香港）2019 春季拍卖会	4. 45
10	北京匡时	2019 春季拍卖会	3. 93

资料来源：雅昌艺术市场监测中心（AMMA），统计时间：2019 年 1 月 1 日至 6 月 30 日。

2019 年上半年拍卖公司成交额前十名榜单[②]中，最大涨幅为 53. 17%（保利厦门因其 2018 年秋拍时间在 2019 年 1 月，故计算 2019 年上半年的数据）；一直以来，中国香港地区艺术品市场凝聚了国内大批的高品质艺术品，根据雅昌艺术市场监测中心（AMMA）的公开资料可以看出，位居榜首的香港苏富比上半年成交 32. 41 亿元，同比上涨 8. 65%，位于榜单第三位的佳士得香港本季成交 22. 7 亿元，同比下降 11. 08%，保利香港成交 7. 20 亿元，同比下降 28%（表 3－5－2）。

① 《AMMA——上半年拍卖行成绩盘点》，雅昌艺术检测中心，https：//amma. artron. net/observation_shownews. php？ newid＝1060497，访问日期：2020 年 2 月 15 日。

② 根据《AMMA——上半年拍卖行成绩盘点》计算得出，雅昌艺术检测中心，https：//amma. artron. net/observation_shownews. php？ newid＝1060497，访问日期：2020 年 2 月 15 日。

表 3-5-2 2019 年上半年国内拍卖公司成交额排名及同比涨幅情况

排名	拍卖公司	成交额（亿元）	同比涨幅（%）
1	香港苏富比	32.41	8.65
2	北京保利	29.13	3.74
3	佳士得香港	22.70	-11.08
4	中国嘉德	20.99	-6.96
5	保利香港	7.20	-28.00
6	中贸圣佳	5.97	3.29
7	北京荣宝	5.88	-2.65
8	华艺国际	4.45	-21.79
9	保利厦门	3.86	53.17
10	北京翰海	3.82	8.83

资料来源：雅昌艺术市场监测中心（AMMA），统计时间：2019 年 1 月 1 日至 6 月 30 日。

近十年来，中国艺术品市场增长是全球最快的。改革开放以来，中国艺术品市场迅猛发展。随着近几年艺术市场的持续火爆，全国各地的拍卖公司如雨后春笋般涌现。高端艺术品作为资产配置的一个种类已经得到了高净值投资者的普遍认可，真正有价值的艺术精品备受青睐。2004—2017 年这 13 年中，全球艺术品市场成交量增长 10 倍有余。从全球范围来看，2014 年全球艺术品总销售额超过 511 亿欧元，比上一年增长 7%。虽然近十年成交量一直在巨幅增长，但成交量增长的幅度没有成交额高，这就意味着市场完全由高价艺术品拉动涨幅。① 说明在未来一段时间里，还将是精品艺术品占据主要的市场份额，它的价值不容小觑。

二、贸易概况

（一）进口情况

随着中国高净值阶层人群的快速崛起，很多企业家涌入艺术品市场。然而，根据国家统计局的数据，我国近五年以来的艺术品进口情况并非一直坚挺。在艺术品市场中，国内市场仍然占据主导地位。特别是近 5 年来我国艺术品进口额一直在波折中降低（图 3-5-2），由 2014 年的峰值 524.12 百万美元下跌至 2017 年的 76.64 百万美元的谷底。2017—2018 年，我国艺术品进口经历了小规模反弹，2018 年的艺术品、收藏品及古物进口额上升到 173.44 百万美元。近年来，世界艺术品市场上博览会、艺术品展览以及拍卖活动较为频繁，高质量、高层次的艺术品层出不穷。而我国若想引进，则需要承担较大的保管、运输、保险以及人工管理等费用。这些情

① 《行业分析：中国艺术品市场的发展变化》，搜狐网，https://www.sohu.com/a/243271698_279106，访问日期：2020 年 2 月 15 日。

况都给我国造成了一定的资金压力，也对艺术品进关以及海外的中国艺术品回流造成了影响。

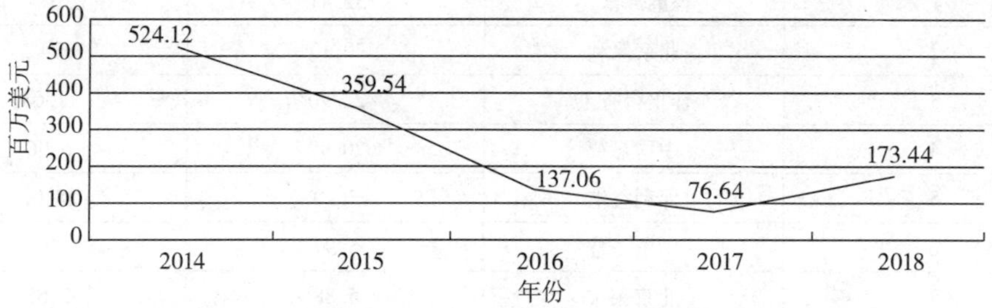

图 3 -5 -2　2014—2018 年艺术品、收藏品及古物进口额

资料来源：国家统计局，http：//www. stats. gov. cn/，在“数据查询”栏目搜索关键字“艺术品进口”而得，访问日期：2020 年 3 月 20 日。

（二）出口情况

国家统计局的数据显示，我国近几年的艺术品出口额基本上一直处于下降状态。我国艺术品的主要出口对象是日本和欧美等国家。从近几年的数据可以看出，2017—2018 年，我国的艺术品、收藏品及古物出口额出现缓慢回升（图 3 -5 -3）。在艺术品出口政策方面，我国并没有强硬的特殊限制，但是也与世界上很多艺术品市场活跃的国家一样，制定了保护本国文物的相关政策。据美国《商业周刊》报道，作为文明古国的中国每年有大量包括翡翠、瓷质花瓶和名人古画在内的艺术品，甚至包括价值百万、千万的古董，被不法分子以低价报关等手段带出国门，而这些名贵的艺术品到国外之后往往身价暴涨。这些数据往往难以统计，也造成出口艺术品的真实价值难以被估量。

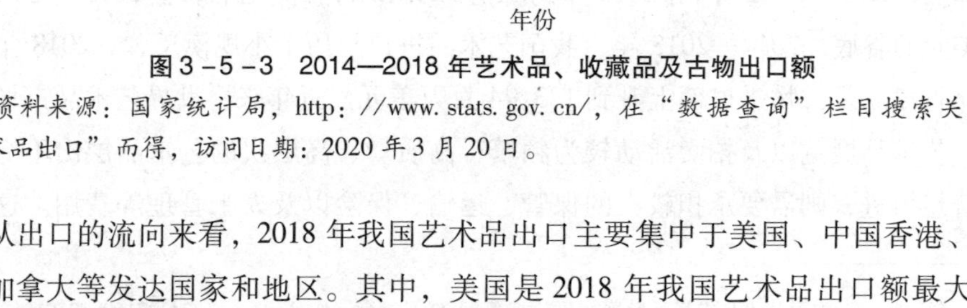

图 3 -5 -3　2014—2018 年艺术品、收藏品及古物出口额

资料来源：国家统计局，http：//www. stats. gov. cn/，在“数据查询”栏目搜索关键字“艺术品出口”而得，访问日期：2020 年 3 月 20 日。

从出口的流向来看，2018 年我国艺术品出口主要集中于美国、中国香港、英国以及加拿大等发达国家和地区。其中，美国是 2018 年我国艺术品出口额最大的国家，其次为中国香港和英国（图 3 -5 -4）。

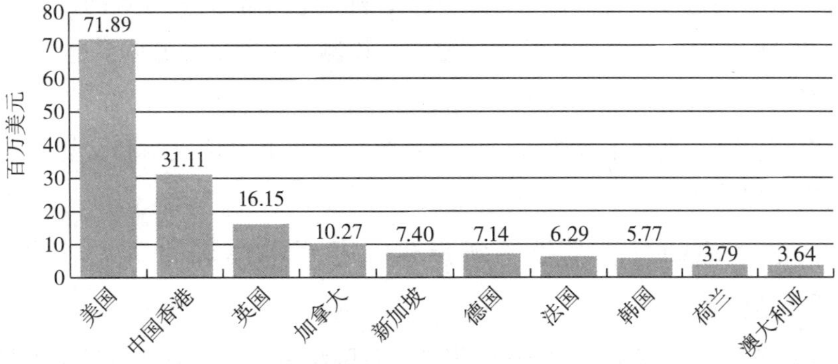

图 3－5－4　2018 年艺术品、收藏品及古物出口流向

资料来源：联合国贸易委员会数据库，https：//comtrade. un. org/data/，访问日期：2020 年 3 月 20 日。

（三）总体评价

近几年，全球经济和政策的不确定性深刻影响着艺术市场行为主体的信心。2016 年全球艺术市场销售总额有所下降，而 2017 年拍卖市场的空前发展让全球艺术市场的销售额实现了 12% 的强劲增长，吸引了更多投资者，尤其是高净值人群。

2018 年的全球艺术市场由美国、英国和中国领跑，三者市场份额总和达到全球市场总份额的 84%。其中美国是全球最大的艺术品市场，销售额达到 299 亿美元，占比达到 40% 以上；英国以 21% 的市场份额重回亚军地位；而我国受内外部环境的影响，市场份额微降，减少 2%，位居第三位。①

从国际层面看，不得不注意的一点是中美贸易摩擦对中美艺术品市场的影响。随着贸易摩擦的白热化，中美两国将艺术品关税互加 10%，这无疑给国际艺术品市场造成了动荡。然而从客观角度分析，中美双方互加艺术品关税对我国的影响要小于对美国的影响，因为目前市场上流通的艺术品大多不是由中国出口到美国。

三、发展特点

（一）艺术品“互联网＋”、科技融合的特点越来越凸显

在互联网时代，新科技与艺术品的融合越来越深入、密切。艺术品业务的发展和创新以新科技为依托，甚至出现新的艺术品生态。在人工智能以及 VR（Virtual Reality，虚拟现实）技术的发展和带动下，艺术品市场尤其是艺术品会展行业出现了新的形态。除此之外，互联网的发展为艺术品的宣传和贸易带来了巨大的便利，线上电商的火爆使艺术品更加亲民；流量时代，各种新媒体平台也为艺术品的营销

① 《2018 年全球及中国艺术品拍卖行业市场现状及行业竞争格局分析》，中国产业信息网，http://www. chyxx. com/industry/201912/816674. html，访问日期：2020 年 2 月 15 日。

添砖加瓦。艺术品这项带着文化情怀的产业，随着艺术品交易方式的多元化，以信息科技为基础的交易规模将不断扩大，鉴定、检测、保养等服务体系也将不断完善。艺术品市场的新格局正在形成，艺术品展览和博览事业也将掀开新的篇章。对于普通消费者而言，足不出户了解艺术品详情甚至直接线上申请检测和交易，在未来都是有可能成为现实的。

（二）艺术品的投资属性不断强化，艺术品信托等新形态的财富管理形式逐渐流行

随着生活水平的提高和社会财富的积累，我国涌现出一批高净值投资人群。高净值投资人群的投资理念较保守，同时非常注重资本安全等风险因素。所以，当投资市场的风向标不甚明朗时，艺术品的专业性和价值升值等属就赢得了高净值人群的偏爱。相较于其他资产购买后所产生的折旧和消耗，艺术品不仅不会贬值，还有保值、增值的功能。因此，艺术品的财富创造功能也就不仅仅通过重复交易等传统形式来体现。使用珍贵的艺术品进行信托业务或者资产管理也是现在艺术品消费的重要方向。艺术品的金融属性越来越突出，而艺术品的金融化也越来越深刻。①

（三）中国艺术品市场格局正在发生深刻变化，国际化不可避免，机遇与挑战并存

艺术品市场的国际化同时表现在“走出去”和“引进来”两个方面。近年来，我国艺术品市场交易额占世界艺术品市场交易额的比例逐渐上升，我国的优秀艺术品赢得了良好的国际声誉；而与此同时，世界上享有盛誉的大型艺术机构也在不断输送优秀的艺术品进入中国，国内各类重量级的会展活动也引进了大量重量级的大师作品。经济全球化无疑给中国艺术品市场带来了新的发展机遇，但同时带来的挑战也不可忽视。竞争日益激烈，而复杂的国际标准、进口关税的影响，都是不可忽视的要点，同时也是开发市场潜力的新的发力点。

四、问题及对策建议

（一）进一步完善艺术品税收体系

根据目前我国关税水平和增值税税收标准，画廊销售进口艺术品需缴纳进口关税、增值税、营业税、消费税、企业所得税等诸多税种，税负总量甚至可能超过50%。这样巨大的税负在很大程度上影响中国艺术品市场在国际上的竞争力。②

① 《中国艺术品市场国际化格局已经开启，艺术消费时代正在到来！》，搜狐网，https://www.sohu.com/a/299706489_714666，访问日期：2020年2月15日。

② 《刘双舟：艺术品税率在5%左右为宜》，艺术网，https://news.artron.net/20130325/n429682.html，访问日期：2020年2月15日。

同时，中美贸易摩擦也为中国艺术品市场的发展带来了考验，同时也为全球艺术品市场带来了不小的波折。在我国目前的艺术品市场中，税负还不能像普通行业的税收杠杆一样来调节市场。艺术品交易中的税收体制亟待完善，调整艺术品税收不能简单“一刀切”，而是应该结合市场实际，合理配置资源，同时通过疏导的方式，以温和的改革速度为艺术品交易中不合理税负产生的各项问题提供解决思路和方案。

（二）推动艺术品金融生态体系建设

虽然自改革开放以来，中国的艺术品市场实现了从无到有、从小到大的转变，历史性地引领了国人的艺术消费习惯和艺术生活。但是随着改革浪潮的推进，中国艺术品市场的发展遇到了瓶颈。当前中国艺术品市场交易规模持续下降，显示市场规模的增长已进入平台期。在现有的市场战略下，与艺术品市场紧密相关的拍卖业的市场价值已经饱和，但征集和结算过程还存在诸多问题，假拍等现象层出不穷。画廊业一直存在的效益低下，在数字信息时代的夹缝中求生存的窘境难以得到改变。中国艺术品市场的监管体系有待成熟，有关艺术品鉴定、确权、抵押等经济生态环境建设尚未取得突破性进展。这些因素共同导致了目前中国艺术品市场难以突破瓶颈，相较于其他同类市场发展不够迅速。随着我国社会的主要矛盾的变化，艺术品市场也随之迎来重要的历史发展机遇。中国有着非常丰富的艺术和文化资源，这也意味着我国艺术品市场蕴含着巨大的发展潜力。重视经济转型和产业升级过程中存在的阻力和问题，把握重要时期的历史机遇，艺术品市场必将在经济发展中发挥更大的作用。

（三）深入挖掘艺术品的社会效益

由于本身的特殊性，艺术品兼具经济效益和社会效益。艺术品的经济效益是指艺术品创造财富、保值增值的属性；而艺术品的社会效益则是指通过艺术品市场的繁荣可以提高国民的审美水平和文化素养。特别是响应习近平总书记提出的“要坚定文化自信”的号召，艺术品的社会效益将更持久、更深远。很多的艺术品都是国宝，或纪念历史，或传承文化，或反映中华民族高超的技艺，或代表继往开来的大师精神……对于这样的优秀艺术品，我们应该加大力度进行宣传，使其以合适的方式亲近大众，使之成为陶冶国民的情操、宣扬文化自信的有机载体。

（四）建立艺术品行业从业人员培养体系

艺术品交易行业本身是高度交叉的专业领域。行业人才既要懂艺术鉴赏，又要懂销售和投资方面的知识。大多数从业人员由于缺少艺术专业的知识和修养，文化艺术素养和鉴赏能力不足，导致中国艺术品金融难以落地，艺术品新业务的开发难以实现。习近平总书记一再强调让沉睡在博物馆、祖国大地上的文化产品活起来①，这就更需要艺术品行业建立一个高效、规范的人才体系，才能助推行业进步，催化市场发展，推动艺术品价值实现倍增。应充分发挥国家艺术基金、行业协会、行业组织机构与艺术院校的作用，各方联动为艺术产业发展提供“产、学、研”的全方位服务，培养一批能够效力于艺术品行业的人才，做到实践与理论相结合，提升艺术品的文化和经济价值，促进艺术品产业的可持续发展。

案例　私人美术馆公众化的探索

对于中国艺术品市场，2019 年注定是不平凡的一年。在中美贸易摩擦的大背景下，关税的加重给国内市场带来了巨大的压力和危机；国际老牌画廊因不堪巨额税收压力撤离内地市场；加之知名艺术家被爆出抄袭丑闻，收藏者之间的信任危机开始蔓延。在这样看似风雨飘摇的形势之下，一家私人美术馆的孕育和发展对于整个国内艺术界来说可谓是振奋人心的好消息。

2019 年 3 月 21 日，泰康人寿保险公司董事长兼首席执行官陈东升先生在北京举办的“中国风景：2019 泰康收藏精品展”上对外宣布，泰康集团旗下的泰康美术馆项目正式启动，该美术馆将落户于北京 798 艺术区。这次展出也是泰康收藏继 2011 年中国美术馆收藏展和 2015 年武汉大学收藏展之后第三次举办收藏展会。②

早在 20 世纪 90 年代，泰康就已开始进行艺术品收藏投资，可以说是最早一批涉足收藏领域的中国企业。在创始人陈东升提出“商业是艺术最忠实的盟友”的影响下，泰康从创业初期就开始瞄准了中国的艺术品市场，始终看好中国艺术发展的未来，将艺术品投资的焦点集中在中国本土。20 多年间，泰康收藏探索出了一套十分高效的收藏模式。泰康保险每年会拿出不超过税后净利润的 2% 的资金来进行艺术品收藏投资，目前已经拥有 1000 余件藏品的收藏规模。虽然该规模与国内和国际范围内的知名企业和私人收藏规模相比略逊一筹，但是泰康收藏的藏品无论是收藏的目的、藏品之间的联系以及单件藏品的价值，在本土收藏界都已经处于上等水平。尤其是泰康保险集团艺术品收藏部负责人唐昕于 2009 年提出了“体系化收藏”的概念，即期望泰康的收藏结构能够形成体系，藏品之间能够具有清晰的逻辑和线索，并在这个基础上长期持有藏品，而非采取最常见的“低价买入，高价卖出”的艺术品投资手段，从而体现“价值投资”的理念。③

---

① 《中国艺术品市场的现状与八大趋势》，艺术网，https://m-news.artron.net/20161228/n897821.html，访问日期：2020 年 2 月 15 日。

② 《这家管理着 1 万多亿资产的企业，能否收藏中国当代艺术的未来?》，Hi 艺术，http://www.hiart.cn/feature/detail/100jxsp.html，访问日期：2020 年 2 月 15 日。

③ 《泰康美术馆开馆预演，70 件收藏精品呈现“中国风景”》，中国美术报，http://zgmsbw.com/Home/index/detail/relaId/21567，访问日期：2020 年 2 月 15 日。

另外，泰康集团于2003年在北京的总部大楼成立了一个非营利的顶层空间，即现今的泰康空间的前身，并由唐昕负责运营。该空间成立的初期并无明确的工作目标，而是以“为泰康未来的美术馆努力”为长期的运营方向。之后，泰康空间正式成立，标志着泰康收藏向着专业化迈进了一大步。① 泰康空间具有很强的学术性质，始终以最严谨的要求和最敏锐的视角对当代艺术进行全方位的研究，并在此基础上，为泰康艺术品收藏部门提供具有价值的收藏信息，对中标藏品进行学术研究。泰康集团对于学术性和专业性的尊重、耐心和支持，是其能够成功建立起收藏体系并最终转化为建立回馈社会的公众化美术馆所不可或缺的原因。

众所周知，现代意义上的博物馆和美术馆的创立需要有赞助人以及与其相关的一套组织、运营方式。泰康集团能够建成如此成熟且高质量的收藏体系，与它的创始者及掌舵人陈东升先生对于艺术收藏的视野和判断是分不开的。而陈东升除了是泰康集团的创始人兼董事长，还有另一层身份——中国嘉德的创始人。在中国的艺术收藏界，嘉德拍卖开创了艺术品拍卖的先河，并在历经半个世纪的沉淀后牢牢占据了中国拍卖行的头把交椅。作为企业家中最典型的“九二派”之一，陈东升曾于多个场合表示，自己的事业从根本上就是起源于艺术，起源于嘉德拍卖的成功。因此，陈东升对于艺术有着别样的热情，也愿意支持艺术，回馈社会。回顾陈东升的收藏步调，从早期的出于个人爱好与趣味而进行的私人收藏，到非营利艺术品空间泰康空间的开设，草场地泰康空间的建成落地，以及武汉大学万林博物馆的捐建，再到如今在筹建中并逐步走向公众化的泰康美术馆项目，泰康集团在艺术品收藏之路上始终保持着初心未变、稳步前行的特质，用真诚、欣赏和批判的态度面对艺术家的创造力，使广大收藏艺术爱好者看到了一家严肃的艺术收藏机构所应具备的素质。

所以从现有的情况来看，泰康已然具备了美术馆规划的各种基础：包括学术研究的辅助、专业团队的培养、稳定现金流的支援以及各投资人对艺术收藏持续看好的信心等。关于此次泰康美术馆的开馆计划，陈东升在收藏展的开幕致辞中讲道：“这个收藏展也是向社会预示一个信号，泰康决定展览后启动泰康美术馆，要通过泰康美术馆来推动中国的艺术创作，推动中国成功的企业家收藏艺术品。”从“艺术空间”向“美术馆”的升级和转型是必要的成长过程，也存在一个质的变化，更是一次全新的启程，期待未来的泰康美术馆为中国艺术价值的自我发现释放更大的能量。

① 《泰康美术馆开幕前奏，泰康收藏于798呈现别样的“中国风景”》，艺术新闻，http://www.tanchinese.com/news/42498/，访问日期：2020年2月15日。

创意设计业对外文化贸易发展研究①

经济全球化的不断发展，国际竞争的深入，推动着我国的产业结构优化和经济转型升级。创意设计业的发展及其与相关产业的融合正是转型升级的重要引擎之一。近年来，我国创意设计业的发展质量逐步提升，外贸出口量显著增加，总体呈现出高质量和内涵式发展的趋势，推动着“中国制造”向“中国智造”转型，但仍有很大潜力亟待挖掘。

2019 年，我国经济继续保持平稳增长，GDP 增速达到 6.1%②，但国内外发展环境和条件依然复杂多变，不稳定性和不确定性因素较多，我国经济减速压力依然存在。文化创意产业已经成为中国经济与文化发展的重要支柱之一。“十三五”期间，我国的创意设计产业增加值不断增长，尤其是伴随着互联网的兴起和科技创新能力的提高，国际创意设计产业之间的合作与交流日益频繁，原创内容繁荣产出，我国的创意设计产业逐渐得到了国际社会的认可。与科技创新联合发展的模式为我国创意设计业提供了良好机遇，国内外市场需求增加，出口力度加大，市场活跃度提高。

一、宏观环境和产业基础

（一）政策环境

政策法规的落实为我国创意设计产业的高质量发展添砖加瓦。政府对文创产品贸易出口的支持和加大对文化领域的对外投资为具有国际竞争力的外向型创意设计企业提供了有效的扶持，打造出具有国际影响力的文化品牌，使文化创意设计产品的外贸出口在我国服务贸易长期处于逆差的情况得到一定程度的改善，并且提升了我国文化产品和服务占国际市场的份额。

---

① 本文作者：赵丹，北京语言大学学士，曾任北京国际设计周实习生；江锋，武汉理工大学经济学院研究生。

② 《统计局：2019 年国民经济运行总体平稳 发展主要预期目标较好实现》，中华人民共和国中央人民政府官网，http://www.gov.cn/xinwen/2020-01/17/content_5470097.htm，访问日期：2020 年 2 月 18 日。

2017 年，原文化部发布了《关于推动数字文化产业创新发展的指导意见》，提出要发挥高新技术对内容创作、产品开发、模式创新的支撑作用，提高产品品质，丰富表现形式。2019 年，科技部等六部门印发《关于促进文化和科技深度融合的指导意见》，旨在促进文化和科技深度融合，全面提升文化科技创新能力，转变文化发展方式，对我国创意设计产业的发展具有重大战略意义。

（二）产业概况

1. 行业继续保持平稳、较快发展，逐渐向高质量发展转型

国内的产业发展是对外贸易发展的重要基础和必要前提。在全面深化文化体制改革、文化消费需求不断增加的背景下，我国经济运行平稳，文化产业继续保持平稳、较快发展，发展迈入新阶段，发展质量显著提升，逐渐向高质量发展转型、过渡。

2019 年，全国 5.8 万家规模以上文化及相关产业企业实现总营业收入 86624 亿元，按可比口径计算，同比增长 7.0%，保持较快发展。通过对行业类别进行细分，与往年存在显著不同的是，2019 年所有行业营业收入均首次实现正增长，其中，创意设计服务行业表现亮眼，营业收入 12276 亿元，同比增长 11.3%，占比 14.2%，总体继续保持平稳增长（图 3 -6 -1）。现阶段，我国创意设计服务行业从以“增速”为重点逐渐转向以“提质”为核心，通过不断提升创意能力，改善产业结构，培育一批行业高端人才，为创意设计行业的高质量发展和未来海外市场的拓展打下了坚实的基础。

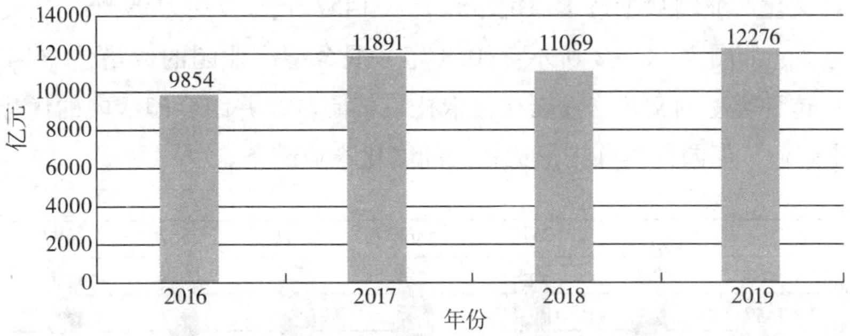

图 3 -6 -1　2016—2019 年全国规模以上创意设计服务行业营业收入情况

资料来源：《2019 年全国规模以上文化及相关产业企业营业收入增长 7.0%》，国家统计局，http：//www. stats. gov. cn/tjsj/zxfb/202002/t20200214_ 1726365. html，访问日期：2020 年 2 月 22 日。

2. 行业发展与区域经济水平相一致，地区差异化特征明显

我国的创意设计产业与区域的经济水平之间呈显著的正相关关系。各地区之间存在的经济发展差异导致创意设计产业发展的差异化，呈现出带有地区特色的发展特征。但随着中西部地区对创意设计产业发展的高度重视，制定了一系列促进产业发展的政策，改善了创意设计产业发展的环境，各地区之间的产业发展水平差距呈现出逐渐缩小的趋势。

东部地区创意设计总体处于高水平发展阶段。粤港澳大湾区的创意设计产业发展居国内领先地位，辐射国内和国际市场，国际化水平高于全国。长三角地区的各省份创意设计产业发展水平较高，相对而言，在上海的“引领效应”下齐头并进；南京、杭州、宁波等综合创新能力强的长三角城市表现出更为成熟的市场特征，地区内部发展水平相近。京津冀地区在北京的引领下，创意设计产业一体化进入加速发展阶段。

中部地区创意设计处于加速发展阶段。最具代表性的是“设计之都”武汉，2016 年，武汉的创意设计服务业营收和增加值分别保持 19. 9% 和 26. 5% 的同比高增长。其中，多媒体、动漫游戏软件开发类创意设计行业实现营收 105. 36 亿元，同比增长 49. 7%。2017 年，以铁四院、中南市政设计院为主力的建筑设计业营业收入 380. 29 亿元，同比增长 8. 1%，[①] 工程设计处于行业领先地位。

西南地区的创意设计与少数民族特色旅游联系密切，通过创意旅游产品，将设计思维融入丰富多样的文化旅游资源。西北、东北地区的创新能力薄弱，创意设计产业发展相对落后。

（三）园区发展

我国文化产业园区发展势头迅猛。总体数量增加，重视程度加大，形成了集群效应和群体竞争优势。我国的文化产业园区建设已初具规模，数据显示，2012—2018 年我国文化产业园数量持续稳定增长，从 1457 个增长到 2599 个，主要以混合型产业园为主，如图 3 - 6 - 2 所示。2018 年，混合型产业园的数量达 1684 个，占比 64. 8%，这种类型的文化产业园往往依托科技园区，并结合园区内的优势产业同步发展文化产业，但园区内并未形成相关的文化产业链条。

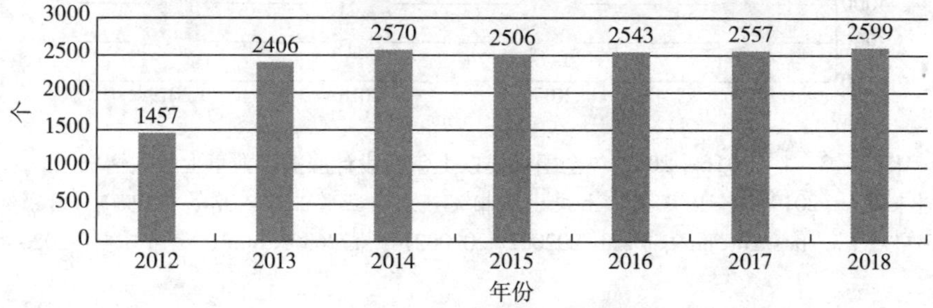

图 3 - 6 - 2　2012—2018 年我国文化创意产业园总数量

资料来源：《文化创意园区总数及文化创意园类型分析》，中研网，http：//www. chinairn. com/news/20191120/112105389. shtml，访问日期：2020 年 2 月 20 日。

---

① 《武汉文化产业增加值份额超全省一半 凸显虹吸效应》，凤凰网，http://hb. ifeng. com/a/20180315/6434021_0. shtml，访问日期：2020 年 2 月 22 日。

2019 年，“国家级文化产业园区服务能力提升计划”支持了 8 个园区服务能力提升重点项目，惠及 4.5 万家企业[①]。为了顺应和满足当前的发展趋势和发展需求，越来越多的文化企业和科技创新企业入驻文化产业园区。

（四）技术条件

我国数字文化产业发展水平不断提升。云计算、大数据、物联网、人工智能与“互联网 +”等技术的广泛应用，激发了消费者对互联网文化产品与服务的消费意愿，由此产生的特殊需求推动了文化产业的供给侧改革，增加了供给产品的多样性，刺激了文化市场的繁荣。另外，通过互联网等新兴传播媒介和高新技术的结合，体现中国元素的外在形式，展现深层的思想精髓，驱动着我国文化产业的高质量发展。

二、贸易概况和发展特点

近年来，我国的创意设计产业蓬勃发展，在国际市场上受到越来越多的关注和认可。在 2015 年出口规模小幅度缩小后迅速回升，相关产品和服务的进口和出口增长率仍稳居世界前列，高于世界同期增长水平，在对外贸易上表现强势。虽然增长势头迅猛，但在出口贸易总额中所占比重较小，相对于美、日、欧等发达国家仍然存在不小的差距。另外，我国创意设计产业的产品和服务的出口主要集聚在低附加值区域，呈现出对外贸易发展不平衡的状态，这说明我国还处于国际产业链分工的较低端，贸易竞争优势还有待增强。

（一）进出口情况

宏观的世界经济形势决定了我国创意设计产业对外贸易发展的情况和方向。“十三五”期间，在国家政策的推动下，我国创意设计产业积极主动地把握发展机遇，秉持着更加开放、更加积极的合作共赢态度对国内和国外市场进行开拓，融合发展更广更深，推进供给侧结构性改革和转型升级，致力于提高创意设计产业水平和核心竞争力，取得了高效的发展。

2002—2015 年，中国的文化产品贸易额大幅增长，年均增长率为 14%。2017 年，文化产品进出口总额为 971.2 亿美元，同比增长 10.2%；2018 年，我国文化产品进出口总额为 1023.8 亿美元，同比增长 5.4%；2019 年第一季度，我国文化产品进出口总额为 196.9 亿美元，同比增长 7.0%，其中，出口额为 173.3 亿美元，增长 7.6%，进口额为 23.6 亿美元，增长 2.9%，贸易顺差 149.7 亿美元，规模扩大 8.4%[②]。虽然我

---

① 《文化和旅游部召开第四季度例行新闻发布会》，中国文化和旅游部官方网站，https://www.mct.gov.cn/whzx/whyw/201912/t20191225_849877.htm，访问日期：2020 年 2 月 22 日。

② 《2019 年一季度我国文化产品进出口总额 196.9 亿美元》，中国经济网，http://www.ce.cn/culture/gd/201905/13/t20190513_32063618.shtml，访问日期：2020 年 2 月 22 日。

国文化产品出口规模进入快速大发展阶段，但在我国出口贸易总额中的比重与美、日等发达国家30%的出口贸易占比存在显著的差距，亟须进一步转型和升级。

在创意设计产业方面，包括印刷设计、建筑设计和工业设计等设计服务和产品，中国是创意设计产品的净出口国，出口份额保持稳定。根据联合国贸发会议数据库统计，2015年，中国的创意设计产品出口额为1223.57亿美元，2003—2015年年均增长率高达14.86%，2018年占发展中国家出口总额超过2/3，2019年在各项扶持政策的推动下，我国的创意设计产业朝着外贸高质量发展的方向前进，不断推动文化出口产品的创新与技术含量，提高产业附加值，优化产业贸易结构。受到文化距离的影响，出口的主要地域市场为亚洲、欧洲和美洲，但进口较少，贸易顺差仍然存在。

在印刷设计行业中，我国对外贸易总体呈现增长趋势，但波动幅度较大。随着文化产品外贸发展的整体回暖，2015—2018年，印刷设计行业出口额显著增加，2017年约为2.4亿美元，同比上升11.7%；2018年出现较大幅度提升，出口额约为3.2亿美元，同比上升高达37.1%。而进口额在2017年出现下降，为1941万美元，同比降低24.9%；2018年出现回弹，为2602万美元，同比上升34%，发展速度极快[①]。

在建筑服务行业中，我国对外贸易总体情况趋于良好。在出口方面，出现较大幅度的增长，2017年出口额为122.5亿美元，2018年出口额为135.5亿美元，同比上升了10%。在进口方面，近年来总体情况趋于平稳，2018年进口额为86.2亿美元[②]。

在工业设计服务行业中，我国进出口总额总体呈现波浪式变化。在建筑、工程、商业和工业的平面图和图纸设计服务中，2015—2017年进出口总额稳步提升，在2017年达到峰值，2018年出现较大幅度的下降。2015年出口额约为858万美元，出口数量约为15.5万件，2017年发展速度极快，出口额高达1042万美元，增速高达19.8%，出口数量约为12.8万件。受制于世界宏观经济背景和贸易摩擦等，2018年出口额下降到738万美元，同比降低29.2%。另外，在进口方面，与出口呈现出显著的一致性趋势，2015年到2017年进口额迅速增加，2018年的进口额出现下降[③]。可以发现，我国面临着不断加大的国际竞争压力，低成本产品面临越南、菲律宾等发展中国家的竞争，高技术和高创新产品研发面临着挑战传统强势国家垄断竞争的局面，但出口数量的下降和出口额的上升反映了我国该行业外贸产品、服务质量和附加值的提升。因此，借鉴国外先进的创意设计经验和寻求国际化合作是当前我国外贸高质量发展的有效途径。加速产业升级转型，提高产品和服务附加值，

---

① UN COMTRADE Database，https://comtrade.un.org/Data/，访问日期：2020年2月22日。
② UN COMTRADE Database，https://comtrade.un.org/Data/，访问日期：2020年2月22日。
③ UN COMTRADE Database，https://comtrade.un.org/Data/，访问日期：2020年2月22日。

优化产业结构，实现供给侧改革，是相关行业赖以生存的关键。

总体而言，复杂多变的国际环境和中美贸易摩擦给我国的对外贸易发展带来了严峻的挑战，但我国的创意设计产业由于其自身的特殊性在世界经济下行趋势下仍然取得了不错的发展。面对严峻的外部挑战，我国应抓住“一带一路”等发展机遇，综合利用已开拓的国内外市场和新开拓的新兴海外市场机会，走产业和外贸的高质量发展之路。

（二）创意设计与多产业融合，促进贸易价值链完善升级

随着我国文化发展战略的制定和一系列相关政策的推出，以创意设计为载体的文化产业蓬勃发展，深度融合特征显现，与服装业和农业等产业逐渐形成了跨界、渗透、提升、融合的多样路径。通过对价值链、产业链和供应链的整合重构，逐渐形成了以创意设计为核心的外贸发展路径。

故宫文创作为北京的重要文化标签之一，将弘扬中国优秀传统文化的社会效益与将文化资源的内在价值转化为深受市场欢迎的创意 IP 文创产品获取的经济效益相结合。现如今，具有厚重文化气息的故宫已不再是国内外游客前来欣赏的唯一景观，“创意 + IP”的形式更是促进产生了众多各具特色的文创衍生产品，越来越多的文创产品进入了全球消费者的视野中。在 2018 年的中国文创产品展示周上，一批代表中国特色、象征中国文化的文创产品在海外展出，相关系列展览在全球近 30 个国家的海外中国文化中心举办，为中国文创产品“走出去”提供渠道，为促进中外文创机构和企业的交流与合作创造条件、搭建平台①。

（三）“设计之都”引领作用明显，设计周（节）的品牌效应增强

深圳是国内文化产业发展领先城市和国内首个“设计之都”，文化产业的快速发展使其逐渐成为深圳经济发展的支柱产业之一。2018 年，以创意设计业为重要龙头产业的深圳文化产业增加值达 2621.77 亿元，占 GDP 的比重超过 10%，同比增长 16.8%②。2019 年，深圳文化企业数量超过 5 万家，从业人员近百万人，市级以上文化产业园区有 61 家，园区入驻企业超过 8000 家，合计营业收入超过 1500 亿元，实现税收超过 150 亿元③。2019 年 5 月，第十五届中国（深圳）国际文化产业博览交易会成功举办。来自 50 个国家和地区的 132 家文化企业和机构在本届深圳文博会中参展，

---

① 《故宫携文创产品集中出海 全球近 30 国将上演文化活动》，中央广电总台国际在线，http://bj.cri.cn/20180508/135a9fee-e4d1-d7ab-a548-8b836ec483bf.html，访问日期：2019 年 2 月 22 日。

② 《深圳推动创意设计产业发展提升国际影响力》，中国质量新闻网，http://www.cqn.com.cn/zgzlb/content/2019-08/13/content_7414014.htm，访问日期：2020 年 2 月 20 日。

③ 《深圳文化创意产业增加值将突破 3000 亿元》，中国产业经济信息网，http://www.cinic.org.cn/xy/gd/520008.html，访问日期：2020 年 2 月 22 日。

10 万多件中外文化创意产品在此聚集展出，[①] 国际影响面越来越广泛，促进了中外文化的交流合作，对实现我国文化产品“走出去”具有重要的推动作用。

北京作为我国的政治、经济和文化中心，不但拥有悠久厚重的历史文化积累和沉淀，而且还兼具国际化现代大都市的辐射带动和引领作用。在创意设计产业方面，北京具备产业发展所需的人才、资源和渠道优势，有利于该产业高质量发展。根据创意设计产业本身所具有的高附加值和经济增长期的特点，结合北京的经济和文化特色，该产业俨然已成为北京的重要支柱性产业之一。2019 年北京国际设计周秉承“设计之都·智慧城市”的理念，举行主题展览、主宾城市、北京设计博览会、北京设计论坛、文博·非遗设计、创新设计服务大会、设计之旅、时尚北京等活动，进一步提升了首都设计产业的竞争力，为北京乃至全国产业转型升级和经济社会全面发展作出新的贡献。[②]

创意是上海文化产业发展的重要动力和源泉。应借助上海自贸区和创意设计产业园的发展契机，加强产业融合，为市场注入新鲜活力，深入挖掘文化产业新动能，在国内和国际市场打响“上海文化”品牌，通过吸引相关产业的高端人才，提升城市创新力。上海的创意设计产业交易额占其 GDP 的比重逐年增加，根据上海市文创办统计，在文化核心领域中，相关新兴领域发展成为上海文化产业发展的新动能，2017 年以广告服务、设计服务为主的创意设计产业实现增加值 454.45 亿元，占文化产业增加值的 21.83%（图 3-6-3）。[③] 2018 年上海文化产业实现增加值 4227.7 亿元，同比增长 8.9%，占全市生产总值的比重为 12.9%。2019 年第二届长三角文博会约 12.8 万人次参与，参展国家和地区 22 个，展商 874 家，展会现场交易金额达到 4.5 亿元，签约金额超 50 亿元，最大单笔签约金额为 5360 万元。[④] 2019 年，20 余个国家和地区参展上海文博会，[⑤] 推动了“一带一路”国家间的文化国际合作，展现了较大的国际影响力，为文化艺术产品交易、项目合作搭建了重要的国际交流平台。

（四）积极参加国际交流活动和国际奖项的评比，品牌意识增强

积极参与友好的国际文化交流是推动我国创意设计产业外贸高质量发展的重要环节，通过参加国际交流活动，深化国际合作。2018 年，“一带一路”文化贸易与投资重点项目征集与扶持工作首批支持了 40 个重点项目，涉及投资总额约 42 亿元，

① 《走进文博会丨第十五届文博会精彩落幕》，搜狐焦点，https://sz.focus.cn/zixun/e70f9dd7984fc47c.html，访问日期：2020 年 2 月 19 日。

② 《2019 北京国际设计周在京举行》，中国经济网，http://www.ce.cn/xwzx/gnsz/gdxw/201909/07/t20190907_33106993.shtml，访问日期：2020 年 2 月 22 日。

③ 《2018 年上海文化产业发展报告》，中国经济网，http://www.ce.cn/culture/gd/201903/14/t20190314_31681119.shtml，访问日期：2020 年 2 月 22 日。

④ 《第二届长三角文博会圆满闭幕，看文化产业“高光时刻”！》，长三角国际文博会官方网站，http://www.yrdicie.com/，访问日期：2020 年 2 月 23 日。

⑤ 《2019 上海文博会八大亮点十大展区抢先看》，搜狐网，https://m.sohu.com/a/160108772_471428，访问日期：2020 年 2 月 10 日。

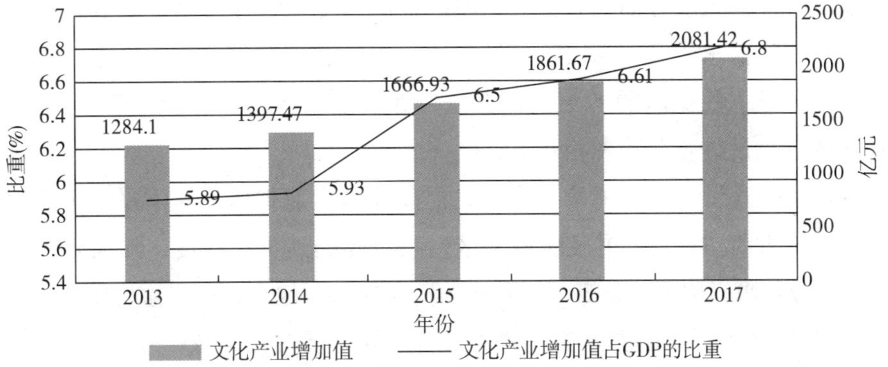

图3－6－3　2013—2017年上海市文化产业增加值增长情况

资料来源：《2018年上海文化产业发展报告》，中国经济网，http：//www. ce. cn/culture/gd/201903/14/t20190314_ 31681119. shtml，访问日期：2020年2月22日。

在沿线近10个国家落地实施，支持文化企业“抱团出海”，全年共组织200余家文化企业以“中国展区”形式参加美国国际授权博览会等9个重点国际文化展会，[①] 为我国创意设计产业“走出去”提供了科学、合理的发展途径。

近年来，我国参加国际创意奖项评比的积极性高涨，在一定程度上促进了我国自主创意设计水平的提升，提高了我国创意设计的国际知名度和国际影响力，塑造了中国创意设计的良好国际化形象，对文化产业的对外贸易影响深远。在2019年世界著名设计奖项评选中，我国获得了多项奖项。在德国iF国际设计奖评选活动中，论坛共收到来自52个国家的6375份作品，共计有65个国家获得金质奖，中国获得了8个，占比达12.31%；[②] 在德国红点设计奖评选活动中，中国有450件作品获得德国红点产品设计奖，占比超过25%；约270件产品获得设计概念奖，占比高达50%。[③]

三、存在的问题和解决的对策

近年来，虽然我国创意设计产业在稳步发展，各种大型展会、展映等活动不断举行，国内设计企业也积极拓展海外市场，但是产业整体发展水平仍与发达国家存在较大的差距，还存在着诸多的问题，还有进一步发展的巨大空间。

（一）产业地域发展不均衡，产业整体发展水平待提高

产业地域发展不均衡主要体现在创意设计产业地域资源分布不均。目前，我国设计产业资源主要分布在东部地区，中西部地区相对较少。北京、上海、深圳等城

① 《2018年文化和旅游发展统计公报》，中华人民共和国文化和旅游部，http：//zwgk. mct. gov. cn/auto255/201905/t20190530_844003. html？ keywords =，访问日期：2020年2月22日。

② Joy Yvette. 2019 iF 金奖中国获奖产品［J］. 设计，2019（8）：20－29.

③ 《红点奖的中国生意：一年全球2700个奖，收获上亿元》，腾讯财经网，https：//finance. qq. com/a/20200111/002946. htm，访问日期：2020年2月24日。

市在创意设计产业发展方面具有得天独厚的优势，专业人才密集度较高，政府扶植力度较大，市场需求较大，与国际市场接轨，国际交流频繁，一大批本土设计企业涌现，其中不乏一些优质的本土设计企业，如东道设计、正邦设计等。比较而言，其他地区的创意设计企业表现相对不突出。

为了促进创意设计产业的均衡发展，提高我国产业整体发展水平，更好地实现“走出去”，一方面，对于发展较缓慢地区，政府要提高重视程度，加大政策扶持力度，给予税收优惠、奖励贴息等多种方式的资金支持，健全行业投融资渠道，积极吸收、借鉴海内外优秀发展经验，鼓励创意设计企业开展对外贸易。另一方面，对于发展相对成熟的地区，要大力建立资源共享平台，传递发展的优秀经验，发挥其“领头羊”作用，拉动产业整体发展。为进一步推动产业对外贸易，要充分发挥创意设计产业较成熟地区对外贸易的联系作用，共同积极探索、拓展国际发展空间，优化国际信息网络，为创意设计企业对外贸易提供专业化的咨询和信息支持。

（二）创意设计产业人才相对缺乏，自主创新能力待加强

自主创新能力不仅是创意设计企业和相关从业人员存在和发展的原动力，也是本国企业能否打开国际市场的关键主导因素之一。近年来，依托国内文化产业发展的背景，创意设计产业逐步发展，但是国内创意设计产业与发达国家创意设计产业之间仍存在一定的差距，创新能力不足和创意设计人才相对缺乏是其主要原因。虽然创意设计从业人员日益增加，但是具有国际视野、国际水准的高端人才相对缺乏。因此，应完善产业环境，营造适合设计师发展的氛围，实施人才建设工程，提升设计水平，提高从业人员素质，鼓励从业人员积极参与国际合作与交流，提高行业的市场竞争力，增强行业对外贸易的综合实力。

创意设计产业的对外贸易离不开专业的经营管理高端人才。国内设计企业规模普遍较小，以中小型企业为主，其发展还存在着盈利模式不稳定、生命周期短等问题，缺乏产业规模效应和集聚效应。专业的经营管理高端人才拥有丰富的管理经验和知识储备，能将设计成果有效投入国内外市场，完善公司内部管理机制，帮助实现公司有序高效运转，提高设计企业的市场竞争力和行业凝聚力，积极开展对外贸易和跨国投融资，提高企业的国际市场竞争力。发展对外贸易，建立人才培养梯队，吸引专业人才从事创意设计产业已经刻不容缓。

（三）知识产权保护需被高度重视，法制建设待加强

随着文化法制建设持续推进，文化细分领域的法制建设不断完善，我国的知识产权保护意识逐步增强，但与发达国家相比还有很大的提升空间。建立完善的知识产权保护机制是我国创意设计企业开展对外贸易的重要保障。不少设计企业缺乏长远的发展目光，为了追求短期的利益，抄袭、模仿知名品牌设计，造成一定程度的

侵权，这不仅侵害了原创企业的利益，也削减了企业自身的自主设计能力，在一定程度上可能会造成“劣币驱逐良币”，对创意设计产业发展产生不良影响。同时，部分企业缺乏对自主创意设计的知识产权保护，对自身创意设计未及时按照法律程序进行登记，造成不可弥补的损失。

为了加强知识产权保护，应对侵权现象进行有效遏制，建立知识产权侵权赔偿制度，完善知识产权保护体系，加强行业自律，加大执法监督力度，为文化产业的发展提供良好的平台和社会环境。同时，企业要熟悉知识产权的国际法律法规和惯例，培养国际法律专业人才，为我国创意设计企业对外贸易保驾护航。这将对构建公平竞争的市场环境，推动创意设计产业“走出去”产生深远的影响。

案例　小米家居：智能家居，健康生活

在创意设计行业中，设计是产品存在和发展的原动力，也是打开消费市场的重要因素，更是企业参与市场竞争的核心竞争力。近年来，小米家居凭借其卓越的创意设计能力和自主研发能力，陆续推出多款智能家居产品，为消费者提供有品质的健康家居产品，成为家喻户晓的国民品牌。之后，通过不断部署、实施海外战略，小米的国际化业务进展非常迅猛，在海外市场已经颇具影响力；通过大力推动生态链模式运营，小米在智能生活领域广泛布局，已经建成消费级物联网平台。

2019 年 1 月，小米正式推出“手机 + AIoT”双引擎战略，并将其作为未来五年的核心战略。通过物联网，小米构建智能家居生态链，打造智能家居生态圈。截至 2019 年末，小米 IoT 平台连接的 IoT 设备数（不包括智能手机和笔记本电脑）已经达到 2.348 亿台，同比增长 55.6%。[①] 除了物联网水平领先，小米在国际设计奖项的评选中也屡获佳绩。2020 年德国 iF 设计奖项评选结果公布，小米获得 1 项设计金奖和 32 项设计奖，获奖产品的种类包含手机、智能家居类产品等。[②] 2020 年德国红点奖公布获奖名单，小米荣获 11 项红点设计奖。[③]

小米家居立足于自身发展经验，洞悉市场需求，紧跟时代前沿，积极推陈出新，不断创新研发，取得了很好的综合效益，为创意设计产业中的企业发展和产业的总体演进提供了许多值得学习、借鉴的思路。

---

① 《小米:2019 全年营收 2058.4 亿元人民币,智能手机销量 1.246 亿部》,搜狐网,https://www.sohu.com/a/384586891_114760,访问日期:2020 年 3 月 31 日。

② 《小米 30 余款产品获 iF 设计奖:手持无线吸尘器获 iF 金奖》,新浪网,https://tech.sina.com.cn/mobile/2020-02-11/doc-iimxyqvz2030486.shtml,访问日期:2020 年 2 月 12 日。

③ 《小米米家荣获 11 项红点设计奖 米家踢脚线电暖气最佳》,新浪财经,http://finance.sina.com.cn/stock/relnews/hk/2020-03-16/doc-iimxyqwa0879632.shtml,访问日期:2020 年 3 月 16 日。

1. 打造简约设计产品

随着生活水平的逐步提高，人们对于物质上和精神上的追求发生了较大的变化。消费者更注重追求高品质的生活，追求卓越的产品品质和体验。消费者在购买产品时不仅考虑实用性，也考虑美观性。家居产品的优良外观设计成为消费者决策的重要因素。小米家居产品设计简洁大方，造型时尚，风格统一，迎合了新时代的大众审美，深受大多数人的喜爱。

2020 年度德国 iF 设计大奖评选中，米家手持无线吸尘器荣获金奖。米家手持无线吸尘器注重选色、配色，外观设计简洁，性价比高，获得了专业好评。此外，小米智能电视的设计也简洁时尚。以小米电视 5Pro 为例，采取全屏设计，机身超薄，脚架为树枝形状，彰显出一定的质感和简约美感。小米智能电视在 2018 年进入印度后，在印度市场销量连续两年高速增长，深受印度消费者青睐。

小米家居的外观设计不仅符合越来越多人对生活品质的更高追求，也促进了小米家居的快速发展，更直接地推动了小米家居打开国内、国际消费市场，提高其国际化水平和国际影响力。

2. 注重产品功能

小米家居的发展离不开其有吸引力的外观设计，更离不开其优质的产品功能。随着消费品日益同质化，小米家居注重产品功能，着重进行适用于各种场景的功能设计，推出创意设计产品，让生活变得更加智能化。截至目前，小米家居深耕智能家居场景设计领域，逐步实现智能设备的全方位覆盖。通过与手机的联合使用，消费者可以轻松使用家居产品，远程操控，实现多种场景联动。

米家 LED 智能台灯曾获得德国 iF 设计大奖金奖，凭借其独特的工业设计和极致的用户体验在众多同质产品中脱颖而出，且性价比极高。通过米家 App，不仅可以直接调节台灯的亮度和色温，还可以定时开关和延时开关。米家 App 还对一些特定场景进行了场景预设，比如阅读模式、电脑模式等，用户可以轻松找到适合自己的模式。除此之外，米家互联网洗烘一体机 Pro 也获得了 2019 年德国红点设计奖与德国 iF 设计奖。

小米家居专业打造和推出各类高性能产品，贴合多样化的使用场景，满足多种消费需求。小米频频在国际奖项评选中崭露头角，在一定程度上彰显了我国创意设计企业的自主创新能力，推动了我国创意设计企业“走出去”。

3. 凸显人性化设计

小米家居遵循“以人为本”的原则，从“人性”的角度出发，不仅保障产品的美观，还综合考虑产品的功能，满足人们的消费需求。例如，米家智能推拉式门锁采用一体化推拉式设计，解锁只需一步。而且推拉把手夹角设定为15°，这样的设计更符合人体工程学，使用时更方便快捷，彰显出人性化特点。人性化设计是产品设计的根本，进行人性化设计是企业得以持续发展的基石。小米家居把握消费者的不同需求，打造人性化设计，对产品细节精准把控，塑造了良好的品牌形象，具有一定的示范效应。

小米智能家居注重创意设计，重视产品性能，追求极致的用户体验，在国内市场和国际市场均表现不凡，为其他创意设计企业提供了丰富的发展经验。创意设计产业作为文化产业的重要组成部分，应顺应时代发展主题，紧抓发展机遇，借鉴优秀的发展经验，不断革旧鼎新，进一步打开国际市场，参与国际竞争，更好地实现“走出去”。

工艺美术业对外文化贸易发展研究①

随着人类文明的进步发展，经济全球化和信息化的加速推进，文化贸易日渐成为世界贸易和全球服务贸易的重要组成部分。历经20余年的发展，我国目前成为世界上最大的工艺美术品的生产国和出口国。“一带一路”倡议的提出和实施，将我国的对外开放水平和海外市场拓展提升到了新的高度，工艺美术行业也获得了持续稳定的发展。“文化+旅游”“文化+互联网”“文化+新业态”背景下，工艺美术产业的转型升级和跨界发展得到了良好的创新环境和发展契机。

在宏观政策的引导下，各地的文化产业政策、传统工艺振兴政策、非物质文化遗产保护政策相继出台，为传统工艺的传承、发展提供了强有力的政策保障和资金支持。2017—2019年，我国工艺美术行业呈现出“平稳增长、缓中有升”的态势，主营业务和营销利润实现双增长，工业增加值增速高于轻工业平均水平增速；出口贸易增速由负转向正，贸易竞争力指数持续走高，在国际市场上具有较强的竞争优势。

一、宏观环境和产业基础

（一）政策环境

习近平总书记曾在建党95周年庆祝大会上指出，文化自信，是更基础、更深厚、更广泛的自信。工艺美术作为中华民族传统文化的重要组成部分，集中体现着我国源远流长的文化历史和薪火相传的民族精神，为建立文化自信的历史根基。近几年来，随着我国文化产业不断发展壮大，国家乃至地方各级政府都纷纷出台了有关保护和发展非物质文化遗产、传承和振兴传统工艺行业的政策法规，为工艺美术业提供了良好的生存环境和发展机遇。

2017年3月24日，国务院办公厅发布了原文化部、工业和信息化部、财政部《中国传统工艺振兴计划》（以下简称《计划》）。自《计划》发布以来，工艺美术

---

① 本文作者：黄珍珍，北京城市学院艺术设计学部讲师。

业开始逐渐从传统单纯的手工艺制作模式转向“工艺 + 文创”“工艺 + 特色旅游”“工艺 + 互联网”的发展模式，实现了工艺美术与文化衍生品、特色街道景区、服装服饰、网络动漫等领域的跨界合作。渗透着传统文化元素的商品和店铺吸引了年轻消费者的目光，市场规模迅速扩张，当年主营业务收入同比增长了 7.39%，[①] 工艺美术企业的经济效益有了明显的提升趋势。2018 年 5 月 24 日，文化和旅游部、工业和信息化部联合发布了第一批国家传统工艺振兴目录，纺染织绣、服饰制作、编织扎制、雕刻塑造等 14 个门类的 383 个传统工艺项目入选并被予以重点扶持。2018 年 11 月，中央财政对我国文化遗产保护扶持资金达 60.5 亿美元，其中在非物质文化遗产保护方面，实施和支持 800 余个国家级非物质文化遗产代表性项目，103 名国家级代表性传承人开展抢救性记录、2579 名国家级代表性传承人开展传习活动，21 个国家级文化生态保护区进行建设等。[②] 扶持政策的出台和专项资金的投入为传统工艺美术的振兴发展提供了难得的机遇。

为进一步贯彻落实党的十九大精神和习近平总书记的“精准扶贫”思想。2018 年 6 月 27 日，文化和旅游部办公厅发布了《关于大力振兴贫困地区传统工艺助力精准扶贫的通知》，针对第一批国家传统工艺振兴目录中贫困地区的工艺项目，大力推进“非遗 + 扶贫”。以非遗传承人群培养、开展讲习活动、设立就业工坊、搭建展示平台等方式，带动贫困地区经济发展，帮助贫困家庭脱贫增收。目前，安徽、河南、贵州、甘肃等地已经践行扶贫计划并卓见成效。

近年来，旅游业的迅速发展成为区域经济文化发展的一大亮点，对人民精神的富足和生活质量的提高起到了至关重要的作用，“文旅融合”已经成为当下发展现代旅游业、促进文化传播的重要举措。2018 年 3 月印发的《国务院办公厅关于促进全域旅游发展的指导意见》指出，要“深入挖掘历史文化、地域特色文化、民族民俗文化、传统农耕文化等，实施中国传统工艺振兴计划，提升传统工艺产品品质和旅游产品文化含量”。以文促旅、以旅彰文，为传统工艺的创新发展和传承积淀提供了更大的平台。

（二）产业概况

1. 行业整体收入增速平稳微升，趋势向好、潜力巨大

2017—2019 年，我国工艺美术行业发展呈现出“平稳增速、缓中有升”的态势。国家统计局数据显示，截至 2018 年 12 月，我国工艺美术行业规模以上企业主营业务收入为 8446.88 亿元，同比增长 4.39%，累计完成利润总额 435.50 亿

---

① 《2017 年全国工艺美术行业经济效益情况》，中国工艺美术协会官方网站，http://www.cnaca.org/info/2018417/2-2484.shtml，访问日期：2020 年 1 月 18 日。

② 《2018 年中央财政支持文化遗产保护资金达 60.5 亿》，新浪网，http://news.sina.com.cn/o/2018-11-30/doc-ihmutuec5053562.shtml，访问日期：2020 年 1 月 18 日。

元，同比增长6.12%，增速较2017年提高0.08个百分点，较轻工行业平均利润提高0.21个百分点。① 其中，珠宝首饰及有关物品的制造、雕塑工艺品制造、金属工艺品制造、其他工艺美术品制造主营业务收入较高，同比增长幅度明显，但漆器工艺品制造，花画工艺品制造，天然植物纤维编织工艺品制造，地毯、挂毯制造工艺主营业务收入呈负增长。2019年上半年，全国规模以上文化及相关产业“内容创造类（包括工艺美术制造）”企业营业收入为9860亿元，同比增长9.8%。② 可见，近年来我国工艺美术行业保持稳中求进发展态势，整体趋势向好、潜力巨大（图3-7-1）。

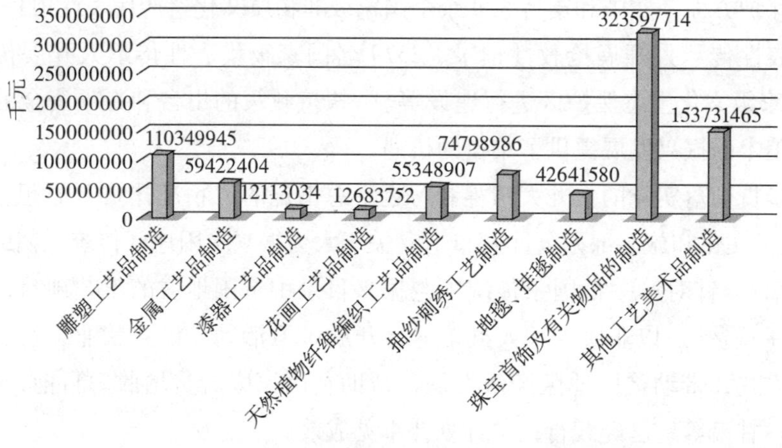

图3-7-1 2018年工艺美术各门类主营业务收入

资料来源：摘自工业和信息化部工业文化发展中心编撰的内部资料《工艺美术产业白皮书（2019）》，2019年11月，第6页。

2. 行业规模趋于稳定，亏损企业有所增加

当前我国经济发展仍面临下行压力，增长动力不足，工艺美术行业也必然会受到一定程度的影响。2018年全国工艺美术品制造行业规模以上工业企业共5205家，行业规模基本趋于稳定；亏损企业569家，同比增长2.15%；亏损额达26.03亿元，同比增长22.81%（图3-7-2）。③ 其中，金属工艺品、漆器工艺品、抽纱刺绣工艺品以及其他工艺美术品制造行业较之前有所好转，企业亏损数量和亏损金额均呈现负增长；而珠宝首饰及有关物品，地毯、挂毯，雕塑工艺品，花画工艺品，天然植物纤维编织工艺品制造行业的亏损额呈正增长。市场变化对于工艺美术行业的发

① 《数说2018工艺美术行业》，中国轻工业网，http://www.clii.com.cn/ReDianJuJiao/TouTiaoXinWin/201905/t20190521_3934588.html，访问日期：2020年1月20日。

② 《2019年上半年全国规模以上文化及相关产业企业营业收入增长7.9%》，中国政府网，http://www.gov.cn/xinwen/2019-07/31/content_5417508.htm，访问日期：2020年1月20日。

③ 摘自工业和信息化部工业文化发展中心编撰的内部资料《工艺美术产业白皮书（2019）》，2019年11月，第7页、第9页、第10页。

展来说既是机遇也是挑战，产业的转型升级仍然处于摸索时期。

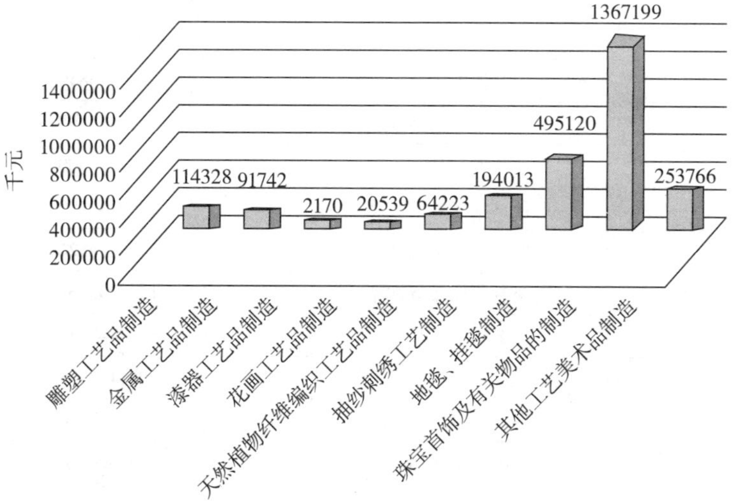

图 3－7－2　2018 年工艺美术各门类亏损企业亏损额

资料来源：摘自工业和信息化部工业文化发展中心编撰的内部资料《工艺美术产业白皮书（2019）》，2019 年 11 月，第 10 页。

二、工艺美术行业贸易概况

早在 2010 年，我国就已经成为世界上最大的文化产品出口国，工艺品贸易额已超过 3200 亿美元。工艺美术行业曾为我国国民经济的发展、文化创意的传播起到了重要的推动作用。近年来，随着我国改革开放水平的日益提升，互联网、新媒体技术的融合并进，各国思想文化的交流碰撞，工艺美术行业的对外贸易发展逐渐呈上升趋势，进出口贸易活跃，行业景气指数逐步提升。

（一）贸易顺差持续加大，对外贸易发展前景看好

海关数据资料显示，2018 年我国工艺美术行业实现对外贸易总额 402.53 亿美元，同比增长 13.72%，实现贸易顺差 348.62 亿美元，同比增长 11.87%，全年顺差占行业对外贸易总额的 86.61%（表 3－7－1）。[①] 从贸易顺差的持续加大可以看出我国工艺美术品出口量大幅上涨，我国传统文化的对外影响力逐渐增强，工艺美术行业对外开放水平逐步提高，对外贸易正处于有利地位。（剔除发制品、烟花爆竹等不属于文化贸易范畴的轻工业品，2018 年我国工艺美术行业的贸易顺差额为 308.82 亿美元）

① 《数说 2018 工艺美术行业》，中国轻工业网，http://www.clii.com.cn/ReDianJuJiao/TouTiaoXinWin/201905/t20190521_3934588.html，访问日期：2020 年 1 月 20 日。

表 3-7-1　2018 年我国工艺美术行业各门类贸易顺差情况　单位：美元

序号	行业名称	2018 年贸易顺差
1	首饰及仿首饰	13189848026
2	其他工艺品	4295923840
3	花画工艺品	3635455158
4	发制品	3116600400
5	地毯、挂毯类工艺品	2866142199
6	抽纱刺绣工艺品	1556616326
7	陶瓷制塑像及装饰品	1534993262
8	金属工艺品	1302749514
9	天然植物纤维编织工艺品	1031113243
10	烟花爆竹	863105014
11	雕塑工艺品	850888332
12	玻璃装饰品	770078470
13	珠宝玉石制品及半成品	-151759902

资料来源：《数说 2018 工艺美术行业》，中国轻工业网，http：//www. clii. com. cn/ReDianJuJiao/TouTiaoXinWin/201905/t20190521_ 3934588. html，访问日期：2020 年 1 月 18 日。

（二）出口贸易逐年增长，进口贸易大幅提升

近年来，我国工艺美术行业出口贸易增速明显，由负转正呈现良好态势。从数据来看，2017 年全国工艺美术行业主要商品海关出口总额较上一年下降了 3.7 亿美元，同比下降 1.2%。[①] 而 2018 年工艺美术行业累计完成出口额 375.58 亿美元，同比增长 12.85%，增速高于上一年同期 13.98 个百分点。[②] 可见，我国工艺美术行业出口贸易增速加快，并逐渐由负向增长转为正向增长。随着我国对外开放水平日益提升、传统文化对外宣传力度逐步增强，与工艺美术品相关的出口贸易情况更为可喜。2019 年，我国工艺美术年产值已超过 2.5 万亿元，其中进出口总额 439.2 亿美元，相较 2018 年的 402.53 亿美元，同比增长 9%。从图 3-7-3 可见，我国工艺美术行业的出口主力为首饰及仿首饰、花画工艺品、地毯挂毯类工艺品。

同时，进口贸易增幅明显，促进行业进出口贸易平衡发展。2018 年我国工艺美术行业实现进口额 26.96 亿美元，同比增长 27.28%，增速高于上一年同期 78.32 个

① 《2017 年全国工艺美术行业经济效益情况》，中国工艺美术协会官方网站，http://www. cnaca. org/info/2018417/2-2484. shtml，访问日期：2020 年 1 月 18 日。

② 《数说 2018 工艺美术行业》，中国轻工业网，http://www. clii. com. cn/ReDianJuJiao/TouTiaoXinWin/201905/t20190521_3934588. html，访问日期：2020 年 1 月 18 日。

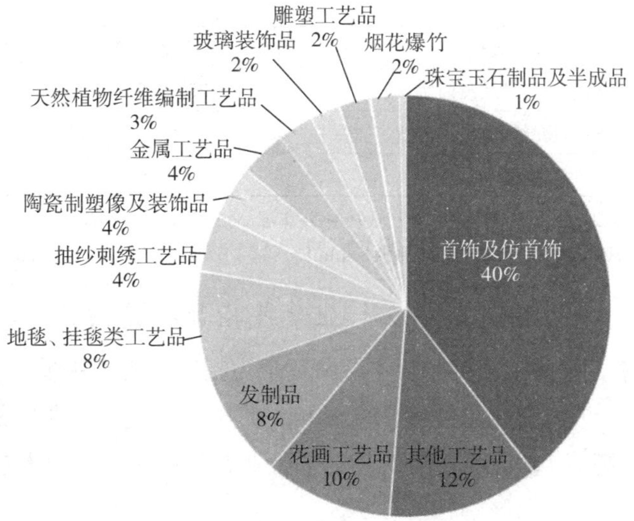

图3-7-3　2018年我国工艺美术行业十三大类商品出口额占比情况

资料来源：《数说2018工艺美术行业》，中国轻工业网，http：//www.clii.com.cn/ReDianJuJiao/TouTiaoXinWin/201905/t20190521_3934588.html，访问日期：2020年1月20日。

百分点。[①] 首饰及仿首饰、珠宝玉石制品及半成品、其他工艺品进口额在整个行业中排名前三。其中，首饰及仿首饰进口额约为16.06亿美元，同比增长41.81%，[②] 占工艺美术行业进口总额的60%，大幅领先其他类商品，[③] 见表3-7-2。

表3-7-2　2018年我国工艺美术行业主要大类商品进口额及同比增速情况

序号	商品名称	2018年进口额（美元）	同比增速（%）
1	首饰及仿首饰	1605845042	41.81
2	珠宝玉石制品及半成品	346117626	-5.96
3	其他工艺品	200315193	2.24
4	地毯、挂毯类工艺品	136700900	2.39
5	雕塑工艺品	114375530	13.65
6	玻璃装饰品	86029675	160.02
7	抽纱刺绣工艺品	85159934	-19.17
8	发制品	32745824	57.02
9	雕塑工艺品	32517190	56.56
10	金属工艺品	30950268	25.33

① 《数说2018工艺美术行业》，中国轻工业网，http://www.clii.com.cn/ReDianJuJiao/TouTiaoXinWin/201905/t20190521_3934588.html，访问日期：2020年1月20日。

② 摘自工业和信息化部工业文化发展中心编撰的内部资料《工艺美术产业白皮书(2019)》，2019年11月，第11页。

③ 《数说2018工艺美术行业》，中国轻工业网，http://www.clii.com.cn/ReDianJuJiao/TouTiaoXinWin/201905/t20190521_3934588.html，访问日期：2020年1月20日。

续表

序号	商品名称	2018 年进口额（美元）	同比增速（%）
11	陶瓷制塑像及装饰品	12547265	-1.66
12	天然植物纤维编织工艺品	9212086	12.29
13	烟花爆竹	3260912	-7.14

资料来源：《数说 2018 工艺美术行业》，中国轻工业网，http://www.clii.com.cn/ReDianJuJiao/TouTiaoXinWin/201905/t20190521_3934588.html，访问日期：2020 年 1 月 20 日。

（三）贸易竞争力指数走高，行业景气指数持续回升

自 2011 年以来，我国工艺美术行业贸易竞争力指数经历了从缓慢上升到急速下降，再到迅速上涨、平稳增长的过程。2018 年，我国工艺美术行业贸易竞争力指数为 0.87，接近于最高值 1，说明我国工艺美术行业在国际市场上具有较强的竞争优势，[①] 如图 3-7-4 所示。

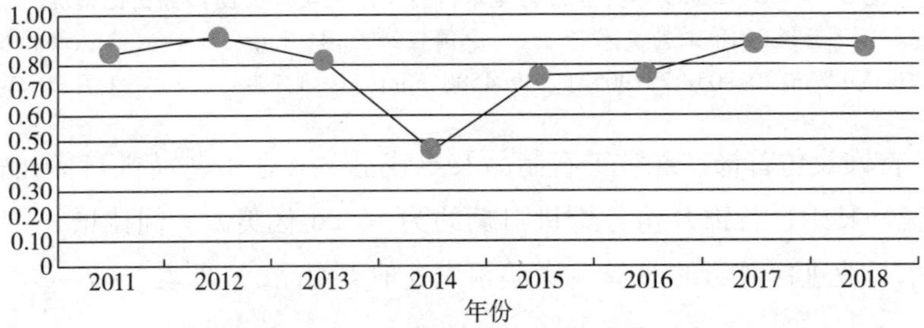

图 3-7-4　2011—2018 年我国工艺美术行业贸易竞争力指数变化

资料来源：《数说 2018 工艺美术行业》，中国轻工业网，http://www.clii.com.cn/ReDianJuJiao/TouTiaoXinWin/201905/t20190521_3934588.html，访问日期：2020 年 1 月 25 日。

（四）行业分类品种丰富，对外贸易分布广泛

我国工艺美术行业所含品类丰富，包括首饰及仿首饰，珠宝玉石制品及半成品，玻璃装饰品，金属工艺品，天然植物纤维编织工艺品，陶瓷制塑像及装饰品，抽纱刺绣工艺品，地毯、挂毯类工艺品，花画工艺品，雕塑工艺品，其他工艺品等共 13 大类，共涉及税号商品 127 个。2018 年，行业商品出口销往全球 228 个国家和地区，有美国、英国、德国、中国香港、加拿大、日本、印度等；进口商品来自全球 139 个国家和地区，有泰国、意大利、美国、瑞士、法国、南非等。[②] 进出口贸易范围的不断扩大促进了中外文化贸易更深层次的融合交流，见表 3-7-3。

---

① 《数说 2018 工艺美术行业》，中国轻工业网，http://www.clii.com.cn/ReDianJuJiao/TouTiaoXinWin/201905/t20190521_3934588.html，访问日期：2020 年 1 月 20 日。

② 《数说 2018 工艺美术行业》，中国轻工业网，http://www.clii.com.cn/ReDianJuJiao/TouTiaoXinWin/201905/t20190521_3934588.html，访问日期：2020 年 1 月 25 日。

表 3－7－3　2018 年我国工艺美术行业与主要国家对外贸易情况

国家和地区	2018 年贸易总额		2017 年贸易总额	
	同比（%）	比重（%）	同比（%）	比重（%）
工艺美术行业合计	13.72	100.00	－6.83	100.00
“一带一路”沿线国家	4.74	16.04	－22.49	17.58
美国	2.87	26.99	10.6	29.48
欧盟	12.9	15.78	7.61	15.81
东盟	5.6	6.20	－45.09	6.64
日本	8.19	2.26	0.97	2.35
金砖国家	4.1	5.52	10.68	6.06
中国香港	36.02	26.20	－21.53	21.98

资料来源：《数说 2018 工艺美术行业》，中国轻工业网，http：//www.clii.com.cn/ReDianJuJiao/TouTiaoXinWin/201905/t20190521_ 3934588.html，访问日期：2020 年 2 月 11 日。

（五）各地工美发展齐头并进，对外贸易市场全面开花

从全国各地工艺美术行业发展状况来看，一些地区（特别是拥有特色传统手工艺的地区）在国家政府的政策引导和资金支持下收效显著。充分利用地域文化优势发展当地民间工艺，打造特色手工艺品牌；大力拓展国内外市场，促进产品对外贸易迅速发展；积极参加国际博览会和展销会等，提升品牌影响力，让中国文化“走出去”。

安徽阜南县的柳编技艺被列入“中国非物质文化遗产保护名录”，该县作为重点扶贫地区之一，2018 年共有柳木加工企业 200 家，加工业产值达到 90 亿元，带动就业人数 12 万以上。2018 年全县柳木出口额为 3.6 亿美元，占全县出口创汇的 90.7%，占全市同类产品出口的 92%、全省的 88%、全国的 60%，[①] 为阜南县地区经济的发展和村民脱贫致富作出了重要贡献。

宁夏滩羊皮为宁夏“五宝”之一，滩羊皮毛加工是宁夏民间工艺的头牌产业。2016 年，宁夏滩羊裘皮制品出口获得了国家海关总署支持。2017 年，宁夏加工贸易进出口额为 45.7 亿元，同比增长 263%。[②] 如今宁夏滩羊皮毛加工已经有近 100 家产销一体的企业。其中，规模以上企业 10 家，年产值超过 10 亿元，产品常年销往欧美等发达国家和地区。[③] 除了滩羊皮毛加工外，宁夏的手工地毯也是一大特色手工艺产品，现如今也大幅提高了生产加工能力，产品大量出口海外。在 2018 年的中国・宁夏丝绸

---

① 《阜南县柳木产业发展现状解读》，阜南县人民政府网，http://www.funan.gov.cn/openness/detail/content/5e0812d128c8b2e7b910a216.html，访问日期：2020 年 1 月 27 日。

② 《2017 年宁夏实现进出口 341.3 亿元》，宁夏新闻网，http://www.nxnews.net/cj/cjdyx/201802/t20180213_4458914.html，访问日期：2020 年 1 月 27 日。

③ 摘自工业和信息化部工业文化发展中心编撰的内部资料《工艺美术产业白皮书(2019)》，2019 年 11 月，第 67 页。

之路地毯国际博览会上，共有来自中国、巴基斯坦、尼泊尔、印度、阿富汗、伊朗等18个国家的参展商，实现现场交易额924万元，专业采购签约额为3100余万元。[①]

青海刺绣作为极具本土民族特色的工艺美术品，当地的撒拉族刺绣、互助土族盘绣、湟中堆绣、贵南藏绣、河湟刺绣、蒙古族刺绣等品类作品均先后被列入国家级、省级非物质文化遗产名录。青海刺绣行业不仅带动了当地绣娘实现就业增收，也推动了当地文化经济与旅游业的快速发展。2018年，互助土族自治县从事盘绣家庭1100户以上，年销售额800万元以上；[②] 循化县圣驼民族工艺品有限公司通过“生产、加工、销售”一体化全力打造撒拉族刺绣品牌，其作品常年远销沙特阿拉伯、阿联酋、新加坡、马来西亚等国家和中国港澳台地区。

总体来说，我国工艺美术行业对外贸易在近几年来呈现出扎实推进、稳步提升的发展态势。行业景气指数持续走高，贸易竞争力指数接近最高值，说明目前我国工艺美术行业在国际市场中的竞争优势较为明显。各地民间工艺行业在国家和政府的政策资金扶持下都有了明显的收效，传统工艺的振兴不仅能带动当地人实现脱贫增收，同时鼓励广大手艺人以“文化+衍生品”“文化+旅游”“文化+互联网”等新兴商业模式开辟传统民间工艺的创新之路。民族工艺的品牌创建和走向世界提升了中国文化的软实力。

三、国际交流

为践行新时代“让文化走出去”“建立文化自信”的战略，推动我国工艺美术行业朝着特色化、聚集化、品牌化、国际化的方向发展，举办国际展览会、参与国际交流项目及活动成为促进中外工艺美术行业交流、提升文化品牌影响力的重要方式和途径。

2018年8月，世界手工艺理事会亚太地区分会全体大会在尼泊尔首都加德满都召开，来自中国、科威特、印度、澳大利亚、尼泊尔、哈萨克斯坦等国家和地区的120余位代表成员出席此次会议。该会议分别审议了“世界手工艺理事会亚太地区战略发展计划”“世界手工艺理事会手工艺城市申报”等多项议题。会议期间举办了包括中国在内的十余个国家的小型手工艺展览，中国丝绸、剪纸、2019世园会纪念品等代表性工艺品在此次展览中亮相。同时，大会还邀请了联合国教科文组织和世界手工艺理事会资深专家共同举办了高级研讨交流会，针对亚太地区手工艺产业发展思路展开交流探讨，印度、尼泊尔等手工艺组织相关学者也就传统工艺的传承与发展问题与大家

---

① 《2018中国·宁夏丝绸之路地毯国际博览会圆满结束》，银川会展网，http://www.expo-nx.com/news_view.asp? id=1029，访问日期：2020年1月27日。

② 《青海刺绣走俏国内外市场》，青海省人民政府网，http://www.qh.gov.cn/zwgk/system/2019/08/09/010338207.shtml，访问日期：2020年1月27日。

分享经验。

2019 年 9 月，我国来自新疆、辽宁、天津、山东、安徽的五位手工艺人受邀参加了首届国际手工艺术节，他们分别携带刺绣、葫芦烙画、漆器、柳编和砖雕工艺品前往乌兹别克斯坦参加展览，通过现场展示、互动交流的方式，让世界各国的参观者感受到中国传统工艺的特色与魅力。

四、问题与对策

虽然我国工艺美术行业在近几年的发展中呈现出稳中求进的良好态势，但仍然在人才培养、观念创新、品牌意识等方面存在诸多问题，中国传统工艺美术创新性发展路径的研究与探讨依然具有重要意义。

（一）存在的问题

1. 人才培养模式不够健全

现阶段，我国工艺美术行业在人才培养方面仍然存在着后继乏人、老龄化现象严重、传承人质量不高等问题。如今，传统的师徒传承、家族传承模式已经日渐式微，许多年轻人在多样化职业选择的诱惑下不愿意从事工资待遇较低、工作环境较差的传统手工艺劳动，从而造成传承人年龄结构不合理，35—60 岁的中青年传承人在行业中占比较少，传统手工艺面临失传风险。现代化传承培养，如院校和企业人才培养，也存在着开设专业不符合市场需求、优质生源匮乏、院校人才与企业需求不符等情况。

2. 产品创新设计与市场预期不符

近年来的“传统文化热”为工艺美术行业的发展提供了良好的契机。国家大力扶持传统手工艺行业，发展文化创意产业，在全国各地（特别是拥有非物质文化遗产的地区）建设文化街，举办文化博览会、工艺品交易会、展销会等，为当前手工艺从业者提供了展示手艺、宣传当地文化特色的平台。但是，在所展示出的琳琅满目的手工艺品中我们可以看到，一部分手艺人受传统思维方式的局限，没有考虑到传统手工技艺与审美品位是否符合新时代人们的生活方式和审美趋向；一部分从业者虽然有意识地追求创新，但由于过分盲目跟风，导致出现制作工艺粗陋、只追求精致而忽略功能性等现象，使得新工艺美术品很难得到市场的接纳和认同。

3. 品牌建设意识淡薄

过去我国工艺美术行业的运营模式以家庭作坊式为主，批量生产的商业化运作很难实现。而当下工艺美术行业发展遭遇困境，很大一部分原因在于传统作坊式的运作模式无法满足新时代年轻人对产品品质、质感及设计感的追求。直到 2018 年底，我国工艺美术行业除了沿海发达地区外，大部分地区依然处于规模小、不规范、分布零散的状态，知名品牌与老字号数量不多。从业者“两耳不闻窗外事”的老旧思维意识依然存在，缺乏对行业发展准确的判断和长远的眼光。

（二）对策建议

1. 拓宽人才培养路径，建立多层次、高水平人才梯队

有效的人才培养是传统工艺美术传承和发展的核心。首先，可以采用多种培养模式联合育人，如学校教育、社会教育、企业培训等的结合。鼓励开展“大师进校园”“大师进博物馆”等活动，切实对传统手工艺从静态化保护向活态化传承方向转变。其次，积极深化校企合作，将企方的资金和市场优势资源与校方的人才智库充分结合，建立高水平实习实践基地。同时，校方可引进企业高级技能人才进校做行业导师，一方面可以培养在校生的社会项目实践能力，另一方面也可以壮大校园教师队伍。最后，确立高层次培养定位。如今工艺美术行业的人才培养已经不单单是手工技艺的传承与延续，而是要将工匠精神传递给下一代，让他们构建起在新时代生活品质追求之上的审美品位和创新意识，培养高素质、高水平的文化创意产业高端人才。

2. 加强产品创新设计，制作创新性强、多样化的文创产品

随着人们物质条件的丰富和生活品质的日益提高，过去的大多数工艺品从外观设计到审美品位已经愈发不能满足现代人的需求，这一事实迫使从业者和设计者们不断“优化设计、改良工艺、更新材料”。在创新设计中思考传统元素在当代语境下的应用与创新，在营销管理中将产品研发与市场需求充分结合，在材料选择中考虑原材料的稀缺性和局限性以及新材料的可替代性，生产出具有创新性、时代性、个性化、多样化的文创产品，以满足现代人的时尚审美并融入生活。故宫文创团队近年来持续领跑国内文创企业，2019 年上半年营收达 5424 亿元，产品开发包括日历、礼盒、首饰品、口红等，上万件文创产品都得到了广大消费者的认可，可以说是中国文化创意产业发展和中华文化传播的成功案例。

3. 促进产业转型升级，鼓励跨领域、跨行业融合发展

“工艺 + 文创”“工艺 + 特色旅游”“工艺 + 互联网”是当下工艺美术行业顺应新时代潮流的融合创新发展模式。工艺美术行业的发展不可在传统经营模式下故步自封，而是应该在科技互联网和大数据时代背景下寻求出路。充分利用如 3D 打印、快速成型、智能制造等先进新技术，为工艺品的加工制作提供更多生产模式；运用互联网大数据平台，将工艺品的历史背景、文化内涵及制作过程进行线上展示，通过宣传普及传统工艺文化的方式来带动生产销售；依托全国各地丰富的旅游资源，积极探索“旅游 + 休闲娱乐 + 工艺制作表演 + 工艺品销售”等新形式，深度践行文旅融合，带动特色旅游业和工艺美术行业并行发展。

4. 建立工艺品牌意识，打造集群化、规模化特色企业

要积极引导从业者树立品牌意识，依托本地区特色手工艺成立品牌企业或老字号门店，将各地传统手工艺打造成能够体现中华民族文化精髓的金名片。鼓励各地建设工艺美术创新文化产业园，从非遗传承保护、科技创新、税收等相关方面政策的出台上予以大力扶持，吸引各类相关企业入驻其中并产生聚集效应。同时，从原料加工、产品技术研发、生产销售等方面分工协作，打造科学化、系统化、特色化的产业聚集区。

案例　绢人工艺与北京“唐人坊”

绢人工艺的历史最早可以追溯到唐代，它是以丝绸、绢纱等高档面料为主材质，经过雕塑、彩绘、刺绣、织染等十几道工序制作而成。“绢纱为肌肤、真丝为发、绸缎为衣”，绢人工艺属于传统宫廷艺术。人物原型多取材于中国古代民间故事、文学名著、京剧选段，最为常见的是体态优雅、婀娜多姿的古代仕女。20 世纪 50 年代，新中国为参加在印度举办的国际玩偶展，几位工艺美术大师从海量的资料记载里重新挖掘出了几近失传的绢人工艺，随后专家们对其工艺和美术在原有的基础上进行改良，极具传统文化特色、京味儿浓郁的“北京绢人”从此诞生，并且在国际上声名鹊起。由于传统绢人工艺品的造价昂贵，制作耗时费力，上千元的价格使大部分人望而却步，因而在过去的几十年里一度面临着严重的传承危机。而通州人唐燕和她一手组建的北京“唐人坊”通过降低成本、外观创新、人才培养、文化传播等手段，成功地将非物质文化遗产重心转向文化衍生品，将自己的企业从传统手工劳动企业转型升级为文化创意企业，是工艺美术行业中“创品牌、提品质、育新人、扩市场”的典型案例。

一、唐燕与北京绢人

1998 年，唐燕无意中在工美集团“珍宝馆”的橱窗里看见一个“北京绢人”，刻画的是京剧《杨门女将》中英姿飒爽的穆桂英形象，从此她便与绢人结缘，并决心将这个具有中国传统文化特色的绢人工艺传承下去。当唐燕开始寻找绢人师傅准备学艺时，才发现北京绢人厂早已关闭，老师傅们不知去向，只好买了十几只绢人回家，利用拆解重组的方式来挖掘其中的制作技巧。正当“踏破铁鞋无觅处”之时，民间工艺美术大师、穆桂英绢人的制作者杨乃蕙主动联系到她，并将绢人的每一道制作工艺倾心传授。当唐燕学会了制作绢人后，发现造价昂贵的它虽华丽美观但却无人问津，因而她决定对传统绢人工艺从材料选用、制作技艺、外观设计等方面进行改良创新。2004 年，唐燕组建了北京

唐人坊文化发展有限公司，与团队共同研发出了身着古装的动漫版（Q版）绢人形象并取名“唐娃娃”。经过多年的发展，“唐娃娃”已成为国内知名品牌，并开发出10多个系列、500多个品种。唐燕用更适应时代、更迎合市场的方式改良创新，并依托产业推动传统技艺的延续和发展。

二、唐人坊的创新商业模式

1. 降低成本，让绢人走进百姓家

传统“绢人”造价昂贵，常选用高档绢丝绸缎作为原材料，工艺技巧精致复杂，制作耗时费力，在过去一度是只供于宫廷贵族赏玩的奢侈品。即便是十几年前，一个绢人玩偶的价格也都要卖到千元以上。唐人坊制作的“唐娃娃”在北京绢人工艺的基础上做了改良加工，在材料的选用上不再使用价格高昂的真丝绢布，转而使用特殊石膏和陶瓷做脸、树脂做手、贴普通布料，材料易得、造价低廉；在制作形式上也不再采用刺绣和绘画的形式，而使用现代化的热转印和丝网印等新技术，可快速成型、省时省力。如今，一个“唐娃娃”只需要几十块钱就可以买到，亲民的价格使它更容易被广大的消费者所接受，真正实现绢人走进寻常百姓家中。

2. 外观创新，迎合新时代大众审美

传统绢人外观造型精致细腻、栩栩如生，特别是塑造柳叶弯眉、樱桃小口，身形如真人比例、杨柳细腰，女性俨然一副“娴静犹如花照水，行动好比风扶柳”的古代美女形象。而唐人坊的“唐娃娃”脱胎于传统绢人，受日本BJD娃娃（Ball Joint Doll，球关节娃娃）的影响，将玩偶的脸部设计得犹如动漫形象般光滑圆润，并有意地将眼睛放大、口鼻缩小，身形比例夸张处理为头大身小，整体形象从传统的婀娜多姿转为如今的乖巧可爱，得到了新时代年轻消费群体的青睐和认可。“唐娃娃”将日本人物形象中的造型特征和材料工艺融入其中，并保留了中国传统玩偶的梳头方式、发饰编织技巧和服装扮相，既迎合了新时代大众审美，又不失中国传统韵味，成为“唐人坊”开启大众市场的主打产品。

3. 人才培养，为传承发展积蓄力量

2011年，“唐人坊”在贵州盛华职业学院成立了“民族文化传承中心”，并开设“民族工艺设计制作”专业，专门招收本地年轻学员（以少数民族学生为主），有针对性地学习并研究当地濒于失传的民族手工艺，坚持文化知识理论学习与工艺品实践制作齐头并进，为传承和发展贵州少数民族民间手工艺培养年青一代接班人。在学生的课程设置中，有素描、白描、色彩、平面设计、图

案设计等一系列艺术基础课程，到学生三年级后还有一年半的实习时间是到“唐人坊”学习唐娃娃制作，毕业后培养出的优秀人才可以直接分配到北京唐人坊公司工作，也可从事文化创意行业内如产品研发、营销策划等工作，或者到其他机构、学校继续深造学习。除此之外，唐娃娃的制作培训还面向中小学生课堂、高校选修课等，通过学员们对一件玩偶“从塑形勾画到梳发着衣”亲手制作的全过程，唤起他们对传统非物质文化遗产的认知，以及对中国民间工艺文化的敬慕。

4. 走出国门，为文化传播树立形象

唐人坊的“唐娃娃”在北京奥运会、上海世博会期间曾作为国礼赠予外国使团。2009 年，唐娃娃入选“北京礼物”，并亮相“一带一路”国际合作高峰论坛 、G20 峰会、中非合作论坛，国家领导人多次将它作为国礼馈赠国际友人。创始人唐燕的儿子还在泰国创办了“泰国唐人坊”，真正将“唐娃娃”推向国际市场，将中国文化、中国故事推向世界。2019 年，唐人坊携作品“56 个民族非遗绢人娃娃祝祖国 70 华诞”亮相中国（北京）国际服务贸易交易会，引起了大家的广泛关注和认可。公司计划于 2020 年起，前往英国、法国、美国等多个国家展开筹备已久的国际巡回展览项目工作，让唐娃娃成为中国文化的一个缩影，承载着中国的历史和文化走向世界。

文化装备制造业对外文化贸易发展研究[①]

随着经济社会的不断发展，文化产业与传统各行业的融合共生为推动经济新一轮的增长提供了动力。文化装备产业作为其中最具增长潜力的产业之一，近年来在总体规模和对外文化贸易规模上均呈现出良好的发展态势，广电设备制造、演艺设备制造和游艺设备制造行业发展在世界处于领先地位，印刷设备制造、摄录设备制造和乐器制造行业则面临较为复杂的竞争形势。在产业的发展过程中，专业化展会发挥了重要作用，细分行业产业实力平稳增长，将会在国际贸易中承担重要作用。

一、宏观环境和产业基础

近年来，随着文化装备产业日益受到社会各界的重视，文化装备产业的相关政策不断明确，在各类统计报道中也越加得到关注。在国家统计局2018年4月发布的《文化及相关产业分类（2018)》中，明确将文化装备生产列为第八大类，并下设印刷设备制造、广播电视电影设备制造及销售、摄录设备制造及销售、演艺设备制造及销售、游乐游艺设备制造、乐器制造及销售等六类，更有利于观察行业发展。

在2019年科技部、中央宣传部、中央网信办等六部委联合印发的《关于促进文化和科技深度融合的指导意见》中，明确将提升文化装备技术水平作为今后文化科技融合发展的重点任务之一，提出要瞄准文化领域关键核心技术产品与装备、加强各类文化产业专用装备研制及产业化、大力推动印刷及相关技术发展及应用等具体举措，表现出国家层面对于掌握核心知识产权和制造技术的关切，和电影电视、演艺、广播、新闻出版等行业通过文化装备产业的发展实现新一轮迈进的宏观规划。

2019年底公布的《中华人民共和国文化产业促进法（草案送审稿)》当中，将文化装备生产作为文化产业科技支撑的重要组成部分，强调“国家鼓励和支持文化装备制造业发展，支持内容制作、传输和呈现相关设备、软件和系统的研发及产业化，提升技术创新能力和系统解决方案集成能力，提高文化核心技术装备制造水平”，

---

① 本文作者：李尽沙，北京大学艺术学院2018级博士生。

以立法的形式明确了文化装备产业对于我国文化产业和整体经济发展的重要意义。

宏观政策的完善使得文化装备制造业作为一个整体受到重视，其对外贸易得到专项扶持和重点关注。在2018年原文化部“一带一路”文化贸易与投资重点项目评选中，文化装备相关项目进入名单[①]。在2019年的“一带一路”文化产业和旅游产业国际合作重点项目征集通知中，将深化文化装备和旅游装备产业合作作为重点方向，最终，“一体化智造水舞秀文化装备的海外推广”等文化装备项目入选[②]。在商务部《2019—2020年度国家文化出口重点企业和重点项目名单》公示的335家企业当中，直接业务为文化装备制造的数量在20家以上，显示出新兴产业获得的关注[③]。此外，文化和旅游部科技教育司组织开展了“2019年文化和旅游装备技术提升优秀案例”征集活动[④]，专门指向装备产业的发展，评选出29个优秀项目，为行业的自主研发和品牌建设提供了支持和鼓励。

国内的产业基础是对外贸易发展的必要前提，根据国家统计局公布的相关数据，2017年和2018年两年我国文化装备生产的增加值分别为1981亿元和1994亿元，占产业比重分别为5.7%[⑤]和4.8%[⑥]；2018年全国规模以上文化及相关产业企业营业收入中，文化装备生产收入比上一年增长0.2%[⑦]，2019年比上一年增长2.2%[⑧]。文化装备制造业的增长速度相对缓慢，其所属的文化制造业近年来的发展增速始终慢于文化服务业，利用国内文化消费需求刺激文化装备产业的发展需求，积极拓展海外市场以寻找新契机，将是未来实现快速增长的关键。

文化装备产业的发展离不开技术创新支持，根据已公布的数据，2017年我国国

① 《2018年文化部“一带一路”文化贸易与投资重点项目名单》，中华人民共和国文化和旅游部官方网站，http://zwgk.mct.gov.cn/auto255/201803/t20180302_831320.html，访问日期：2020年2月28日。

② 《文化和旅游部办公厅关于征集2019年“一带一路”文化产业和旅游产业国际合作重点项目的通知》，中华人民共和国文化和旅游部官方网站，http://zwgk.mct.gov.cn/auto255/201904/t20190419_842946.html?keywords=，访问日期：2020年2月28日。

③ 《关于公示2019—2020年度国家文化出口重点企业和重点项目名单的通知》，中华人民共和国商务部官方网站，http://fms.mofcom.gov.cn/article/jingjidongtai/201908/20190802889576.shtml，访问日期：2020年2月28日。

④ 《2019年文化和旅游装备技术提升优秀案例名单》，中华人民共和国文化和旅游部官方网站，https://www.mct.gov.cn/whzx/bnsj/whkjs/201910/t20191024_848429.htm，访问日期：2020年2月28日。

⑤ 《2017年我国文化及相关产业增加值占GDP比重为4.2%》，国家统计局官方网站，http://www.stats.gov.cn/tjsj/zxfb/201810/t20181010_1626867.html，访问日期：2020年2月28日。

⑥ 《2018年全国文化及相关产业增加值占GDP比重为4.48%》，国家统计局官方网站，http://www.stats.gov.cn/tjsj/zxfb/202001/t20200121_1724242.html，访问日期：2020年2月28日。

⑦ 《2018年全国规模以上文化及相关产业企业营业收入增长8.2%》，国家统计局官方网站，http://www.stats.gov.cn/tjsj/zxfb/201901/t20190131_1647735.html，访问日期：2020年2月28日。

⑧ 《2019年全国规模以上文化及相关产业企业营业收入增长7.0%》，国家统计局官方网站，http://www.stats.gov.cn/tjsj/zxfb/202002/t20200214_1726365.html，访问日期：2020年2月28日。

内授权专利数量为32.7万件，同比增长8.2%①，而文化装备领域相关行业的增长数量变化见表3－8－1。

表3－8－1　2016年和2017年我国文化装备制造业专利授权情况

类　别	专利授权数量（项）		增长幅度（%）
	2016年	2017年	
乐器的制造	1877	2134	13.7
游艺器材及娱乐用品的制造	14450	17875	23.7
视听设备的制造	12030	15343	27.5
印刷专用设备的制造	8584	9105	6.1
广播电视电影专用设备的制造	23161	28601	23.5
合计	130276	157462	20.9

资料来源：2016年数据来自国家统计局社会科技和文化产业统计司．2017中国文化及相关产业统计年鉴［M］．北京：中国统计出版社，2017：58．

可见，文化装备制造业的技术创新总体维持了良好的态势，占据比重最大的游艺设备、视听设备和广电设备行业增长幅度超过20%，高于行业总体增长速度3%以上，也明显高于全国平均值。尽管2018年和2019年文化装备制造业的具体数据尚未公布，但从全国总体情况来看2018年专利授权量增长5.8%②，2019年同比增长4.8%③，文化制造业的具体门类产生应当会保持快速的增长，为行业产品的推陈出新提供不竭动力。

二、贸易概况

（一）进出口情况

宏观经济形势决定了文化装备产业对外贸易发展的方向和态势。在2015年至2016年，我国外贸受到国际经济总体影响，始终为负增长态势。随着世界经济复苏和我国经济转型成果初现，2017年对外贸易总额达到历年最高水平，增速为14.2%，其中出口增速为10.8%④。然而，随着以中美贸易摩擦为代表的各国间贸易冲突逐渐加剧，世界经济同步回落，我国进出口贸易增速也逐渐回归平稳增长，2019年全年货物进出口总额为315446亿元，比上一年增长3.4%，其中出口额为

① 《国家知识产权局公布2017年主要工作统计数据》，国家知识产权局官方网站，http://www.cnipa.gov.cn/zscqgz/1110168.htm，访问日期：2020年2月28日。

② 《国家知识产权局公布2018年主要工作统计数据 主要指标稳中有进 综合实力持续增强》，国家知识产权局官方网站，http://www.cnipa.gov.cn/zscqgz/1135326.htm，访问日期：2020年2月28日。

③ 《图文直播：国家知识产权局2019年主要工作统计数据及有关情况新闻发布会》，国家知识产权局官方网站，http://www.cnipa.gov.cn/twzb/2019nzygztjsjjygqkxwfbh/index.htm，访问日期：2020年2月28日。

④ 《海关总署：2017年中国货物贸易进出口总值27.79万亿元》，国家知识产权局官方网站，http://finance.people.com.cn/n1/2018/0112/c1004－29761514.html，访问日期：2020年2月28日。

172298 亿元，增长 5.0%①。

在文化产品对外贸易方面，2017 年我国文化产品进出口总额为 971.2 亿美元，同比增长 10.2%②；2018 年我国文化产品进出口总额为 1023.8 亿美元，同比增长 5.4%③；2019 年第一季度我国文化产品进出口总额为 196.9 亿美元，同比增长 7.0%④。文化产品进出口与总体对外贸易趋势保持一致，但是在 2019 年的中美贸易摩擦背景下，文化产品受到的冲击相对较小，对于经济的独特带动作用得以显现。

具体到文化装备制造业上，2017 年我国文化产品出口中，出版物、工艺美术品等传统项目出口额均为负增长，但玩具、游艺器材及娱乐用品、印刷专用设备、广播电视电影专用设备等项目出口额实现稳定增长，尤其是游艺器材及娱乐用品一项，进出口额占比超过 20%，出口增幅高达 31.4%⑤。游艺器材及娱乐用品、广播电影电视设备两项出口总额同比增长 19.4%，占比提升 2 个百分点至 34.5%。⑥ 2018 年开始，文化专用设备等相关项所占比重基本维持了 2017 年的发展态势，而 2019 年在各项扶持举措的推动下，文化装备制造业继续推动文化出口技术含量和附加值不断提高，贸易结构趋于优化。

国际多边关系的动荡变化给对外贸易的发展带来了一定的挑战，但文化装备制造业由于特殊的文化属性和日益繁荣的文化需求，将会在我国对外贸易中稳步发展。工艺美术品等产业发展持续回暖将会推动各国消费者更加了解中国文化，各国市场也会更加接纳中国品牌。传统制造业面临的生存危机将会推动一部分企业转型发展文化装备制造业，综合利用国内已有市场和新开拓的海外市场，抓住“一带一路”等发展契机，充分推动产业发展。

而通过观察联合国商品贸易数据库年度报告中 2016 年⑦、2017 年⑧、2018 年⑨

---

① 《对外贸易逆势增长，一般贸易占比继续提升》，国家知识产权局官方网站，http://www.gov.cn/xinwen/2020-01/17/content_5470165.htm，访问日期：2020 年 2 月 28 日。

② 《商务部召开例行新闻发布会（2018 年 2 月 8 日）》，中华人民共和国商务部官方网站，http://www.mofcom.gov.cn/article/ae/ah/diaocd/201802/20180202710101.shtml，访问日期：2020 年 2 月 28 日。

③ 《我国文化贸易结构持续优化？2018 年成绩单亮眼》，中华人民共和国文化和旅游部官方网站，https://www.mct.gov.cn/whzx/bnsj/whcys/201905/t20190524_843876.htm，访问日期：2020 年 2 月 28 日。

④ 《2019 年一季度我国文化产品进出口总额 196.9 亿美元》，中国经济网，http://www.ce.cn/culture/gd/201905/13/t20190513_32063618.shtml，访问日期：2020 年 2 月 28 日。

⑤ 国家统计局社会科技和文化产业统计司．2018 中国文化及相关产业统计年鉴［M］．北京：中国统计出版社，2018：52.

⑥ 《商务部召开例行新闻发布会（2018 年 2 月 8 日）》，中华人民共和国商务部官方网站，http://www.mofcom.gov.cn/article/ae/ah/diaocd/201802/20180202710101.shtml，访问日期：2020 年 2 月 28 日。

⑦ 2016 International Trade Statistics Yearbook Volume Ⅱ Trade by Product，UN Comtrade Database，https://comtrade.un.org/pb/downloads/2016/VolII2016.pdf，2020-2-12.

⑧ 2017 International Trade Statistics Yearbook Volume Ⅱ Trade by Product，UN Comtrade Database，https://comtrade.un.org/pb/downloads/2017/VolII2017.pdf，2020-2-12.

⑨ 2018 International Trade Statistics Yearbook Volume Ⅱ Trade by Product，UN Comtrade Database，https://comtrade.un.org/pb/downloads/2018/VolII2018.pdf，2020-2-12.

的相关数据，我们能够对具体细分行业的国际竞争力有更加直观的感受。可以发现，广电设备制造、演艺设备制造和游艺设备制造行业是我国对外贸易的长期优势行业，在多年的发展中占据了主动位置，印刷设备制造、摄录设备制造和乐器制造行业则同时面临传统优势国家的技术垄断和新兴发展中国家的低成本竞争。

在印刷设备制造行业中，2016—2018 年，我国在出口市场上的地位从第 7 名上升至第 6 名，2017 年增长速度为 10%，2018 年增长速度为 11.8%，除排名第 2 位的意大利外，远超过位于前列的其他国家。总体来看，在未来几年内，得益于雄厚的重工业基础和精密仪器制造经验，德国超过 25% 的市场占有量使得其他国家难以望其项背，意大利在世界市场上的强劲势头也值得关注。此外，在印刷设备的进口市场上，我国始终维持世界第二的位置，排名第一的美国与我国进口总量相近且需求增长停滞，我国将很有可能发展为印刷设备第一大进口国。

在广播电视电影设备制造及销售行业、摄录设备制造及销售行业中涉及的相关产品较多：我国电视、广播接收器等相关产品内地出口保持世界第一的位置，市场份额稳定在 35% 和 30% 左右，前者维持稳定增长，后者有所下降，受到葡萄牙、匈牙利等新兴生产国的冲击，但总体威胁较小，进口方面我国市场需求小；广播电视等记录设备方面，我国优势更加明显，中国大陆在 2018 年占出口市场份额为 35.3%，增长速度为 12.8%，且第二名为中国香港，合计占比超过 40%，进口市场上中国大陆与中国香港分列第二、第三位；摄影器材方面，我国进出口维持在世界第二大市场的位置，出口方面增长速度较慢，越南位列第一，增速远高于我国，差距正在不断扩大，但我国进口需求不断增长，预计很快将超过美国占据第一位；摄录器材方面，我国出口维持第五位，增长缓慢并面临被赶超，进口方面则稳定在第一位。可见，在广播电视行业，我国文化装备生产具有长期以来的优势，情况较为乐观；而在电影、摄录等相关行业，我国面临的竞争压力较大，低成本生产面临越南等国的竞争，高技术产品研发方面面临传统强势国家的垄断。

在演艺设备制造行业中，尤其是在灯光照明设备行业，我国保持着绝对领先地位。尽管 2016 年、2017 年我国灯光照明设备的出口额出现下降，但 2018 年再次恢复到 6.4% 的增长率，同时市场份额稳定在 55% 以上，进口方面则未进入前 15 位国家之列。这表明我国演艺设备行业发展整体处于领先地位，自主研发及生产能力强，与国外先进水平基本持平。灯光装备行业发展快速，开发处于世界前沿水平。

在游乐游艺设备制造行业中，随着文化产品外贸的整体回暖，产业进出口情况不断好转，《2018 中国文化及相关产业统计年鉴》数据显示，出口额增速为 31.4%，进口额增速为12.5%，贸易顺差再次扩大①。总体来看，游乐游艺设备制造与其他文化装备制造业发展趋势基本相同，2017年发展速度极快，2018年、2019年逐渐回归理性增长，在此过程中，游乐游艺设备制造在文化产品出口中的重要地位始终未能动摇。我国游乐设施制造行业的总体水平与市场优势几乎和灯光照明设备行业处于同一水平，国内厂家可以自主开发完全受自主知识产权保护的大型新一代系列游乐设施。

在乐器制造行业中，我国进出口情况逐渐转好。2015—2016年，我国乐器及相关录音设备制造的出口额不断下降，进口额增长明显，贸易逆差进一步扩大。但在2018年，我国在出口额上达到9.5%的增长，并且由于亚洲其他国家的市场份额迅速下降，重新回到世界第二位，进口市场则继续保持世界第一②。尽管2019年伊始，美国宣布提高对中国乐器征收的关税，但从1—8月出口数据来看，我国乐器出口基本维持在7%左右的增长速度③。尽管近年来的数据情况相对乐观，但亚洲其他国家低廉的劳动力成本仍然是我国乐器行业的巨大威胁。

（二）国际交流

近年来，随着文化装备产业发展逐渐规范，以行业协会为主导的各类会展活动在促进国际交流、建设自主品牌方面起到了重要作用。时至今日，各行业的品牌会展活动一方面努力探索自己的特色发展道路，各具特点；另一方面则在积极打造平台的同时也注重自身的品牌建设，并且走出国门，主动参与世界其他重要行业交流活动，取得了良好的效果。

在印刷设备制造行业，每四年一届的中国（广东）国际印刷技术展览会是世界最大的国际印刷展之一。第四届展览会于2019年4月9—13日成功举办，以PRINT CHINA为品牌，吸引了来自32个国家和地区的1268家参展商，成交额超过66亿元人民币，比上届展览会提高了10%以上④。除了提供各国展商交流技术和产品的平台外，展览紧扣人类可持续发展命题，努力探寻通过科技创新改变印刷污染状况的路径。

在广播电视电影设备制造及销售行业，中国国际广播电视信息网络展览会（CCBN）经过27年发展不断壮大。2019年，CCBN全面展示了广播影视行业采集制作、传输覆盖、运营管理、终端服务等各类技术设备和创新应用。展会共有国内

---

① 国家统计局社会科技和文化产业统计司. 2018中国文化及相关产业统计年鉴[M]. 北京：中国统计出版社，2018：61.

② 2018 International Trade Statistics Yearbook Volume II Trade by Product, UN Comtrade Database, https://comtrade.un.org/pb/downloads/2018/VolII2018.pdf, 2020-2-12.

③ 《2019年1—8月全国电子乐器进出口数量、金额及同比增长统计表》，中国报告网，http://data.chinabaogao.com/wenti/2019/121JE3462019.html，访问日期：2020年2月28日。

④ 《从PRINT CHINA 2019看印刷行业发展》，第四届中国（广东）国际印刷技术展览会官方网站，http://www.printchina.org/Home/Index/details/pid/11/aid/376，访问日期：2020年2月28日。

外近1000家企业和机构参展，专业参观观众超过10万人，同时举行各类科技奖项颁奖、学术论坛研讨等活动。① CCBN于2019年4月成功参加美国广播电视展览会，多家企业在北美、南美等国家建立代理渠道，展会直接签约额达927.8万元人民币，与客户达成签约意向金额约为4393.65万元。②

在演艺设备制造行业，累计举办十七届的中国（广州）国际专业音响、灯光展览会为灯光制造和音响制造行业的发展提供了优质的平台。2019年，共有25个国家和地区的1353家参展商参与，来自103个国家和地区的81154名专业观众来到现场，增幅达7%。③ 展览会在传统的娱乐演艺市场外，于2019年展览聚焦在创意媒体、建筑集成应用等方面，一方面开展论坛进行集中探讨，另一方面则通过Dante认证课程等为参会者提供深入了解前沿技术应用的机会。

在游乐游艺设备制造行业，中国游艺机游乐园协会每年分别在北京和上海主办中国国际游乐设施设备博览会，充分利用北京、上海的平台优势推动游乐游艺设备制造业的发展，至今已延续33年。北京展于4月举行，参展商超过700家，新展商占比超过28%；④ 上海展于10月举行，相比之下扩大了关联产业及周边产品的参展规模，邀请其他与主题公园等旅游项目密切相关的文化娱乐厂商参展，将博览会打造成更丰富、更开放、更优质的国际商贸平台。⑤ 游乐游艺设备制造与文化旅游尤其是主题乐园的建设密不可分，我国也被认为将成为最大的主题乐园市场，⑥ 因此两地博览会同期举办文旅峰会，针对产业整体发展和游乐设备核心议题展开探讨，紧密把握市场。

在乐器制造行业，中国（上海）国际乐器展览会继续保持全球三大乐展之一的地位。2019年10月举行的展览会共有来自34个国家和地区的2414家企业参展，共吸引122519名海内外观众，较2018年增长10%。⑦

---

① 《CCBN2019展览亮点》，中国国际广播电视信息网络展览会官方网站，http://2019.ccbn.cn/common/content.aspx? nodeid=3&page=ContentPage&contentid=2141，访问日期：2020年2月28日。

② 《中国（北京）广播电视科技创新展在美国圆满落幕》，中国国际广播电视信息网络展览会官方网站，http://2019.ccbn.cn/common/index.aspx? nodeid=27&page=ContentPage&contentid=3106，访问日期：2020年2月28日。

③ 《2019广州国际专业灯光、音响展览会 参与人数创下历史新高》，广州国际专业灯光、音响展览会官方网站，http://www.soundlight.cn/expo/a-zhbg2019.asp，访问日期：2020年2月28日。

④ 《2019中国（北京）国际游乐设施设备博览会成功举办》，中国青年网，http://news.youth.cn/gn/201904/t20190403_11916295.htm，访问日期：2020年2月28日。

⑤ 《2019中国（上海）国际游乐设施设备博览会圆满落幕》，中国游艺机游乐园协会网，http://www.caapa.org/index.php? m=content&c=index&a=show&catid=21&id=631，访问日期：2020年2月28日。

⑥ 《中国主题公园项目发展预测》，AECOM，https://www.aecom.com/cn/wp-content/uploads/2018/11/chinathemeparkpipeline.pdf，访问日期：2018年11月8日。

⑦ 《2019中国（上海）国际乐器展览会总结报告重磅发布！》，中国（上海）国际乐器展览会官方网站，http://www.musicchina-expo.com/#/art? id=1838&lan=cn&flag1=1&flag2=0&flag3=-1，访问日期：2020年2月28日。

此外，一些着眼行业整体发展的国际交流活动也陆续拉开帷幕。2019 年 9 月，上海举行的 CDEX 文化装备全产业链接大会探讨在互联网时代如何推动“装备文化”的发展、如何利用“文化装备”引起新的技术革命。活动共有超过 200 家国内外品牌团队参加，并邀请世界 30 余家重要企业以沉浸式球幕剧院为载体，展示了目前高科技文旅装备应用的最新成果，让中国民众得以首次接触到许多国内外超感科技艺术作品。①

我国文化装备产业逐渐形成了一批特色会展交流品牌，使得国际交流不仅完成了商贸合作与提升国际影响力的基础目标，更实现了深层次的科技共享、文化共荣和价值共享。在今后的发展中，相关专业展会的迅猛成长将成为该产业对外贸易成熟完善的重要动力。

三、问题和对策

随着文化装备产业受到高度关注，统计口径、统一行业标准等框架性问题逐渐解决，行业发展更多要关注的是在当前的世界市场情况下如何打造国际竞争力、推动宏观经济的总体发展。

第一，引导传统行业转型，支持产业提质增量。目前相比于传统制造行业，文化装备产业的总体规模仍然较小，但文化装备制造业所拥有的发展机遇却远大于传统制造业。国家应当从宏观层面鼓励传统制造企业转型发展，一方面要鼓励企业开展文化装备产业相关业务工作；另一方面要鼓励生产方式原始、依赖低价优势的文化装备企业积极投入研发，实现转型发展。通过以上两方面举措，为行业提供坚实的发展基础，为科技文化创新提供丰沃的土壤。

第二，鼓励文化科技创新，提升国际竞争实力。强大的文化科技创新实力是在国际市场竞争中取得优势的关键所在，我国已经通过重点项目扶持等举措鼓励文化装备产业的知识创新，今后应当注重专业化人才队伍的建设，在高校尝试建立科技文化交叉的人才培养体系，支持在企业和高等院校间建立起完备的产学研合作体系，鼓励行业协会开展科技创新和文化创意相关竞赛等，从而为产业的发展注入持久的动力。

第三，打造全球生产体系，应对成本竞争压力。在国际市场竞争中，亚洲其他国家以低廉的制造成本优势对我国多年来积累形成的市场造成了一定的冲击。因此，产业的转型发展势在必行，同时我国相关企业也应当努力探寻打造全球产业链条，利用现存优势整合亚洲其他国家的生产资源，将新兴国家纳入整体产业布局当中，化竞争压力为协同发展的动力。

第四，开拓新兴国际市场，发掘价值增长潜力。除通过科技文化创新和全球化

---

① 《科技创意打造未来，2019CDEX 文化装备全产业链接大会开幕》，东方网，http://sh. eastday. com/m/20190925/u1ai20022323. html，访问日期：2020 年 2 月 28 日。

经营积极应对市场竞争之外，还应当注重开拓新兴国际市场。在“一带一路”合作倡议的推动下，我国文化企业与沿线国家在众多方面取得了巨大的合作进展。许多沿线国家拥有巨大的未开发市场，多年来我国支持沿线国家的发展建设，使得这些国家的文化市场对中国文化装备产业有了更强的接受度。因此，把握住沿线国家的新兴市场，在市场开发成熟、激烈竞争开始前占据主动地位，将会使我国文化装备产业的对外贸易发展取得重要优势。

第五，融入城市文化生态，借鉴产业内部成功经验。目前文化装备制造业的细分行业发展和探索基本聚焦于产业内部的产品价值提升，未能更好地发挥文化价值。中国（上海）国际乐器展览会的探索无疑为文化装备产业的社会化发展提供了宝贵经验，真正做到了利用文化装备产业的发展建设和会展交流服务于城市的文化生态，满足了普通民众的文化生活需求，描绘了文化艺术与科技创新交融发展的美好蓝图，真正承担起了文化装备产业应有的责任，值得产业内部学习借鉴，推动了社会经济文化协同发展。

案例　中国（上海）国际乐器展览会
——文化科技交融，构建城市生态

对于我国文化装备产业而言，专业会展在专业协会的大力支持下，不仅为相关企业提供了资源与信息的交换平台，更在多年的发展中有效凝聚行业内众多企业，为产业的科学发展指引方向，形成品牌，并代表中国走向世界。中国（上海）国际乐器展览会（以下简称“展览会”）作为文化装备制造业最为重要的会展活动之一，不仅推动文化装备制造业文化科技融合、产业价值提升，更引导文化装备制造业切实挖掘文化价值、传递人文科学价值观念，其与社群和谐共生、让文化装备制造业的前沿理念得到世界认可。

2019年10月，尽管国际市场受到国际形势的负面影响，中国（上海）国际乐器展览会（Music China 2019）的展会规模再创新高。展区总面积达到145000平方米，共有来自34个国家和地区的2414家国内外企业参展，吸引了122519名海内外观众参观，与2018年相比增长10%。同年，展览会更获得了上海市民文化节优秀项目奖，获得了上海市政府和普通民众的高度认可①。展览会能够取得如此大的综合效益，得益于在多年实践探索中逐渐建立的以专业会展为核心的完整生态系统，为其他文化装备领域的会展发展和产业的总体演进提供了许多值得学习和借鉴的地方。

① 《中国（上海）国际乐器展览会荣获2018上海市民文化节优秀项目奖、上海市民文化协会服务奖》，中国（上海）国际乐器展览会官方网站，http://www.musicchina-expo.com/#/art?id=1885&lan=cn&flag1=1&flag2=0&flag3=-1，访问日期：2020年2月28日。

1. 促进产业创新交流

如何在提供资源交换平台的基础上努力达成行业共识、推动文化科技的发展是各展会考虑的核心问题。在此方面，展览会依托多年来形成的品牌影响力，鼓励创新，培养企业的技术能力与运营能力。首先，打造乐器行业新产品首发平台系列活动，征集行业最新研发产品评选优质项目，实现优质产品和优质平台相互认可的良性循环；其次，推出各类行业技术论坛和培训讲座，为参会的展商和专业观众提供提升自身知识技能的机会，也为相关领域的前沿企业提供展示的舞台；最后，开展关于营销的培训课程活动，使得系列活动的受益群体进一步扩大，增强对经销商的吸引力。

2. 丰富社会文化生活

文化产业发展始终需要考虑如何发挥产业的积极外部效用，在积极承担社会职责的同时使受众全体获得长远发展。展会针对音乐专业师生、音乐教育机构、社会音乐教育工作者以及儿童开展相关文化活动：举行教育大师班，邀请音乐教育专家聚焦音乐启蒙、教育心理学等进行教学分享，为音乐专业师生提供相关知识；邀请社会音乐培训知名品牌利用分享课传递教育理念和教育模式，探讨前沿话题；推出 music + talk 主题活动，由音乐家、专家学者、音乐教师共同参与互动论坛、音乐教育海报展和音乐工作坊，提升音乐教育工作者的自身实力；根据儿童的兴趣特点打造趣味乐园，通过各种互动游戏让儿童深入理解乐理知识。此外，展会通过“音乐开启心灵”关爱自闭症儿童公益活动体现对特殊群体的关怀，将相关善款定向捐赠给上海自闭症机构；通过户外三大舞台汇聚世界范围内的优秀表演艺术家，以近百场音乐会丰富普通市民的文化生活。

3. 传承传统艺术文化

文化产业需要中华传统文化作为精神源头，展览会以名家分享、空间体验、艺术沙龙、大师工坊活动共同传承传统精髓、彰显优秀文化。首先，展会邀请国家非遗音乐家、传统民乐艺术家等在论坛现场演奏音乐，分享传承、创新传统音乐文化的心得与感悟；其次，在民乐馆开辟150平方米传统人文空间，用中式家具、各类器物烘托美学氛围，邀请民乐代表人物、花道茶艺专家在现场进行表演与分享，让观展者沉浸在传统中式生活的唯美意境中；再次，邀请享誉中外乐坛的音乐艺术家举行艺术沙龙、采访对话知名音乐人，促进思想的不断碰撞；最后，回溯乐器制造的本源，邀请国内外知名制琴师、制弓师现场展示手工技艺，让观众切实感受传统手工的独特魅力。

4. 鼓励艺术家创作参与

文化产业的发展离不开艺术家的灵感创作，为艺术家提供展现自我的平台有利于加强艺术家群体的认同感、提升行业的整体声望，在2019年会展期间，通过组织爵士乐争霸赛、电子音乐原创大赛、电子音乐大赛等三项活动，展会成为年轻音乐人心中的重要平台，也为富有才华的年轻创作者提供了宝贵的展示机会，拓宽个人发展道路。

文化产业的发展既需要发掘经济价值，也需要发挥文化作用。文化装备产业与制造业密切关联，但并不意味着文化使命的减弱。会展作为文化装备产业实现国际交流、打造自主品牌的重要形式，其作用不亚于任何一家独立的文化装备制造企业。在未来的发展中，业界应当更加关注会展的独特地位，学习、借鉴成功经验，从促进产业创新交流、丰富社会文化生活、传承传统艺术文化、鼓励艺术家创作参与等不同方面，推动文化装备产业实现良好发展，走向国际舞台。

出版业对外文化贸易发展研究[①]

“十三五”时期（2016—2020 年）是我国全面建成小康社会的决胜阶段，是促进文化繁荣发展、建设社会主义文化强国的重要时期，也是推动我国由出版大国向出版强国迈进的关键时期。

2017—2018 年，我国出版业对外贸易打破了前几年稳中有增的趋势，出版物进出口差距显著拉大，版权输出品种与引进品种之比进一步提高。两年间，全国进口出版物数量和金额也保持增长势头，全国累计出口出版物数量和金额则均有所下降，2018 年进出口差距显著拉大。版权输入、输出均先增后降，其中 2017 年版权输出增长明显，达 24.1%，到 2018 年，全国版权输出品种与引进品种比例上升到约1∶1.3。

近几年，我国出版业“走出去”基本具备了多样化的进出口贸易形态。在“一带一路”和构建人类命运共同体的倡议下，出版“走出去”的目标地从西方发达国家转向以“一带一路”沿线国家为重点，我国出版业“走出去”进入了新阶段。

一、宏观环境和产业基础

（一）政策环境

2017 年 9 月 20 日，国家新闻出版广电总局印发《新闻出版广播影视“十三五”发展规划》（以下简称《规划》），总结了主要成就、面临的新形势和存在的问题，并指出了发展目标和主要任务，以及保障措施。《规划》提出了做优做大做强新闻出版产业，进一步提高规模化、集约化、专业化水平；加强国际传播能力建设，传播中国声音、展现中国精神、提升中国影响等十一项主要任务。

2018 年 2 月 6 日，为了进一步规范开展国家新闻出版产业基地的创建工作，充分发挥其在推进新闻出版产业供给侧结构性改革、促进产业优化升级、引领行业高质量发展中的作用，国家新闻出版广电总局制定了《国家新闻出版产业基地创建工

① 本文作者：李乘，中国出版集团人民美术出版社编辑，毕业于中央美术学院文化创意产业研究专业。

作规范》；2 月 13 日，国家新闻出版广电总局改革办公室制定了《新闻出版广播影视企业版权资产管理工作指引（试行）》，指出要高度重视版权资产管理工作，积极推动落实版权资产管理工作，总结推广先进经验；3 月 14 日，2018 全国新闻出版单位数字出版工作交流会在京召开，国家新闻出版广电总局将通过一系列举措，推动数字出版业在新时代实现新作为。

2019 年 10 月 25 日，国家新闻出版署关于印发《图书、期刊、音像制品、电子出版物重大选题备案办法》的通知；11 月，中共中央办公厅、国务院办公厅印发《关于强化知识产权保护的意见》，明确要不断改革完善知识产权保护体系，促进保护能力和水平整体提升，力争到 2025 年，知识产权保护社会满意度达到并保持较高水平，知识产权制度激励创新的基本保障作用得到更加有效的发挥。

（二）产业概况

1. 整体情况

新闻出版产业规模、效益稳步提升。如图 3－9－1 所示，2017 年，全国出版、印刷和发行服务（不含数字出版）实现营业收入 18119.2 亿元，较 2016 年同口径增长 4.5%；拥有资产总额 22165.4 亿元，增长 3.0%；利润总额 1344.3 亿元，增长 2.7%。另据中国新闻出版研究院调查的汇总数据，2017 年数字出版实现营业收入 7071.9 亿元（该数据系中国新闻出版研究院数字出版研究所调查汇总数据，并非政府统计数据，故不计入全国总量），增长 23.6%。①

2018 年，全国出版、印刷和发行服务实现营业收入 18687.5 亿元，较 2017 年增长 3.1%；拥有资产总额 23414.2 亿元，增长 5.6%；所有者权益 11807.2 亿元，增长 4.4%。图书出版营业收入增长 6.6%，在新闻出版 8 个产业类别中增速第一。②

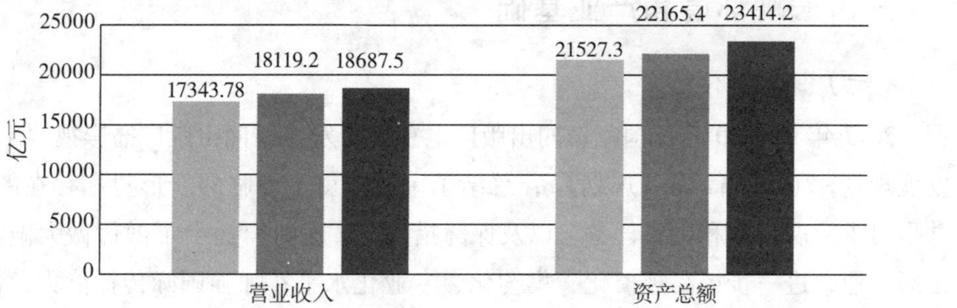

图 3－9－1 2016—2018 年全国出版、印刷和发行服务产业发展规模

资料来源：国家新闻出版主管部门 2016—2018 年发布的新闻出版产业分析报告。

① 《2017 年新闻出版产业分析报告》，搜狐网，https://www.sohu.com/a/244803665_152615，访问日期：2020 年 1 月 30 日。

② 《2018 年新闻出版产业分析报告》，搜狐网，https://www.sohu.com/a/337562577_120108075，访问日期：2020 年 1 月 30 日。

2. 出版物出版

从数量来看，2017—2018 年，全国出版物排第一位的依然是报纸，其后依次是图书、期刊、电子出版物、音像制品。除图书较之前有所增长外，期刊、报纸、音像制品、电子出版物都有所下降。两年间，图书增长速度分别为 2.29% 和 8.3%，期刊分别下降 7.6% 和 8.0%，报纸分别下降 7.1% 和 7.0%，音像制品分别下降 7.2% 和 5.7%，电子出版物分别下降 3.2% 和 8.0%。

如图 3－9－2 所示，2017 年全国共出版图书、期刊、报纸、音像制品和电子出版物 485.2 亿册（份、盒、张），较 2016 年降低 5.4%。其中，出版图书 92.4 亿册，增长 2.3%，占全部数量的 19.1%；期刊 24.9 亿册，降低 7.6%，占 5.1%；报纸 362.5 亿份，降低 7.1%，占 74.7%；音像制品 2.6 亿盒，降低 7.2%，占 0.5%；电子出版物 2.8 亿张，降低 3.2%，占 0.6%。①

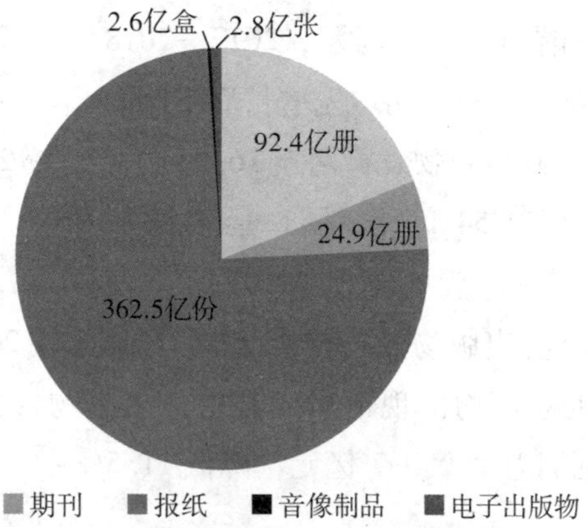

图 3－9－2　2017 年全国出版物产品结构

如图 3－9－3 所示，2018 年全国共出版图书、期刊、报纸、音像制品和电子出版物 465.3 亿册（份、盒、张），较 2017 年降低 4.1%。其中，出版图书 100.1 亿册，增长 8.3%，占全部数量的 21.5%；期刊 22.9 亿册，降低 8.0%，占 4.9%；报纸 337.3 亿份，降低 7.0%，占 72.5%；音像制品 2.4 亿盒，降低 5.7%，占 0.5%；电子出版物 2.6 亿张，降低 8.0%，占 0.6%。②

① 《2017 年新闻出版产业分析报告》，搜狐网，https://www.sohu.com/a/244803665_152615，访问日期：2020 年 1 月 30 日。

② 《2018 年新闻出版产业分析报告》，搜狐网，https://www.sohu.com/a/337562577_120108075，访问日期：2020 年 1 月 30 日。

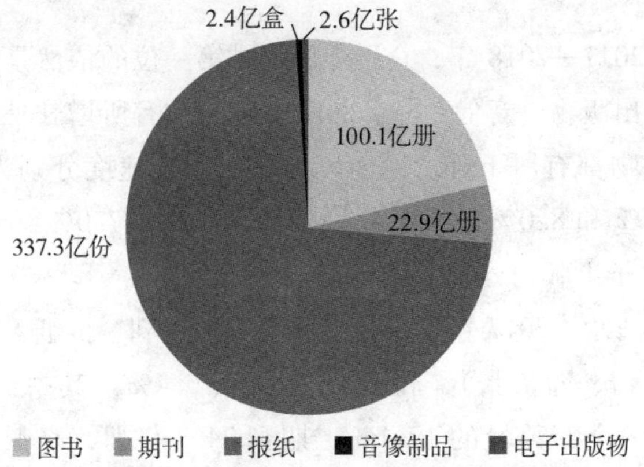

图 3－9－3　2018 年全国出版物产品结构

3．出版物发行

如图 3－9－4 和图 3－9－5 所示，2017—2018 年，全国出版物发行网点先减后增，出版物发行营业收入和利润均先增长后下降。

2017 年，全国共有出版物发行网点 16.28 万处，较 2016 年降低 0.2%。出版物发行实现营业收入 3179.54 亿元，同口径增长 4.4%；利润总额 283.35 亿元，增长 4.8%。①

2018 年，全国共有出版物发行网点 17.2 万处，较 2017 年增长 5.4%。出版物发行营业收入、利润总额均出现下滑，其中，出版物发行实现营业收入 3116.3 亿元，降低 2.0%；利润总额 250.7 亿元，降低 11.5%。②

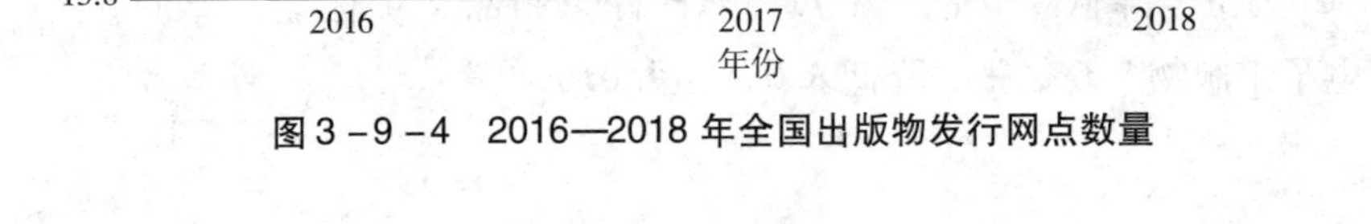

图 3－9－4　2016—2018 年全国出版物发行网点数量

① 《2017 年新闻出版产业分析报告》，搜狐网，https://www.sohu.com/a/244803665_152615，访问日期：2020 年 1 月 31 日。

② 《2018 年新闻出版产业分析报告》，搜狐网，https://www.sohu.com/a/337562577_120108075，访问日期：2020 年 1 月 31 日。

图 3-9-5　2016—2018 年全国出版物发行概况

（三）技术条件

随着技术的发展，人们的阅读习惯也在发生改变，传统出版单位在出版融合发展领域成果初显，新的知识服务模式不断涌现，表现突出。

截至 2017 年年底，首批 20 家国家出版融合发展重点实验室陆续挂牌运行，近百个融合发展研究项目相继实施，一批有引领性的出版融合发展重点项目初见成效。国家出版融合发展（武汉）重点实验室探索建立基于 RAYS 系统的“现代纸书”出版运营模式，吸引了 200 多家出版单位参与，13000 多名编辑参加新技术培训，5 亿多册传统纸书成功对接 RAYS 系统，产生近 3 亿元线上增收。① 2017 年 12 月，国家出版融合发展（武汉）重点实验室与国家出版融合发展（咪咕数媒）重点实验室正式进行战略签约。作为全国首批重点实验室中仅有的两家以移动互联网为主导的实验室，双方达成了在科学技术、人才培养、研究成果转化、产业联盟等方面的深度合作。此外，中国出版集团的数字精品内容综合运营平台、中国工信出版传媒集团的印数决策支持系统、辽宁出版集团的五大运营中心融通一体化、浙江日报报业集团的媒立方、咪咕数媒的有声阅读云平台、中文传媒的新闻出版领域物联网应用、安徽新华发行集团的“共享书店”、新华文轩的“共享书屋”等一批融合发展项目进展良好。②

知识服务转型加速，得到 App、喜马拉雅、悟空、知乎等知识服务新业态蓬勃发展，令人眼前一亮。越来越多的传统出版单位也开始探索新的知识服务模式，中国科技出版传媒股份有限公司的“科学文库”“中科医库”等数字化平台相继上线，《三联生活周刊》打造的“中读”等知识付费品牌，均获得了良好的市场反响。③

---

① 《2017 年新闻出版产业分析报告》，搜狐网，https://www.sohu.com/a/244803665_152615，访问日期：2020 年 2 月 3 日。

② 《2017 年新闻出版产业分析报告》，搜狐网，https://www.sohu.com/a/244803665_152615，访问日期：2020 年 2 月 3 日。

③ 《2017 年新闻出版产业分析报告》，搜狐网，https://www.sohu.com/a/244803665_152615，访问日期：2020 年 2 月 3 日。

二、贸易概况

（一）进口情况

1. 出版物

2017—2018 年，全国进口出版物数量持续增长，金额也保持增加势头。数量上，图书、期刊、报纸三类传统出版物在全部出版物进口数量中占绝大多数；金额上，从 2017 年开始，全国出版物进出口经营单位音像制品、电子出版物、数字出版物进口总金额开始超过图书、期刊、报纸。

2017 年，全国累计进口图书、报纸、期刊、音像制品、电子出版物、数字出版物（不含游戏）3269.2 万册（份、盒、张）（因数字出版物目前只能统计金额，无法统计数量，故进出口数量中未包含数字出版物），增长 4.8%；金额 66563.2 万美元，增长 19.1%。①

其中，全国出版物进出口经营单位累计进口图书、报纸、期刊 3255.60 万册（份），31978.76 万美元，与上年相比，数量增长 4.74%，金额增长 6.41%。② 全国出版物进出口经营单位累计进口音像制品、电子出版物与数字出版物 13.56 万盒（张），34584.46 万美元，与上年相比，数量增长 25.40%，金额增长 33.74%。③

2018 年，全国累计进口图书、期刊、报纸、音像制品、电子出版物、数字出版物（不含游戏）4096.9 万册（份、盒、张），增长 25.3%；金额 74222.1 万美元，增长 11.5%。进出口总额 84314.7 万美元（其中，全国出版物进出口经营单位进出口总额 80157.3 万美元，增长 10.2%）。④

其中，全国出版物进出口经营单位累计进口图书、报纸、期刊 4088.02 万册（份），36202.19 万美元，与上年相比，数量增长 25.57%，金额增长 13.21%。⑤ 全国出版物进出口经营单位累计进口音像制品、电子出版物与数字出版物 8.84 万盒（张），38019.93 万美元，与上年相比，数量降低 34.75%，金额增长 9.93%。⑥

---

① 《2017 年新闻出版产业分析报告》，搜狐网，https://www.sohu.com/a/244803665_152615，访问日期：2020 年 2 月 3 日。

② 《2017 年全国新闻出版业基本情况》，新华网，http://www.xinhuanet.com/zgjx/2018 - 08/06/c_137370768.htm，访问日期：2020 年 2 月 3 日。

③ 《2017 年全国新闻出版业基本情况》，新华网，http://www.xinhuanet.com/zgjx/2018 - 08/06/c_137370768.htm，访问日期：2020 年 2 月 3 日。

④ 《2018 年新闻出版产业分析报告》，搜狐网，https://www.sohu.com/a/337562577_120108075，访问日期：2020 年 2 月 5 日。

⑤ 《2018 年全国新闻出版业基本情况》，人民网，http://media.people.com.cn/n1/2019/0829/c40606 - 31325579.html，访问日期：2020 年 2 月 3 日。

⑥ 《2018 年全国新闻出版业基本情况》，人民网，http://media.people.com.cn/n1/2019/0829/c40606 - 31325579.html，访问日期：2020 年 2 月 3 日。

图 3 –9 –6 对全国出版物进出口经营单位 2015—2018 年的图书、期刊、报纸和音像制品、电子出版物、数字出版物等门类的累计进口金额做了比较。由此可见，图书和期刊是我国出版物进口中的重要传统门类，进口金额较为稳定，2017 年以来，图书进口稳中有升，期刊稳中有降。音像制品、电子出版物、数字出版物的进口则呈现较快增长，尤其 2017 年增长幅度较大，达到 33. 74% 。

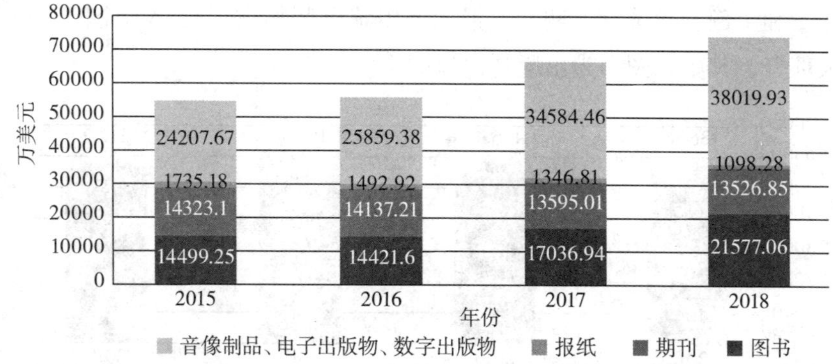

图 3 –9 –6　2015—2018 年全国出版物进出口经营单位主要出版物进口情况

资料来源：整理自国家新闻出版主管部门 2016—2019 年发布的全国新闻出版业基本情况。

2. 版权

2017 年，全国共引进版权 18120 项，其中引进出版物版权 18037 项，包括图书 17154 项、音像制品 511 项、电子出版物 372 项；引进版权总量增长 5. 0% ，其中引进出版物版权增长 5. 0% 。①

其中，图书版权引进地情况如下：美国 6217 项，英国 2835 项，德国 933 项，法国 1133 项，俄罗斯 90 项，加拿大 156 项，新加坡 249 项，日本 2101 项，韩国 168 项，中国香港 139 项，中国台湾 917 项，其他地区 2216 项。②

2018 年，全国共引进版权 16829 项，其中引进出版物版权 16602 项，包括图书 16071 项、音像制品 317 项、电子出版物 214 项；引进版权总量降低 7. 1% ，其中引进出版物版权降低 8. 0% 。③

其中，图书版权引进地情况如下：美国 4833 项，英国 3317 项，德国 844 项，法国 970 项，俄罗斯 78 项，加拿大 117 项，新加坡 222 项，日本 1993 项，韩国 120

---

① 《2017 年新闻出版产业分析报告》，搜狐网，https://www. sohu. com/a/244803665_152615，访问日期：2020 年 2 月 3 日。

② 《2017 年全国新闻出版业基本情况》，新华网，http://www. xinhuanet. com/zgjx/2018 - 08/06/c_137370768. htm，访问日期：2020 年 2 月 3 日。

③ 《2018 年新闻出版产业分析报告》，搜狐网，https://www. sohu. com/a/337562577_120108075，访问日期：2020 年 2 月 5 日。

项，中国香港236项，中国澳门1项，中国台湾798项，其他地区2542项。①

2017—2018年，图书版权引进地前三名分别是美国、英国、日本。

（二）出口情况

1. 出版物

如图3-9-7所示，2017—2018年，全国累计出口出版物数量和金额均有所下降，在数量和金额上，图书、期刊、报纸等传统出版物占了全部六个门类出版物出口中的大部分，其中以图书为出版物出口的主力。

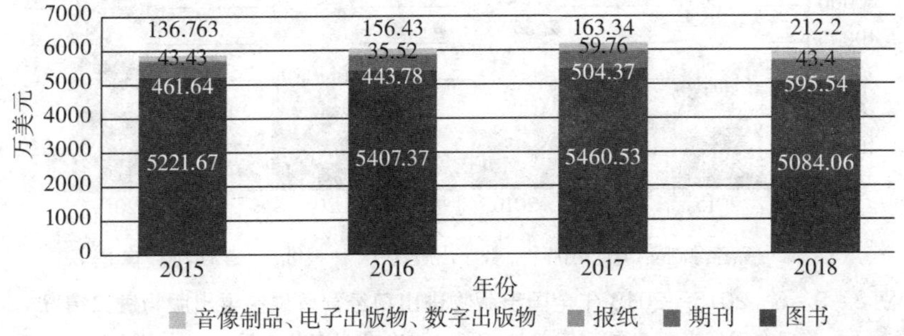

图3-9-7 2015—2018年全国出版物进出口经营单位主要出版物出口情况

资料来源：整理自国家新闻出版主管部门2016—2019年发布的全国新闻出版业基本情况。

2017年，全国累计出口图书、报纸、期刊、音像制品、电子出版物、数字出版物（不含游戏）2178.4万册（份、盒、张），较2016年降低0.2%；金额10764.9万美元，降低2.2%［其中，全国出版物进出口经营单位累计出口数量1872.7万册（份、盒、张），增长6.0%；金额6188.0万美元，增长2.4%］。②

其中，全国累计出口图书、报纸、期刊2172.02万册（份），7831.81万美元，与上年相比，数量增长0.10%，金额增长0.60%。其中，全国出版物进出口经营单位累计出口1870.72万册（份），6024.66万美元，与上年相比，数量增长5.96%，金额增长2.34%。③ 全国累计出口音像制品、电子出版物与数字出版物6.40万盒（张），2933.09万美元，与上年相比，数量降低45.56%，金额降低9.07%。其中，全国出版物进出口经营单位累计出口1.93万盒（张），163.34万美元，与上年相比，数量增长45.40%，金额增长4.42%。④

---

① 《2018年全国新闻出版业基本情况》，人民网，http://media.people.com.cn/n1/2019/0829/c40606-31325579.html，访问日期：2020年2月3日。

② 《2017年新闻出版产业分析报告》，搜狐网，https://www.sohu.com/a/244803665_152615，访问日期：2020年2月3日。

③ 《2017年全国新闻出版业基本情况》，新华网，http://www.xinhuanet.com/zgjx/2018-08/06/c_137370768.htm，访问日期：2020年2月3日。

④ 《2017年全国新闻出版业基本情况》，新华网，http://www.xinhuanet.com/zgjx/2018-08/06/c_137370768.htm，访问日期：2020年2月3日。

2018年，全国累计出口图书、期刊、报纸、音像制品、电子出版物、数字出版物（不含游戏）1701.4万册（份、盒、张），较2017年降低21.9%；金额10092.6万美元，降低6.3%。①

其中，全国累计出口图书、报纸、期刊1696.07万册（份），7194.75万美元，与上年相比，数量降低21.91%，金额降低8.13%。其中，全国出版物进出口经营单位累计出口1478.09万册（份），5723万美元，与上年相比，数量降低20.99%，金额降低5.01%。② 全国累计出口音像制品、电子出版物与数字出版物5.29万盒（张），2897.86万美元，与上年相比，数量降低17.22%，金额降低1.20%。其中，全国出版物进出口经营单位累计出口1.24万盒（张），212.20万美元，与上年相比，数量下降35.97%，金额增长29.91%。③

2. 版权

2017年，全国共输出版权13816项，其中输出出版物版权12651项，包括图书10670项、音像制品424项、电子出版物1557项；输出版权总量较2016年增长24.1%，其中输出出版物版权增长29.0%。④

其中，图书版权输出地情况如下：美国592项，英国421项，德国421项，法国172项，俄罗斯306项，加拿大222项，新加坡254项，日本327项，韩国490项，中国香港339项，中国澳门87项，中国台湾1909项，其他地区5130项。⑤

2018年，全国共输出版权12778项，其中输出出版物版权11830项，包括图书10873项、音像制品214项、电子出版物743项；图书版权输出较2017年增长1.9%。图书版权输出增加，版权贸易逆差有所减少。⑥

其中，图书版权输出地情况如下：美国912项，英国476项，德国435项，法国244项，俄罗斯452项，加拿大103项，新加坡334项，日本408项，韩国512项，中国香港535项，中国澳门25项，中国台湾1449项，其他地区4988项。⑦

---

① 《2018年新闻出版产业分析报告》，搜狐网，https://www.sohu.com/a/337562577_120108075，访问日期：2020年2月5日。

② 《2018年全国新闻出版业基本情况》，人民网，http://media.people.com.cn/n1/2019/0829/c40606-31325579.html，访问日期：2020年2月3日。

③ 《2018年全国新闻出版业基本情况》，人民网，http://media.people.com.cn/n1/2019/0829/c40606-31325579.html，访问日期：2020年2月3日。

④ 《2017年全国新闻出版业基本情况》，新华网，http://www.xinhuanet.com/zgjx/2018-08/06/c_137370768.htm，访问日期：2020年2月3日。

⑤ 《2017年全国新闻出版业基本情况》，新华网，http://www.xinhuanet.com/zgjx/2018-08/06/c_137370768.htm，访问日期：2020年2月3日。

⑥ 《2018年新闻出版产业分析报告》，搜狐网，https://www.sohu.com/a/337562577_120108075，访问日期：2020年2月5日。

⑦ 《2018年全国新闻出版业基本情况》，人民网，http://media.people.com.cn/n1/2019/0829/c40606-31325579.html，访问日期：2020年2月3日。注：统计数据未包含中国香港、中国澳门、中国台湾有关统计数据。

2017 年，图书版权输出地前三名是中国台湾、美国、韩国。2018 年，图书版权输出地前三名是中国台湾、美国、中国香港。

（三）整体评价

2017—2018 年，出版产业对外贸易打破了前几年的稳中有增的平稳走势，出版物进出口差距显著拉大，版权输出品种与引进品种比进一步提高。

出版物对外贸易方面，如图 3－9－8 和图 3－9－9 所示，2017 年出版物进口数量保持增长，出口数量则小幅下降，进出口差距拉大；2018 年进口数量大幅增加，出口数量大幅下降，增幅和降幅均超过 20%，进出口差距显著拉大。金额方面，出版物进口在 2017 年出现了较为明显的增长，并于 2018 年继续提升这一数值，而出口方面则连续两年小幅下降。

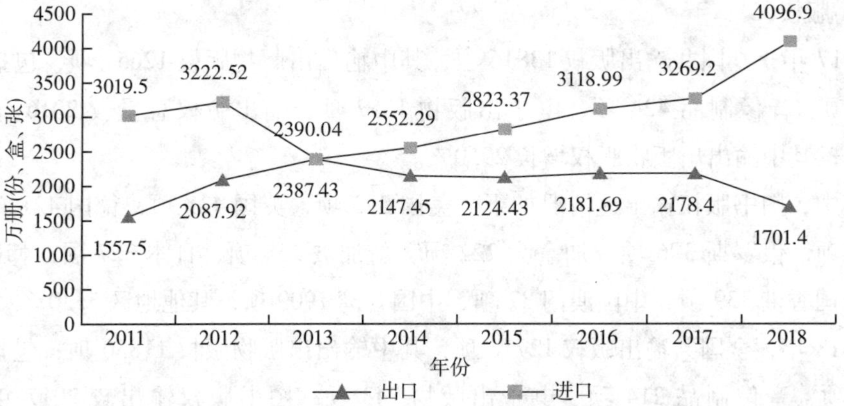

图 3－9－8　2011—2018 年全国出版物对外贸易数量

资料来源：整理自国家新闻出版主管部门 2012—2019 年发布的新闻出版产业分析报告。

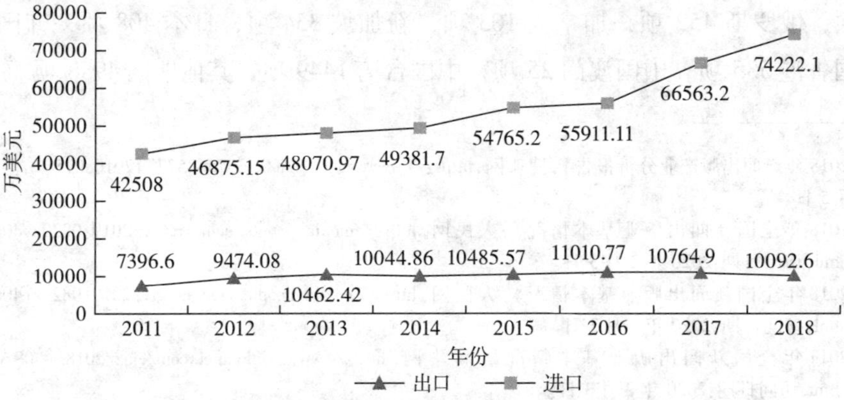

图 3－9－9　2011—2018 年全国出版物对外贸易金额

资料来源：整理自新闻出版主管部门 2012—2019 年发布的新闻出版产业分析报告。

版权贸易方面，如图 3－9－10 所示，2017—2018 年，版权输入、输出均先增后降，其中 2017 年版权输出增速明显，达 24.1%，全国版权输出品种与引进品种

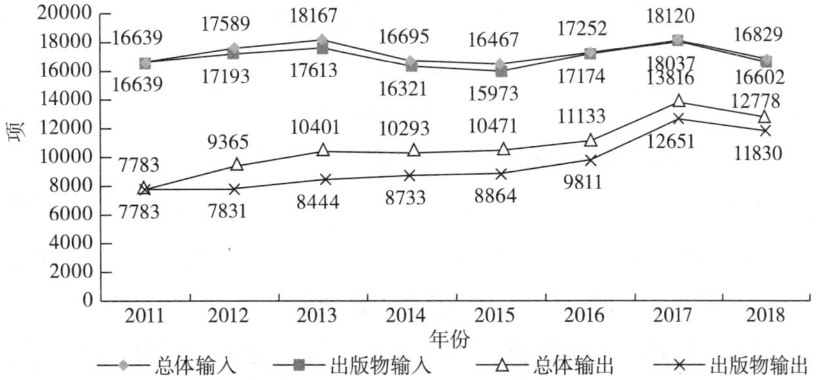

图 3－9－10　2011—2018 年出版产业版权贸易总体情况

资料来源：整理自国家新闻出版主管部门 2012—2019 年发布的全国新闻出版业基本情况。

比例上升到约 1∶1.3。

三、国际交流

（一）国际书展

各大国际书展中的主宾国都是书展上的亮点，对于主宾国来说，书展是一个极佳的展示和传播本国文化魅力的舞台，为展开公共外交和文化交流提供了平台。

2017 年 2 月，正值中墨建交 45 周年和墨西哥“中国文化年”，中国作为特邀主宾国参加了第六届尤卡坦国际书香节，举办了纪录片展映、学术讲座和研讨、文艺演出、艺术展览、图书推介和展售等近 30 场活动，展现了中国在文学和图书领域取得的成就；4 月，中国受邀担任第 27 届阿布扎比国际书展主宾国，书展中专门举行了《习近平谈治国理政》阿文版研讨推介会。

2018 年 2 月，中国应邀作为主宾国亮相第二十七届哈瓦那国际书展，这是中国首次在拉美国家和地区举办的大型国际出版交流会上担任主宾国。其间，共举办 26 场文化交流及签约活动，签署了多项版权输出和输入协议。3 月 26 日至 29 日，中国应邀作为主宾国参加第 55 届博洛尼亚国际儿童书展，中国展区面积系历届博洛尼亚国际儿童书展主宾国展区面积之最，参展图书中 40% 为近年我国对外输出的图书。10 月，中国作为主宾国亮相第 23 届阿尔及尔国际书展，扩大了中华文化在北非及阿拉伯国家的传播力和影响力。恰逢中阿建交 60 周年，在中国主宾国展区，中方向阿方赠送了阿文版《习近平谈治国理政》第一卷、第二卷。此外，阿尔及利亚国家图书馆常年设有“中国角”专区，向当地读者展示与中国有关的各类图书。

2019 年 4 月 24 日至 5 月 4 日，中国作为主宾国参加了第 32 届德黑兰国际书展。中国出版人携带 4000 余种、15000 余册精品图书参展，其间举办了“一带一路”与民心相通论坛、“中国故事”系列图书波斯语版联合签约暨中伊出版新合作启动仪式等丰富多彩的活动，20余位著名作家、学者、插画家携作品赴伊朗参展。9月26日至10月6日，中国作为主宾国参加在墨西哥举办的第三十届人类学和历史国际书展。11月，中国以主宾国身份受邀参加委内瑞拉国际书展，主宾国活动以“阅读中国”为主题，多家出版机构同委内瑞拉文化部签署了战略合作协议。

除了以主宾国身份参加以上国际书展外，中国出版在其他国际书展上的表现同样亮眼。在2019年的第71届法兰克福书展上，中国出版机构发布了一系列高质量的新书。数字影像产品《穿越时空的中国》融合了最新的科技和完美的创意，展现出中国的文化创新以及中国出版界的精神，DK公司已决定引进同名图书。法兰克福大学孔子学院展示了有声读物《跳跳》的试读文字版本等成果，与来自不同国家、喜爱汉语和中国文化的观众进行现场互动。在第48届伦敦国际书展上，中国外文局展台举办了“英国人眼中的中国”发布会，外语教学与研究出版社和施普林格·自然集团在伦敦国际书展上共同举行了“中华思想文化术语研究丛书（英文版）”首批新书全球发布仪式。

（二）国际奖项

2019年伦敦书展国际书业卓越奖于书展开幕首日揭晓，方所书店斩获年度最佳书店奖，这也是该奖项设立以来中国乃至亚洲首个获此殊荣的书店。该奖项自2014年起由英国出版商协会主办，全球各国出版机构参与竞逐，自2016年开始特设“年度最佳书店奖”，面向英国以外的独立书店或连锁书店进行评选。评委会对方所书店的评价是，“这是一个强强竞争的奖项，今年的入围者实力都不俗。方所的规模和理念都让人惊叹，所举办的广泛多元的活动让你能够一瞥书店未来的样子。”

（三）其他国际交流与合作

2017年，《红楼梦》马来文版在马来西亚出版发行，经过多位马来西亚翻译家30多年的努力，中国四大古典文学名著《红楼梦》《三国演义》《水浒传》和《西游记》已全部译成马来文并出版发行。

2019年广西南宁举行的中国—东盟少儿出版阅读论坛上，成立了“接力—东盟少儿图书联盟”，这是中国与东盟各国建立的第一个少儿图书联盟，双方在儿童出版领域的合作日益密切。

四、问题和对策

近年来，得益于中国日渐强盛的国力和开放包容的心态，我国出版生产力不断提升，在政策的大力扶持和推动下，中国出版产业的对外文化贸易经历了从出版物“走出去”，到版权“走出去”，再到资本和企业“走出去”的过程，现在已经初步具备了出版物进出口、版权贸易、合作出版、资本出海等多样化的进出口贸易形态。中国在出版业国际交流中的地位逐步上升，在对外贸易方面更是结出了累累硕果。

尽管如此，我们仍应该清醒地看到，中国出版业对外贸易，尤其是“走出去”方面，依然面临着很多问题和挑战，建议的对策如下。

（一）增强出版物内容的多元化，从知识传播转向价值传播

出版产业中，内容是核心，内容的吸引力和其中体现的价值观，是中国出版能成功“走出去”的根本。利用出版物讲好中国故事，传播好中国声音，实现中国话语权，就要求出版单位针对目标市场的特点，选择合适的内容和呈现方式，使对方更容易接受我们的产品，提高传播的有效性；同时，丰富多元的内容，更有利于全面地展现当代中国。

1. 出版物应增强内容的创造性，将传统经典与创新内容相结合，增加世界性话题

近年来，虽然我国“走出去”的出版物比以前种类丰富了很多，但内容仍然较为单一。大部分内容集中在传统文化和对人文、地理、科技、政治、经济、社会、生活等方面的介绍，对世界性话题的思考和讨论较少。

从近年来倍受赞誉的科幻小说《三体》《北京折叠》等优秀作品在世界范围内引起广泛关注的情况来看，其成功经验之一，就是选题内容上与世界的接轨。

传播需要双方的互动，仅仅是一方的输出是不够的，还需要另一方的理解和接受。当我们不断向别人介绍自己的特色和特点时，实际上也突出了我们与对方的差异，彼此间形成了一种区隔。而当作品不再可以强调“我”和“你”，转而讨论你我共同的话题时，双方则更容易接近。只有海外读者对我们的产品产生了认同感，才有可能购买。

在从出版大国到出版强国迈进的征程中，我们需要更多具有影响力、传播力的思想类出版物。

2. 如何讲好中国故事，传播好中国声音，需要探索更有效的方法

对受众的了解以及对受众需求的认识，是一切传播活动的根基；缺乏对传播对象的认识，传播过程就是单向的、无效的。我们在受众细分、市场细分、需求细分等方面做得还远远不够，这导致传播行为的精准度和有效性大打折扣。[①] 我们的文化源远流长，想向世界介绍中国的传统文化和当代成就，传达我们的价值观，应选择合适的呈现方式和讲述方法。如何让不同细分市场的读者轻松地接受我们的内容，就需要表达方式的创新和创造力。

（二）建立多元化的国际传播渠道，让更多的企业“走出去”

近年来，尽管中国已经初步建立了多样化的出版国际贸易生态，但对于大多数出版机构而言，“走出去”的形态还是以版权输出为主，贸易形态较为单一，国际传播渠道也较为单一。

由于国家出台了一系列政策、项目支持，比如中宣部的“丝路书香出版工程”，

---

① 梁斐．中国学术出版“走出去”的要素剖析与改进思路[J]．国际传播，2019(4)：29－38.

国家新闻出版主管部门的“经典中国国际出版工程”“图书版权输出奖励计划”，国家社科基金支持的“中华学术外译项目”，国务院新闻办公室的“中国图书对外推广计划”等，都提供奖励补贴，故大多数出版社选择了这一相对稳妥的、投入产出比较高的方式。

要使贸易形态更加丰富，应鼓励对外交流与国际合作的新方式，加强资本的流动，让资本“走出去”，让更多的企业通过并购、合资、独资等方式建立海外分支机构，为出版“走出去”建立海外支点。近年来，中国出版集团、中国人民大学出版社、长江出版传媒集团、中国青年出版总社、广西师范大学出版社等出版机构都在海外成立了分支机构，但我们在海外仍缺乏具有较强市场运作能力的大型出版企业。此外，寻找海外主流营销渠道，增强全渠道运营能力，尽可能增加读者接触中国出版物的机会，才能在国际传播中变被动为主动，使对外交流和国际合作走向深入。

（三）培养具有国际视野、了解国际出版规则的人才

出版机构应着力培养具有国际视野、国际意识、精通业务、了解国际出版规则的复合型编辑，熟悉图书从策划、出版到输出流程中的每一个环节，在国际出版、出版物进出口、版权贸易、创新发展方面有深入的研究和思考。图书的选题策划和版权贸易这两部分业务是不可分割的，要做好版权贸易，需要在选题策划阶段就明确定位。只有相互配合、统筹策划，在选题策划阶段增强针对性，才能在版权输出、对外贸易中拥有主动权。

案例　讲好中国故事，创新国际合作

——《汉语世界》国际合作的方式方法①

《汉语世界》是以地道英文讲中国故事的外向型期刊，它组建了中外合作的出版团队，坚持高质量原创，是一个享誉国际的中国本土媒体品牌。身处中国出版“走出去”的前沿，《汉语世界》在国际合作方面进行过多种尝试，采取了五种国际合作方式，其中既有传统模式的延续，亦有方式方法上的创新。

一、翻译输出

内容翻译输出是《汉语世界》杂志早期的国际合作方式。这是一种较为传统的模式，其可创新之处在于翻译输出过程中的本土化改造。

2009 年《汉语世界》授权法国国家教学资料文献中心（CNDP）翻译出版《汉语世界》法语版，并负责翻译、本土化改造。

① 本案例由商务印书馆《汉语世界》杂志社副社长储丹丹撰写。

不同于原《汉语世界》英语版的主要读者北美的年轻人，法国读者偏爱东方传统文化，偏爱慢节奏阅读，杂志主要面向法国的汉语学习者。刊期由双月刊改为季刊，内容上做了本土化改造：

（1）改变装帧方式和设计风格。装帧方式改为适合学生群体、相对便宜的铜版纸和骑马钉。设计改为法式复古风格，图片改用法国读者偏爱的实景照片。

（2）调整栏目，偏重学习。对社会文化、政治经济方面的长篇报道进行了大幅删减，同时新增“汉语图解词典”“今日中文”“文化与传媒”等栏目，语言学习内容占到全刊50%以上篇幅，使杂志兼具了辅助教学的功能。

《汉语世界》法语版自2009年起每年发行4期，每期都在2000册以上，法方每年向中方支付版税。2009—2016年，法语版连续出版了7年，累计发行超过6万册。中方收获了大批法国读者和不菲的版税收入。

二、授权转载

向海外授权图文内容转载是一种“小型、快捷、便利”的输出方式，也是《汉语世界》常态化的国际合作方式。

2011年，《汉语世界》授权海外发行的《中国日报》欧洲版付费转载其原创内容。自此，发行超过11万份、覆盖欧洲23个国家的《中国日报》欧洲版每期都整版转载《汉语世界》文章；紧随其后的是《中国日报》非洲版。不久，《孔子学院》德语版杂志也开始转载《汉语世界》的原创文章。为了操作便利，双方商定，采取固定价格、开放转载、定期结算的方法，不必每次征询授权。通过《中国日报》和《孔子学院》的海外版，全球每年有超过20万海外读者读到《汉语世界》。

巴西Samuel电子杂志（葡萄牙语）等一些网络媒体也主动翻译或付费转载《汉语世界》网站文章，给《汉语世界》带来了大量稳定的授权收入。2013—2016年，海外知名新闻媒体（如《华尔街日报》《大西洋月刊》《华盛顿邮报》网站）多次引用《汉语世界》的报道，其依据惯例标明原始出处，为《汉语世界》网站引来大量的海外访客。2015年《汉语世界》网站海外访客数量增长至100万人，杂志官网一跃进入“百万时代”，于2015年被中国新闻出版研究院评为首批“全国新闻出版业百强网站”。之后海外访客人数持续稳步增长，至今每年都有百万以上海外访客。

三、实物出口

《汉语世界》杂志实物出口的国际合作，首先考虑的是社会效益。

2013年，《汉语世界》与欧洲最大的报刊出版商古纳亚尔（Gruner Jahr）签约，进入欧洲主流报刊发行渠道，由其下属专业杂志发行公司Saarbach负责发行。发行的范围以德国为中心试点，覆盖欧洲德语区重点火车站、机场、码头的书报亭等人流密集的窗口位置。这不仅意味着中国期刊在海外成功落地，也是中国形象的积极展示。

为推动《汉语世界》走进欧洲市场，对封面做了适当调整：

（1）中文定价19.00RMB的旁边加上欧元定价5.90EUR和法郎定价7.40CHF。这是比照同等品质的当地期刊价格制定的，在同一个平台上公平竞争。

（2）在封面上方醒目位置增加中英文宣传标语：CHINA IS A STORY，WE TELL IT中国故事，国际表达。

（3）在封面的右下角增加二维码，扫码后可以读到关于如何长期订阅的英文说明。

2014年底，Saarbach被另一家发行公司IPS收购后，扩大了与中方的合作，将发行范围扩展到更多欧洲国家和地区。

《汉语世界》在欧洲平均每期发货500册，实际销售数量稳定在130～150册，实销率（约30%）超过大多数期刊在国内零售的实销率，数据反馈和回款都非常及时，零售状态平稳健康。

四、委托出版

面向人口稠密而经济欠发达的“一带一路”国家，《汉语世界》委托当地出版商“以书代刊”出版发行。

《汉语世界》首先在印度试水，合作方是GBDBooks出版公司。由于消费水平较低，印度杂志价格也较低，南亚版也不适用国际通行的版税和预付金标准。双方最终商定，中方为印方制作团队提供技术协助，免收预付金，并以略低于引进图书的版税率达成输出合作，迈出中国故事走进“一带一路”国家的第一步。

2016年双方签约，《汉语世界》南亚版每年出版2期，每期1000册，主要面向印度当地高校和政府部门发行，首年免费。2017年，《汉语世界》南亚版第一期出版并在印度试发行。

五、媒体合作

杂志发行只是“一带一路”国际合作的第一步，《汉语世界》真正要做的是在人口稠密的“一带一路”沿线提升传播力，通过输出中国故事获得广告及其他合作收益。

2018 年，《汉语世界》与尼泊尔当代出版公司旗下《纳亚尼泊尔邮报》开展媒体合作。其发行网络和地区影响力直接推动《汉语世界》南亚版进入“一带一路”各国主流渠道，从单一的印度市场扩展到尼泊尔、不丹、孟加拉国、斯里兰卡等南亚七国。自此，中国杂志在南亚地区不仅不再免费，而且以 300 尼泊尔卢比（人民币 19 元）的高定价走进街头售卖点，成了“尼泊尔地摊上最高端的杂志”。

除此之外，《汉语世界》杂志社还与印度 GDB 公司、《纳亚尼泊尔邮报》签署三方协议，共同经营国际广告业务和其他媒体业务，为中国企业打通南亚信息通道，也为南亚各国搭建与中国文化交流的平台。

《汉语世界》南亚版与当地媒体广泛合作，合力推动中国故事与中国产品在“一带一路”沿线落地，并将逐步吸纳当地资源，开展国际广告经营、国际文化服务等多种业务。

十多年来，在国际合作中，内容为王的《汉语世界》始终占据主动，既避免了被外方“牵着鼻子走”的被动合作，又发挥了中国故事的传播价值与传播力，为中国出版“走出去”踏出可行之径。

影视业对外文化贸易发展研究①

2017—2019 年，进口片已不见往日风采，从头部影片数量，到票房总额，均不敌国产影片。在电影文化交流的大背景下，2017—2019 年合拍片创作不断升级，逐渐倾向于与大公司、大导演合作，推向国际主流市场。2018 年，李冰冰和杰森·斯坦森合作演出的中美合拍片《巨齿鲨》是目前为止中国和好莱坞合拍最深入的项目，在国内拿下 10.5 亿元的票房，全球票房高达 5.3 亿美元。境内外节展方面有亮点。2019 年初，王景春和咏梅作为电影《地久天长》的两位主演，分别荣获第 69 届柏林国际电影节最佳男女主角，创下了中国电影在欧洲三大电影节上的新纪录。

一、宏观环境和产业基础

（一）政策环境

2017—2019 年，影视业一系列政策相继出台，行业发展更加规范。

2017 年 3 月 1 日，《中华人民共和国电影产业促进法》正式实施。在此契机下，3 月 21 日，全国电影市场专项治理办公室即刻行动，针对偷漏瞒报票房现象进行了严惩，利用法律手段加强市场监管，运用技术手段完善系统服务，营造了有序竞争的市场环境。

2017 年 9 月 4 日，原国家新闻出版广电总局、发展改革委、财政部、商务部、人力资源社会保障部等五部委联合下发了《关于支持电视剧繁荣发展若干政策的通知》，包括：建立和完善科学合理的电视剧投入、分配机制；规范电视剧收视调查和管理；统筹电视剧、网络剧管理；支持优秀电视剧“走出去”等内容。②

2018 年 2 月，国台办、国家发展改革委牵头多部门研究出台《关于促进两岸经济文化交流合作的若干措施》。2018 年 3 月 21 日，根据中共中央《深化党和国家机

---

① 本文作者：董馨蔚，《北京电影学院学报》编辑。

② 《〈关于支持电视剧繁荣发展若干政策的通知〉全文发布》，新华网 http://www.xinhuanet.com/politics/2017-09/04/c_1121597445.htm，访问日期：2019 年 12 月 13 日。

构改革方案》，为更好发挥电影在宣传思想和文化娱乐方面的特殊重要作用，发展和繁荣电影事业，将国家新闻出版广电总局的电影管理职责划入中央宣传部。[①]随后，国家新闻出版广电总局更名为国家广播电视总局。

2018 年 6 月 27 日，中央宣传部、文化和旅游部、国家税务总局、国家广播电视总局、国家电影局等联合印发《通知》，要求加强对影视行业天价片酬、“阴阳合同”、偷逃税等问题的治理，控制不合理片酬，推进依法纳税，促进影视业健康发展。[②]

2018 年 10 月 2 日，国家税务总局下发了《关于进一步规范影视行业税收秩序有关工作的通知》，要求影视行业自查自纠，督促纠正，切实抓好影视行业税收秩序工作的落实。[③]随后，电影管理部门调查了范冰冰偷逃税款事件，责其补缴及罚款总额约 8. 84 亿元。

2018 年 11 月 9 日，国家广播电视总局下发《关于进一步加强广播电视和网络视听文艺节目管理的通知》，针对影视明星过多、追星炒星、泛娱乐化、高价片酬、收视率（点击率）造假等问题提出要求。《通知》明确提出每部电视剧网络剧（含网络电影）全部演员片酬不超过制作总成本的 40%，主要演员片酬不超过总片酬的 70%。[④]

（二）产业概况：低速发展，行业过冬

1. 电影产业

2017—2019 年电影行业增速放缓，以全年总票房来看，三年分别为 559. 11 亿元、609. 76 亿元、642. 66 亿元，增幅分别为 22. 3%、9. 1%、5. 4%，2019 年增幅为三年来最低，相较增幅最高的 2015 年（48. 7%）下降了 43. 3 个百分点。[⑤]

如图 3 - 10 - 1 所示，具体来看，制片方面，2017 年我国生产故事片 789 部、动画电影 32 部、科教电影 68 部、纪录电影 44 部、特种电影 28 部，共计 970 部，[⑥]影片总量同比上涨 2. 7%。这一年，票房前十的影片中国产影片占四席，合拍片 1 部，进口影片 5 部。其中票房第一的《战狼 2》以 56. 83 亿元的好成绩遥遥领先，成为目前为止中国国产电影票房最高的影片。2018 年我国共生产 902 部故事片、51 部动画电影、61 部科教电影、57 部纪录电影、11 部特种电影，共计 1082 部影片，

---

① 《中共中央印发〈深化党和国家机构改革方案〉》，新华网，http://www.xinhuanet.com/2018 - 03/21/c_1122570517.htm，访问日期：2019 年 12 月 13 日。

② 《中宣部等部门联合印发〈通知〉治理影视行业天价片酬“阴阳合同”偷逃税等问题》，新华网，http://www.xinhuanet.com/politics/2018 - 06/27/c_1123046209.htm，访问日期：2019 年 12 月 13 日。

③ 《关于进一步规范影视行业税收秩序有关工作的通知》，国家税务总局，http://www.chinatax.gov.cn/n810341/n810755/c3792513/content.html，访问日期：2019 年 12 月 13 日。

④ 《关于进一步加强广播电视和网络视听文艺节目管理的通知》，国家广播电视总局，http://www.nrta.gov.cn/art/2018/11/9/art_113_39686.html，访问日期：2019 年 12 月 13 日。

⑤ 数据来源：根据“电影票房”网站的数据统计而得，http://58921.com/alltime/2019.

⑥ 《2017 年中国电影票房 559 亿元》，《人民日报》，2018 年 1 月 3 日第 1 版。

同比上涨 11.5%。票房前十的影片中，国产影片 5 部，合拍片 1 部，进口影片 4 部。[①]前三位的影片《红海行动》《唐人街探案 2》《我不是药神》均突破 30 亿元大关。2019 年，我国全年共生产电影故事片 850 部、动画电影 51 部、科教电影 74 部、纪录电影 47 部、特种电影 15 部，总计 1037 部，同比下降了 4%，是近五年内的首次下滑。[②]票房前十的影片中，国产影片占 8 部，进口影片仅占 2 部，前两名的《哪吒之魔童降世》《流浪地球》均破 45 亿元大关。

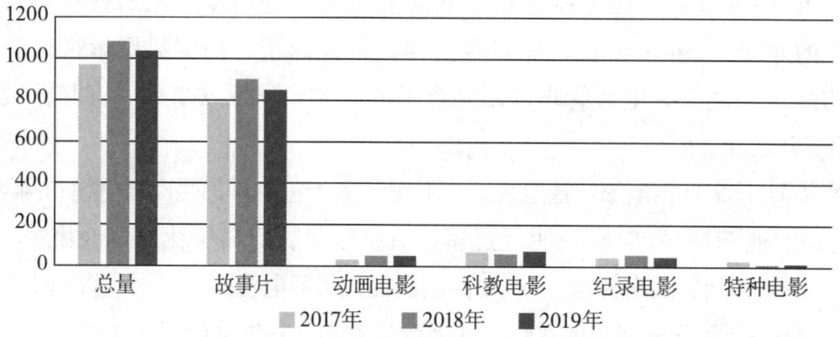

图 3－10－1　2017—2019 年中国电影制片量

创作方面，2017—2019 年，电影产业在票房和产量两方面都不及前一阶段的井喷式发展，但是电影人深耕细作，制作出了多部现象级影片，不断将我国影片的艺术品质推向新高潮，涌现出《战狼 2》《我不是药神》《流浪地球》等精品之作。

放映与市场方面，2017—2019 年，电影放映业增长乏力，全国院线数没有变化，三年均为 49 条，影院数和银幕数均有小幅上涨，城市影院数基本处于饱和状态。受票补合作门槛提高、电影票价逐渐上升的影响，全国城市影院的观影人次并没有随着影院和银幕数的提升而有相应的提升，2017 年年度观影人次为 16.2 亿人，2018 年为 17.1 亿人，2019 年为 17.2 亿人。[③] 相应核算出的上座率呈现了连年下滑的态势，分别是 13.3%、12.2% 和 11.1%。影片质量相对提升的情况下，影院经营效率低下说明观众已回归理性，影院需将经营重点放在差异化、精细化服务，以及非票房经营等方面。

2. 电视产业

在国家经济下行、影视产业持续过冬的大背景下，电视剧市场近三年表现持续

---

① 《2018 年中国电影票房 609.76 亿元》，人民网，http://sc.people.com.cn/n2/2019/0102/c345488－32480118.html，访问日期：2020 年 1 月 10 日。

② 《2019 中国电影亮出“成绩单”：642.66 亿元票房创新高》，中国政府网，http://www.gov.cn/xinwen/2019－12/31/content_5465531.htm，访问日期：2020 年 1 月 10 日。

③ 《创新高！2019 年中国内地票房 642.66 亿元 17.27 亿人次观影》，新浪财经，https://finance.sina.cn/2020－01－01/detail－iihnzhfz9572730.d.html? cre = tianyi&mod = wpage&loc = 9&r = 32&rfunc = 88&tj = none&tr = 32，访问日期：2020 年 1 月 10 日。

低迷，国产电视剧备案数和播出数量逐年下降，甚至在 2019 年出现大幅度下滑。根据国家广播电视总局数据，2017 年我国备案电视剧总数为 1161 部，播出的剧集总量为 342 部，总集数为 9669 集。对比来看 2018 年基本持平，备案总数为 1061 部，播出的剧集总量为 360 部，总集数为 10278 集。2019 年出现明显下行，备案总数为 890 部，下降 16%，播出的剧集总量为 306 部，总集数为 9495 集，下降 15%。①

创作方面，各种作品均有不俗表现，反腐大剧《人民的名义》、破案题材《破冰行动》、都市家庭题材的《我的前半生》《都挺好》《小欢喜》等，都赢得了口碑和收视的双丰收。

3. 影视资本

2018 年以来，影视产业资本市场迅速降至冰点。37 家 A 股上市影视公司，除芒果超媒以资产重组借壳上市外，无一家市值实现增长。2018 年，文化传媒板块总市值降至 3253.68 亿元，相对于前一年的 5034.96 亿元，蒸发了 1783 亿元，跌幅达 35%。②而 2019 年未见任何起色，截至 2019 年 12 月 26 日，影视股总市值为 2646.4330 亿元，2019 年最低点时，影视股总市值仅为 1779.4356 亿元。③一场影视公司倒闭潮悄然来临。天眼查数据显示，截至 2019 年 12 月 12 日，国内共有 3313 家影视公司、1033 家影视工作室关停。④根据广电总局的统计，2019 年，全国 9400 名演员中，20% 的演员只有一部作品播出，65% 的演员失业了一年。⑤

二、贸易状况

2017—2019 年，全球票房不断刷新纪录，2017 年票房为 406 亿美元，2018 年票房为 417 亿美元，2019 年票房为 425 亿美元。值得一提的是，2018 年国产影片有两部（《战狼 2》《唐人街探案 2》）进入全球榜单，排名分别是第 12 和第 15。

（一）进口情况

1. 电影

2017—2019 年，进口片已不见往日风采，从头部影片数量到票房总额，均不敌国产影片。2017 年进口电影票房为 258.07 亿元，占总票房的 47.16%，票房前十的

---

① 《2019 年国产电视剧“体检报告”出炉》，重庆晨报，https://www.cqcb.com/entertainment/2020-04-28/2362597_pc.htm，访问日期：2020 年 1 月 10 日。

② 《2018 年中国电影产业备忘》，中国电影网，https://www.chinafilm.com/hygc/8010.jhtml，访问日期：2020 年 1 月 10 日。

③ 《影视股 2020 展望：5 年跌去 80%，能否搭上开往春天的地铁?》，新浪财经，https://baijiahao.baidu.com/s?id=1655170292523053933&wfr=spider&for=pc，访问日期：2020 年 1 月 10 日。

④ 《2019 年大洗牌，多少影视公司“洗洗睡了”》，新浪科技，https://tech.sina.com.cn/roll/2020-01-20/doc-iihnzhha3603343.shtml，访问日期：2020 年 1 月 10 日。

⑤ 《影视股 2020 展望：5 年跌去 80%，能否搭上开往春天的地铁?》，新浪财经，https://baijiahao.baidu.com/s?id=1655170292523053933&wfr=spider&for=pc，访问日期：2020 年 1 月 10 日。

影片中，进口片有五部，排名第一的进口片为《速度与激情8》，其票房26.7亿元不及国产影片第一《战狼2》的一半。2017年电影票房过亿元的影片共有92部，其中进口影片41部，除了《速度与激情8》，另外还有7部电影票房超过10亿元，而战争题材的《敦刻尔克》（3.4亿元）、爱情音乐剧《爱乐之城》（2.5亿元）等影片也取得了意外成绩。印度影片《摔跤吧！爸爸》（12.99亿元）取得了耀眼的成绩，远超印度本土。2018年进口片票房为230.79亿元，占总票房的38.85%，在票房前十的影片中占四席。进口片第一名是《复仇者联盟3》（24亿元）。印度电影《神秘巨星》挤进前十。2018年，票房过亿的影片有82部，进口片占38部，多部好莱坞大片由于水土不服而遇冷，如北美票房冠军《黑豹》在中国仅取得6.6亿元票房，蝉联北美票房三周冠军的《摘金奇缘》在国内口碑票房双失利，仅有1148万元。斩获金棕榈大奖的《小偷家族》以近1亿元的票房成绩创造了日本真人电影在华票房纪录。纪录电影《帝企鹅2》也进入院线放映。2019年，进口电影票房为238亿元，占总票房的37.5%，与2018年基本持平①。进口片票房前十的影片中仅占两席，第一名是《复仇者联盟4》（42.48亿元），另一个勉强挤进前十的是《速度与激情：特别行动》（14.34亿元），可见观众已恢复理性消费，不再迷信好莱坞大片。2019年票房过亿的影片有80余部，进口影片有43部，2019年，经典引进成为一大特点，日本经典动漫作品《千与千寻》重映，票房达4.88亿元。经典复刻电影《海上钢琴师》以1.43亿元创下了意大利电影的内地最高票房。现实主义题材《何以为家》口碑驱动，以3.74亿元创下了黎巴嫩电影的内地票房纪录。

2. 电视剧

2017—2019年，我国进口电视剧数量呈现逐年下降的趋势，2017年，我国进口电视剧播出数量为1500部，40300集；全年进口总额达81453万元，进口总量为302部，2701集。2018年，我国进口电视剧播出数量为800部，26500集；全年进口总额为80657万元，进口总量为360部，6846集。②

（二）出口情况

1. 电影

海外市场一直以来都是我国影视产业的短板，经过近几年的努力，虽已经呈现改观态势，但是与国内票房相比，仍有很大进步空间。2017年，海外发行国产影片近百部，海外票房和销售总收入42.53亿元，比上年增长11.19%。国产片北美票房排名前三的分别是《芳华》（115.7万美元）、《西游伏妖篇》（88万美元）、《三生三世十里桃花》（48.2万美元）。《战狼2》在30个国家和地区、50多座城市、40多条院线部分

---

① 尹鸿，孙俨斌．2020年中国电影产业备忘[J]．电影艺术，2021(2)：53－65．

② 数据来源：《中国统计年鉴》，国家统计局，http://www.stats.gov.cn/tjsj/ndsj/，访问日期：2020年1月10日。

影厅上映，以760万美元（约5000万元人民币）的成绩成为合拍片之外的国产电影年度海外票房冠军。2018年和2019年，国家新闻出版广播电影电视总局尚未公布国产电影海外票房情况，但是根据头部影片的现状分析，情况不容乐观，《红海行动》作为国产电影票房冠军，在北美仅收获154亿美元票房，亚军《唐人街探案2》在北美仅收获198万美元票房。[①]情况较好的是陈凯歌导演的《妖猫传》，在日本取得17亿日元（1.06亿元人民币）票房，位列日本年度票房榜第30名。相比之下，2019年的情况就会好得多，2019年，华人影业在北美发行了《流浪地球》《飞驰人生》《我和我的祖国》等11部中国电影，票房总额超过1066万美元，大幅超过2018年发行5部中国电影、票房总额73万美元的成绩。另一家中国电影发行商Well Go USA发行了《哪吒之魔童降世》《少年的你》《叶问4》等14部中国电影，票房总额超过984万美元，比上一年9部电影、401万美元总票房的表现亦有显著提升。作为国产电影的票房冠亚军，《哪吒之魔童降世》的北美票房总额为370万美元，《流浪地球》虽然拿下近5年来中国电影在北美的最高票房收入，但也只有587万美元。[②]中国电影如何走出华人圈，打入国际主流电影市场，依旧是国产电影待解决的命题。

2. 纪录片

纪录片领域，2017年最受关注的作品为《习近平治国方略：中国这五年》，该片分为三集《人民情怀》《大国治理》《合作共赢》，这是首部以习近平命名的纪录片，展示了习近平担任我国最高领导人以来所开展的各项工作，并采访了海外权威人士阐述近五年来中国的变化，是第一部在西方主流媒体正面讲述中国领导人的作品，引发广泛反响。《习近平治国方略：中国这五年》在探索亚洲电视网与中国五洲传播中心（CICC）共同开办的周播栏目《神奇的中国》中播出，《神奇的中国》是周播节目，目前已覆盖亚太37个国家和地区1.03亿家庭订阅用户。2017年陆川导演的《我们诞生在中国》，用剧情方式讲述了大熊猫、金丝猴、雪豹等珍稀动物的故事，在北美收获1387万美元，成为纪录电影冠军。2018年《神奇的中国》增加了中国特色的定制内容，观众黏性增强，收看人数超1.1亿。2018年，五洲与探索、优酷联合出品的《中国变革故事》通过探索频道和优酷在国内外同步播出，讲述了改革开放40年以来中国的发展成果和美好前景。2018年阿根廷G20峰会期间，有央视和阿根廷国家广播电视台共同摄制的《魅力中国》在两国同步播出，以阿根廷人的视角，讲述了中国广袤大地的故事。2019年，五洲传播中心联合腾讯打造的系列纪录片《佳节》，细致地刻画了中国传统节日的魅力，在海外同样反响热烈。

---

① 数据来源：IMDb，https://www.imdb.com/title/tt7752454/.

② 《2019，中国电影在北美市场砥砺前行》，新华网，http://www.xinhuanet.com/ent/2020-01/02/c_1125413234.htm，访问日期：2020年1月10日。

3. 电视剧

2017 年底，中国国际电视总公司联合一批优秀影视企业发起成立“中国影视文化进出口企业协作体”。2018 年，协作体成员单位已经达到 58 家，成员单位作品在海外播出 467 部 9625 集，其中 78% 在国内首播后一年内实现了海外播出。2017 年，华策牵头成立了中国电视剧（网络剧）出口联盟，在一年多的时间里，成员单位的 2000 多集影视产品出口到美国、加拿大、墨西哥、摩洛哥、法国、意大利、韩国、越南、马来西亚、印度尼西亚、菲律宾、中国台湾等 180 多个国家和地区，总营收超过 3 亿元人民币。在协作体及联盟的推动下，一些机构“走出去”的积极性和主动性增强，2018 年出口额同比增长从 10% 至 47% 不等，充分显示出集团作战、集群出海的优势。①

现代剧逐渐形成新品牌并实现 IP 出口。现代剧在海外表现十分亮眼，如大唐辉煌出品的《警花与警犬》《下一站别离》等电视剧在马来西亚电视台等平台播出；越南主流电视台与我国同步跟播《凉生，我们可不可以不忧伤》，由于播出时间及时且提供了越南语的译制，吸引了当地大批观众的关注，成为话题剧目。2019 年，一批新剧将在海外播出，如由柠萌影业出品的《好先生》已经销售到中东地区，《小别离》7 月 5 日在肯尼亚、坦桑尼亚、埃塞俄比亚等众多非洲国家主流频道黄金时段播出；由寰亚影视、完美世界影视出品的《壮志高飞》等现代剧在韩国、马来西亚、菲律宾、越南等国家和地区播出。

三年来，国产剧出海总体趋势向好，一批批优质国产剧慢慢得到国际的认可。典型古装剧出海代表：《扶摇》打破了“国内先火再出海”的传统路径；《天盛长歌》成为 NETFLIX 原创剧集最高级别预购的第一部中国古装大剧；《延禧攻略》甚至发行到亚洲、北美、南美、欧洲、非洲、澳大利亚，覆盖了 70 多个国家和地区；《楚乔传》在泰国主流无线电视台的平均收视率超过 0.3%，该剧的蒙古语版在蒙古国有线频道播出的日均收视率位居同时段前三。现代剧《放弃我抓紧我》在哈萨克斯坦播出，超过哈萨克斯坦本土剧以及有韩国剧王之称的《制作人》，在所有哈萨克斯坦引进剧中收视率排名第三。《致我们单纯的小美好》《小别离》《微微一笑很倾城》等前几年的优质剧目被各国青睐，相继在蒙古国、韩国等海外市场开播。在 2018 法国戛纳秋季电视节，还未上映的《皓镧传》就与福克斯集团（Fox Networks Group）签约了中国大陆以外全球市场的发售和分销独家权利。②

（三）国际合作情况

2017 年我国与希腊、罗马、印度、俄罗斯、巴西、西班牙等国签订电影合作协

① 《中国电视剧走出去有哪些新趋势?》，搜狐娱乐，https://www.sohu.com/a/305750835_100014852，访问日期：2020 年 1 月 10 日。

② 《【2018：电视剧】理性回归下的冰与火之歌》，搜狐娱乐，https://www.sohu.com/a/290058861_809031，访问日期：2002 年 1 月 10 日。

议，2018 年，与日本双边电影签订合作协议，到 2019 年 12 月为止，我国已与 21 个国家签订了电影合作协议。

1. 合拍片

在电影文化交流的大背景下，2017—2019 年合拍片创作不断升级，逐渐倾向于与大公司、大导演合作，推向国际主流市场。2017 年共有 19 部合拍片取得过亿票房，贡献了 83 亿元的票房总成绩，其中以中国内地和香港的合拍数量最多，共有 14 部。中印合拍片《功夫瑜伽》以 17.53 亿元的成绩取得了合拍片在国内的最佳票房成绩。《英伦对决》在国内取得 5.37 亿元票房，在全球取得票房 14188 万美元，其中北美票房 3439 万美元，并在美国 2515 家影院上映。[①] 2018 年，李冰冰和杰森·斯坦森合作演出的中美合拍片《巨齿鲨》是目前为止中国和好莱坞合拍最深入的项目，在国内拿下 10.5 亿元的票房，全球票房高达 5.3 亿美元。2019 年的合拍片总体票房情况尚未有统计数据，但是根据几部明星阵容的影片的市场反馈，预计会创下新低。比如成龙主演的中俄合拍片《龙牌之谜》，成本超 3 亿元，经历三次换挡后，票房止步于 1822 万元；中日合拍片《冰风暴》历时 5 年，成本超 1 亿元，业内寄予较高期待，但是首周仅收获 1207 万元的票房。

2. 纪录片

主动寻求国际合作，始终是中国纪录片实现国际传播的有效方式。2017 年 4 月，“一带一路”媒体传播联盟在北京成立，43 个媒体和文化机构成为联盟成员，由联盟主办的《丝路时间》已在全球 25 家境外主流电视媒体亮相，通过 11 种本土语言播出，到 2019 年已覆盖亚、欧、非、南美洲 58 个国家和地区的 130 个机构，5 亿多受众。央视纪录频道成立以来，启动国际联合项目 23 部，总时长超过 80 小时，投入资金近 1.5 亿元，三年来与新西兰自然历史公司（NHNZ）、美国公共广播电视台（PBS）、德国电视二台（ZDF）联合制作了《大太平洋》，与美国史密森尼频道、南非 EARTH TOUCH 公司联合制作了《极速猎杀》。上海纪实频道与美国国家地理频道联合制作了《被点亮的星球》《火星计划》，与美国探索频道联合制作了《中国美》等。北京纪实频道与奥地利联合制作《长城》国际版，与日本 NHK 联合制作《最后的沙漠守望者》。

视频网站作为重要的播出平台，已经展现出了一定的实力。腾讯视频纪录片频道与 BBC 同步播出《蓝色星球 2》，优酷与五洲传播中心、美国顶峰娱乐公司、新加坡 IFA Media 合作，制作《奇幻王国》纪录电影三部曲。

① 数据来源：IMDb，https://www.imdb.com/title/tt1615160.

三、国际交流

（一）境外节展参展及获奖情况

据不完全统计，2017 年海外举办的中国电影展、电影周数量有近 50 个，呈现出大幅增长态势。在国际上获得奖项或提名的国产影片中，有不少小众影片，比如《暴雪将至》获第 30 届东京国际电影节最佳艺术贡献奖，主演段奕宏摘得最佳男演员奖；《二十二》提名莫斯科国际电影节、釜山国际电影节，并获得伦敦华语视像艺术节最受观众欢迎奖和评审团杰出奖；《一念无明》入围第十一届亚洲电影大奖、台湾金马奖、香港金像奖、意大利中国电影节等多个国内外电影节；《逆时营救》摘得第五十届休斯敦国际电影节最佳影片和最佳女演员两项桂冠；少数民族影片《冈仁波齐》同时入围多伦多国际电影节、圣·塞巴斯蒂安国际电影节等，并获得第二届意大利中国电影节最佳影片。[①] 2019 年初，第 69 届柏林国际电影节传来捷报，王景春和咏梅作为电影《地久天长》的两位主演，分别荣获最佳男女主角，而同一部电影分别摘得两座银熊奖，这也创下了中国电影在欧洲三大电影节上的新纪录。

（二）境内节展情况

1. 电影

近几年，每年在我国境内举办的大型中外电影节、电影展超 20 个。平均每个月都有中外电影交流活动在国内举行，更有各种电影周、影片展映活动超百场。

上海国际电影节是我国首个国际 A 类电影节。2017 年，第 20 届上海国际电影节围绕“一带一路”推出多种电影主题活动，展映环节收到来自“一带一路”沿线 47 个国家和地区申报的 1016 部影片，共收到世界各地 50 多个国家和地区 2528 部申报影片。2018 年，上海国际电影节收到来自 50 多个国家和地区的 3500 多部申报影片，经过选片委员会的精心遴选，有 500 部左右中外优秀影片进入各大展映单元。2018 年，上海国际电影节设立“一带一路”电影周，并成立了由 29 个国家 31 个电影节机构组成的“一带一路”电影节联盟。2019 年，第 22 届上海国际电影节共收到来自 112 个国家和地区的 3964 部作品报名参与，再次刷新纪录。[②]“一带一路”电影节联盟也增加了 7 位新成员。

北京国际电影节的“北京市场”板块，正逐渐成为重要的中外电影产业合作交易与综合展示推介平台。2019 年，北京市场活动期间签约仪式成交额突破 300 亿元大关，达到 309.028 亿元，成为历史之最。[③]

① 郑中砥．国产影片 2017 年海外收入超 40 亿[N]．中国电影报，2018－01－10.
② 豆瓣网，https://movie.douban.com/awards/siff/22/，访问日期：2020 年 2 月 15 日。
③ 《北京市场介绍》，北京国际电影节，http://www.bjiff.com/dysc/dysc/，访问日期：2020 年 2 月 15 日。

2018 年 4 月 13 日，习近平总书记在庆祝海南建省办经济特区 30 周年大会上郑重宣布，党中央决定支持海南全岛建设自由贸易试验区，《中共中央、国务院关于支持海南全面深化改革开放的指导意见》明确提出支持海南举办国际电影节，海南岛国际电影节应运而生。首届海南岛国际电影节放映共计超 30 个国家和地区的近百部佳作，其中多部在国际电影节获奖的影片是在亚洲首次放映。

2. 纪录片

中国（广州）国际纪录片节创建于 2003 年，2019 年，节展期间注册参会人数高达 4057 人，其中国际参会人数为 168 人；参会机构 688 家，其中境外 124 家、境内 564 家。达成意向交易额 8.62 亿元，再创历史纪录。[①]期间共举行 95 场专业国际论坛、128 场公众展映和大众论坛，为中外纪录片行业合作交流搭建了专业平台。

四、问题与对策

（一）生产精品，全面提升文化自信

影视产业想要在寒冬中复苏，首先要做的就是修炼内功，完成影视产品的品质升级。近三年中，影视产业产品类型单一问题突出，电影产业以动作大片为主，虽然一些小众影片，如《地久天长》《过春天》等获得国际奖项及较好口碑，但是整体来看，数量较少，品质参差不齐，票房吸引力不足。纪录片中以红色主旋律为主，借几年前《舌尖上的中国》余温，继续炒美食题材的冷饭。电视剧中，因受众群体细分限制，台播剧的主要受众是中老年女性观众，所以以家庭生活剧为主，网播剧以青年女性观众为主，所以古装剧占了上风。单一类型的产品远远无法满足海外观众的需求。2019 年动画电影和科幻电影创下票房佳绩，证明了动画电影不仅是孩子的市场，科幻大片也不仅只有好莱坞能拍得出来。古装剧常常出爆款，导致制片方资本集中，近三年已经进入一个野蛮生长的阶段，改编翻拍、玄幻穿越、宫斗传记，每个类型都深深影响了观众对古代史实的判断，同时在“走出去”的路上，翻译也遇到了极大挑战。反腐剧《人民的名义》和缉毒题材《破冰行动》在收视率和口碑上的双丰收进一步说明，只要剧情合理紧凑、表演扎实，观众完全不排斥红色主旋律题材。

打铁还需自身硬，影视产业内容输出是核心，只有修炼好内功，创作出优秀作品、多元化作品，全面提升文化自信，在海外发行的过程中，才能做到佳片待映，有话可说，才能全面提升我国影视产业的国际竞争力和影响力。

---

① 《2018 中国(广州)国际纪录片节圆满落幕 这些优秀纪录片获奖》，央视网，http://news.cctv.com/2018/12/14/ARTI9Q9DGofI8xJAGvSnHfAY181214.shtml，访问日期：2020 年 2 月 15 日。

（二）优化结构，探索海外发行新渠道

随着近几年新媒体的势力不断壮大，影视产业的结构亟待调整。新媒体平台不仅改变了视频内容的播出渠道，还改变了消费者的收视习惯，甚至改变了产业版图。美国奈飞（Netflix）公司1997年以录像租赁社起家，以推荐引擎技术见长，短板是缺少内容，直到2013年，自制剧《纸牌屋》受到国际瞩目，接下来每年都有现象级的作品产出。奈飞以自主点播的播放模式收获青年用户，以其高品质的产品彻底改写了影视产业版图。中国新媒体平台近三年来的发展态势迅猛，以爱奇艺、腾讯视频、优酷为代表，在电影、电视剧、纪录片，以及综艺节目中都有亮眼表现，不仅通过收购版权补充内容上的先天不足，自制项目也已夺走大批电视受众。对于新媒体的重视，已经表现在相关管理部门的各项规章管理制度上，“台网一致”的规范不仅是对新媒体自制产品的约束，同时反映了新媒体自制产品在品质、内容上早已甩掉了“五毛钱特效”的标签，以更开放、更包容、更多元的姿态收获观众。

2017年，奈飞买下了《白夜追凶》的海外发行权，并在全球190多个国家和地区上线，这是奈飞首次买下中国内地网络电视剧版权。爱奇艺、优酷、腾讯视频等我国主流视频网站，海外发行之路尚未走上正轨，除了继续维持海外的华人华侨收视群体外，还应积极探索与海外新媒体的合作，借助更多覆盖面广、付费用户多的新媒体平台，输出更多我国视频网站精耕细作的自制节目，卫视原创电视节目，以及电视剧、电影等。

（三）服务主流，强化政府助力

2017—2019年，经历我国改革开放40周年、新中国成立70周年等重大时间节点，在大环境的激励下，影视产业生产了大量以主旋律为内核的优秀作品。《我和我的祖国》探索了新叙事模式下的家国情怀；《我不是药神》作为现实主义作品，以批判表达不断突破社会英雄片；《战狼2》将动作枪战等商业元素完美融入爱国主义内核；反腐剧《人民的名义》正面人物不再完美，反面人物也有可怜之处。一系列爱国主义教育、表达主流价值观，甚至是完成政治任务的主旋律作品，将我国社会主义核心价值观以更为高效的方式输出，直抵观众。正如清华大学常江教授所讲：对主流价值观的维护和促进，是国家对包括影视行业在内的大传媒业的基本要求和期望，既是行业的自主性文化选择，也是影视媒介需要承担的政治任务。对国家话语的深入理解和精准把握，将成为中国影视行业长足发展、高质量发展的生命线。①

主旋律影视作品的海外推广需要政府助力，搭建海外营销平台，并给予资金扶持，搭设对外交流平台，采用国际化电影人才培养模式培育各类专业人才。《习近平治国方略：中国这五年》就是一个典型案例，该纪录片由中国五洲传播中心与美国探索频道联合制作，2019年10月11日晚在德国法兰克福举办的第四届金树国际

① 常江，田浩．旧产业、新逻辑：2018年中国影视行业综述与前瞻［J］．编辑之友，2019（2）．

纪录片节（金树节）“中国之夜”活动上展映，这部纪录片的展映标志着由中国国务院新闻办公室和国家广播电视总局发起的“视听中国，全球播映”活动在德国、法国、克罗地亚、波兰、黑山等国正式拉开帷幕。“视听中国，全球播映”活动期间，全球50个国家的60家主流媒体将陆续播出70余部中国优秀电视剧、纪录片、动画片等节目，向世界生动展示新中国成立70年来的发展成就。

案例　国产网络剧出海之路

——由奈飞购买《白夜追凶》海外版权谈起

2017年是我国网络剧的品质之年，其中佼佼者《白夜追凶》受奈飞青睐，被收购全球发行版权，成为首部在全球范围内播放的国产自制网络剧。与成熟的电影发行不同，网络剧的出海并不是一场“合谋”，全凭自身出挑的品质。电影产业中，海外发行一般贯穿了全流程，从融资阶段就会寻找外资加入，制作阶段更会找到著名的国际主创团队助力，这两个关键动作都为后期的发行放映阶段打下了坚实的基础，即使不叫好也依旧会卖座。相比之下，网络剧《白夜追凶》并无外援加持，甚至缺少国内一线明星的助阵，仅凭扎实的剧作、精妙的人物设置、优良的制作，积累了网络观众口碑，受到主流媒体和海外媒体的关注。

中国网络剧的发展分为几个阶段，2009—2014年是起步阶段，网络自制剧《嘻哈四重奏》在优酷上线，成为第一部点击量过亿的网络剧，开启了网络自制的大门。2014—2017年是探索阶段，2014年被称为我国“网络剧元年”，网络剧总剧集超过了1700多集，出现了《我的极品前任》《屌丝男士》《太子妃升职记》等“五毛钱制作”的网络剧，这一阶段的网络剧束缚较少，主打“激情穿越”，经常靠软色情、软暴力等擦边球博眼球、博出位，并没有赢得来自业界和观众的尊重。2017—2019年是网络剧的品质之年，随着“台网一致”的规范出台，网络自制剧精耕细作，不仅出现了优秀的犯罪题材、青春题材，很多精悍短小的美食纪录片也赢得了高口碑。

《白夜追凶》是由优酷视频制作播出的罪案推理网络剧，在创作之初就请教了公安权威部门，进行专业指导，既保证了整体导向，为创造争取最大的空间，也确保了微观细节真实可信经得起推敲。扎实的剧本是基础，同时剪辑出身的导演王伟立志将此剧打造出“美剧感”，这一对标要求，一方面在制作阶段便将剧集品质调至“电影级别”，节奏紧凑、演技在线，另一方面也易于被海外观众接受，罪案、侦探等题材的剧集本身文化壁垒较低，剧集从品质到气质都符合国际标准，为奈飞购买海外版权打下了基础。

2017 年，奈飞购买《白夜追凶》后，便没有停止对华语片的关注，半年内还购买了如《甄嬛传》《琅琊榜》《步步惊心》《流星花园》《无证之罪》以及《河神》等热门大剧，2019 年 2 月还获得了中国科幻大片《流浪地球》的版权。

多部国产网络剧的集体出海，而不是一两部“黑马”杀出，背后有一整套生态系统。政府的支持必不可少，中国（浙江）影视产业国际合作试验区正式揭牌，这是首个以文化出口为导向的国家级影视产业园区，并将重心放在了适合海外市场的影视作品的创作和拍摄上，同时加大了对影视行业出口人才的培养力度。2017 年，国内有超过 200 部网剧上线，其中单集制作成本在 300 万至 500 万元之间的网络剧已成为主流。而 2014 年，绝大部分网剧单集制作成本仅仅在 10 万至 50 万元之间。[①] 精良的制作加原创内容是征服全球观众的不二法门。

未来，我国网络剧出海应着力实现战略合作，打通整个国际网络发行通道，借助国际资本，完成多元化的创作，向世界输出更多精彩的中国故事。

① 《“网剧网综”出海“〈白夜追凶〉们”凭什么走出去》，搜狐，https://www.sohu.com/a/231812193_100063277，访问日期：2020 年 4 月 30 日。

区域报告

京津冀地区对外文化贸易发展研究[①]

在国家加强文化产业建设、促进文化贸易发展的背景下，京津冀地区也日益关注地区内文化产业发展以及地区间文化协同发展的问题。在系列政策法规的支持下，京津冀依托区域内丰富的文化资源，举办文化行业交易会、贸易博览会，借助优势行业的发展推动文化贸易发展。2018 年，北京市文化贸易进出口额达到 60.2 亿美元，同比增长 17.5%，核心文化服务实现进出口 37.8 亿美元，较上年同期增长 24.2%，核心文化产品进出口达到 22.4 亿美元，同比增长 7.7%[②]。2019 年，天津文化产品进出口总额 7.5 亿美元，同比增长 3.9%，其中进出口额分别为 1.62 亿美元、5.93 亿美元，出口总额同比下降 5.5%，进口总额同比增长 63.1%，[③] 文化产品进口增长态势显著。2019 年，河北文化产品进出口总额 5.38 亿美元，同比下降 6.9%，其中进出口总额分别是 1.63 亿美元、5.93 亿美元，进口总额同比增长 2.1%，出口总额同比下降 7.7%[④]，与北京和天津相比，文化产品进出口较为薄弱。

一、京津冀地区对外文化贸易的宏观环境

（一）文化资源富集，区域协调一体化

优越的地理位置及便捷的航运、海运等交通优势为京津冀地区发展文化产业、促进文化贸易发展提供了极大的便利条件。北京发达的国际航运系统、天津便利的海运和航运等交通优势为促进国际文化交流、发展对外贸易提供了便利条件，也促进了京津区域的协调发展。

京津冀三地历史文化悠久、文化资源富集，为促进文化产业发展、发展文化贸

① 本文作者：王胜杰，北京清华同衡规划设计研究院有限公司运营专员。

② 《2018 年北京文化贸易进出口额达到 60.2 亿美元》，北京商报网，http://www.bbtnews.com.cn/2019/0529/303556.shtml，访问日期：2020 年 1 月 12 日。

③ 《文化产品进出口分省市情况（2019 年）》，中华人民共和国商务部文化贸易公共信息服务平台，http://tradeinservices.mofcom.gov.cn/list/wenhua/shujutj/1/cateinfo.html，访问时间 2021 年 11 月 13 日。

④ 同上。

易提供了基础，是发展文化旅游的优势所在。北京作为历史文化名城，地区内文化资源丰富、文化遗存众多，“古都文化”“四合院文化”“胡同”等特色文化吸引了大批国内外游客。天津主打的“五大道历史文化游”“滨海新区城市风貌游”“海河文化带风光游”是当地文化旅游的主打内容。以燕赵文化闻名的河北省拥有着世界文化遗产承德避暑山庄，是发展文化旅游业的绝佳优势。此外，京津冀三地非物质文化遗产资源类型丰富，是特色文化资源保护与开发的主体。北京地区的景泰蓝、京绣等“燕京八绝”、剪纸、“泥人张”、彩绘京剧脸谱等具有代表性的民间工艺，以及五大传统老字号国家级非遗技艺；河北的非物质文化遗产河北梆子、评剧、吴桥杂技、武强年画、蔚县剪纸、打树花等文化资源对当地文化产业发展具有重要的意义。观赏性的非物质文化遗产可利用再创作，衍生为文化展览、驻场演出、巡演等形式，进而丰富国内外游客文化活动类型、增强文化体验感，提升地区文化服务贸易竞争力。

文化行业交易会、贸易博览会的举办促进了京津冀三地的文化产业与文化贸易发展。如北京市每年定期举办“中国（北京）国际文化创意产业博览会”“北京国际设计周”“北京国际电影节”“北京国际图书博览会”以及特别活动“中国北京世界园艺博览会”；中国定期举办“中国旅游产业博览会”“达沃斯论坛”“天津滨海国际文化创意展交会”；河北省的“河北省特色文化产品博览交易会”等展览展会已经形成成熟的运作模式与发展态势。行业交易会及贸易博览会的举办吸引了国内外众多的文化企业，为区域文化贸易发展提供机遇，进而提高区域文化贸易协同发展竞争力。

（二）发布文化产业政策文件，促进文化贸易发展

自2016年《“十三五”时期京津冀国民经济和社会发展规划》实施以来，北京市、天津市、河北省分别以规划为指导，审议通过了三地的“十三五”国民经济和社会发展规划纲要。在区域经济一体化背景下，区域性的文化产业发展与合作成为区域发展的趋势之一，三地发布了多个不同类型的政策文件予以支持。

在促进影视业发展方面，北京市人民政府办公厅印发的《关于推动北京影视业繁荣发展的实施意见》强调要加快影视产业结构升级，并对影视内容制作投融资、“投贷奖”联动、影视园区建设、影视高新技术研发、各产业融合发展、IP环境优化、影视消费、影视企业动态管理、京津冀协同发展和国际传播等十大方面提供政策保障与支持，推动京津冀影视业协同发展，提升北京影视业国际传播能力；《关于推动北京游戏产业健康发展的若干意见》的实施，将推动北京精品游戏研发基地建设，建设电竞示范园区，设立游戏产业发展专项子基金，支持北京游戏产业开拓海外市场，对北京进一步发展动漫游戏对外贸易有着促进作用。针对文化和旅游融合发展的问题，《关于推进北京市文化和旅游融合发展的意见》（又称“文旅融合

26条”）从7个方面、26条举措推动将北京文化和旅游资源优势转化为发展优势，并通过对外文化交流平台，推广对外文化交流国际品牌。

天津自2012年以来发布了一系列政策，涵盖政策规划、贸易促进、促进文化与其他领域跨界融合及便利文化产业人才引进等内容，部分政策中也包括对文化产业财税政策的支持内容。

在文化产业规划上，天津市出台了《天津市文化产业三年行动计划（2017—2019年）》《天津市推进文化创意和设计服务与相关产业融合发展行动计划（2015—2020年）》《智能文化创意产业专项行动计划》等政策法规，指导规划文化产业发展方向。2014年天津市颁布了《天津市关于推进文化和旅游融合发展的实施意见》《关于促进我市文化与内容融合发展的实施意见》《天津市促进文化和科技融合发展的实施意见》《关于促进我市文化与金融融合发展的实施意见》《天津市促进旅游业发展两年行动计划（2019—2020年）》等，并设立了文化科技专项资金、文化产业发展专项资金、无偿资助、贷款贴息、周转金、政策性减免、财政补贴等支持文化科技企业发展。

河北省先后发布《河北省文化产业发展“十三五”规划》《河北省人民政府关于加快知识产权强省建设的实施意见》《河北省关于完善促进消费体制机制实施方案（2019—2020年）》等有关政策，理清文化产业发展方向，并对知识产权保护、文化产业提质机制、培育文化消费增长点等领域提供政策保障。此外，也对文化产业提供了投融资支持，《河北省省级文化产业发展引导资金使用管理办法》提出通过政府引导资金，采取补贴、贴息、奖励等方式支持文化产业的发展，为文化产业结构优化调整和融合发展提供扶持保障。

二、区域对外文化贸易年度发展情况

（一）北京市对外文化贸易发展情况

以北京为龙头，包含天津、河北构成的首都文化创意产业集群，是中国六大文化创意产业聚集区之一。文化产业已成为北京的支柱产业。2018年，北京市全市规模以上文化产业法人单位实现收入突破万亿元，达到10703亿元，同比增长11.9%①。文化贸易实现进出口额60.2亿美元，同比增长17.5%，从具体分类来看，北京市核心文化服务（广告、电影等）实现进出口37.8亿美元，较上年同期增长24.2%，核心文化产品进出口达到22.4亿美元，同比增长7.7%②。2019年

① 《北京文化贸易进出口额达60.2亿美元》，新华网，http://www.xinhuanet.com/2019-05/29/c_1124558815.htm，访问日期：2020年1月12日。

② 同①。

1—10 月，北京市规模以上文化产业收入合计 9912.3 亿元，同比增长 7.9%[①]。文化产业成为北京市仅次于金融业的重要支柱产业。动漫游戏、新闻出版、广播影视等核心文化产品和文化服务贸易发展良好，文化服务市场不断扩大，文化产品与服务出口已遍及世界 140 多个国家和地区，其中大洋洲、拉丁美洲以及中东等国家和地区是北京市文化产品与服务出口的主要市场，占据超过 50% 的出口额[②]。

2018 年发起并在亦庄成立的“北京动漫游戏产业协会电竞产业联盟”，将促进线下电竞市场的形成。北京动漫游戏企业积极开拓海外市场，大中型动漫游戏企业海外竞争力日益增强，自主研发的网络游戏产品覆盖了全球 100 多个国家和地区。2018 年动漫游戏产业企业总产值为 720 亿元，同比增长约 13%。其中，原创研发动漫游戏企业出口产值达到 182.47 亿元，同比增长 57%，与 2014 年出口产值 42 亿元相比，动漫游戏产业五年内的增长率为 433%，增幅明显[③]。

2019 年在京举办的北京电视节目交易会（春季）吸引了国内外电视节目制作机构及相关产业机构将近 470 家，电视节目播出机构、港台地区机构、海外机构及版权运营商 145 家[④]，为京产电视节目提供了出口平台。电视节目的译制配译打破了节目对外出口传播的语言障碍，超过 1600 部的影视节目译为英语、法语、俄语等 36 种语言在全球 100 多个国家落地播出[⑤]。

随着广播影视行业的发展壮大，北京市已经培育出一批颇有竞争力的广播影视文化企业。2017—2018 年度，北京市共有 69 家企业、36 个项目入选《国家文化出口重点企业（项目）目录》，领先全国其他省市。在电视传播方面，以四达时代为代表的外向型出口企业，自 2002 年进入非洲市场后，已经在非洲 30 多个国家成立公司开展数字电视运营工作，产品使用者超过 2000 万人。在影视节目输出领域，中国国际电视总公司每年对外销售的影视节目总时长超过 10000 小时，实现更多优秀影视文化作品的海外输出。广播影视对外贸强劲的表现力增强了北京文化软实力，助推北京市文化贸易的高质量发展。

作为我国的新闻出版中心，北京出版业发达，出版社类型众多，报纸、期刊、图书版权与发行占据重要地位。2019 年的北京国际图书博览会暨中国出版博览会吸

---

① 《2019 年 1—10 月规模以上文化产业情况》，北京市人民政府，http://www.beijing.gov.cn/zfxxgk/110037/jdsj53/2019-12/02/content_3454cb4759e04c02accd302d8b99886b.shtml，访问日期：2020 年 1 月 12 日。

② 《北京文化贸易进出口额达 60.2 亿美元》，新华网，http://www.xinhuanet.com/2019-05/29/c_1124558815.htm，访问日期：2020 年 1 月 12 日。

③ 《2018 年北京动漫游戏产业总产值达 710 亿元》，新华网，http://www.xinhuanet.com/ent/2019-01/11/c_1123976571.htm，访问日期：2020 年 1 月 12 日。

④ 《2019 北京电视节目交易会（春季）圆满闭幕》，北京市人民政府，http://www.beijing.gov.cn/zfxxgk/110090/gzdt53/2019-04/02/content_cc7faa021b6e4b81a3474acd0c9ef050.shtml，访问日期：2020 年 1 月 12 日。

⑤ 《中国电视剧已出口到 200 多个国家和地区》，中国侨网，http://www.chinaqw.com/zhwh/2019/11-15/236779.shtml，访问日期：2020 年 1 月 12 日。

引了来自95个国家和地区的2600多家参展商参加，展出了30多万种全球最新出版的图书，举办了1180场文化活动，同比增长18.6%，共达成中外版权贸易协议5996项，同比增长5.6%。其中，达成各类版权输出与合作出版意向和协议3840项，同比增长6.37%，达成引进意向和协议2156项，同比增长4.26%[①]，极大地促进了北京出版行业在国际上的影响力，也为北京及周边地区搭建了对外传播与对外贸易的平台，推动了周边地区版权贸易发展。

（二）天津市对外文化贸易发展情况

天津市在文化产业发展过程中逐渐形成了以文化创意、广播影视、出版发行、演艺娱乐、文化旅游、数字内容和动漫、文化会展和广告、艺术品交易等八大门类为主体的文化产业体系。《天津市文化产业发展"十三五"规划》指出，到2020年全市文化产业增加值超过1600亿元，占全市生产总值的6.5%，真正成为推动区域经济发展的支柱门类。

2017年天津市文化产业增加值为619.8亿元，在全国31个省份中处于第16位，在直辖市中远远落后于北京和上海，略高于重庆，与东南沿海城市文化贸易相比，天津文化贸易发展优势并不突出[②]。截至2018年年末，天津文化及相关产业法人单位共计23134个，较2013年末增长16.2%，资产总计4345.18亿元，比2013年末增长12.3%[③]。其中，规模以上文化服务业企业468家，资产总计2356.82亿元，规模以下文化服务业企业16040家，资产总计956.08亿元。[④] 入选《2017—2018年度国家文化出口重点企业目录》的298家企业中，天匠动画、画国人动漫、未来电视、天津市出版对外贸易公司、天津市津宝乐器有限公司等在内的10家天津企业榜上有名，行业类别涵盖游戏动漫、图书出版、广播影视等文化产业公司，天津市对外文化贸易发展整体有着较强的竞争力。

2019年，天津文化产品进出口总额7.5亿美元，同比增长3.9%，其中进出口额分别为1.62亿美元、5.93亿美元，出口总额同比下降5.5%，进口总额同比增长63.1%，[⑤] 文化产品进口增长态势显著。

天津旅游业在2018年也发展较快，入境游客达到198.31万人次，其中外国游客175.98万人次，实现入境外汇收入11.10亿美元。

---

① 左文绚. 聚焦知识服务 助力出版创新[J]. 发展,2019(10):74－76.

② 赵雅钤,彭先江. 新常态下天津文化贸易政策优化的对策研究[J]. 天津商业大学学报,2020,40(1):63－66.

③ 《天津市第四次全国经济普查公报(第六号)》,天津市统计局,http://stats.tj.gov.cn/TJTJJ434/TJGB598/TJSTJGB33/202001/t20200123_2064853.html,访问日期:2020年1月18日。

④ 国家统计局社会科技司和文化产业统计司,中宣部文化体制改革和发展办公室. 中国文化及相关产业统计年鉴2019[M]. 北京:中国统计出版社,2020:86－90.

⑤ 《文化产品进出口分省市情况(2019年)》,中华人民共和国商务部文化贸易公共信息服务平台,http://tradeinservices.mofcom.gov.cn/list/wenhua/shujutj/1/cateinfo.html,访问时间2021年11月13日。

通过建设国家影视网络动漫实验园、国家级滨海广告产业园等多个国家级文化技术创新平台，推进文化产业与文化贸易发展，并通过评选示范性的文化产业基地激发文化企业创新发展活力。2019 年，天津市 8 家企业被列入第五批天津市文化产业示范基地名单，其中，天津创游世纪科技有限公司的游戏产品和服务全部出口；世纪优优（天津）文化传播股份有限公司搭建了中国影视剧和综艺节目出海的平台，影响力逐年扩大；天津天匠动画科技有限公司 70% 以上业务属于海外业务，业务遍布日本、韩国等十余个国家。文化企业在“走出去”的同时，提升了天津对外文化贸易竞争力[①]，通过海外演出等形式，提升表演艺术的海外知名度。2018 年在维也纳金色大厅，天津歌舞剧院民族乐团成功举办了“鸡年春节中国民族音乐会”，之后相继在欧亚财长会议、首届欧亚政党青年组织领导人论坛上演出，并赴意大利参加“中国天津周”开幕式和闭幕式演出，促进表演艺术的“走出去”。

（三）河北省对外文化贸易发展情况

2019 年，河北省文化产品进出口总额 5.38 亿美元，同比下降 6.9%，其中进出口总额分别为 1.63 亿美元、5.93 亿美元，进口总额同比增长 2.1%，出口总额同比下降 7.7%[②]，与北京、天津相比，文化产品进出口发展空间大。截至 2018 年年末，河北省规模以上文化及相关产业共计 1666 家，营业收入总计 982.98 亿元；规模以上文化制造业企业 644 家，资产总计 551.73 亿元，规模以上文化服务企业 725 家，资产总计 1649.67 亿元，规模以下文化服务企业 56986 家，资产总计 1505.74 亿元[③]。《2017—2018 年度国家文化进出口重点企业目录》显示，河北省仅金音乐器一家企业上榜，尚未形成百花齐放、百家争鸣的局面。综合来看，河北省文化服务业较文化制造业数量多、发展强劲，规模以下文化企业数量庞大，是河北省文化产业发展及对外文化贸易发展强有力的支撑，是文化贸易发展的坚实基础。

《河北省文化产业发展“十三五”规划》中指出，河北省将重点培育发展一批文化产业强县、集聚区和龙头企业，建设一批特色文化乡村，培育 10 个优势产业集群，文化产业年均增速 16.5%。截至 2018 年年底，河北省已经培育了一批文化品牌，文化产业发展能力提升，为文化贸易的开展形成基础。在广播影视领域，形成周蜗音乐小镇、大厂影视小镇等特色鲜明的文化企业；建成石家庄国家动漫产业发展基地孵化园主力动漫产业国际化发展；开展波兰艺术圈中国行、韩国乡村艺术节、

---

① 《天津 8 家企业入选文化产业示范基地》，人民网，http://tj.people.com.cn/n2/2019/0131/c375366-32600120.html，访问日期：2020 年 1 月 18 日。

② 《文化产品进出口分省市情况（2019 年）》，中华人民共和国商务部文化贸易公共信息服务平台，http://tradeinservices.mofcom.gov.cn/list/wenhua/shujutj/1/cateinfo.html，访问日期：2021 年 11 月 13 日。

③ 国家统计局社会科技司和文化产业统计司，中宣部文化体制改革和发展办公室．中国文化及相关产业统计年鉴 2019[M]．北京：中国统计出版社，2020：59-90.

中国吉他文化节等一系列文化交流活动；举办文化产品博览交易会，截至2018年已经成功举办了七届特色文化产品博览会，累计观众人次达75万，成交额3050万，参展企业2400多家[①]，助力当地文化贸易发展。

三、区域对外文化贸易发展特征

（一）建设文化产业园区，培育文化产业

文化贸易基地的建立给京津冀地区文化贸易发展带来了契机，三地在统筹行业发展现状基础上，分别建设了一批文化产业园区，创建文化贸易基地。2019年北京发布33家首批北京市文化产业园区名单，园区人均产出210多万元，以示范文化产业园区建设带动全市文化产业园区发展，北京的文化产业发展开始下沉到园区，出台两项专项政策文件，推动文化产业园区建设。

天津已基本形成历史民俗文化产业区（如大沽口炮台遗址公园）、老品牌老字号文化产业区（如劝业场和大胡同）、海洋文化产业区（如滨海航母主题公园）、农业与农村休闲文化产业区（如杨柳青园艺科技博览园）等各类园区多维并进的发展格局。为维持产业园区良好的发展态势，天津将通过整合资源型文化产业园区，完善文化建设总体布局，通过加强对特色文化资源的发掘，塑造地区特色文化产业；创新传统资源运作模式，促进与动漫、文创设计等文化产业形式的融合发展[②]。

为壮大文化产业市场主体，推动文化产业向好发展，促进产业转型升级，河北省根据《河北省文化产业示范园区创建管理办法》《河北省文化产业示范基地认定管理办法》等相关要求，在2019年开展了第二批文化产业示范园区及第六批文化产业示范基地的评选。邯郸市峰峰矿区磁州窑文化创业园区被纳入河北省第二批文化产业示范园区创建名单，河北九易科技股份有限公司、曲阳县顺儒雕塑有限公司等7家企业被列入河北省第六批文化产业示范基地认定名单[③]。

（二）区域协同发展，共促文化贸易发展

自2014年京津冀协同发展战略提出以来，北京、天津、河北三地作为一个整体协同发展文化产业的顶层设计、统筹规划文化产业发展，形成文化创意产业人才、文创园区、文创项目快速向河北省聚集的局面，拉动河北省文化贸易发展速度。以

---

① 《2019河北国际文化和旅游产业博览交易会暨第八届河北省特色文化产品博览交易会即将举办》，河北省文化和旅游产业协会，http://www. hbwhcyxh. com/new_content. asp? id =2477，访问时间2020年1月18日。

② 《推动天津文化产业园区综合发展》，天津市发展和改革委员会，http://fzgg. tj. gov. cn:81/fzgggz/xdfwy/201908/t20190820_74341. shtml，访问日期：2020年1月18日。

③ 《河北省文化和旅游厅关于河北省第二批文化产业示范园区创建名单和河北省第六批文化产业示范基地认定名单的公示》，河北省文化和旅游厅，http://www. hebeitour. gov. cn/Home/ArticleDetail? id =10660，访问日期：2020年1月18日。

京津冀文化产业园区（企业）联盟为代表的文化产业联盟，为三地文化贸易发展提供了充沛的人才力量，保障三地文化贸易发展齐头并进。京津冀三地区联合举办的文化创意产业合作及项目推介会，促进了京津冀三地项目资源、文创技术、人才培训的协同发展，成为文化贸易纵深发展的加速器。《京津冀新闻出版影视协同创新战略框架协议》的签署，为京津冀三地新闻出版、广播影视行业的协同发展提出方向，拉动影视文化产品和服务的出口。

（三）文化产业与相关产业融合发展，推动文化贸易发展

基于“互联网+”的新型文化业态成为文化产业发展的新动能和新增长点，京津冀地区分别发布了推进文化产业与其他产业融合发展的政策文件，推进文化产业与旅游、科技、设计服务等产业的融合发展，为文化贸易发展助力。北京通将文化产业与科技、金融及其他相关产业融合，加快新旧动能转换，培育文化业态。在天津文化产业示范企业中，世纪优优（天津）文化传播股份有限公司将信息技术、影视作品、综艺节目、动漫游戏相结合，发展成为国内最大的节目输出平台；天津艺点意创科技有限公司运用互联网思维，把创意策划、品牌管理、园区建设、设计服务相融合，打造线上线下资源共享、合理配置的新型产业链。河北通过建设文化产业发展基地，推动文化产业与旅游业的融合发展，促进对外文化旅游的深度发展。

四、区域对外文化贸易的问题与对策

在文化产业、文化贸易相关政策支持下，京津冀地区文化贸易发展呈现向好发展态势，但由于地域原因等固有因素的存在，京津冀地区在文化贸易发展上也存在一定的制约与问题，在对京津冀地区文化产业与文化贸易发展现状及特点分析的基础上，将问题与对策归纳如下。

（一）平衡区域文化产业发展，深入协同发展文化贸易

京津冀三地文化产业与文化贸易发展不平衡，差距较大，三地在文化产业政策、要素、机制与环境上存在差异。北京文化产业产值的区位熵①达到了2.53，在全国排名第一，天津和河北处于中等水平②，与北京差距较大。

北京市文化产业发展起步较早，地区内积聚了众多创新型和大型文化类企业，出版、影视、艺术设计、动漫网游等文化产业的核心行业在2006年已经体现出了明显的集聚特征，成为城市发展活力的重要标志。北京各区县文化产业发展逐渐形成各自的特色，产生了一定的品牌效应。天津依托重大项目带动战略，通过建设文化

---

① 区位熵可以反映某一产业部门的专业化程度，以及某一区域在高层次区域的地位和作用。在产业结构研究中，运用区位熵指标主要是分析区域主导专业化部门的状况。

② 马力平，鲍鑫，熊璞刚．京津冀地区文化产业集聚水平及特征分析[J]．出版发行研究，2019(3)：29-33.

产业园区、促进文化产业与其他产业融合发展，促进了文化产业集聚和转型升级。与京津地区相比，河北文化产业发展起步晚，文化产业投入低于北京和天津，文化产品开发程度低，文化产业发展存在产业链不完整，产业园区投入大、产出低，文化产业整体效益低等问题①。

秉持协同发展、互利共赢和优势互补的原则，提升京津冀地区文化产业整体发展水平。围绕京津冀协同发展战略、“一带一路”文化发展行动计划、雄安新区规划建设、张家口2022年冬奥会等重大机遇，京津冀地区在文化产业与文化贸易发展上应转变观念、创新机制，通过中高端文化产品的分工合作，衍生产业链，形成产业聚集效应与协同效应，共促文化贸易平衡发展局面的形成。

（二）统筹规划文化产业发展布局，共促文化产品“走出去”

在京津冀协同发展战略指导下，可打破行政区划限制，系统性地制定发布文化产业政策文件，共建文化产业园区，搭建文化产业互通交流的平台，使文化资源、人才资源、信息资源在三地间流通；健全并完善文化产业管理体制，实现文化产业管理的清晰化、统一化、结构化，避免管理资源浪费。

在此基础上，京津冀地区还应在人才、资金、技术等方面提供支持，扶持一批有潜力、有影响力的文化贸易企业，助力文化产品“走出去”。在“一带一路”倡议支持下，针对目标国家多样化的文化产品需求与文化内容诉求，精准文化产品定位、强化文化产品内容，有针对性地开发一批“走出去”的文化产品。

（三）创新驱动，产业融合发展

5G时代是文化产业发展的新时代，应创新文化产业发展模式，加强文化产业与科技创新和核心、关键、共性技术的研发利用，为文化产业发展提供科技支撑。文化知识型和创新型人才是创新的核心所在，需为文化产业及文化贸易的发展培养一批既熟悉文化市场又懂得文化经营的管理者，完善人才引进与保障机制，为文化产业创新发展提供人员支持。

京津冀地区虽然文化资源富集，但资源利用率低，文化产品特征不突出，文化品牌效应不显著。应在现有文化产业和其他产业融合发展政策文件的指导下，推进文化产业与其他产业的融合发展，实现文化资源高效的转化与利用，打造一批跨界融合、文化特色鲜明的文化产品，塑造京津冀地区对外文化品牌，提升整体竞争力。

---

① 项玉卿．河北省文创产业发展形势及路径选择[J]．价值工程，2019(25)：101－102.

长三角地区对外文化贸易发展研究①

伴随长三角一体化国家战略和自由贸易试验区的深入发展，长三角地区对外文化贸易发展迎来全新契机，文化产业“走出去”能力进一步提升。2018 年，长三角各地区对外文化贸易发展稳健：上海对外文化贸易发展保持稳健增长态势，文化产品与服务贸易继续呈现贸易顺差；浙江省文化服务进出口规模同比增长 21.13%，文化服务出口规模同比增长 42.24%，主要集中在动漫游戏、文化装备和广播影视出口贸易领域；江苏省文化产品和服务出口规模达到 60.14 亿美元，其中工艺美术品出口额占总规模的三成以上，是江苏省对外文化贸易的特色产品；安徽省 2018 年的文化产品进出口规模达 8.2 亿美元，同比增长 15.3%，其中出口规模为 7.8 亿美元，呈现出良好的贸易顺差。总的来看，长三角地区对外文化贸易发展处于稳中有增的上升阶段，并朝着高质量一体化进程迈进。

一、宏观环境

（一）区域文化产业发展

长三角地区各省市文化产业发展保持着快速增长态势，文化产业增加值持续增加，为长三角地区的对外文化贸易提升提供了基础与保障。

上海文化产业发展稳健。从统计数据可知，2018 年，上海文化创意产业增加值实现 4227.72 亿元，比 2017 年增长了 8.9%，GDP 比重达 12.9%；137 家文化创意产业园区被认定为市级园区，其中 20 家为市级示范园区②。作为上海的支柱性产业，文化产业为上海经济增长、新旧动能转换和高质量发展起到了积极作用，助力

① 本文作者：解学芳，同济大学人文学院艺术与文化产业系教授，博士生导师，艺术与创意产业研究所所长、文化产业规划与研究中心副主任；耿倪帅，同济大学艺术学理论（文化产业方向）在读研究生。本文是基金项目上海市社科规划一般课题（2019BCK008）中期成果。

② 俞凯：《新时代新作为新篇章丨上海认定 137 家市级文创园区》，澎湃新闻，https://m.the paper.cn/newsDetail_forward.4001790，访问日期：2020 年 1 月 5 日。

上海经济向高质量发展①。上海文化产业结构持续优化，其中内容生产是上海文化产业发展的重要支柱，而产业发展的新动能集中在新兴文化产业领域②。与此同时，上海自由贸易区聚集了大批文化企业，成为全国规模最大的外向型文化企业集聚高地，对长三角地区的文化产业发展起到良好的辐射和引领作用，助推了长三角地区对外文化贸易的发展。

浙江省将文化产业作为国民经济发展的重要支柱性产业。2018 年，浙江省文化产业增加值实现 4215 亿元，占 GDP 的比重高达 7.5%，既高于长三角其他区域，又远高于全国水平。③ 此外，龙头文化企业凸显自身力量，不断推动浙江文化产业做大、做强，在 A 股上市的浙江文化企业数量高达 41 家；④ 龙头文化企业——浙江出版、浙报传媒、华策影视、宋城演艺四家企业入选 2019 年“全国文化企业 30 强”名单，引领作用持续彰显，助力浙江省文化企业持续做大做强⑤。其中，影视剧、动漫产业是浙江省的特色文化行业，动漫影视类的文化上市公司数量居全国首位，高达 26 家。此外，浙江着力发展数字化文化产业，相继落户了国家级音乐产业基地、国家级短视频基地，打造了全国唯一的线上线下结合、以版权为核心的高科技音乐产业基地。由此可见，浙江省数字文化产业的不断发力和打造的高能级数字文化产业平台提升了浙江文化产业的影响力。

江苏文化产业发展稳健，文化产业增加值由 2015 年的 3167 亿元增加到 2017 年的 3979 亿元，文化产业增加值占全省地区生产总值的 4.63%；截至 2018 年，全省共有文化法人单位 12 万多家，从业人员达 220 余万人⑥；与此同时，民营文化企业成为江苏省文化产业发展的生力军，规模以上民营文化企业数量达到 5772 家，在全省规模以上文化企业中占比 76.17%，对江苏文化产业发展发挥着至关重要的作用，⑦ 也为江苏对外文化贸易发展提供了良好条件。此外，200 余个文化产业园区坐落于江苏，其中不乏数量与规模位居全国前列的园区，包括国家级文化产业试验园

---

① 中共上海市委宣传部文化改革发展办公室、上海市文化事业管理处：《2018 年上海文化产业发展报告》，http://www.ce.cn/culture/gd/201903/14/t20190314_31681119.shtml，访问日期：2019 年 12 月 30 日。

② 《2018 年上海文化产业发展报告》，文创前沿，https://www.sohu.com/a/302956689_488939，访问日期：2019 年 12 月 21 日。

③ 《2019 浙江文化产业发展成果发布：高质量发展文化》，浙江在线，http://899564.com/a/chuangyegushi/20200111/35711.html，访问日期：2020 年 1 月 8 日。

④ 《2019 年浙江文化产业发展成果公布：高质量发展文化》，浙江在线，http://899564.com/a/chuangyegushi/20200111/35711.html，访问日期：2020 年 1 月 12 日。

⑤ 《高质量发展文化产业 高水平建设文化浙江——2019 年浙江省文化产业发展总结与展望》，浙江在线，http://edu.zjol.com.cn/zt15858/ztgjk15860/202001/t20200109_11559751.shtml，访问日期：2020 年 1 月 9 日。

⑥ 《关于进一步推进我省文化产业发展建议的提案答复》，江苏省文化厅，http://www.jiangsu.gov.cn/art/2018/6/8/art_59167_7947264.html，访问日期：2019 年 12 月 18 日。

⑦ 江苏省人大常委会教科文卫委员会：《关于全省文化产业发展情况的调研报告》，http://www.jsrd.gov.cn/cwhzt/201806/hywj201806/201811/t20181119_508266.shtml，访问日期：2020 年 1 月 10 日。

区、国家文化产业示范基地、国家级动漫产业基地、国家级文化与科技融合示范基地等。[①] 同时，江苏省龙头文化企业数量众多，年营业额500万元以上的企业总数达到7578家，而且在2019年“全国文化企业30强”名单中，入选的江苏凤凰出版传媒集团、江苏省广电有线信息网络均是对外文化贸易的典范企业，引领着整个江苏省文化产业“走出去”的步伐。

安徽省文化产业总体规模相对较小，但发展速度较快。根据安徽省统计局最新数据，一方面，安徽省文化产业核心领域发展迅速，文化产业营收规模在2019年第一季度实现了588.9亿元，比上年度增长10.4%；六大文化核心领域营业收入达241.2亿元，包括新闻服务、内容创作、创意设计、文化传播、文化投资以及文化娱乐休闲等领域，相关收入增长了17.4%，高于全国5.4个百分点。[②] 另一方面，安徽省文化产业融合发展步伐加快，新兴文化业态崭露头角。2019年前三季度，“三新文化”企业数量达804家，占规模以上文化企业数量的34.5%，实现营业收入704.8亿元，同比增长18.0%，对全省文化产业收入增长的贡献率达143.1%。[③] 2019年，安徽出版集团、安徽新华发行（集团）第10次入选“全国文化企业30强”，说明出版业是安徽省优势文化行业，也是安徽省文化贸易的重点行业。

综上来看，长三角地区文化产业增加值稳健增长，文化产业对经济增长的贡献率不断提升，而龙头文化企业不断“出海”的示范带头作用，为长三角地区对外文化贸易水平的提升打下了良好的产业基础。

（二）区域文化政策环境

在国家积极推进“一带一路”倡议与全国建设自由贸易试验区的利好政策下，长三角地区各省市积极出台了支持与鼓励文化贸易、扶持文化企业“走出去”的相关政策，长三角区域对外文化贸易发展迅速。

其一，从大政策背景来看，自贸试验区试点在全国开展与“一带一路”倡议，是文化贸易呈现快速增长的制度推力，带动了长三角地区文化贸易政策的陆续出台：上海出台了“上海文创50条”，提出“筹建上海文化贸易海外促进中心，巩固欧美传统文化贸易海外市场地位，加快拓展‘一带一路’文化贸易市场”，为提升上海对外文化贸易竞争力提供了政策保障；2019年，浙江省出台《浙江省加快数字创意产业发展的指导意见》，提出“达成数字创意领域国际合作项目20项以上，形成具有国际知名度的数字创意品牌30个以上”；江苏省南京市出台《关于推动文化高质量发展走在前列工作方案》（2018），要求着力完善财税激励和金融支持等扶持重点

---

① 江苏省文化厅：《“十三五”文化发展情况统计》（2016—2020），2016年5月8日。

② 沈娟娟．一季度安徽省文化产业保持较快增长[N]．市场星报，2019－05－09.

③ 吴西露、李阔：《展“文化皖军”新形象，写合作发展大文章》，人民网，http://ah.people.com.cn/n2/2019/1121/c358428－33561200.html，访问日期：2020年1月12日。

文化企业的措施/举措，推动了文化企业“走出去”的步伐。

其二，长三角地区出台了一系列政策鼓励文化版权“走出去”，扶持对外文化贸易。2018 年，《上海市“中华文化走出去”专项扶持资金管理办法》鼓励与支持优秀文化项目“走出去”；江苏省设立的省级现代服务业（文化）发展专项资金重点扶持“具有国际影响力和竞争力，代表江苏较高艺术水准的走向国际市场的演艺项目，以及具有自主知识产权的文化服务出口项目”。在区域政策方面，苏州市实施《苏州市文化“走出去”扶持项目申报》，为“走出去”的文化企业提供资金补贴以及项目支持；宁波市颁布《宁波市文化产业（贸易）发展若干意见》；绍兴市出台《绍兴文化服务贸易发展三年行动方案》……这些区域政策都为文化贸易发展提供了积极的制度支持。

其三，长三角地区各省市鼓励重点文化行业积极“走出去”。在电影行业，上海出台《促进上海电影发展专项资金实施细则（2018 年版）》支持“电影走出去，鼓励上海出品的电影赴境外参加国际电影节、上海出品的电影赴境外发行、搭建国产电影海外推广平台”，在政策红利的带动下，上海电影备案、出品量大幅增长；浙江省发布了《关于加快把文化产业打造成为万亿级产业的意见》，提出打造“互联网 +”时代的文化产业发展生态，适应 5G、智能 +、VR 等发展趋势，加强文化内容和技术等协同发展，推动媒体融合技术创新，加大文化企业创新力度，实施重点产业计划；2019 年出台的《浙江省加快数字创意产业发展的指导意见》强调数字文化产业“走出去”，提出“加快提升数字娱乐、影视动漫、网络游戏、数字教育产品与服务海外输出能力，加快组建浙江数字创意海外市场联盟”,① 助推数字文化企业不断提升国际化水平。

综上可见，各区域对外文化贸易实施的一系列财税优惠与开放扶持政策降低了文化企业“走出去”的门槛与成本，加快了长三角地区文化企业参与全球文化贸易的进程。

二、区域对外文化贸易年度发展情况

（一）上海市

上海市对外文化贸易发展呈现良好态势。在规模上文化产品和服务进出口规模持续保持增长，2017 年，文化贸易总额实现 91.1 亿美元，同比增长 3.6%，其中进口为 43.0 亿美元，出口规模实现 48.1 亿美元，维持文化贸易顺差的良好发展态势；从贸易结构来看，文化产品的进出口规模为 49.7 亿美元，比上年增长 3.2%；文化服务进出口规模为 41.4 亿美元，比上年增长 3.8%；与此同时，文娱和广告等文化

---

① 浙江省经信厅:《浙江省加快数字创意产业发展的指导意见》,2019 年 7 月。

服务进口呈现增长趋势，增幅均逾30%。此外，从文化出口结构来看，传统出版物、工艺美术收藏品、文娱服务等文化产品和服务均出现缩减，而文化专用设备出口额则增幅达45.7%①，文化产品出口结构趋于优化。

上海一直以来关注文化出口重点企业和重点项目的发展。根据2019—2020年度国家文化出口重点企业与重点项目名单，上海有29家重点企业与16项文化出口项目入选。与此同时，上海实施2019年上海市“中华文化走出去”专项扶持资金项目，以“世界名人看上海”短视频海外推广、上海国际艺术节中心2019年青年走出去演出与交流项目、上海邮轮旅游文化参展项目等为代表的30个项目入选，其示范引领效果带来外向型文化企业和文化项目的加快发展。此外，上海文化品牌的国际影响力不断提升。一方面，2019年成功举办了第22届上海国际电影节、第21届上海国际艺术节、第36届上海之春国际音乐节、第17届中国国际数码互动娱乐展览会、第15届中国国际动漫游戏博览会等活动，在国际上赢得了广泛的声誉；另一方面，IG、VG、EDG等知名电竞俱乐部在上海设立总部，进一步提升了电竞产业等新兴文化产业的国际化发展水平。

（二）浙江省

浙江省对外文化贸易进入快速发展阶段。从文化服务进出口的总规模来看，浙江省2018年1—11月文化服务进出口规模实现15.69亿元，同比增长21.13%，其中文化服务出口规模为1.40亿元，增长42.24%；文化出口结构进一步优化，动漫游戏服务、文创服务和广播影视出口分列前三，凸显出浙江省对外文化贸易的亮点与特色。同时浙江省显现出文化服务出口基地的集聚效应，杭州作为国家文化出口基地所在地，主要出口影视、游戏服务，其出口占全省的比重约73%；排名第二的金华文化服务出口约占全省的16%；宁波排行全省第三，服务出口大约占5.97%，三市文化服务贸易占全省份额的96%左右。

此外，2018年1—11月，浙江省对“一带一路”沿线国家出口文化服务规模达9000万元，同比增长50.24%②。浙江的华策影视、华谊兄弟影视、新丽传媒集团等17家企业入选2019—2020年度国家文化出口重点企业名单，以及动画《天眼归来》、吉尔吉斯斯坦《丝路频道》等3个项目入选国家文化出口重点项目；同时浙江省认定了2019—2020年省级文化出口重点企业与项目95个，积极推动文化贸易的深入发展。特别是数字出版、网络文学、网络游戏、网络影视等领域的阿里巴巴、网易、浙数文化、咪咕数媒等数字文化领军企业日渐成为浙江省未来文化贸易的主

① 《2018年上海文化产业发展报告》，上海市委宣传部，http://www.ce.cn/culture/gd/201903/14/t20190314_31681119.shtml，访问日期：2020年1月3日。

② 《“一带一路”成中国服务出口重点市场》，中国商务部，http://coi.mofcom.gov.cn/article/y/gnxw/201903/20190302842101.shtml，访问日期：2019年12月12日。

力军。①

（三）江苏省

据江苏省文化厅统计数据，2018 年江苏省对外文化产品和服务出口规模实现 60. 14 亿美元，其中文化产品出口最多的是工艺美术品行业，占江苏省对外文化贸易总额比重的 36. 16%，说明工艺美术是江苏省文化贸易的特色。江苏省有 32 家企业入选 2019—2020 年度国家文化出口重点企业，入选的重点企业集中在动漫游戏、新闻出版广电和乐器制造，同时《奇迹暖暖》等 10 个项目入选了国家文化出口重点项目。② 此外，江苏对外文化贸易的科技特色也日渐凸显。在第二届（2019）长三角国际文化产业博览会上，江苏省近 140 家企业和单位参展，特别是文化科技融合板块引起关注——占地 560 平方米，运用了云计算、大数据、IT（人工智能）、5G等与时俱进的技术手段，充分展示了高端文化装备与文化智能制造业的发展成绩③。

此外，江苏省形成了一批有影响力的国际文化交流与博览交易平台。截至 2019 年底，江苏省陆续举办了第十五届中国（常州）国际动漫艺术周、第九届中国（无锡）国际文化艺术产业博览交易会、第八届中国苏州文化创意设计产业交易博览会等活动，为江苏省文化企业“走出去”提供了国际化平台。

（四）安徽省

安徽省对外文化贸易发展向好。从统计数据可知，2018 年，安徽省拥有 2359 家规模以上文化企业，文化产品进出口规模达 8. 2 亿美元，同比增长 15. 3%，其中出口规模为 7. 8 亿美元，呈现出良好的贸易顺差；陆续创建了合肥、蚌埠这 2 个国家级文化和科技融合示范基地，形成了特色的文化科技产业集群。④ 安徽省已初步形成 3 个文化贸易集聚区，其中蜀山区包含 17 家国家级文化龙头企业，文化服务出口量约占全省的 2/3；阜阳市培育了一批柳编企业，夯实以柳编为核心的竞争优势，提升文化贸易后劲；滁州的“天长出口玩具质量安全示范区”拥有上下游毛绒玩具企业多达 400 余家，是全国三大毛绒玩具聚集区之一⑤。由此可见，安徽省文化贸易已经形成集聚发展格局，但是文化贸易结构有待于进一步的优化调整。

此外，根据“2019—2020 年度国家文化出口重点企业和重点项目名单”，安徽

---

① 陈仰东:《浙江数字文化产业释放强大潜力》,《浙江日报》,访问日期:2020 年 1 月 12 日。

② 《关于公示 2019—2020 年度国家文化出口重点企业和重点项目名单的通知》,中国商务部服贸司,http://fms. mofcom. gov. cn/article/jingjidongtai/201908/20190802889576. shtml,访问日期:2019 年 12 月 29 日。

③ 《江苏培育文化产业新业态,“文化 + ”释放发展新活力》,https://xw. qq. com/amphtml/20191126003545/2019112600354500,访问日期:2020 年 1 月 11 日。

④ 张理想:《展“文化皖军”新形象》,人民网,http://m. people. cn/n4/2019/1121/c1266 - 13420208. html,访问日期:2020 年 1 月 15 日。

⑤ 《安徽 2017 年文化产品进出口达 7. 1 亿美元 初步形成三个集聚区》,凤凰网,http://ah. ifeng. com/a/20180416/6503854_0. shtml,访问日期:2020 年 1 月 2 日。

时代漫游文化传媒、中国宣纸股份、安徽百舟互娱网络等17家企业入选国家文化出口重点企业，安徽少年儿童出版社的“立体中国、立体丝路”立体书项目等3个项目入选国家文化出口重点项目。① 可见，安徽省的文化出口企业与文化出海项目主要聚焦图书出版、动漫游戏、工艺品等行业，说明这三大领域是安徽省对外文化贸易的优势行业。

三、区域对外文化贸易发展特征

在大数据、AI、5G、区块链、物联网等技术生态深入文化产业发展与长三角一体化国家战略的影响下，长三角地区对外文化贸易朝着多元化、纵深化、数字化、智能化与一体化方向发展，呈现出以下三大典型特征。

（一）长三角一体化国家战略下国际文化贸易中心的优势突出

中国（上海）自由贸易试验区，包括2019年8月揭牌的上海自贸区临港新片区对于长三角地区对外文化贸易水平的提升发挥着至关重要的作用。从数据统计来看，上海自贸区2018年文化贸易规模突破400亿元，相比2011年文化贸易规模增长了近80倍。② 在艺术品贸易方面，上海自贸区发挥制度创新以及先发优势，推动一系列便利化措施的出台，如艺术品进境免除CCC证明（中国强制性产品认证）、代垫海关保证金等10条艺术品贸易便利化措施，促进了艺术品文化贸易。2019年8月揭牌的上海自贸区临港新片区也开始助力长三角文化贸易——上海东方明珠实业发展有限公司与其签署合作协议，将融合各自资源优势在上海自贸区临港新片区投资建设影视工业4.0项目，进一步提升长三角区域文化贸易的创造力和竞争力。

在影视贸易方面，浙江省的中国影视产业国际合作实验区致力于发展影视作品出口贸易，其主办的国际性影视交易展会——中国影视产业创新峰会成为华语影视作品“走出去”的重要平台，其中的海宁基地旨在开拓国际影视输出，着重建设“中非影视合作贸易工程”“一带一路”沿线国家等影视译制出口，截至2018年，该基地产值实现33.4亿元，同比增长57.5%，并收集了203部影视版权、66件文件版权，同时与乌兹别克斯坦世界电视台、马来西亚enjoy TV好享广播电影电视集团合作设立华语剧场，专门播出海宁影视作品。③ 此外，浙江漂牛文化、浙江华麦网络开发的互联网影视跨境交易平台，为影视动漫作品与相关衍生品的全球在线展

---

① 《关于公示2019—2020年度国家文化出口重点企业和重点项目名单的通知》，国家商务部服务贸易和商贸服务业司，http://fms.mofcom.gov.cn/article/jingjidongtai/201908/20190802889576.shtml，访问日期：2020年1月15日。

② 王志彦：《贸易额突破400亿元，上海自贸区“文化名片”再升级》，上观新闻，http://gov.eastday.com/qxxc/node39/node46/u1ai47075.html，访问日期：2019年12月31日。

③ 《海宁影视“借船出海”》，凤凰网浙江综合，http://zj.ifeng.com/a/20190122/7179955_0.shtml，访问日期：2019年12月22日。

示、跨境传输、数字版权交易提供了国际化平台。

在新媒体技术与其他新兴文化科技领域，长三角地区也扮演着文化贸易中心的角色。上海国际跨媒体技术装备创新博览会成为展示全球高新科技、国际媒体技术装备的盛会，吸引了来自全球的国内外展商，成为全球性跨媒体交易中心。此外，全球跨境技术贸易中心2019年12月在临港新片区正式揭牌运营，中心将打造为具有技术贸易等五大功能的世界级跨境技术贸易枢纽平台，为打造文化技术贸易高地提供了保障。

此外，在长三角一体化的国家战略之下，截至2019年，已经有两届长三角文博会成功举办，其中第二届长三角文博会的主展馆举办了66场活动，文化机构、经贸机构、参展单位以项目路演、竞赛表演等形式展现文化成果，特别是七场经贸对接和配对会吸引了海内外有关IP授权、影视文化、文化装备等领域的百余家企业参与洽谈。由此可见，长三角文博会融合了长三角三省一市的文化贸易资源优势，不断为长三角文化一体化发展赋能。

（二）新兴数字文化贸易兴起，数字文化软实力逐渐建构

长三角地区的对外文化贸易与文化产业发展呈现高度一致，大数据、人工智能、区块链等数字技术深刻影响长三角文化产业发展格局，牵引着长三角地区数字文化贸易快速发展，带来了动漫、网络游戏、数字版权、移动文化等数字文化贸易快速增长的新蓝海。从数据可知，2018年1—8月浙江省文化服务出口中，动漫游戏服务、文化创意和设计服务、广播影视出口分列前三，分别占比约66%、27%和3%①；从2018年度国家财政部文化产业发展专项资金支持的81个重大对外文化贸易项目来看，长三角地区文化企业获得出口奖励企业达22家，大多聚焦影视传媒、动漫游戏、文创设计等新兴数字文化行业（表4－2－1）；仅2018年1—8月杭州网易雷火科技有限公司线上出口就占到浙江省文化服务出口总额的63.03%；而华策影视的《天盛长歌》被美国Netflix公司收购并以十余种语言向全球会员推荐。可见，数字文化贸易日渐成为长三角对外文化贸易的特色与优势。

表4－2－1　2018年长三角地区获得财政部文化产业专项资金出口奖励的企业

地区和数量	企业名称
上海市（8家）	上海唯晶信息科技有限公司、上海游娱信息技术有限公司、上海五岸传播有限公司、上海新文化传媒集团股份有限公司、上海克顿文化传媒有限公司、上海皆悦文化影视传媒股份有限公司、上海皿鎏软件股份有限公司、炫踪网络股份有限公司

①《2018年1—8月浙江省文化服务进出口增长28.32%》，浙江省商务厅，http://www.zcom.gov.cn/art/2018/10/23/art_1403434_22119218.html，访问日期：2019年12月22日。

续表

地区和数量	企业名称
江苏省（7家）	无锡九久动画制作有限公司、苏州玩友时代科技股份有限公司、无锡倍视文化发展有限公司、江苏辰宇文化艺术品有限公司、苏州好玩友网络科技有限公司、苏州蜗牛数字科技股份有限公司、南京爱德印刷有限公司
浙江省（5家）	奥光动漫股份有限公司、美盛文化创意股份有限公司、新丽传媒股份有限公司、浙江华策影视股份有限公司、浙江画之都文化创意有限公司
安徽省（2家）	时代出版传媒股份有限公司、安徽百舟互娱网络股份有限公司

资料来源：国家财政部《2018年度文化产业发展专项资金项目公示》，2018年5月23日。

在网络游戏行业，长三角地区在全球文化市场的地位稳步上升。2018年上海网络游戏营收规模实现712.6亿元，移动游戏销售收入为393.2亿元，其中网络游戏海外销售收入超过15亿美元，同比增长率为11.7%，特别是移动手游占比持续上升。① 此外，诸多长三角游戏品牌成功走进全球市场——Sensor Tower数据显示，上海莉莉丝科技研发的《万国觉醒》2019年10月在App Store和Google Play非中国区收入6000多万美元，成为该月收入最高的中国手游；上海盛大的《龙之谷》游戏在68个国家和地区累计用户达2亿，全球同时在线人数达90万。②

在数字文化出海方面，长三角地区的网络剧优势凸显。浙江省与安徽省发挥其影视剧资源优势，积极推进数字文化对外贸易，在全球文化市场广受好评。截至2018年，华策影视已在全球180多个国家和地区行销1万多小时的影视剧，如华策影视出品的《我的奇妙男友》在Viki和Dramafever的亚洲剧集点击排行榜上播放量仅次于韩剧《太阳的后裔》，其自制网剧《致我们单纯的小美好》于2018年登陆Netflix，在全球超过190多个国家和地区播出；而唐德影视的《武媚娘传奇》在海外出口过程中点击播放率超过5000万；正午阳光的《琅琊榜》在韩国引起热潮；10多个国家和地区买下花儿影视出品的《芈月传》版权。可以说，网剧出海是长三角数字影视文化积极探索、助力对外文化贸易的佐证。

此外，在网络文学领域，长三角也走在前列——上海的阅文集团与浙江省的阿里文学占据国内网络文学市场的绝大部分市场份额。上海阅文集团2019年上半年总收入为29.7亿元，其中在线业务收入占比约为56%，旗下起点中文网2017年开始开展海外贸易，上线原创英文作品44000余部，并联手非洲手机公司传音拓宽网络文学的非洲市场，对外文化贸易成效显著。③ 同时，浙江的阿里文学也发展迅猛，

① 《2018上海游戏出版产业数据调查报告》，上海市新闻出版局、伽马数据，2019年6月27日。

② 《“不一样”的莉莉丝游戏 靠海外市场发家 10月营收仅次于腾讯和网易》，http://www.baijingapp.com/article/26009，访问日期：2020年2月16日。

③ 左手走向亚非洲，右手引入迪士尼，阅文网文生意从海外寻找增长点[N]. 经济观察报，2019-10-18.

阿里文学作家作品《云过天青》和《大清首富》在“2019 年网络文学重点作品扶持选题名单”的 230 项选题中脱颖而出，阿里文学积极与优酷等文化生态联动，开启数字文娱产业新增量，《烈火如歌》《北京女子图鉴》在海外市场深受好评。

（三）长三角文化品牌的国际影响力不断提升，集聚协同效应明显

长三角地区形成了一系列具有国际知名度的文化品牌，龙头文化企业积极出海，致力于在国际平台上讲好中国故事；同时更深层次、更高质量、更有实效的长三角区域一体化发展机制，使得长三角集聚协同发展效应开始释放，国内外影响力不断提升。

长三角借助国际性文化节庆全力打响国际文化品牌，进一步扩大长三角文化的国际影响力。2019 年，第 21 届中国上海国际艺术节吸引了 44 个国家和地区的代表，26 个推介演出和 14 项创投项目，达成共计 510 个意向交易，新增的“VR + 表演艺术”推介演出板块也吸引了众多文化交易方的目光，特别是青年艺术家章达明的 VR 现代舞作品《眼眶》收获了 26 个海外意向；[①] 同时第 22 届上海国际电影节顺利举办，来自海内外约 500 部影片参与展映，包括 59 部世界首映、38 部国际首映、113 部亚洲首映，上海国际电影节成为中外电影文化交流的知名国际品牌；[②] 此外，第十二届中国国际动漫节则吸引了 86 个国家与地区的 143.6 万人次参与，签约交易和意向合作涉及金额为 139.84 亿元，[③] 大大提升了长三角动漫及相关产品的国际影响力与国际化运作水平。

文化产品与服务国际博览会和文化交易品牌不断在长三角集聚。2019 年，第 17 届中国国际数码互动娱乐展览会以“数字新娱乐、科技新生活”为主题，集聚了 800 余家企业参展，包含全球知名数字娱乐企业 Intel、微软、索尼、任天堂等，充分体现出 ChinaJoy 文化品牌已成为海内外数字娱乐企业的国际化集聚展示平台；[④] 第 15 届中国国际动漫游戏博览会成功举办，吸引迪士尼、万代、哔哩哔哩、腾讯视频等 350 余家海内外企业参展，意向交易额达 21.3 亿元；第 23 届上海艺术博览会则吸引来自日本、韩国等 15 个国家和地区的 50 余家海外机构参展，参展占比为历史之最。[⑤] 此外，第十三届中国（义乌）文化产品交易会吸引了 45 个国家与地区参

---

① 王笈：《第二十一届中国上海国际艺术节闭幕》，中国新闻网，http://www.chinanews.com/yl/2019/11-17/9009838.shtml，访问日期：2020 年 1 月 15 日。

② 《第 22 届上海国际电影节开幕 5G + 4K 技术首次助力金爵盛典》，中国新闻网，https://baijiahao.baidu.com/s?id=1636421347689894072&wfr=spider&for=pc，访问日期：2019 年 12 月 30 日。

③ 《第十五届动漫节达成签约交易、意向合作项目 1368 个》，搜狐网，https://www.sohu.com/a/312867729_115832，访问日期：2019 年 12 月 30 日。

④ 数据来自 ChinaJoy 官方网站，http://www.chinajoy.net/，访问日期：2020 年 1 月 30 日。

⑤ 《第二十三届上海艺术博览会开幕 18 家台湾画廊“抱团”参展》，中国新闻网，http://www.chinanews.com/cul/2019/09-13/8955649.shtml，访问日期：2019 年 12 月 31 日。

与，现场达成2700余个采购合作意向，洽谈交易额实现53.21亿元，[①] 提升了长三角对外文化贸易的国际影响力，为外向型文化企业搭建了国际化的展交平台。

长三角龙头文化企业也积极走向国际文化市场，文化企业的集聚协同效应明显。特别是影视企业“出海”频繁、优势突出：2018年上海辛迪加影视有限公司出品的《天盛长歌》被全球知名互联网娱乐平台网飞宣布以“原创剧集”最高级别预购，并被翻译成11种语言向全球190多个国家和地区的1.3亿多用户全集播出；江苏欧瑞从2013年起贯彻“文化走出去”战略，与超过70个国家的600多家传媒、动漫集团建立合作。此外，长三角的演艺企业也积极“走出去”——上海歌剧院交响乐团2019年实现横跨14个州22个城市共计21场演出开展“飞越太平洋”美国巡演项目；上海木偶剧团《华山神童》神话木偶剧赴俄罗斯鄂木斯克参加第六届“金小丑”国际木偶艺术节；上海京剧院到日本连演8场《五百年后孙悟空》[②] ……成为演艺企业积极“走出去”讲好中国故事的典范。可以说，长三角文化企业成功“走出去”为外向型文化企业提供了范本。

四、区域对外文化贸易的问题与对策

伴随长三角一体化国家战略的深入展开，长三角地区的对外文化贸易发展速度稳健，外向型文化企业的国际化水平日益提升；但同时也存在文化贸易结构有待优化、文化企业国际竞争力不足、缺乏在主流文化市场具有影响力的国际文化品牌等诸多问题。

（一）长三角地区对外文化贸易存在的问题

首先，长三角一体化发展在战略高度与实际落地方面还存在一定的短板，一体化的全局意识以及统筹决策尚需加快完善。在文化贸易硬件方面，长三角地区还存在“隔离带”的问题，无法在一体化战略基础上进行文化资源整合实现优势的最大化；在文化贸易软件方面，长三角三省一市之间资源要素流动不够顺畅，从而使得区域一体化进程在一定程度上受到制约，在文化贸易政策的联动方面相对缺乏，而且区域一体化发展当中也缺乏互补互促的文化贸易定位。此外，虽然鼓励文化企业“走出去”的贸易扶持政策增多，扶持力度增强，但政策实际效益并未达到预期；政策效果缺乏评估，长三角地区关于对外文化贸易的统计制度也尚不健全，对整个长三角地区对外文化贸易的总况与全貌缺乏系统、动态了解。

其次，长三角地区对外文化贸易的总体规模逐年增长，但成功出口的文化产品

---

① 《义乌这个交易会 汇聚了45个国家和地区的文化商品》，浙江在线，http://town.zjol.com.cn/czjsb/201804/t20180424_7104486.shtml，访问日期：2019年12月25日。

② 诸葛漪：《最新！2019年上海18家市级国有文艺院团演出10790场，观众329万人次》，上观新闻，https://www.jfdaily.com/news/detail?id=199620，访问日期：2020年1月9日。

的全球影响力较弱，文化出口结构还存在不合理。大部分出口的文化产品及文化服务还被锁定在中低端市场环节，尤其是高科技含量的文化产品及服务“走出去”的较少，文化贸易结构有待优化。同时，长三角地区高附加值文化产品与服务的贸易总量还相对不足，创新类的文化技术类产品出口较少。此外，长三角地区对外文化贸易出口国家与地区还集中在东南亚、欧美等国家的弱势文化区域，进入国际主流文化市场的能力还不足，在主流文化市场的国际认同度与影响力还不高，甚至受到欧美等强势文化区域知识产权的限制以及文化折扣的影响。

最后，外向型文化企业数量增多，但在国际主流文化市场具有全球竞争力的文化龙头企业数量不多，大多缺乏国际竞争力与国际市场运作能力；与此同时，缺乏对外文化贸易的标志性品牌，开展国际性合作的能力与国际市场营销能力不强，也缺乏熟悉对外文化贸易的综合型人才与高端复合型人才①。特别是在演出服务贸易方面，长三角真正“走出去”到国外商演的演艺企业的市场运营能力还比较弱，出口的目标国家和区域尚需要进一步拓展，这些都直接影响了长三角地区对外文化贸易水平的提升。

（二）长三角地区对外文化贸易的发展对策

长三角对外文化贸易的发展要主动融入长三角一体化的战略中，立足提升文化产业国际竞争力，鼓励更多龙头文化企业在国际文化舞台上展示交易，拓宽文化贸易渠道，提高长三角地区文化产品与服务在国际文化市场的竞争力与影响力。

1. 推动长三角文化贸易一体化的体制机制创新、夯实人才保障和政策保障

为推动长三角文化贸易一体化发展，原先“各自为政”的城市间竞争关系应当摒弃，加快成立跨区域、跨部门、跨领域的长三角文化贸易一体化发展联盟，优化相关体制机制，推动长三角文化市场的资源整合与良性配置，创新文化贸易一体化的体制机制，夯实文化贸易制度保障，促进文化生产要素在区域内合理流动与高效调配。此外，长三角文化市场应共同探索统一的准入门槛、开放的市场体系，创新人才保障和政策保障，实现差异化联动发展。文化贸易人才保障是长三角文化贸易一体化体制机制创新的核心，长三角应统一出台文化贸易人才引进、培育与柔性流动的政策措施，通过稳定利好的政策措施留住人才，并加大人才价值在长三角区域内的延伸与乘数运用。

2. 增强长三角科技型文化产品“走出去”的能力

数字文化贸易是长三角文化贸易的亮点，着力打造数字文化服务与文化科技产品，增强长三角数字文化“走出去”能力刻不容缓。一方面，政府应在政策、资

① 朱晓辉，张佑林．自贸区框架下上海文化贸易发展所面临的问题和对策研究[J]．浙江理工大学学报（社会科学版），2015(4)：92－95.

金、技术、人才等方面为数字文化出海与文化科技型出口企业提供支持，通过文化产品输出以及文化资本输出的双轮驱动提升数字文化“出海”能力。另一方面，针对国际文化市场的多样化需求与国际文化贸易方式的新变化，建立多元化、数字化与精准化的数字文化产品和服务出口渠道，真正实现具备数字文化服务和科技类文化产品成功“走出去”的能力，打造长三角对外文化贸易的数字化特色。

3. 提升长三角文化品牌国际化运作能力

长三角文化品牌的“出海”，其成功的标志不仅是走出国门，还在于要提升文化品牌在海外文化市场的国际影响力，这就亟须提升长三角文化品牌在国际文化市场的运作能力。一方面，研究和考察国外文化贸易市场的文化差异，因地制宜、因人而异，根据不同文化市场的特点与不同受众群体的个性化需求，对“走出去”的文化品牌进行再设计，迎合国外目标市场的偏好。另一方面，掌握国外文化市场的动态变化与个性化特征，对文化品牌进行本土化创新，并创新对外传播与营销手段，以当地受众接纳以及喜爱的方式进行传播和运作，① 从而实现文化贸易的互通互鉴，降低长三角对外文化贸易的“文化折扣”，提升国际化表达能力与国际化运作能力。

① 方忠．着力提升文化“走出去”能力[N]．中国社会科学报，2016(4)．

粤港澳大湾区对外文化贸易发展研究①

粤港澳大湾区是广东省与中国香港、中国澳门数十年合作以来的全新升级成果。2019 年《粤港澳大湾区发展规划纲要》正式出台，进一步阐明大湾区各区市的发展定位与功能。作为全球主要湾区之一，粤港澳大湾区涵盖中国香港特别行政区、中国澳门特别行政区和广东省广州市、深圳市、珠海市、佛山市、惠州市、东莞市、中山市、江门市和肇庆市，总面积约 5.6 万平方公里，人口逾 7100 万。粤港澳大湾区文化同源，区位优势明显，基础设施互联互通，产业结构趋于高端化，在国家经济发展和对外开放中发挥着支撑引领作用。在对外文化贸易方面，广东多年以来高居全国榜首，2018 年广东文化产品和服务出口 520 亿美元，约占全国的 2/5。作为全球最自由的经济体之一，中国香港对外文化贸易相对成熟，2017 年中国香港文化及创意货品的整体出口（包括港产品出口和转口货品）总额为 5208 亿港元，文化及创意服务输出总额为 257 亿港元，近十年间，货品进出口每年升幅在 2% ~3%，而服务输入输出基本保持平稳。近年来，中国澳门文化产业发展不断进步，对外文化贸易在借力粤港澳大湾区与“一带一路”建设以及深化中葡经贸合作与交流中获得发展。

一、粤港澳大湾区对外文化贸易的宏观环境

粤港澳大湾区是我国最发达的区域之一。2018 年，粤港澳大湾区城市群生产总值（GDP）合计超过 108632 亿元人民币，进出口货值总额超过 21845 亿美元，第三产业占 GDP 比重为 66.1%。②

（一）文化产业的发展助力对外文化贸易

2019 年 12 月，腾讯研究院发布的《粤港澳大湾区文化及相关产业报告

① 本文作者：赵梦笛，深圳大学文化产业研究院研究助理；温雯，深圳大学文化产业研究院副教授。

② 《数说粤港澳大湾区》，澳门特别行政区统计暨普查局，https://www.dsec.gov.mo/BayArea/Data.aspx，访问日期：2020 年 2 月 10 日。

（2019）》显示，截至2018年，粤港澳大湾区文化及相关产业增加值规模达5458亿元，同比增长8.5%，十年间翻番有余。2018年粤港澳大湾区文化及相关产业增加值占大湾区整体GDP的4.97%。①

1. 珠三角九市

近年来，广东文化产业发展迅猛，在“文化+科技”“文化+互联网”“文化+金融”等板块处于全国领先地位。见表4-3-1，2017年，广东文化及相关产业增加值为4817.17亿元，约占全国总量的1/7，规模总量连续16年居全国首位②。广东文化及相关产业法人单位超过13万家，占全国文化企业总数的10%以上，其中规模以上文化企业8060家，从业人员达342万人，居全国第一③。

表4-3-1 2015—2017年广东省文化产业增加值、增长率及占GDP比重情况

年份	文化产业增加值（亿元）	同比增长（%）	占GDP比重（%）
2015	3648.8	2.7	5.01
2016	4256.63	16.67	5.26
2017	4817.17	13.17	5.37

资料来源：《广东文化产业总量连续15年居全国首位 走出“质量型内涵式”发展新路》，南方网，http://news.southcn.com/gd/content/2018-10/28/content_183834222_2.htm，访问日期：2020年2月14日。

在珠三角九市中，深圳、广州、东莞与惠州年文化产业增加值占GDP比重均已达到5%以上，符合地区经济支柱产业的一般标准。其中，深圳于2018年实现文化产业增加值2621.77亿元，占GDP的比重超过10%，④ 广州在2019年文化产业增长率为8.6%⑤。广州、深圳作为领头羊，着力打造“创意之城”“设计之都”，发展了一批优势创意文化产业集群。东莞、佛山、惠州三个城市文化产业各有长短，已经形成一定的优势。如东莞文化制造业、动漫产业表现突出；佛山正大力发展动漫、游戏、创意设计、演出等产业；惠州在积极打造粤港澳的影视制造中心。而中山、江门、珠海、肇庆四市也进步明显，中山除了传统的设计产业较强外，陶艺等产业

① 《报告显示：文化及相关产业已成粤港澳大湾区重要新兴支柱产业》，央广网，http://www.cnr.cn/list/finance/20191217/t20191217_524902112.shtml，访问日期：2020年2月10日。

② 《省统计局发布〈新中国成立70周年广东经济社会发展成就系列报告〉文化篇 粤文化产业增加值连续16年居全国第一》，南方网，http://news.southcn.com/gd/content/2019-09/29/content_189123630.htm，访问日期：2020年2月10日。

③ 《省统计局发布〈新中国成立70周年广东经济社会发展成就系列报告〉文化篇 粤文化产业增加值连续16年居全国第一》，南方网，http://news.southcn.com/gd/content/2019-09/29/content_189123630.htm，访问日期：2020年2月10日。

④ 《2018年深圳文创产业实现增加值2621亿元 GDP占比超10%》，凤凰网，http://gd.ifeng.com/a/20190225/7235260_0.shtml，访问日期：2020年2月17日。

⑤ 《报告显示：文化产业已成粤港澳大湾区重要新兴支柱产业》，凤凰网，http://finance.ifeng.com/c/7sS5OqHtHlo，访问日期：2020年2月17日。

也在不断增长；珠海与中国澳门合作，推动横琴国际休闲旅游岛建设；江门是侨乡，吸引着全球海外华侨华人来此发展文化产业，增长率连续十年超过10%；肇庆在文化旅游和工艺美术上具有很大优势。珠三角九市全部进入广东省文化产业增加值排名前十，占比超过八成，为珠三角九市发展对外文化贸易打下了坚实的基础。

2. 中国香港

中国香港文化产业发展较为成熟，中国香港艺术品交易、影视剧、音乐等产业在国际上拥有声誉，在建筑、设计、广告、软件、游戏和媒体产业方面也拥有一定优势。

根据中国香港统计月刊2019年6月的专题文章①披露的数据（表4－3－2），2017年，中国香港文化及创意产业的增加值约为1118亿港元，占本地生产总值的4.4%，文化及创意产业相关的企业约为42100家，从业人数约达213400人。从2007年至2017年，中国香港文化及创意产业名义增加值平均每年升幅为5.6%，高于同期本地生产总值4.7%的升幅。就具体产业领域来看，中国香港文化及创意产业主要分为11大类，软件、电脑游戏及互动媒体是最大组成部分，2017年增加值为499亿港元，占比为44.6%。作为第二大类的出版业表现较为平和，占比11.6%。中国香港艺术品、古董及工艺品占总增加值的比重由2013年的12.9%减少至2017年的7.9%。作为亚洲设计之都，中国香港设计行业2017年增加值为43亿港元，占比3.9%。

表4－3－2　2013—2017年中国香港文化及创意产业增加值、就业人数及其占比情况

年份	文化及创意产业增加值（百万港元）	占生产总值比例（%）	就业人数（人）	占总就业人数比重（%）
2013	106050	5.1	207490	5.6
2014	109680	5.0	213060	5.7
2015	108920	4.7	213880	5.7
2016	109607	4.5	212820	5.6
2017	111766	4.4	213400	5.6

资料来源：《香港统计月刊 专题文章香港的文化及创意产业》，中国香港统计局，https://www.statistics.gov.hk/pub/B71906FB2019XXXXB0100.pdf，访问日期：2020年2月10日。

3. 中国澳门

近些年，中国澳门政府确定了将中国澳门建设成为世界旅游休闲中心、中国与葡语国家商贸合作服务平台的发展定位，在促进经济适度多元发展背景下，积极培育文化创意产业成长。中国澳门文化产业主要包括创意设计、文化展演、艺术收藏和数码媒体四个领域。

统计显示（表4－3－3），2015—2018年，中国澳门文创企业由1038家上升至

① 《香港统计月刊 专题文章香港的文化及创意产业》，中国香港统计局，https://www.statistics.gov.hk/pub/B71906FB2019XXXXB0100.pdf，访问日期：2020年2月10日。

2246家，增长迅速，2018年从业人员12719人，增长8.5%，文化产业收益达71.8亿澳门元，增长1.9%，文化产业增加值总额2018年上升至26亿澳门元①，增长9.7%。可以看出，文化产业作为中国澳门的新兴产业有所进步，但中国澳门的文化产业远未成为支柱性产业，基本属于文化服务业。

表4－3－3　2015—2018年中国澳门文化创意产业四个领域增加值情况

项目	年产值（百万澳门元）				增加值（百万澳门元）	比例（%）
	2015年	2016年	2017年	2018年		
创意设计	628.3	610.0	662.0	727.9	99.6	15.85
文化展演	230.6	291.2	298.3	404.9	174.3	75.58
艺术收藏	34.1	53.1	32.8	24.2	-9.9	-29.03
数码媒体	1169.5	1283.8	1373.8	1440.1	270.6	23.14
总计	2063	2225	2367	2597	535	25.93

资料来源：《澳门经济适度多元发展统计指标体系分析报告》，中国澳门统计局，https://www.dsec.gov.mo/getAttachment/81f8fd76－b4f7－40ec－bccd－45f7b4458997/C_SIED_PUB_2018_Y.aspx，访问日期：2020年2月14日。

（二）相关政策的出台为对外文化贸易发展创造良好环境

近些年，国家大力实施“文化强国”和文化“走出去”战略，粤港澳大湾区的建设也给粤港澳地区对外文化贸易发展带来了新的机遇。

早在2015年，《广东省加快发展对外文化贸易的实施方案》中就提出，到2020年培育一批具有国际竞争力的对外文化贸易企业，提高广东省对外文化贸易占对外贸易总额的比重。在文化产业领域，广东出台了《“十三五”广东省文化发展改革规划》《关于贯彻落实深入推进文化金融合作的实施意见》《关于促进文化旅游融合发展的实施意见》《广东省推进文化创意和设计服务与相关产业融合发展行动计划（2015—2020年）》《关于促进我省文化和科技融合发展的意见》《广东省关于加快文化产业发展的若干政策意见》等一系列重要的政策文件。各地市各部门也出台了相关政策与系列专项规划，如《广东省电影发展规划（2015—2020年）》。围绕粤港澳建设，广东印发《广东省推进粤港澳大湾区建设三年行动计划（2018—2020年）》，提出推动文化产业发展与文化交流，加快发展以数字创意等为代表的高端生产性服务业，促进粤港澳动漫游戏、网络文化、数字文化装备、数字艺术展示、数字印刷等数字创意产业合作。《广东省推进“粤港澳大湾区文化圈”建设三年行动计划（2019—2021）》也致力于贯彻落实国家关于“共建人文湾区”部署，大力推进“粤港澳大湾区文化圈”建设。

① 《澳门经济适度多元发展统计指标体系分析报告》，中国澳门统计局，https://www.dsec.gov.mo/getAttachment/81f8fd76－b4f7－40ec－bccd－45f7b4458997/C_SIED_PUB_2018_Y.aspx，访问日期：2020年2月14日。

《澳门特别行政区五年发展规划（2016—2020 年）》提出打造文化交流合作基地，促进中国与葡语国家文化交流，提升中国澳门的文化形象，增强中国澳门文化软实力，以及助力特区经济适度多元发展，大力培育新兴产业成长，加强大湾区城市合作。此外，《粤港澳艺文合作协定书》《粤港澳文化交流合作发展规划 2014—2018》，内地与中国香港、中国澳门《关于建立更紧密经贸关系的安排》、内地与中国香港、中国澳门《更紧密文化关系安排协议书》，以及 2019 年刚修订的《〈内地与香港关于建立更紧密经贸关系的安排〉服务贸易协议》等文件也都在一定程度上促进了粤港澳三地对外文化交流及贸易发展。

二、粤港澳大湾区对外文化贸易年度发展情况

（一）广东省对外文化贸易发展情况

广东在文化贸易方面表现卓越，居全国文化产品出口第一位、文化服务出口第二位①。2016 年，广东文化产品进出口 437.9 亿美元，其中文化产品和服务出口 418.1 亿美元，实现贸易顺差 398.3 亿美元。② 2018 年，广东文化产品和服务出口 520 亿美元，同比增长超过 20%，约占全国的 2/5，多年高居全国榜首③。就粤港经贸来看，2018 年双方文化产品贸易额达 667 亿元人民币，占全广东文化产品进出口贸易总额的 22.6%④。就主要地市来看，2016—2018 年，广州文化产品进出口总额由 130.48 亿美元⑤提高至 212 亿美元⑥，在全国文化进出口总额的占比由 14.29% 提升至 21.83%，并始终位居全国第一，而深圳核心文化产品出口额每年约占全国的 1/6，已成为我国文化贸易的黄金口岸。⑦

作为制造业大省，长期以来，广东的辅助文化产品和文化用品生产制造企业单位实力较强，如表 4-3-4 所示，五类文化产品中，玩具、游戏、运动用品及零附件，以及乐器及零附件两项的生产占比就已超过 89%。近几年，广东省文化产业结

① 《文化贸易蓝皮书发布，广东位列全国文化产品出口第一位!》，南方 +，http://static.nfapp.southcn.com/content/201812/24/c1787578.html? group_id = 1，访问日期：2020 年 2 月 15 日。

② 《广东文化产业缘何连续 15 年领跑全国? 这些产业亮点带你逐个数》，搜狐网，https://www.sohu.com/a/231039978_100020262，访问日期：2020 年 2 月 15 日。

③ 《广东文化产业交出高质量成绩单》，深圳特区报，http://sztqb.sznews.com/PC/layout/201905/18/node_A02.html#content_654217，访问日期：2020 年 2 月 14 日。

④ 《成功之道/整合广州天河文化科技 打造大湾区发展新势力》，香港贸发局，https://hkmb.hktdc.com/sc/1X0AH7VK/，访问日期：2020 年 2 月 14 日。

⑤ 《广州文化企业 50 强榜单出炉!》，南方日报企鹅号，https://new.qq.com/omn/2018 1130/20181130A06EBY.html，访问日期：2020 年 2 月 14 日。

⑥ 《广州文化产业何以再领风骚?》，南方日报，http://epaper.southcn.com/nfdaily/html/2019-11/05/content_7830891.htm，访问日期：2020 年 2 月 14 日。

⑦ 《打造全球创新创意之都 深圳跑出“加速度”》，南方网，http://opinion.southcn.com/o/2019-10/02/content_189143931.htm，访问日期：2020 年 2 月 14 日。

构持续优化，广东省数字出版、动漫游戏以及以先进科技引领的演艺设备、游戏游艺设备等领域在全国均占据绝对优势。广播影视、文化信息传输、文化创意和设计等增加值占比由2012年的18%上升到2016年的35%，特别是文化设计服务业增加值连续四年年均增长近40%。①

表4－3－4　2014—2018年五类文化产品出口额及其总额占货物出口总额比重

项目	2014年	2015年	2016年	2017年	2018年
照相及电影用品（亿美元）	2.8418	2.5985	2.172	1.9191	1.8321
书籍、印刷品、设计图纸（亿美元）	24.059	24.5607	22.4949	22.6708	23.2223
乐器及零附件（亿美元）	4.9562	4.6418	4.6932	5.15	5.3095
玩具、游戏、运动用品及零附件（亿美元）	204.6436	213.966	192.6316	212.4688	221.8506
艺术品、收藏品及古物（亿美元）	0.4433	0.6446	0.382	0.3656	0.2858
五类文化产品出口总额（亿美元）	236.9439	246.4116	222.3737	242.5743	252.5003
货物出口总额（亿美元）	6460.87	6434.68	5985.64	6228.73	6470.46
五类文化产品出口总额占货物出口总额比重（%）	0.03667	0.03829	0.03715	0.03894	0.03902

资料来源：《广东统计年鉴》（2015—2019），广东省统计局，http：//stats.gd.gov.cn/gdtjnj/index.html，访问日期：2020年2月14日。

根据广东省近些年入选国家文化出口重点企业与项目的情况来看（表4－3－5），广东在出口重点企业数量中占比较高，项目占比相对较小。另外，数量总体占比有下降的趋势，这也在一定程度上说明，国内其他地区文化产业与文化贸易已经发展起来。另外，在2019—2020年国家文化出口重点企业中，广东省以文化服务出口为主的企业占比超过一半，其中，文化信息传输服务类企业占比最高，主要是从事游戏动漫的企业数量大幅上涨，其次是新闻出版类、文化创意和设计类等，而文化出口重点项目也均为文化服务类。可以看出，广东在出版、动漫游戏、创意设计、文化设备制造等领域逐渐培育了一批具有国际竞争力的重点出口企业和品牌，但就对外文化贸易整体情况来看，广东在核心文化产品及服务领域出口方面仍亟待提高。

表4－3－5　2011—2020年国家文化出口重点企业/项目数量及占比情况

时间	企业/项目数量（个）		比重（%）	企业/项目数量（个）		比重（%）
	广东	全国		广东	全国	
2019—2020年	37	335	0.1104	5	129	0.038
2017—2018年	30	295	0.101	2	109	0.018
2015—2016年	43	353	0.1218	6	140	0.042

① 《推进文化建设：为实现“四个走在全国前列”提供精神支撑》，南方网，http：//news.southcn.com/gd/content/2018－06/08/content_182162042.htm，访问日期：2020年2月15日。

续表

时间	企业/项目数量（个）		比重（%）	企业/项目数量（个）		比重（%）
	广东	全国		广东	全国	
2013—2014 年	48	366	0.13	7	122	0.057
2011—2012 年	63	489	0.129	7	106	0.06
总计	221	1838	0.12	27	606	0.04

资料来源：文化贸易公共信息服务平台，服务贸易指南网，http://tradeinservices.mofcom.gov.cn/TradeGuide_CMS/cultureTrade/searchProject，访问日期：2020 年 2 月 15 日。

（二）中国香港对外文化贸易发展情况

中国香港文化及创意产业分类精细，产业配套设施较为完善，由于自身市场容量有限，政府十分重视文化产品和服务的出口贸易，粤港澳大湾区与“一带一路”的建设也给其进一步对外开放带来了机遇。根据中国香港统计月刊最新数据来看，2007—2017 年，中国香港文化及创意货品整体出口总额的平均年升幅为 2.1%，进口则以平均每年 3.1% 的略快速度增长。2013—2017 年，文化及创意服务的输出及输入保持相对平稳，平均每年升幅分别为 0.6% 及 0.5%。

如表 4－3－6 所示，2017 年，中国香港文化及创意货品的整体出口总额（包括港产品出口和转口货品）约为 5208 亿港元，约占香港货品整体出口总额的 13.4%，在具体组成部分中，视听及互动媒体货品占比最大，达 72.9%，其次分别是表演艺术及节庆货品、视觉艺术及设计货品、古董及工艺品和出版货品。就文化及创意服务输出情况来看，2017 年文化及创意服务输出总额约为 257 亿港元，占相关服务输出总额的 3.2%。主要服务中电脑服务占比 28.5%，此外还有广告、市场研究及公众意见调查服务、特许经营权及商标使用许可费以外的知识产权使用费、建筑、工程、科学及其他技术服务。

表 4－3－6　2014—2017 年中国香港文化产品及服务贸易进出口规模

项目	2014 年	2015 年	2016 年	2017 年
文化及创意货品出口（百万港元）	505067	487946	452741	520761
占货品整体出口总额的百分比（%）	13.8	13.5	12.6	13.4
文化及创意服务输出（百万港元）	25515	24768	24485	25668
占服务输出总额的百分比（%）	3.1	3.1	3.2	3.2

资料来源：中国香港统计月刊专题文章《香港的文化及创意产业》，香港统计局，https://www.statistics.gov.hk/pub/B71906FB2019XXXXB0100.pdf，访问日期：2020 年 2 月 10 日。

中国香港服务贸易总额巨大，2018 年相当于本地生产总值的 54%，其中旅游业作为中国香港四个主要行业并未计算在文化及创意产业之中，而按服务组成部分来看，旅游是服务输出中的最大组成部分，以 2018 年为例，服务输出总额为 8869 亿港元，而旅游服务输出占服务输出总额的32.6%。① 中国内地及美国是中国香港服务输出的两个最主要目的地，分别占服务输出总额的40.4%及14.2%。2019年，由于中美贸易摩擦、紧张的地缘政局等原因，中国香港整体出口贸易受挫，商品出口货值下跌4.1%，为2009年以来最大的年度跌幅，服务贸易也明显转差，对外文化贸易也受到一定影响。

（三）中国澳门对外文化贸易发展情况

中国澳门被世界贸易组织评为全球最开放的贸易和投资体系之一，中国澳门与全球100多个国家和地区保持贸易往来，所参加的国际性组织达50多个。但中国澳门对外出口对象，主要是中国香港、中国内地特别是泛珠区域九省，出口量占比约为85%，其次是美国、日本、中国台湾、“一带一路”国家、欧盟以及葡语系国家和地区。

根据中国澳门统计局的数据，2015—2018年，中国澳门文化产业增加值在GDP占比维持在0.6%，本地以博彩业为主的经济特点，留给文化产业发展的空间其实很有限，这也导致了中国澳门对外文化贸易规模较小。根据中国澳门统计局数据，在主要货物大类统计出口中，玩具，收音机、电视机、录音机及录影机等机器零附件，游戏品这三类产品近四年的平均出口额为315万澳门元、4378万澳门元、668万澳门元，另外珠宝首饰占72138万澳门元，而自2016年后，中国澳门货物出口总额就已突破百亿澳门元。

中国澳门对外文化交流力度逐渐加大。文化局积极组织业界参与“产业推广活动”，近两年参加了第十三届中国（义乌）文化产品交易会、第十四届中国（深圳）国际文化产业博览交易会、第十三届海峡两岸（厦门）文化产业博览交易会、首届中国国际进口博览会等，推广中国澳门的文化创意。此外，还有如2018广东（珠海）文化创意设计大赛成果展暨粤港澳文化创意设计展示交流活动、第22届香港国际影视展、第二届高雄国际动漫节等设计展、时装周、动漫节和影视节展。在旅游产业方面，中国澳门充分利用综合度假设施和国际级娱乐及节日盛事，展开各项深化“创意城市美食之都”的工作。作为海上丝绸之路的重要节点，2019年，中国澳门加入中国“海上丝绸之路申遗城市联盟”，并被纳入“21世纪海上丝绸之路风情游”旅游线。2017年11月，《内地与澳门特区深化更紧密文化关系安排协议书》签署以来，中国澳门的文化、旅游及相关产业领域合作全面推进，如今旅游领域已成为对中国澳门开放程度最高的服务贸易领域之一。②

---

① 《二零一八年香港服务贸易统计数字》，香港统计局，https://www.censtatd.gov.hk/press_release/pressReleaseDetail.jsp? charsetID = 2&pressRID = 4751，访问日期：2020年2月15日。

② 《文化和旅游部：内地与澳门文化和旅游合作持续深化》，新华网，http://www.xinhuanet.com//2019-12/16/c_1125351718.htm，访问日期：2020年2月15日。

三、粤港澳大湾区对外文化贸易发展特征

自2019年政策出台后，粤港澳大湾区之间的联动效益日益增强，文化产业竞争力和文化影响力逐渐提升，对外文化贸易成绩斐然，其中呈现的特点如下。

（一）文化交流频繁，积极搭建相关平台

广东省积极搭建文化产业与文化贸易发展平台，不仅形成了深圳文化产业交易所、国家版权交易中心、对外跨境贸易基地、数字出版基地、中国（深圳）国际文化产业博览交易会、广东国际旅游产业博览会、广州文化产业交易会等一批国家级、省市级文化产业发展平台，各城市也在积极开展对外文化交流活动。作为我国对外文化贸易全国布局重要组成部分，国家对外文化贸易基地（深圳）成立五年以来，通过市场化运作，举办了中国文化产品国际营销年会（创意设计）在内的一系列卓有成效的活动，并走出国门，先后在埃及、以色列、波兰等国家举办交流活动，还孕育出嘉凰园区、音乐及音乐剧产业中心、设计产业中心等成果。作为13个国家文化出口基地之一的广州市天河区，成立一年多以来建设成效明显。据统计，2018年，基地文化产品出口总额约1.9亿美元，文化服务出口总额约1.71亿美元。此外，中国（深圳）国际文化产业博览交易会作为广东打造国际化文化产业交流平台的示范样本，迄今已成功举办了14届，累计成交总额超过1.7万亿元。2019年文博会吸引了来自全球103个国家和地区的2.1万余名海外展商前来参会、参展和采购①。

中国香港作为世界上最自由、最开放的港口之一，通过“创意香港”和康乐及文化事务署、香港贸易发展局等机构积极推动与内地及海外的文化交流及贸易活动，如与加拿大、意大利、菲律宾等16个国家签署文化合作谅解备忘录，在2019香港国际授权展上，有来自100多个国家和地区的超过3万名授权业从业者参与。2019年9月，中国香港贸易发展局在洛杉矶举办“迈向亚洲，首选香港”项目，支援业界参加内地和海外的时装周、设计周、书展、展览等，借此开拓商机和推广创意产业的“香港品牌”形象。② 在大湾区方面，2016年，中国香港特区政府和深圳市政府签订《关于促进创意产业合作的协议》，进一步深化两地创意产业的交流与合作，2019年“创意香港”率领设计业界代表团访问广州及深圳，此外，“设计营商周”每年均会邀请大湾区城市参与。

中国澳门自2016年确定“以会议为先”的会展业发展策略以来，其会展业就不断朝专业化、市场化、国际化方向提质发展，促进中国澳门与其他地区经济、文

① 《第十五届中国（深圳）国际文化产业博览交易会在深圳开幕》，新华网，http://whly.gd.gov.cn/news/zwhd/content/post_2472811.html，访问日期：2020年2月1日。

② 《〈2019年施政报告〉商务及经济发展局 通讯及创意产业科的政策措施》，香港商务及经济发展局，https://www.cedb.gov.hk/ccib/chi/about/ccib_c.pdf，访问日期：2020年2月10日。

化交流。在文化活动方面，中国澳门拥有“澳门艺术节”“澳门国际音乐节”“澳门城市艺穗节”等品牌盛事，2019 年是中国澳门特别行政区成立二十周年、中葡建交四十年，中国澳门举办了国际幻彩大巡游、第二届“相约澳门——中葡文化艺术节”等多项大型庆祝活动，此外，文化局等多部门借助国际性艺文力量首次联合推出大型国际文化艺术盛会“艺文荟澳”。为推进世界旅游休闲中心建设，中国澳门五年间分别在 10 个主要客源市场举办 27 次大型旅游推广活动，积极参与“粤港澳大湾区城市旅游联合会”，持续参与联合国世界旅游组织（UNWTO）及亚太旅游协会（PATA）的各项大型活动及相关工作。①

（二）持续加大金融支持力度

对外文化贸易的发展离不开有效的金融支持。如今，广东省文化金融体系已逐步健全，2016 年起，陆续组建规模均超 100 亿元的广东省新媒体产业基金、广东南方媒体融合发展投资基金以及全媒体产业基金，各有关地区和单位也在推动“文化 + 金融”，如 2016 年广东省委宣传部与上海浦发银行签署 500 亿元投融资额度的《“文化 + 金融”战略合作协议》，深圳也依托现代金融业比较发达的优势，推动设立文化创意特色银行，建立文化金融联盟，打造文化金融服务中心。在《广东省加快发展对外文化贸易的实施方案》中，广东提出了支持条件成熟区域探索创建文化金融合作试验区，2019 年 5 月，广东省正式启动创建国家文化与金融合作示范区。此外，广东逐步完善文化经济政策体系，产业发展的环境持续优化。2012—2017 年，全省文化产业专项资金资助项目有 650 多个，金额近 25 亿元。②

中国香港特区政府设立“创意智优计划”，以大力推动创意产业的发展。2018 年，“创意智优计划”获一次性注资 10 亿港元，其中 3 亿元港。预留给香港设计中心，主要用于 2019 年起三年内，举办“设计营商周”“DFA 设计奖”“设计‘智’识周”“香港青年设计才俊培育计划”及 Fashion Asia Hong Kong 这五项设计盛事，以及“设计创业培育计划”和“时装创业培育计划”等。一直以来，中国香港特区政府都致力于支持创意人才及专业服务业界进军海外市场，“创意智优计划”将不少于一半的款项用于培育人才，促进交流，支持面向全球推介中国香港新晋时装设计师及品牌。电影发展基金、创新及科技基金、艺术发展基金（文化交流）及香港艺术发展局辖下的资助计划等也都用来支持中国香港的文化及创意产业的发展。其中，电影发展基金自 2007 年 7 月至 2018 年 12 月，为 46 部电影提供了融资或资助，在各地电影节共赢得超

---

① 《二〇一九年财政年度 政府工作总结》，澳门政府，https://www.gov.mo/zh-hant/wp-content/uploads/sites/4/2020/01/2019review_c.pdf，访问日期：2020 年 2 月 10 日。

② 《粤文化产业加速转型升级 连续 15 年居全国首位呈裂变式发展》，南方新闻网，https://www.sohu.com/a/230913544_222493，访问日期：2020 年 2 月 10 日。

过100个奖项①。

2013年，中国澳门文化局设立了文化产业基金。文化产业基金推出多方面的综合服务平台资助计划以及多个专项资助计划，2018年起，增设专项资助计划。2019年1月至7月，文化产业基金共资助31个项目，包括17个常规申请，总资助额为8410万澳门元，无偿资助550万澳门元，免息贷款4600万澳门元，其中4个服务平台资助2500万澳门元，10个文化展演项目资助760万澳门元②。其中，“设计综合服务平台专项资助计划”及“时装/时尚综合服务平台专项资助计划”获选的设计平台都将落户珠海，为业界提供服务，开拓大湾区市场。此外，中国澳门推出“澳门文化创意产业系列辅助计划”“澳门文化出版物对外发行计划”等一系列计划。

（三）“文化+互联网”贸易趋势凸显

由于粤港澳大湾区本身产业结构较为高端，科技创新能力和文化交流繁荣，因此区域内新兴产业发展迅猛，数字文化产业的发展在粤港澳大湾区尤其突出，在广州、深圳、中国香港、中国澳门四地占文化产业的比重都超过50%③。

广东“文化+科技”“文化+互联网”融合催生出数字出版、动漫游戏、音乐、网络文学、数字文化装备等新型文化业态，总产值在全国占据绝对优势，近年来逐渐缩小了与拥有绝对优势的文化产品制造业之间的差距，成为广东文化贸易新动能。《2018广东游戏产业报告》显示，广东省游戏在海外收入总规模达40亿美元，同比增长23.8%，占中国游戏海外总收入的41.6%。除了腾讯、网易这样的游戏巨头之外，作为国家文化出口重点企业的三七互娱也将多款游戏送上多个国家或地区的畅销榜前列。作为中国最大的数字文化内容生产商，腾讯在全球领域推出具有影响力的网络文学和视听作品，并尝试IP的衍生和变现。在数字文化装备和动画领域，华强方特蝉联多届“中国文化企业30强”“国家文化出口重点企业”，旗下方特主题乐园成套出口乌克兰、中东等国家和地区，其自主研发的“环幕4D电影系统”，先后输出美国、加拿大、意大利等40多个国家和地区，每年配套出口20余部影片，累计出口动漫作品20万分钟，覆盖100多个国家和地区④。在印刷出版方面，雅昌独创了“现代印刷+IT技术+文化艺术”的商业模式。此外，中国香港的软件、电脑游戏及互动媒体，以及中国澳门的数码媒体领域均是本地文化产业中的重头，在

① 《文化艺术、创意产业及只是产权》，香港粤港澳大湾区网站，https://www.bayarea.gov.hk/sc/opportunities/cultural.html，访问日期：2020年2月20日。

② 《2019年的专项资助计划陆续开展》，澳门特别行政区政府入口网站，https://www.gov.mo/zh-hans/news/258036/，访问日期：2020年2月20日。

③ 《报告显示：文化产业已成粤港澳大湾区重要新兴支柱产业》，经济日报，https://baijiahao.baidu.com/s?id=1653058308655994545&wfr=spider&for=pc，访问日期：2020年2月10日。

④ 《创新产业发展模式，华强方特再获全国“文化企业30强”!》，读特，https://www.dutenews.com/lehuo/p/181279.html，访问日期：2020年2月18日。

对外文化贸易中，中国香港视听及互动媒体货品出口额占比达72.9%。

四、粤港澳大湾区对外文化贸易存在的问题与建议

（一）进一步优化出口结构，提高服务贸易比重

近些年，尽管文化服务业发展势头迅猛，珠三角地区文化产业结构依然不科学。在广东文化产品出口中，低附加值的加工制造类产品占据重要地位，难以承受贸易冲击。近些年，广州、深圳等城市逐渐注重提升创意设计和动漫游戏、技术研发等服务出口占比，但文化服务贸易竞争力仍比较弱，因此需进一步优化对外文化产业结构，重点发展文化服务业，大力发展核心内容产业，提升文化制造业的核心竞争力，提升文化产品和文化服务的附加值。

在互联网技术支持和嵌入的背景下，全球文化服务贸易与文化货品贸易越来越呈现融合趋势，高端文化装备、移动终端、电子游戏等文化货品包括了丰富的服务内容，境外创意设计、境外广电工程承包、电影特效加工、院线经营等服务贸易项目又带动了更多的影视、游戏、艺术品等出口①。粤港澳地区应通过整合自身优势力量，紧抓数字经济迅猛发展的良好机遇，不仅在互联网+文化创意产业中推动动漫游戏、网络文化发展，还应该大力推动如区块链+文化创意产业、大数据+文化创意产业、跨境电商+文化创意产业、5G+文化创意产业等新业态、新模式发展②。在具体实践中应积极推动企业协同创新发展，鼓励文化企业增加研发投入，特别是支持龙头企业和重点项目不断提升研发生产和海外市场开拓能力，同时依托粤港澳大湾区开放的市场环境，不断突破地域、领域局限，整合创新资源，实现多元主体的协同创新，打造出一批高档次、高附加值、竞争力强的文化产品和服务的知名品牌。

（二）构建服务体系，拓展文化贸易渠道

在国家推进“一带一路”建设的背景下，粤港澳地区想要加快推动中华文化“走出去”的进程，首先应充分发挥政府在平台搭建、制度协调、政策扶持等方面的主导作用。粤港澳三地应进一步完善文化贸易服务机制，通过设立文化贸易发展管理专责部门，建立文化产品和服务“走出去”数据库和数据监控平台，实现政府管理与服务创新。

想要推动文化贸易的快速发展，需要把现代服务业作为强有力的支撑，广州、香港、深圳等作为大湾区文化产业领头羊，至今仍缺少在文化贸易领域具有权威性、

① 《互联网是文化产业发展的新发力点》，文化产业月刊，https://mp.weixin.qq.com/s/kgHCC-pa2crM6VFh7NZq0LA，访问日期：2020年2月1日。

② 董思雁，李晓峰，冯紫薇．中国文化创意产业贸易及其高质量发展研究[J]．江汉大学学报（社会科学版），2020(1)：37-45，126.

引领性、综合性的服务枢纽，因此，应加快打造现代化、高水平文化贸易综合平台，针对文化贸易“走出去”渠道建设、国际文化交流基地、进出口公共服务平台以及创意展示交易中心等板块设置功能区，形成对外文化贸易的信息服务体系和风险防范预警机制，为国内外文化创意贸易双向互动提供便捷、高效的链条式服务。此外，在对外文化贸易中，要充分利用我国在“一带一路”相关国家建立的境外经贸合作区及驻外机构，积极探寻创意产业贸易伙伴多元化的合作交流方式，如组织文化创意交流活动，开展或参加文化创意类国际展会，缔结双边城市与城市间的创意贸易项目，建立创意产业贸易问题对话机制等。同时，支持大湾区文化企业按照规定与国际著名文化制作、经纪、营销机构合作，建立境外文化产品营销网点，鼓励企业对外兼并收购海外文化销售网络①，多层次全方位推进文化贸易发展。

（三）完善要素市场，加强大湾区文化合作

中国香港、中国澳门与广东省的社会制度、法律制度与文化基础不尽相同，内部发展也存在明显区别，城市间文化产业发展各有优势与短板，与文化贸易相关的平台建设、政策、版权、协同创新等方面还存在一些问题。因此若要发挥对外文化贸易更大的力量，需要进一步探求大湾区的合作模式。

其一，要加强粤港澳合作中的优势互补和要素流动，加强粤港澳文化人才交流，打造教育和人才高地；学习中国香港知识产权保护经验，健全知识产权与版权保护法律法规；建设高水平文化科技创新载体平台，加强粤港澳文化创意产业集聚区建设等。如基于广深港在创意设计领域均拥有技术、人才、资金密集的优势，可先行打造具有国际影响力的高端创意设计产业集群。其二，应提升大湾区文化产业区域一体化分工协作程度，如深莞两地以国家对外文化贸易基地（深圳）音乐及音乐剧产业中心、东莞（塘厦）音乐剧生产基地、东莞保利文化艺术制作基地为主要平台②，推出优秀音乐剧作品，打造音乐剧创作、制作、展演及相关产业，筹建打造影响世界的“东方百老汇”。其三，要充分发挥自贸区作为改革开放排头兵和创新发展先行者的作用，引领带动粤港澳全面合作。广东自贸区的南沙、前海、横琴三个片区，可根据不同区位制定不同文化产业、文化贸易政策，如横琴打造为国际文化与商务旅游岛，前海打造为国际金融与版权交易岛，南沙打造为国际影视制作与文化传播岛③。

① 蒋述卓，郑焕钊．从文化产业到创意社会：广东文化产业发展对策研究［J］．探求，2016（3）：5－13.

② 《广东两会丨省政协委员周汉标：推动粤港澳大湾区文创产业融合发展》，i东莞，http://www.timedg.com/2020－01/12/21003421.shtml，访问日期：2020年2月2日。

③ 蒋述卓，郑焕钊．从文化产业到创意社会：广东文化产业发展对策研究［J］．探求，2016（3）：5－13.

国际报告

中日韩文化贸易发展现状和趋势[①]

一、引言

改革开放40多年来，中国实现了快速经济增长，通过2001年加入世界贸易组织、2013年发起“一带一路”倡议等举措不断推进自身的经济全球化进程。在文化产业方面，中国于2009年将其定位为国家发展的支柱型产业，强调发展文化产业的重要性，取得了成为世界最大文化输出国等一系列富有意义的成果。

然而，中国不是当今唯一重视文化发展的国家，在亚洲发展中发挥重要作用的中日韩三国都重视文化的作用——韩国和日本将文化产业列为国家经济的重要组成部分，通过各种举措积极促进文化产业振兴、全面扶持文化贸易[②]。随着文化产业发展上升为国家发展重点，文化贸易的发展不仅需要市场的良好运营，更需要国家的扶持培养。

本文从中日韩三国的文化贸易现状切入，探讨各国在文化贸易上的不同策略，分析韩日两国的文化贸易政策及其对中国的启示。日韩两国作为地理位置与中国相近、文化背景与中国相似的国家，了解其文化贸易策略，将为中国明确文化贸易方向、制定文化贸易相关政策提供借鉴。

---

① 本文作者：许恩珍，韩国弘益大学文化艺术经营系客座教授。

② 关于“文化贸易”尚未出现统一的定义，根据国家的不同，它的定义也有所差异。本文参考的是国际组织对文化贸易的定义。国际货币基金组织（International Monetary Fund）将文化贸易定义为“本国人与非本国人之间有关个人、文化和娱乐的服务交易。具体而言分为以下两大类：和音频、视频有关的服务，其他文化与娱乐服务。据联合国教科文组织（United Nations Educational, Scientific and Cultural Organization），文化贸易是一种有形的文化产品和无形的文化服务的进出口行为。但把什么视作商品、把什么视作服务，会根据各国文化产业对于商品与服务的定义而发生变化。因此文化贸易的范围界定一定会包含国家自行决定的内容。对于中国而言，文化贸易范围相当广泛，包含文化内容、文化遗产、艺术作品乃至所有相关器材的概念。但是在艺术作品中，包含相关器材的艺术作品与其他类型存在极大差异。因此，本文为了在同一维度上对不同国家不同的文化贸易进行深度探讨，主要对作为文化贸易重要组成部分的文化内容进行探讨。

二、中国的文化贸易

多年发展中，中国的文化贸易能够灵活应对迅速变化的环境，不断实现快速成长。在“一带一路”倡议和“十三五”规划的发展背景下，中国文化产业的技术研发水平不断提高，积极走向海外市场，文化贸易总额迅速增加。

政府强有力的支持是中国文化产业与文化贸易发展的最主要特征。特别是“十三五”规划时期，以国务院2014年3月公布的《关于加快发展对外文化贸易的意见》、2017年5月公布的《国家“十三五”时期文化发展改革规划纲要》、原文化部2017年1月公布的《“一带一路”文化发展行动计划（2016—2020年）》为代表的多项政策文件均强调对文化产业与文化贸易的扶持与规范。与文化贸易发展有直接或间接关系的国家机构包括中共中央宣传部、文化和旅游部、国家广播电视总局、工业和信息化部等。

总体来看，中国目前的文化贸易具有三个特征。

第一个特征是对于文化产业的持续政策扶持。首先，国家通过税收优惠、财政支持、出口奖励等手段，鼓励文化产业“走出去”；其次，国家对于进口的文化产品进行管理，保护国内文化产业发展；最后，国家着眼长远、持续推进文化产业改革，提高文化事业单位的积极性与创造性。

第二个特征是文化贸易结构的逐渐改善。随着“一带一路”倡议的推行，中国文化贸易的对象更加多样化，对美国、日本、中国香港等主要的传统出口国家和地区的依赖程度逐渐降低，与“一带一路”沿线国家的文化贸易不断增加。“一带一路”合作发展倡议的推进使得中国具备更高的开放度，在相关国家中不断提高中华文化的影响力，这种与其他地区文化的活跃交流非常重要。当然，目前中国仍然缺少与中东、南美、非洲等新兴市场的互动，在这些国家的文化贸易还有待增加。

第三个特征是产业数字化的不断加速。数字文化产业能够制造更加优质的文化内容，使得高价值文化产品的出口成为可能。在现实发展中，游戏等依托于数字技术发展而快速变化的产业不断取得突破，中国本土开发的游戏在海外市场的实际收入在2019年达到825.2亿元，比2018年的682.8亿元同比增长21%。①

中国文化产业的高速成长带来了文化贸易的高度活跃。2017年，中国美术市场的增长率达到14%，音乐、电影、动漫、游戏、版权等产业也以超过7%的增长率引领文化领域的高速成长，中国的文化贸易因此获得了超过8%的高增长率。2018年，中国文化贸易总额达到1370.1亿美元，与前年同期相比增长了8.3%。其中文化产品的进出口总额为1023.8亿美元，同比增长5.4%，出口额达到925.3亿美元，

---

① 资料来源于中国音数协游戏工委:《中国游戏产业报告》，2019年，第9页。

与前年同期相比增长4.9%，进口额达到98.5亿美元，同比增长10.3%，贸易顺差达826.8亿美元。总体来看，中国文化产品的贸易总额从2009年到2014年一直保持稳定的增长率，但从2014年以后呈现出了增长率缩小的趋势（表5-1-1）。

表5-1-1　2009—2018年中国文化产业进出口情况　　单位：亿美元

年份	进出口额	出口额	进口额	贸易顺差
2009	388.9	346.5	42.4	304.1
2010	487.0	428.9	58.1	370.8
2011	671.3	582.1	89.3	492.8
2012	887.5	766.5	121.0	645.5
2013	1070.7	898.5	172.2	726.3
2014	1273.6	1118.2	155.4	962.8
2015	1013.2	870.9	142.3	728.6
2016	881.5	784.9	96.6	688.3
2017	971.2	881.9	89.3	792.5
2018	1023.8	925.3	98.5	826.8

资料来源：李小牧，李嘉珊．文化贸易蓝皮书：中国国际文化贸易发展报告（2018）[M]．北京：社会科学文献出版社，2018：4-5.

2017年，中国在文化服务领域的进出口总额为346.3亿美元，同比增长17.8%，在文化贸易进出口总额中占比25.3%。其中文化服务的出口额为72.9亿美元，同比增长18.2%。按类别可以发现，视觉艺术和手工艺①在其中占相当大的比重，特许使用费和许可费以及音像及相关服务也占据相对大的比重（表5-1-2）。

表5-1-2　2017年中国文化贸易进出口商品结构　　(%)

商品名称	出口	进口
文化和自然遗产	0.03	0.09
表演和庆祝活动	10.76	7.31
视觉艺术和手工艺	67.00	4.98
书籍和报刊	6.79	1.72
设计和创意服务	0.03	0.01
特许使用费和许可费	13.28	78.39
音像及相关服务	2.11	7.51
总额	100	100

资料来源：UN comtrade统计数据库数据，https：//comtrade.un.org/data，访问日期：2020年2月20日。

① 视觉艺术和手工艺包括绘画、其他视觉艺术、手工艺、首饰、摄影等。

中国文化贸易在近年来获得巨大增长，但仍有许多需要解决的问题。在贸易结构上，中国在特许使用方面的进口占比巨大，而这些使用与许可费用的源头以美国、韩国和日本为主，中国在文化内容开发与版权相关环境改善等诸多方面仍需要不断努力。

三、日本的文化贸易

随着媒介与平台的变化，日本文化产业与文化贸易的运营结构不断变化，日益激烈的市场竞争使得日本在选拔、吸引全球人才方面面临挑战。特别需要指出的是，为了走出 20 世纪 90 年代至今的长期经济低迷状态，日本将文化产业这一优势产业门类作为自身的发展重点予以积极支持。此外，在经历过 19 世纪 80 年代的文化出口繁荣景象后，日本在动漫等领域出现了出口额急剧减少的趋势，这也迫使政府采取更加积极的政策改善文化贸易态势。

概括而言，日本的文化产业与文化贸易政策是“Cool Japan 政策”。“Cool Japan 政策”以恢复日本的品牌价值为目的，发掘日本的文化传统，将其输出至国外。政策的主要对象涵盖电影、音乐、动漫、电视剧、游戏等文化产业门类，不仅包括饮食文化、时尚、现代美术、建筑等现代文化产品，也包括传统日本料理、茶道、插花、传统舞蹈等传统文化产品，以及地区旅游等内容。但是这一政策扶持与宣传的对象主要集中动漫、游戏等具体类型，并且由于日本政府决定了扶持的对象、内容以及战略手段后并不与时俱进，导致产品质量下降等问题不断出现。与日本文化贸易直接、间接相关的机构有内阁官房、总务省、文部科学省、经济产业省、外务省等：内阁官房作为控制中心，在文化产业整体发展中发挥重要影响作用；总务省管理播送与通信领域；文部科学省负责文化艺术与文化遗产领域；经济产业省管理的是文化内容产业与通商政策；外务省则承担扶持、宣传文化产品与服务的海外输出责任。

日本在文化贸易上展开的战略如下：第一，以 Cool Japan 机构为中心，提供针对文化输出的资金，在资本支持的基础上长期支持企业的战略规划并提供参考经验；此外，十分重要的举措是提供商业策划与事业发展计划需要的专业人才，从而持续积累发展经验。第二，通过非营利活动法人——日本映像产业振兴机构（Visual Industry Promotion Organization，VIPO）等开拓海外市场，为了将针对国内市场创作的内容产品输出海外，这些机构对作品进行适当的编辑，使其适应日本以外国家与地区的语言、法律、习惯，同时这些机构会提供一定的补贴以推动产品本土化，筹集资金支持开拓海外市场过程中需要进行的推销、宣传等活动。第三，通过日本国际文化产品展（the Japan International Contents Festival）宣传日本的游戏、动漫、角色、播送、音乐、电影、时尚、设计等，并举办相关活动。第四，培养文化内容产业的专业人才，具体而言，有四项重要举措：一是年轻电影导演育成委员会（New Direction in Japanese Cinema）委托文部科学省进行的文化厅运营项目，这一项目致力于发掘、教育年轻电影导演，举办开展工作坊、编导实习等工作；二是于2015年推出VIOP学院项目，聚焦于文化内容产业的领袖人才培养，从而提高文化内容质量、扩大文化输出效果；三是保持与世界各地的紧密联系，积极利用互联网进行Cool Japan文化资源的对外宣传；四是进行“外国人偏好调查”，了解目标市场受众人群的兴趣爱好，从而有针对性地进行海外输出。

2017年，日本文化贸易①的进出口总额为679.9亿美元，其中出口额442.8亿美元，进口额237.1亿美元。从2009年到2017年，进口额保持相对稳定，出口额在整体上保持增长趋势（表5－1－3）。

表5－1－3　2009—2017年日本文化产业进出口情况　　单位：亿美元

年份	进出口额	出口额	进口额	贸易顺差
2009	511.1	273.7	237.4	36.3
2010	582.3	326.7	255.6	71.1
2011	573.0	333.6	239.4	94.2
2012	670.9	385.7	285.1	100.6
2013	616.7	366.2	250.5	115.7
2014	698.9	423.9	275.0	148.9
2015	654.4	420.6	233.8	186.8
2016	719.7	454.4	265.3	189.1
2017	679.9	442.8	237.1	205.7

资料来源：UN comtrade统计数据库，https：//comtrade.un.org/data，访问日期：2020年2月22日。

日本文化市场中占比最大的是知识信息、广播、出版、广告市场。在出版行业，尽管总体规模大于中国、韩国，但出版市场近年呈现出缩小的趋势，而在游戏、广告、角色与版权领域，则呈现出迅猛的增长趋势并对文化贸易产生了深远影响。在此过程中，Cool Japan于2011年作为支持财产战略之一被列入“知识财产推进计划”，显然发挥了有效作用。

基于2017年日本的文化贸易结构数据，可以发现特许使用费和许可费占据相当大的比重。换言之，日本文化贸易出口中与知识产权相关的、以文化内容产业为中心的进出口额占据重要比重（表5－1－4）。

① 如前所述，对于文化贸易的统计，不同国家有不同的标准。在日本部分，本文参考了合计收录出版、漫画、音乐相关媒体与设计、视觉艺术以及手工艺术、表演与庆典活动、自然遗产等项目的文化贸易资料。

表5-1-4　2017年日本文化贸易进出口商品结构　（%）

商品名称	出口	进口
文化和自然遗产	0.04	0.22
表演和庆祝活动	3.61	5.68
视觉艺术和手工艺	6.19	12.47
书籍和报刊	0.29	1.21
设计和创意服务	0.01	0.00
特许使用费和许可费	87.65	75.80
音像及相关服务	2.22	4.62
总额	100	100

资料来源：UN comtrade 统计数据库数据，https：//comtrade. un. org/data，访问日期：2020年2月20日。

结合历史数据可以看到，日本的视频出口额2010年以来每年持续以稳定比率增加，2010年为66.3亿日元，2015年为288.5亿日元，2017年为444.5亿日元。[①] 与此同时，动漫领域也得到了迅速的成长，从2005年日本政府将其定为主力产业进行扶持以来，动漫的海外销售额大幅提高。此外，日本的时尚领域也获得了迅速发展，出口总额从2010年的462亿日元增长到2017年的661亿日元，尽管与其他领域相比增长率较低，但也维持了积极发展态势。

日本文化贸易的发展也存在尚待解决的问题——政治冲突导致的亚洲国家反日情绪始终影响着相关国家的对日贸易。尽管2005年日本外务省发行的白皮书曾指出“如果没有日本大众文化的传播，韩国的反日情绪将更加严重”，但是日本的大众文化包含种种历史观点，文化产品的出口仍存在刺激相邻国家历史创伤、引发政治愤怒的可能性。因此，日本产品如何在目标市场实现本土化，是日本进行文化贸易需要解决的首要问题。

四、韩国的文化贸易（以文化内容产业为中心）[②]

韩国的文化产业面临着与中国和日本相似的机会与挑战，在韩国推进文化贸易的过程中，市场环境的变化产生了很大的影响——“韩流”的持续影响、新技术的产生与应用都为韩国提供了发展机遇，但与此同时，全球企业的OTT服务扩张、对外政治关系变化提供的文化输出制约等挑战也不断涌现。

在此背景下，韩国明确了在2022年前需要完成的三项战略规划：第一，获得全球水平的竞争力；第二，进行针对东南亚、中南美、欧亚大陆等新兴市场的精确调

① 参见：日本综务省行政评价局：《综务省提出资料》，2017年，第1页。

② 由于文化内容产业具有最明确的官方统计，本文将以此为中心说明韩国的情况。

查，在此基础上根据不同国别和类型确立有针对性的传播策略；第三，在国内营造公平的环境，增强文化内容产业竞争力，不断推动制度变革。通过以上战略，韩国希望在2022年销售总额达到141兆韩元、出口总额达到101亿美元。

具体而言，韩国政府正在执行的贸易举措可以大概分为四类。[①] 第一，举办面向新兴市场的“K－文化内容展览会（K－CONTENT EXPO）”：新兴市场指泰国、印度尼西亚、巴西、墨西哥等国，2017年韩国与中国在文化交流和游客数量上的缩减，使得其深刻意识到只有积极开拓新兴市场，才能使得文化贸易对市场不确定性因素有更强的应对能力。第二，按照不同产品类型，扶持鼓励企业进行海外市场扩展：扶持对象包括动漫、角色、时尚、音乐等。第三，构建与海外政府机构和企业的关系网络：通过强化政府之间文化内容产业政策的交流，完善国家之间的合作关系网，积极引导与海外企业的合作体系构建与投资发展。第四，通过线上、线下共同扶持，强化中小内容产业的海外输出能力：通过应用出口营销平台Welcon，有针对性地向企业提供与海外输出相关的信息，支持企业的海外专利申请，提供和不同专业领域文化专家的一对一咨询服务。除以上针对性政策之外，韩国政府也在努力改善产业的总体生态环境，努力消解地区间的文化冲突，推进文化的平衡发展，大力支持文化人才的培养以及与新技术相结合的产业发展。

基于此，2017年韩国文化内容产业[②]的销售总额呈现了大约6%的增长率，贸易总额与净出口额持续增长——贸易进出口总额为100.1亿美元，与前年同期相比增长了46.7%，出口额为88.1亿美元，进口额为12.0亿美元，其中，净出口额的增长一方面取决于出口额的稳定增长，另一方面则是由于进口额从2011年起全面呈现出下降趋势（表5－1－5）。

表5－1－5　2009—2017年韩国文化产业进出口情况　　单位：亿美元

年份	进出口额	出口额	进口额	贸易顺差
2009	43.7	26.0	17.7	8.3
2010	48.8	31.9	16.9	15.0
2011	61.5	43.0	18.5	24.5
2012	62.8	46.1	16.7	29.4
2013	63.7	49.2	14.5	34.7
2014	65.6	52.7	12.9	39.8
2015	68.4	56.6	11.8	44.8

① 参见：韩国文化产业振兴院：《文化内容产业白皮书》，2018年，第6页。

② 在韩国，文化内容包括出版、漫画、音乐、游戏、电影、动漫、播送、广告、角色、知识信息与内容平台技术等。

续表

年份	进出口额	出口额	进口额	贸易顺差
2016	71.6	60.1	11.6	48.5
2017	100.1	88.1	12.0	76.1

资料来源：2009—2017 年《内容产业调查》，韩国文化部，http：//stat. mcst. go. kr/mcst/WebPortal/public/subject/subject02. html，访问日期：2020 年 2 月 20 日。

具体到不同行业，从 2013 年到 2017 年，游戏在韩国文化产品和服务的出口额中的比重具有压倒性地位，2017 年出口总额为 59.2 亿美元，占据总体的 67.2%，年平均增长率达到 21.5%，中国是最重要的出口市场之一。进口额中占据最大比重的是广告行业，2017 年进口总额 3.22 亿美元，占比为 26.8%，其次是出版、游戏、角色产业，占比分别达到 21.9%、21.8%、14.3%，在总体中发挥重要作用（表 5－1－6）。

表 5－1－6　韩国文化内容产业进出口情况　单位：千美元

分类	出口额		进口额	
	2013 年	2017 年	2013 年	2017 年
出版	291863	220951	254.399	264110
漫画	20982	35262	7078	6570
音乐	277328	512580	12961	13831
游戏	2715400	5922998	172229	262911
电影	37071	40726	50339	43162
动画片	109845	144870	6571	704
播送	309399	362403	122697	110196
广告	102881	93230	652701	322178
角色	446219	663853	171649	172489
知识信息	456911	616061	597	736
内容平台技术	155201	201508	505	569
合计	4923100	8814441	1451726	1204355

资料来源：2013 年和 2017 年《内容产业调查》，韩国文化部，http：//stat. mcst. go. kr/mcst/WebPortal/public/subject/subject02. html，访问日期：2020 年 2 月 20 日。

由表 5－1－7 可知，韩国的文化贸易对中国、日本等特定国家有较高的依存度，文化内容出口有一半以上依赖游戏行业——2017 年韩国对华、对日的游戏出口额为 4237507 千美元，在游戏总出口额中的占比为 70% 以上，在文化贸易总体中也占据较大比重。因此，促进不同行业内容的繁荣发展、增强文化贸易的多样性，对于韩国今后的发展至关重要。

表 5－1－7　2017 年韩国和中国*、日本的文化内容产业进出口情况

单位：千美元

分类	中国←→韩国		韩国←→日本	
	中国→韩国	韩国→中国	韩国→日本	日本→韩国
出版	55619	17402	33606	51983
漫画	5967	1367	9742	5967
音乐	2982	109931	320599	2982
游戏	110349	3413471	824036	110349
电影	5550	7733	4895	5550
动漫	7553	2188	26461	7553
播送	7758	68435	81952	7758
角色	21893	132059	45051	21893
知识信息	—	58616	244891	51
内容平台技术	—	26014	64742	—
合计	199323	3837216	1655975	214086

资料来源：2018 年《文化内容产业统计调查报告》，韩国文化振兴院，http：//www. kocca. kr/cop/bbs/list/B0158948. do? menuNo＝203778，访问日期：2020 年 2 月 17 日。

注：＊表示中国包括中国香港、中国澳门、中国台湾。

五、中日韩文化贸易展望

中日韩三国的文化贸易各具特色，互联网技术的飞速发展、新型服务的出现、与其他产业的融合发展等将推动各国的文化贸易不断前进。可以预期的是，今后中日韩文化贸易将会出现以下特征。

第一，随着中日韩三国文化产业的供应能力不断提高，对于内需市场的依存度将会不断降低，文化贸易量将获得更大的增长。中国的文化内容市场在 2014 年已经超越日本排名世界第二，其影响力仍在不断增加，中国的文化贸易也将以核心文化产品和服务为中心更加活跃地展开；日本对于内需市场的依存度从 2000 年起大幅降低，作为文化内容领域排名世界第三的最主要文化市场，文化出口始终不断发展；韩国虽然在国内市场总值上排名世界第十，但拥有规模位居世界第七位的文化内容市场，彰显了文化内容产业的实力，而由于国内市场太小无法满足文化产业的发展需要，文化市场的国际开拓成为韩国极为重要的课题（表 5－1－8）。

表 5－1－8　以 2018 年为标准按国别进行的文化内容市场规模比较与展望（2014—2022 年）

单位：亿美元

排名	国家	2014 年	2015 年	2016 年	2017 年	2018 年	2019 年	2020 年	2021 年	2022 年
1	美国	7056	7395	7740	8046	8415	8764	9131	9455	9779
2	中国*	1934	2299	2710	3143	3407	3653	3883	4097	4302

续表

排名	国家	2014 年	2015 年	2016 年	2017 年	2018 年	2019 年	2020 年	2021 年	2022 年
3	日本	1656	1697	1771	1832	1889	1939	1993	2037	2083
4	德国	989	1022	1056	1082	1114	1146	1182	1215	1246
5	英国	852	899	935	978	1068	1068	1111	1150	1188
6	法国	696	712	731	747	768	788	809	829	847
7	韩国	506	522	542	588	623	656	692	727	762

资料来源：2019 年《海外内容产业市场分析》，韩国文化振兴院，http：//www. kocca. kr/cop/bbs/view/B0000152/1841573. do? searchCnd = &searchWrd = &cateTp1 = &cateTp2 = &useAt = &menuNo = 201836&categorys = 0&subcate = 0&cateCode = &type = &instNo = 0&questionTp = &uf_ Setting = &recovery = &option1 = &option2 = &year = &categoryCOM062 = &categoryCOM063 = &categoryCOM208 = &categoryInst = &morePage = &delCode = 0&qtp = &pageIndex = 1，访问日期：2020 年 2 月 18 日。

注：* 表示中国包括中国香港、中国澳门、中国台湾。

第二，随着贸易对象的多样化，中日韩三国对彼此的贸易依存度将降低。中国近年来试图加强与“一带一路”沿线国家的文化贸易，不断开拓新兴市场；日本通过 Cool Japan、东盟等战略努力实现贸易对象国多样化，尤其是 2013 年开始实施的“Cool Japan 清真项目”，试图吸引穆斯林消费者，着力推进包括旅游观光业在内的文化贸易多样化；韩国正处于努力将对象扩展到南美、非洲、中东等国家的状态。因此，在今后的国际文化贸易中，中日韩三国对于彼此的贸易依存度很可能进一步降低，但由于文化的差异与新兴市场的规模差异，这一过程将会较为缓慢。

第三，基于技术的发展，中日韩三国出口文化产品的形式与方法将日渐多样化。中日韩三国都面临技术发展带来的挑战，因此都在迅速提出旨在推动文化与技术融合的政策，并使得各国企业也积极研发高技术产品。此外，技术的发展也带来了新的文化贸易方式，利用互联网及社交网络的文化贸易将成为市场的活跃组成部分，宣传文化产品的方式也会逐渐涵盖积极活跃的互联网营销手段。

第四，针对版权问题，中日韩三国将会坚持严格的市场监管，通过有力地执行知识产权领域相关法律，文化贸易将更加活跃，文化市场将不断扩展。中国不断扩大知识产权法律的内涵范围；日本的版权问题在多年以来阻碍了漫画产业的经济价值开发，如今已经得到了政府的高度关注和积极应对；韩国则通过自由贸易协定等强调对韩国文化内容产品的知识产权保护。基于积极的知识产权政策，中日韩三国的文化进出口额将进一步提高。

六、结论：对中国的启示

21 世纪以来，中日韩三国迎来了文化贸易方面的众多挑战。通过比较中国与日韩两国的文化贸易战略，可以给中国的未来发展带来一定启示。

第一，中国应当借鉴韩国与日本在提高文化产业质量上的各项工作。尽管中国文化产业市场规模已经位居世界第二，但这主要归功于消费市场的增长、技术的发展以及政府的积极支持，中国文化产业需要在供给量不断增加的同时关注品质提升。

第二，中国需要提高对于目标市场潜在贸易风险的管理能力。“一带一路”沿线国家大部分是发展中国家，文化市场规模有限，很多国家甚至处在宏观经济运行不稳定的状态。因此，在推进文化市场多样化的同时，中国需要考虑目标市场的客观情况，提高文化输出的风险管理能力。

第三，中国应持续推进文化产业制度改革。在加速发展文化产业的过程中，中国需要避免创作内容过分商业化，努力推动版权保护，但技术的发展与消费者的多样化使得市场日新月异，只有持续改善规则制度，才能适应现实，保证市场健康发展。

第四，中国的文化产业国际贸易应当从严格管理转向弹性管理，不断提高行业自由度。目前，中国文化产业各个领域都涌现了代表性企业，与其他国家的产业合作也在不断发展。在遵循国家总体方针的前提之下，需要提高文化产业的自由度，也需要得到民间支持，使文化产业能够在更广大的空间中进行更加积极的文化交流与交易。

中国和南非的文化贸易发展现状和趋势①

自2000年以来，南非的贸易策略反映了其对非洲各国及金砖国家（包括巴西、俄罗斯、印度和中国）的新定位，同时也努力保持与传统贸易伙伴的关系。南非和中国之间的文化贸易恰好可证实这一点。南非与中国间的文化贸易增量反映了中国作为南非贸易伙伴的重要性正在增加。

鉴于数据所显示出的趋势，文化贸易（以下简称“CCI 贸易”）被视为重要的投资标的。然而，目前从政策角度来看，南非还缺少文化统计数据的官方渠道，不能准确概述 CCIs 具体包括哪些内容。本报告遵循南非政策文件中参考的联合国教科文组织《文化统计框架》（2009 年）给出的定义，来界定 CCIs 的范围。该范围包含以下六个领域：文化和自然遗产、表演和庆典、视觉艺术和手工艺、书籍和出版、视听和互动媒体以及设计和创意服务。上述领域以及本文中的全部数据均按《文化统计框架》中的定义界定，涵盖了文化周期模型中各阶段（创作、制作、传播、展览/接待/传播、消费/参与）涉及的所有文化活动、商品和服务。

总体来看，CCI 贸易仅占南非总贸易额的一小部分，2013 年的欧盟—南非贸易报告显示，“CCI 货品出口仅占 2010 年南非总出口额的 0.005%，同年，CCI 货品进口占南非总进口金额的 0.021%”。虽然如此，在 2002 年和 2010 年，南非 CCI 进口的最大来源地都是中国。学者研究显示，到 2020 年，从中国进口的 CCI 货物的总定价将从 1 亿美元增加到 7 亿美元。②

一、文化和创意贸易

贸易可以定义为货物和服务的跨境流动。中国是南非最大的贸易伙伴，数据显示，2002—2015 年，两国创意和文化产品及服务贸易显著增长，有些甚至呈指数型增长。虽然有不同的定义和数据可用来衡量两国之间的贸易（表 5 -2 -1），但本报告将利用

---

① 本文作者：Elroy Bell，南非金山大学艺术学院硕士研究生。

② Cattaneo N.，Snowball. South Africa's Trade in Cultural Goods and Services with a Focus on Cultural Trade with BRICS Partners[J]. International Journal of Cultural Policy，2019，25(5)：586.

联合国贸易和发展会议（贸发会议）的数据，因为它更易于比较。

表 5-2-1　文化和创意产业贸易的衡量方式

指示	衡量标准	描述
货物：测量类别	协调商品描述编码系统（HS 编码）	通过 SARS（海关）； 根据 HS 代码
货物：测量过程	海关单据（通常是税务机关的职能） 调查统计	
服务：测量类别	BMP5 EBOPS	国际收支既通过南非储备银行，也通过不同的子部门权力机构收集； 有一些定期的行业协会调查（但这些调查目前尚未纳入正式的数据系统）
服务：测量过程	ITRS 系统（通常是中央银行的职能，通过国际收支衡量） 调查统计	

资料来源：KEA 欧洲事务所（2013）在欧盟—南非创意产业发展背景下的创意和文化产品及服务贸易，未公开发行。

二、文化及创意货物贸易总体情况

南非的 CCI 商品出口总额从 2002 年的 3.25 亿美元增长到 2015 年的 5.01 亿美元，而 CCI 进口总额从 2002 年的 4.67 亿美元大幅增长到 2015 年的 14.8 亿美元，进口额的大幅增长在很大程度上是由于自中国的进口增加。如图 5-2-1 所示，进口增加尤其体现在时装、设计品和纺织业等方面。

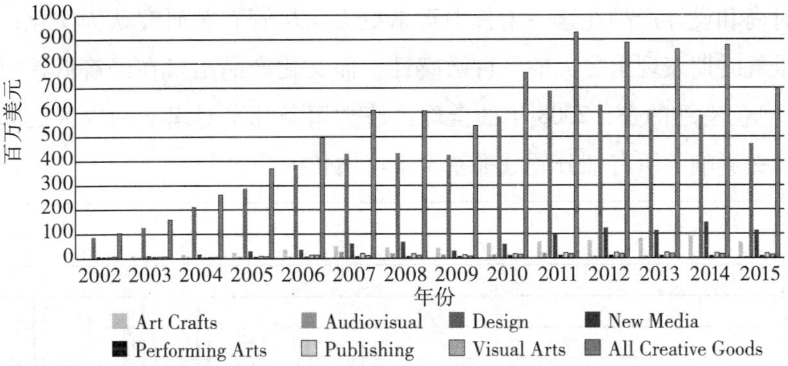

图 5-2-1　南非自中国进口的 CCI 货物价值

资料来源：联合国贸发会议创意经济全球数据库，http://unctad.org/en/Pages/DITC/CreativeEconomy/Statistics - on - world - trade - in - creative - products.aspx.

注：Art Crafts：工艺品；Audiovisual：视听产品；Design：设计品；New Media：新媒体；Performing Arts：表演艺术；Publishing：出版；Visual Arts：视觉艺术；All Creative Goods：全部创意商品。本文余图图例英文释义与此相同。

按照 CCI 进口目的地所占百分比进行划分，则进一步显示出中国与南非之间贸易关系的广泛度。2002 年，中国占南非 CCI 进口商品总额的 22.25%；2015 年，这一比例翻了一番，达到 47.19%。如图 5-2-2 所示，2015 年，工艺品领域从 2002 年的 14.35% 增长到 2015 年的 54.97%；设计，包括时装、纺织品和创意服务在

2015 年占南非所有进口的 64.06%；表演艺术领域的商品占比从 2002 年的 33.6% 增长到 2015 年的 60.81%。

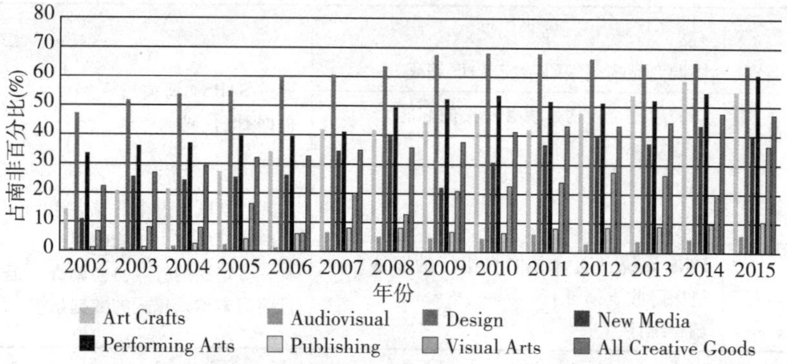

图 5-2-2　中国出口南非的 CCI 货物价值占南非进口总额百分比

资料来源：联合国贸发会议创意经济全球数据库，http://unctad.org/en/Pages/DITC/CreativeEconomy/Statistics-on-world-trade-in-creative-products.aspx.

南非与中国之间的 CCI 商品贸易在中国全球 CCI 商品贸易中占据很大比例。据联合国贸发会议（UNCTAD）统计，2002 年，中国向南非出口的所有创意产品占中国全球创意产品出口的 19.06%，2015 年增长到惊人的 55.77%。如图 5-2-3 所示，再次强调，尽管工艺美术、表演艺术和视觉艺术产品均对这一增长作出了重大贡献，但时尚和设计产品在这一增长中贡献更大。尽管有关研究认为文化产品进口在经济不景气时期表现出更大的下行敏感性，而文化产品出口在经济低迷时期似乎更有弹性。① 但有趣的是，2008 年的全球经济大萧条几乎对南非和中国之间的文化贸易没有什么影响，所有细分领域都基本维持增长的趋势。

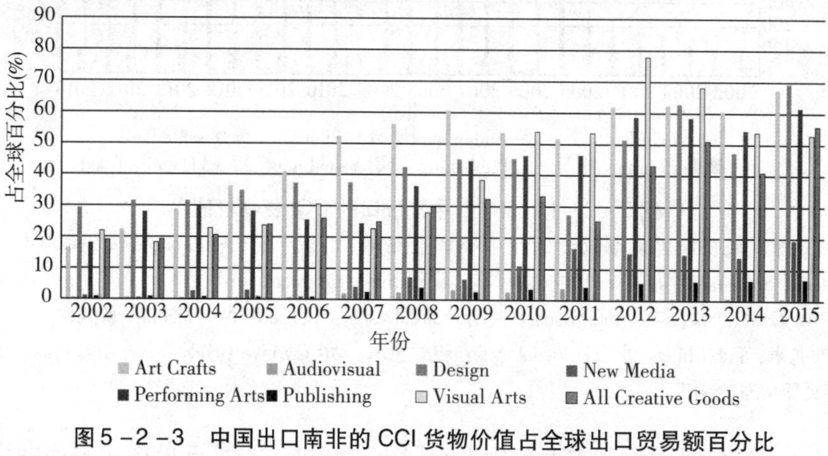

图 5-2-3　中国出口南非的 CCI 货物价值占全球出口贸易额百分比

资料来源：联合国贸发会议创意经济全球数据库，http://unctad.org/en/Pages/DITC/CreativeEconomy/Statistics-on-world-trade-in-creative-products.aspx.

① Cattaneo N., Snowball. South Africa's trade in cultural goods and services with a focus on cultural trade with BRICS partners[J]. International Journal of Cultural Policy, 2019, 25(5): 591.

当反映货物流动的数据调换生产国和市场国时，就会看到不同的情况。相比而言，南非向中国出口的文化产品价值要小得多。表5－2－2给出了贸发会议整理的统计数据，从中可以看出，南非和中国之间存在着巨大的贸易差额。这些数据反映了一些零星交易，其中影响最大的是2008年与视觉艺术相关的交易，金额达4700万美元。

表5－2－2　以当前价格测算出的从南非出口到中国的CCI货物价值

单位：百万美元

货物名称	2002年	2003年	2004年	2005年	2006年	2007年	2008年	2009年	2010年	2011年	2012年	2013年	2014年	2015年
工艺品	0	0	0	0	0	0	0	0	0	0	0	0	0	0
音频视频	—	—	—	0	0	0	0	0	0	0	1	0	0	0
设计	0	0	0	0	0	1	0	0	0	0	0	1	1	0
新媒体	0	0	0	—	0	0	0	0	0	1	4	1	0	0
表演艺术	0	0	0	—	0	0	0	0	0	0	0	0	0	0
出版	0	1	0	0	0	0	0	0	0	0	0	0	0	0
视觉艺术	0	0	0	0	0	0	47	0	0	0	1	1	2	0
全部创意商品	1	1	0	1	1	1	47	0	1	2	6	2	3	1

资料来源：联合国贸发会议创意经济全球数据库，http：//unctad. org/en/Pages/DITC/CreativeEconomy/Statistics－on－world－trade－in－creative－products. aspx.

尽管总额较小，但如果考虑以所占百分比来显示南非出口到中国的数据，情况则稍有不同。与图5－2－3相比，图5－2－4虽然仍显示了中国对南非出口商品的巨大贸易差额，但与其他国家相比，中国对南非商品维持了较高的兴趣和强劲的增长。从2005年到2015年的10年间，中国从南非进口的商品总额占全球进口总额的

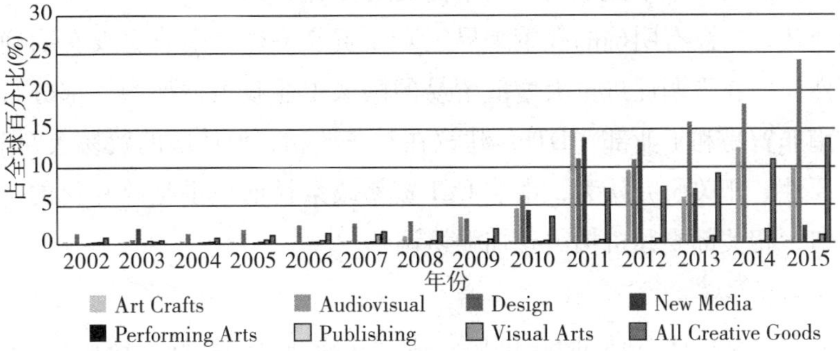

图5－2－4　南非出口中国的CCI货物价值占全球出口额百分比

资料来源：联合国贸发会议创意经济全球数据库，http：//unctad. org/en/Pages/DITC/CreativeEconomy/Statistics－on－world－trade－in－creative－products. aspx.

比重从1.1%上升到13.67%。包括创意服务在内的设计部门的增长，是形成这一增长的最大原因之一。

三、南非与中国行业内贸易情况

行业间贸易是指不同行业之间的产品交换，而行业内贸易（IIT）是指特定行业内的双向贸易①。

表5-2-3　按领域和合作伙伴划分的南非产业内贸易情况（2014—2016年平均值）（%）

贸易产品	世界	巴西	中国	印度	俄罗斯
文化和自然遗产	32.6	0.7	41.5	4.4	0.9
表演和庆典	56.5	1.6	0.3	8.5	5.3
视觉及工艺品	81.4	30.9	0.4	4.1	10.2
书籍和出版	56.3	12.9	1.4	1.1	13.4
视听和互动媒体	16.6		0	1.1	
设计和创意服务	78.4	0.0	88.0	22.9	

资料来源：Cattaneo N. ，Snowball. South Africa's Trade in Cultural Goods and Services with a Focus on Cultural Trade with BRICS Partners［J］. International Journal of Cultural Policy，2019，25（5）：595.

在南非与中国的贸易中，文化和自然遗产领域的IIT占比41.5%，但贸易价值很小（尽管对南非的贸易平衡很重要）。图书出版领域的IIT低至1.4%。虽然出口在增长，进口在减少，但与中国的贸易不平衡非常严重。设计和创意服务领域的ITT也很高，但仅涉及2274美元的出口贸易和1786美元的进口贸易（表5-2-3）。

虽然数据显示两国贸易普遍失衡，但2010年中国与南非签署了《全面战略伙伴关系协定》，该协议是两国力图纠正这一问题达成的承诺，并明确主张通过投资和其他战略，促进南非和中国之间更为平衡的增值贸易②。

如前所述，与没有明确的政策来界定CCI贸易一样，南非也没有明确的CCI贸易战略。然而，在强调促进更大增值贸易的国家工业政策框架中，部分行业也得到了支持。南非贸易和工业部（DTI）建议在与非洲和其他地区的贸易谈判中提高CCI行业的重要性。相关研究认为，南非CCI贸易政策目前似乎是碎片化的，但为激励和促进出口，相关部委和机构需要加强协调③。

① Cattaneo N. ,Snowball. South Africa's Trade in Cultural Goods and Services with a Focus on Cultural Trade with BRICS Partners[J]. International Journal of Cultural Policy,2019,25(5):594.

② Cattaneo N. ,Snowball. South Africa's Trade in Cultural Goods and Services with a Focus on Cultural Trade with BRICS Partners[J]. International Journal of Cultural Policy,2019,25(5):595.

③ Cattaneo N. ,Snowball. South Africa's Trade in Cultural Goods and Services with a Focus on Cultural Trade with BRICS Partners[J]. International Journal of Cultural Policy,2019,25(5):599.

四、与文化创意商品及金砖国家相关的贸易约定

非洲大陆自由贸易区协议和金砖国家贸易和投资合作框架等倡议，为扩大与新贸易伙伴间的 CCI 贸易提供了机会。

南非和中国、巴西、俄罗斯、印度相同，是构成具有战略重要性的金砖国家贸易集团的一部分。目前，金砖国家之间没有签署正式的贸易协定，因此相互间没有类似于南非与南非关税同盟（南共体）、欧盟—南共体贸易协定或南方共同市场的贸易协定签署的优惠关税政策。在南非，文化产品趋于开放化，大部分不征收关税。然而，南非和中国都批准了 2005 年教科文组织《保护和促进文化表现形式多样性公约》，该公约规定各国政府有义务保护和促进文化表现形式的多样化，这可能导致与现有贸易条款产生冲突。Cattaneou 和 Snowball 坚定地指出："大部分文化产品品类被完全放开（即不收取关税），更加敏感的产品品类仍持续在最惠国的基础上收取关税……贸易协定的自由化条款与保护南非等发展中国家的文化表现形式之间可能出现矛盾关系。"

五、中国市场的贸易与文化互动关系

尽管将中国作为 CCI 贸易的主要贡献者是一个较新的研究现象，但已经有学者将中国形容为文化产业领域的开拓者，尤其是考虑到中国在书籍印刷和出版的发展早期，特别是在 7 世纪，对于纸张发明的重要角色①。

1982 年制定的《中华人民共和国宪法》，已提出中国要在经济、文化等各方面综合发展。Neuwirth 认为该宪法的序言"反映了一种将经济目标与文化发展目标相结合的概念方法，或实际上将所有这些目标视为一个更大的共同目标的一部分"②。

自 2004 年以来，世界各地已经建立了 700 多所孔子学院或孔子课堂。南非是中国这一软外交战略在非洲大陆的最大合作者，南非各大学和地区设有 6 所孔子学院和 3 间孔子课堂。虽然它们的建立主要是为了促进中国文化和语言走向世界，但更实际的是，它们的作用是"开展业务和开放市场，或为科学促进经济全球化提供有效机制"③。这就明确了一个关键点，即中国从未在概念上将文化和贸易分开，在这

---

① Neuwirth R. J. China and the "Culture and Trade" Debate: A Holistic Approach[J]. International Journal of Cultural Policy,2010,25(5):633.

② Neuwirth R. J. China and the "Culture and Trade" Debate: A Holistic Approach[J]. International Journal of Cultural Policy,2010,25(5):635.

③ Neuwirth R. J. China and the "Culture and Trade" Debate: A Holistic Approach[J]. International Journal of Cultural Policy,2010,25(5):640.

种方式下，它们并不相互排斥，也不必在组织层面上分割开①。

六、中国媒体在非洲的影响力

中国将媒体视为处理国际关系的核心。正如 Shambaugh（2013）所说："媒体已成为后冷战时代中国处理国际关系'走出去政策'中越来越重要的一部分。"②

虽然中国的"走出去"战略在 20 世纪 90 年代仅与传统贸易和工业行业相关联，但从 21 世纪前期开始，随着"媒体作为文化外交工具"的加入，这一战略已经扩大到更多行业③。

Wasserman 和 Madrid Morales 将中国在南非媒体中的角色分为以下四个子类④：

①内容生产：《中国与非洲》杂志在高登的出版。

②内容发行：建立提供中文和非中文电视内容的付费电视运营商四达时代。

③基础设施建设：中国通过中兴通讯（ZTE）为扩大南非手机网络提供的援助。

④直接投资：中国投资者通过 Sekunjalo 投资收购南非独立媒体 20% 的股权。

从长远来看，这种对媒体产业链各环节的直接和间接投资，必然会促进中国在该地区软实力的提升。Entman 将此描述为"公众媒体外交，其定义为利用大众传播媒体（包括互联网）在境外受众中提升对该国具体外交政策的支持"⑤。根据 Gagliardone 和 Nyíri 的一项研究，中国驻当地记者将他们的工作描述为"积极的新闻"，具体来说属于"一种关注集体成就的新闻风格，而不是关注分裂性问题或爆炸性新闻"⑥。在这项研究中，中国记者进一步解释了他们在媒体空间中作为"一种新型发展性新闻"记录者扮演的角色及如何促进"有利于国家发展的运动"的目标。

---

① Neuwirth R. J. China and the "Culture and Trade" Debate：A Holistic Approach[J]. International Journal of Cultural Policy,2010,25(5):634.

② Wasserman H,Madrid－Morales D. How Influential Are Chinese Media in Africa? An Audience Analysis in Kenya and South Africa[J]. International Journal of Communication,2018(12):2214.

③ Xin X. Xinhua News Agency in Africa[J]. Journal of African Media Studies,2009, 1(3):363－377.

④ Wasserman H,Madrid－Morales D. How Influential Are Chinese Media in Africa? An Audience Analysis in Kenya and South Africa[J]. International Journal of Communication,2018(12):2215.

⑤ Entman R M. Theorizing Mediated Public Diplomacy：The U. S. Case[J]. International Journal of Press/Politics, 2008,13(2):87－102.

⑥ Gagliardone I. ,Nyíri P. Freer but not Free Enough? Chinese Journalists Finding Their Feet in Africa [J]. Journalism,2017,18(8):1049－1063.

七、知识产权贸易与特许权使用费的流动

曾经，中国被认为对知识产权侵权采取较为宽容的态度。Neuwirth 认为，这是源于对中国相关产业组织的信息不足和过度简单化的误解[①]。如果要确定权利费和许可费在南非和中国之间的流动情况，需要更多的研究支撑。这方面的信息并不容易获得，两国在知识产权方面的贸易关系也没有广泛的报道。

此外，贸发会议的报告中，与版权费和许可费有关的数据没有单独报告，也并未分拆出与创意产品有关的部分。中国与权利费和许可费有关的进口从 2003 年的 35.48 亿美元增长到 2012 年的 177.49 亿美元，但该数据中包含特许经营权和类似权利，且无法根据具体的交易国家进行分析。

八、南非与中国之间的文化交流

上述文化贸易数据主要反映了私营企业间的文化贸易流动，并且是通过全球贸易机构进行核算的。除此之外，南非政府和中国政府正在发起并制定一系列合作倡议方案，以加强两国之间的关系。

文化交流和产业交易市场是创意产品交流的场所，特别是在视听领域：DISCOP 非洲是在南非举办的一个电视行业展览，专门为向非洲大陆的产业内人士介绍中国电视制作人和内容创作者而创建。同样地，中非国际电影节和德班金砖国家电影节也成为电影日历上的常客，为南非和中国电影行业内部交流提供了机会。

南非体育、艺术和文化部下属机构 Artscape 剧院中心是在 2018 年第一个入选丝绸之路国际剧院战略联盟的非洲艺术中心。除此之外，南非政府支持的文化交流项目“南非中国季”已成为每年文化日历上的一项既定活动。表演艺术组织之间的关系也扩大到了具体的文化交流项目，包括上海金星舞蹈剧院在 2015 开普敦国际舞蹈节上的表演。

更广泛地说，南非和中国之间在文化方面的展览和交流有所增长。前面提到的南非孔子学院，在 2018 年约翰内斯堡大学举办的中国书展、2020 年 1 月举办的中国青海省展以及 2015 年在南非开普敦基尔斯滕博斯植物园举办的浙江文化节中均发挥了重要作用。

在服装设计行业，中国家居生活博览会于 2018 年在约翰内斯堡举行了首次展览。南非驻北京大使馆在组织 2018 年 9 月北京园艺博览会南非遗产日庆祝活动中发挥了重要作用。最后，每年 9 月 17 日被定为“南非华语日”。

---

① Neuwirth R. J. China and the “Culture and Trade” Debate: A Holistic Approach[J]. International Journal of Cultural Policy, 2010, 25(5): 633.

中国与越南的文化贸易发展状况和趋势①

[摘要] 1991年11月中越两国关系正常化以来，中越两国政府和人民一直在努力巩固和推动全面战略合作伙伴关系的持续健康稳定发展。近年来，在政治、外交、经济、安全和国防领域之外，中越两国的文化产业合作也取得了巨大成就，为增进相互信任、促进人民友好关系作出了巨大贡献。其中，越南和中国企业之间的文化贸易活动发挥了重要作用，值得共同关注。两国文化贸易往来日益密切，合作种类丰富多样，特别是科技与文化相结合的文化产品之间合作紧密。本文着重分析了中越两国文化贸易往来的现状、取得的成就以及存在的不足，从而提出自己的一些看法。同时，本文还将深入分析两国文化贸易企业的合作前景。

一、近年来中越两国在文化方面的合作关系

相邻的地理位置为越南和中国之间的外交与文化交流奠定了良好的基础。越南与中国长达1449.566公里的边界线、数千年的历史渊源，造就了越南和中国人民之间相近的文化和价值观念。过去大部分学者均将中国文化对越南的影响归为单向的，但最新的研究指出，中国文化的精髓与越南的本土文化存在相似性②，这不仅反映了两种文化之间的相似性和相对独立性，同时也营造了中国文化与越南文化相互吸引的空间。自然和文化特征为促进两国之间的文化交流创造了重要前提，两国各界人士更愿意关注这一命题。

多年来，文化合作一直是中越两国外交关系中的亮点。从文化外交到人文交流，特别是在教育和旅游合作领域，两国开展了许多活动。

从宏观管理的角度来看，中越两国的文化主管部门建立了年度会晤机制，为更深入全面地关注文化合作奠定了基础。2017年习近平主席对越南进行国事访问期间，两国签署了《关于文化产业合作的谅解备忘录》《全国新闻工作者协会同越南

---

① 本文作者：陈氏水，越南社会科学翰林院中国研究所研究员。

② 刘志强. 越南古典文学名著[J]. 文学研究，2020(1)：48－53.

记者协会新闻交流合作协议》《中国外文出版发行事业局同越南国家政治真理出版社2017—2022年合作框架协议》等合作协议。通过创建河内中国文化中心和河内大学孔子学院，为中越两国人民的交流提供了新的论坛平台，将中国文化与越南人民紧密地联系起来。中越两国文化部门领导人在2018年和2019年进行的年度正式访问同意促进两国间的文化合作关系，特别是促进非物质文化遗产的保护、艺术培训和文化产业的合作。这表明了两国政府对文化产业合作的关心和支持，文化合作关系成为两国关系的基础。

从微观实施的角度来看，在两国政府和文化管理机构的交流活动外，两国人民间的文化交流与合作活动众多。从中央到地方，特别是在边境地区的省份，每年会定期举行中越两国文体交流和艺术表演活动，“越南—中国友谊歌唱大赛”等年度活动和轮流主办的各类活动给两国人民留下了深刻的印象。中越两国人民论坛①、中越青年友好见面会、边民大联欢等也成为两国人文交流活动中的亮点，两国人民之间的交流活动在主题广度和内容深度上均富有特色。其中，教育和旅游业是两个新兴的合作领域，显示了一个国家对另一个国家的吸引力。中国教育部数据显示，截至2018年，有11299名越南学生在中国的20个省份的100所大学院校中学习②。

在越南，学习汉语的学生人数在不断增加，除了38所开设与汉语相关专业的大专院校外，越南很多学生还参加了汉语等级水平测试（HSK）和汉语等级口语水平测试（HSKK）。据统计，2018年1月至今，在越南河内大学孔子学院参加汉语等级水平测试的考生达到了4708人③。在中国教育对越南人民拥有巨大吸引力的同时，越南的旅游业深得中国人民的青睐。近年来，中国一直是越南旅游业最大的客源市场，来越南的中国游客人数一直在不断攀升；并保持国际游客数量20%～30%的最高占比，远远超过了日本、美国和欧洲④等其他主要客源市场。

近年来，中越文化合作关系形式日渐多样、内容越加丰富。但是在每个特定领域，从主观因素到客观条件，从认识到具体实施仍然存在不少困难和挑战。具体而言，与经济、政治和外交等其他领域相比，文化合作与人文交流仍没有得到相应的重视。两国间的文化交流活动尚未在全国范围内得到广泛开展，也并没有完全深入人心。越南舆论对接受中国文化产品存在不同的反应。

---

① 中越两国人民论坛是由中国人民对外友好协会和越南友好组织联合会于2010年组织的双边对话机制。代表主要由外交人员、研究人员构成，通过坦诚的交流和深入的讨论，对双边关系中的政治、经济、贸易和人文科学等领域进行研究和讨论，以取得双方的共识，会议结果将呈报两国政府参考。截至目前，该论坛已举办11次，在越南和中国之间轮流举行。

② 《2018年来华留学统计》，中华人民共和国教育部官方网站，http://www.moe.gov.cn/jyb_xwfb/gzdt_gzdt/s5987/201904/t20190412_377692.html，访问日期：2019年11月23日。

③ 河内大学孔子学院纪念五年成立的发展报告，2019年11月。

④ 作者综合了越南各大旅游网站的信息内容。来源：http://vietnamtourism.gov.vn/index.php/items.

总体而言，越南和中国之间的文化交流关系相对有利，而且越来越得到深入的发展。近年来，国家层面、各级政府和社会各界的高度重视成为中越文化产业合作的重要动力。

二、越南与中国之间的文化贸易活动现状

中越两国的文化合作关系由两国政府的文化外交活动、双方人民之间的人文交流和企业之间的文化贸易合作组成，这些因素密切相关并且相互影响，为文化产业交流合作奠定了良好的基础。

文化产业的合作与发展是中越两国文化合作关系中的新领域。自 2017 年以来，两国政府将这一领域确定为两国文化合作关系中的重点。习近平主席 2017 年年底访问越南，访问期间两国签署了《关于文化产业合作的谅解备忘录》，为两国文化产业合作奠定了基础。

（一）文化管理机构的活动

加强文化产业合作是中越两国文化部领导人年度会晤的主要内容。在 2018 年初，越南文化体育和旅游部部长阮玉善访问中国并与中国文化和旅游部部长雒树刚举行了会谈，双方同意将中越文化产业合作视为两国文化部门间合作的优先事项之一，越南将积极参加中国举办的与文化产业有关的活动。2018 年 5 月，越南代表团参加了中国（深圳）国际文化产业博览交易会（EXPO）。2018 年 9 月，越南文化体育旅游部代表团访问中国，参加中国—东盟文化合作论坛。2019 年 7 月，中国文化和旅游部副部长李群访问越南并与越南文化体育和旅游部副部长郑氏水举行了会谈，推动《2019—2021 年中越文化和旅游合作计划》和《中越文化产业合作备忘录》等合作文件尽快得到落实。这些动态预示着两国企业将在文化产业领域拥有潜在的巨大合作机会。

（二）文化企业的具体活动

多年来，中越两国间的企业和有关部门一直在文化产业的许多特定领域进行着密切的合作，代表产业有电影、出版发行和电子游戏等。

1. 影视行业

中国影视是较早在越南站稳脚跟的文化产业之一，自中越关系正常化到现在，中国就以多种不同的形式向越南输送影视产品，例如以赠送或者出口中国版权的形式来输送影视作品，基于此，中国电视剧和电影在越南市场上的占有率越来越高，特别是中国电视连续剧一直占有着主导地位，在越南各大电视频道中得到广泛播放。据统计，从 2015 年到 2018 年，越南电视台（VTV）播放了 104 部中国电视连续剧，共 4629 集，占越南国家电视台播放的外国电视剧的 40% 左右。其中，每年约有 130

部历史题材、古装武侠类电视剧重播①，反腐题材、家庭题材等其他类型的电视剧也获得了观众们的喜爱。

中国电视连续剧在越南电视台播放率占据主导地位，既有文化的原因，也有市场的原因。在文化方面，自古以来越南和中国都是汉字文化圈的国家，双方共享着源自儒学和道教的共同文化价值观，在很长的一段时间内越南吸收了汉字并将汉字作为正统文字。此外，越南和中国都是由水稻文明形成的国家，中越两国的传统生活方式和思维方式有着许多相似之处，中国的风俗习惯与越南的习俗相近。越南和中国也是传统的合作伙伴，拥有相近的政治经济体制，都是在共产党的领导下推动社会主义市场经济的稳步发展。越南社会中出现的问题也与中国有着某些相似之处。因此，从传统历史题材到当代中国社会题材的电影和电视剧都深受越南观众的喜爱。

在市场方面，与其他国家电影、电视剧产品相比，中国的电影和电视剧的突出优势是种类充足和价格合理。中国每年能够制作出数百部电视剧作品，为越南合作伙伴提供了多元化的题材；而越南电视台广告电视服务中心在2013 年接受“中国软实力的崛起”主题采访时表示，对于越南来说，中国电视剧的进口成本通常低于韩国电影，也低于欧美电影。中国电视剧的版权费每一集通常在 500 美元到 3500 美元②之间。

在电影领域，中国电影在越南电影市场排名中位列第三，占电影院播放率的 9%（图5－3－1），排名仅低于美国电影和越南电影，但高于韩国电影和日本电影③。与电视剧类似，中国电影在越南市场的优势来自中国文化与越南文化的相近和越南人对中国文学的喜爱，这种喜爱在越南人社群中持续了很多代，越南观众希望观看中国有关历史、古装、武侠等题材的电影，例如《赤壁》《画皮》等。另外，电影内容、艺术质量和演员方面的发展也使得中国电影相对于越南市场上的其他东北亚国家电影而言具有竞争优势。

2019 年，动画电影《哪吒之魔童降世》不仅在中国引起了轰动，而且在越南也获得了可观的收入，票房达到了 210 亿越南盾（650 万元人民币），几乎是同一时期上映的日本动画电影《天气之子》（Tenki no Ko）收入的两倍④。据越南全国范围内公开发行的在线售票系统数据分析的网站表示，中国动画电影《哪吒之魔童降世》

---

① 数据来源：越南国家艺术文化中心与中国社会科学院中国国家文化研究中心负责实施的《2018—2019 年中越文化交流年度报告》，原始数据由越南电视台提供。

② 阮氏秋芳．中国软实力的崛起以及对越南的启示[M]．越南百科辞典出版社，2013：200.

③ 《文化产业：越南电影市场——令人印象深刻的数字》，红云网，http://toquoc. vn/cong - nghiep - van - hoa - thi - truong - dien - anh - viet - nam - nhung - con - so - an - tuong - 20190731151209656. htm，访问日期：2020 年 3 月 22 日。

④ 《日本动画电影〈天气之子〉与中国动画电影〈哪吒之魔童降世〉相比票房收入少了 90 亿越南盾》，越南日本娱乐文化网（Takoyaki. asia），http://takoyaki. asia/2019/10/25/news - tong - doanh - thu - tenki - no - ko - thua - kem - gan - 9 - ty - dong - so - voi - natra - ma - dong - giang - the - tai - viet - nam/，访问日期：2020 年 3 月 22 日。

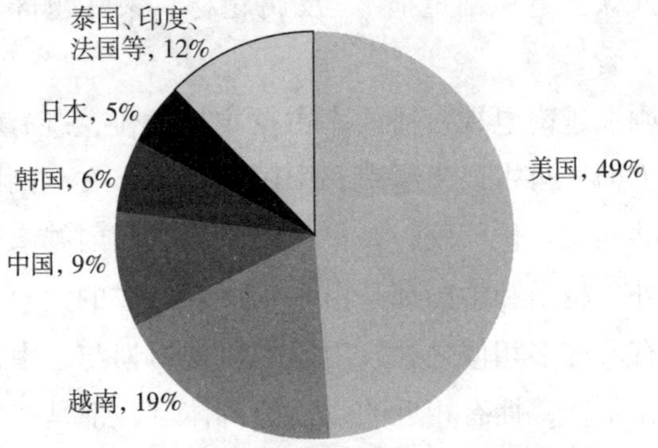

图5－3－1　中国电影在越南市场的占比情况

获得了各方面的积极评价和正面反馈，在上映的15天内①一直保持着稳定的高票房收入（图5－3－2），而日本动画电影《天气之子》仅维持了7天的高票房纪录（图5－3－3）。在日本动画品牌和受众群体占有着绝对优势的情况下，中国动画电影《哪吒之魔童降世》的上映却撼动了日本动画的市场地位，无疑是积极的信号。

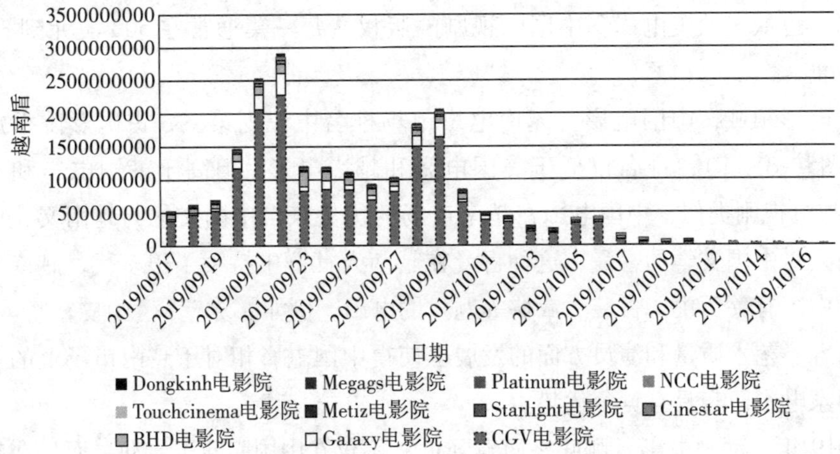

图5－3－2　《哪吒之魔童降世》在越南各大影院的日营业额度和票房收入情况

资料来源：越南票房统计网站，Boxofficevietnam. com.

① 《日本动画电影〈天气之子〉与中国动画电影〈哪吒之魔童降世〉相比票房收入少了90亿越南盾》，越南日本娱乐文化网（Takoyaki. asia），http://takoyaki. asia/2019/10/25/news－tong－doanh－thu－tenki－no－ko－thua－kem－gan－9－ty－dong－so－voi－natra－ma－dong－giang－the－tai－viet－nam/，访问日期：2020年3月22日。

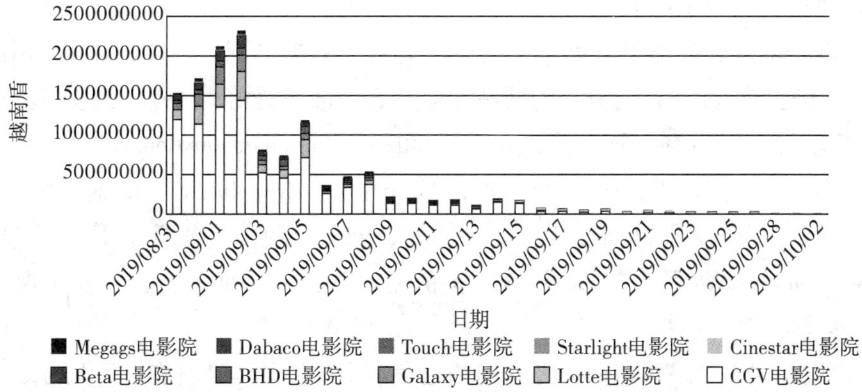

图 5-3-3 《天气之子》在越南各大影院的日营业额度和票房收入情况

资料来源：越南票房统计网站，Boxofficevietnam. com.

2. 出版行业

在越南与中国的文化产业合作中，出版行业是一个非常值得关注的传统领域。

首先是文学书籍。越南是最早开展翻译活动并且向读者介绍中国文学作品的国家之一。20 世纪初，诗人陈俊凯就将中国部分古典名著翻译成越南语，例如《水浒传》《东周列国志》《红楼梦》[①] 等。许多越南文学爱好者痴迷于阅读中国各大著名作家的代表作品。近年来，中国现代文学著作在越南得到了快速翻译和大力引进。其中比较突出的有两大类：当代文学著作和网络文学。越南丽芝文化传媒公司（Chibooks）是将现代中国文学著作带到越南的领先民营企业之一，购买了莫言、刘震云、邱华栋、卫慧、安妮宝贝等中国著名作家的优质文学作品的越文版权，可以在越南进行翻译和出版。

与此同时，越南丽芝文化传媒公司直接邀请了中国作家到越南与读者互动。2014 年 4 月，越南丽芝文化传媒公司第二次邀请六小龄童与越南读者进行面对面交流。2016 年 6 月，越南丽芝文化传媒公司举办了广西作家协会主席东西（原名田代琳）的著作《篡改的命》越文版新书见面仪式，还与其他 5 位中国作家在胡志明市书街举行了越文版图书版权签约仪式。2019 年 5 月，在广西南宁市举行了 6 位广西作家翻译作品的新书见面仪式。根据越南丽芝文化传媒公司的报告，到目前为止，该公司已翻译并在越南市场上发行了 36 部[②]中国当代文学作品。越南丽芝文化传媒公司的努力付出为中国当代文学精髓在越南读者心中产生共鸣作出了巨大贡献。

除了当代文学之外，中国网络文学也是吸引越南读者尤其是年轻人注意力的一

① 彭世团：《是谁在越南最早翻译了中国的四大名著?》，中国网，http://news. china. com. cn/2018-08/23/content_59857959. htm，访问日期：2020 年 3 月 22 日。

② 数据来源：越南国家艺术文化中心与中国社会科学院中国国家文化研究中心负责实施的《2018—2019 年度中越文化交流报告》，原始数据由越南丽芝文化传媒公司提供。

个话题。曹婷、辛夷坞、匪我思存、桐华、明晓溪、叶落无心等网络文学作家的系列小说①在越南得到翻译和出版，并在市场上引起阅读热潮。现在，除实体书发行外，越南还有许多发布言情故事的网站，以及言情故事爱好者协会在互联网上的共享网站等。代表网站有：黎贵惇论坛，（https：//diendanlequydon. com/）；全文故事，（https：//truyenfull. net/）；故事加，（https：//truyenplus. vn/）；24 故事，（https：//truyen24. com/）；瓦卡，（https：//waka. vn/）；免费故事网，（https：//webtruyenfree. com/）以及脸书（Facebook）上的粉丝页：俱乐部语言、短篇小说语言、爱情街等。

中国网络文学中最受越南读者欢迎的是言情小说，具体来看有以下几方面原因：首先，琼瑶的小说曾在越南形成一种社会潮流，越南读者早已接触过中国言情小说；其次，中国网络文学内容简单、通俗易懂，浪漫的故事情节满足了当今大多数读者的需求；最后，互联网的快速传播助推了中国网络文学在越南的流行。

除了文学书籍，与中国政治和当代问题相关的书籍也吸引了越南读者特别是知识阶层的关注。2015 年，越南国家政治真相出版社翻译并出版发行了《习近平：治国理政》② 一书，深受越南知识阶层的喜爱。其他有关中国外交、社会、政治等的书籍，例如由唐军、张翼、王春光、冯凌等人合著，由中国五洲传播出版社和胡志明综合出版社联合出版的《中国社会》一书跻身越南电子商务网站 Tiki. vn 的前 100 名畅销书之列③。近年来，越南增加了对中国当代问题的研究，因此对相关书籍的需求也在不断增加。今后，该类书籍将继续成为出版行业深入合作的领域。

3. 网络游戏行业

网络游戏是随科技发展而诞生的文化活动，属于软件和娱乐业，是越南文化产业中的 12 个行业之一④。根据谷歌淡马锡发布的《2018 年关于东南亚互联网经济报告》，越南是东南亚互联网经济总交易额占国民生产总值百分比最高的国家，占 GDP 的 4%⑤。越南互联网经济的预期价值也从 2018 年的 90 亿美元增加到了 2025

---

① 《中国文学在越南：经典不衰网文走红》，央视网，http：//m. news. cntv. cn/2015/04/01/ARTI1427900895744883. shtml，访问日期：2020 年 3 月 22 日。

② 秋姮：《习近平：治国理政》新书发布，https：//vov. vn/chinh – tri/cong – bo – sach – cua – ong – tap – can – binh – ve – quan – ly – nha – nuoc – trung – quoc – 447283. vov，访问日期：2020 年 3 月 22 日。

③ https：//tiki. vn/xa – hoi – trung – quoc – p343589. html？ src = search&2hi = 1&keyword = xa – hoi – trung – quoc，访问日期：2020 年 1 月 13 日。

④ 越南政府总理 2016 年 9 月 8 日签署的“有关越南文化产业发展战略到 2020 年以及 2030 年愿景”第 1755/QĐ – TTg 号决定。

⑤ 谷歌淡马锡：《2018 年关于东南亚互联网经济报告》，https：//www. thinkwithgoogle. com/intl/en – apac/tools – resources/research – studies/e – conomy – sea – 2018 – southeast – asias – internet – economy – hits – inflection – point/，访问日期：2020 年 3 月 22 日。

年的330亿美元①。尤其是越南网络游戏市场的价值将在2018年达到约7500万美元，并有望持续增长到2023年②，达到1.47亿美元。

随着科学技术的发展，中越两国在游戏产业的合作越来越紧密，越南进口了非常多的中国网络游戏。根据越南电子信息和广播局的报告，越南信息传媒部在2015年至2018年③授予批文的305个电子游戏清单中，中国网络游戏软件为243个，也就是说80%的网络游戏来自中国，其他剩下的20%被越南本土、韩国、日本和美国的网络游戏瓜分。在游戏类型方面，投放的游戏主要为网页游戏，其余为客户端和一些单机游戏。在游戏主题上，主要涉及三国、西游记、武林剑侠、传奇等主题，比如：大型武侠的扮演类游戏、三国角色扮演类游戏等，这些游戏主题均以古典文学名著或越南人熟知的金庸武侠小说为蓝本改编而成，从而帮助游戏企业轻松推广给越南玩家，节省许多营销成本。

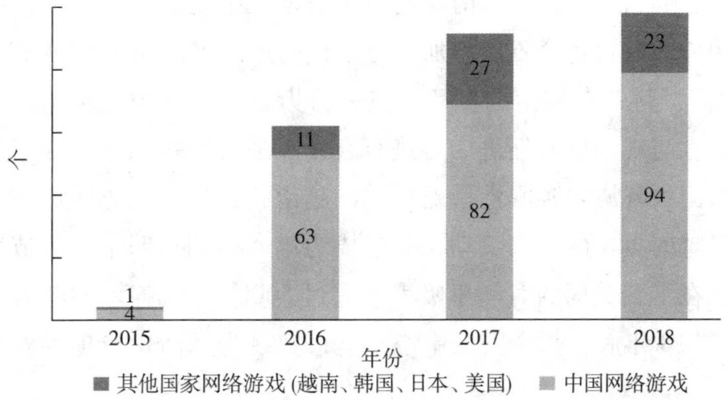

图5-3-4 越南批准源自中国的网络游戏数量

资料来源：越南通信传媒部电子信息与广播局。

随着越来越多的游戏发行商进入市场，中国游戏软件为越南游戏市场的形成作出了积极的贡献。在越南参与游戏发行的大公司主要有VinaGame股份公司、VC-CORP股份公司、VTC Mobile Services股份公司（VTC Mobile）、Funtap股份公司、GAMOTA股份公司等。在越南市场上发行的中国游戏产品形式多种多样。越南国内多家生产和游戏发行商与中国公司建立起了合资企业。例如VinaGame股份公司作

① 谷歌淡马锡：《2018年关于东南亚互联网经济报告》，https://www.thinkwithgoogle.com/intl/en-apac/tools-resources/research-studies/e-conomy-sea-2018-southeast-asias-internet-economy-hits-inflection-point/，访问日期：2020年3月22日。

② Vietnam mobile game market，https://allcorrectgames.com/insights/mobile-game-market-index/vietnam/，访问日期：2020年3月22日。

③ 《2018年电子游戏获批目录清单》，越南通信传媒部电子通信与广播局官方网站，http://abei.gov.vn/danh-sach-cap-phep/danh-sach-cac-tro-choi-duoc-cap-quyet-dinh-phe-duyet-noi-dung-kich-ban-tro-choi-dien-tu-gl-tren-mang2015-2018-/106462，访问日期：2020年1月13日。

为目前26个获准在越南开展游戏业务的公司中最大的游戏公司，与中国腾讯公司合作，腾讯持有VinaGame股份公司40%的股份，VinaGame成为腾讯在越南分销腾讯产品的主力。此外，许多其他企业还通过商业合同的形式积极向越南出口中国游戏产品，并以8:2或7:3的比例分享利润，其中大部分利润分成属于越南，其余部分则分给中国公司，以保障中国公司后期对产品进行升级和维护，或在发布过程中满足对细节进行本地化的一些要求等。

4. 抖音（Tik Tok）软件平台在越南的应用

除了电子游戏领域的合作外，近年来越南互联网市场的发展也吸引了中国娱乐软件公司的关注。抖音已在越南正式开设了办事处，并开发了越南版抖音软件。抖音与脸书（Facebook）、Youtube等相比，属于发展较晚的社交网络软件，但是其在越南市场的发展潜力巨大。截至2019年3月，抖音应用程序在越南拥有1200万用户①，越南成为抖音在东南亚用户市场增长最快的国家。根据社交网络的统计，抖音用户的数量将会不断增加，每个越南用户平均每天使用28分钟②的时间来“刷抖音”。抖音在越南的显著特点是努力在此软件中尊重越南的文化价值观。越南抖音也与岘港旅游促进中心进行合作，通过短视频平台介绍当地的旅游胜地，以吸引国内外游客到岘港游览观光。越南抖音还与胡志明市旅游促进中心合作，发起了越南奥黛的推广活动，并且成为第六届胡志明市奥黛节官方数字媒体的赞助商，在不到3周的时间里吸引了超过5000个视频和4900万的观看次数和点击率③。2018年底，抖音安全中心成立，旨在为越南用户提供安全的在线环境。

（三）总结与展望

1. 取得的成就

中越两国文化产业合作中最重要的成功来自两国政府领导人的共识，体现了两国对文化合作的高度重视，文化产业合作是两国文化合作中的中心领域。对于越南来说，文化产业计划成为经济的支柱产业，预计到2030年文化产业的贡献将达到GDP的6%～7%④，因此与中国的强有力合作将帮助越南发挥其潜在能力，同时增

① 《抖音在越南正式亮相，发布了其内容多元化的战略》，越南VTV电子报，https://vtv.vn/cong-nghe/tiktok-chinh-thuc-ra-mat-tai-viet-nam-cong-bo-chien-luoc-da-dang-hoa-noi-dung-20190425094013408.htm，访问日期：2020年3月24日。

② 《抖音在越南正式设立办事处》，广告越南，https://advertisingvietnam.com/2018/12/tikitok-chinh-thuc-mo-van-phong-tai-viet-nam/，访问日期：2020年3月24日。

③ 《抖音在越南正式亮相，发布了其内容多元化的战略》，越南VTV电子报，https://vtv.vn/cong-nghe/tiktok-chinh-thuc-ra-mat-tai-viet-nam-cong-bo-chien-luoc-da-dang-hoa-noi-dung-20190425094013408.htm，访问日期：2020年3月24日。

④ 《越南文化产业发展战略到2020年以及2030年愿景》的具体目标。

加越南本身的经验。第二个成功要素在于，在一些关键领域，两国的文化企业建立了一定的合作基础，文化的相似性、地理位置的相近仍然是促进一个国家的文化产品易于进入另一个国家的重要条件。

2. 存在的问题

当前，文化产业合作的最大障碍是两国之间文化贸易的不平衡，即越南始终处于贸易赤字，这在出版行业中已经明显地表现出来——尽管许多中国文学作品已翻译成越南文出版，但翻译和出版成中文的越南著作数量仍然很少。

2019 年 3 月，越南作家保宁创作的小说《战争的哀歌》翻译成中文获得出版，可以说这是 2018—2019 年越南著作中的亮点之一，该书由湖南文艺出版社与中南博集天卷文化传媒有限公司联合出版①。这是一本以战争为主题的小说，译作者北京大学副教授夏露评价其为“东方最佳战争作品②”。虽然这样的比较没有什么实质的意义，但其中的一些数字值得我们思考：中国图书总公司在国庆 60 周年之际发表的报告指出，截至 2006 年 5 月 20 日，在中国翻译和出版的外国文学书籍中大约有 150 部越南语著作，其中大部分是小说或有关于战争的短篇小说③。同时报告还提到，在 2009 年到 2013 年短短的 5 年时间里，有 800 多部中国著作被翻译为越南文并在当地出版，文学著作的互译对两国间的交流产生了深远的影响，相互阅读的作品越多，两国就能够越好地了解和理解对方。

为了促进越南和中国之间的文化贸易，两国文化企业之间需要加强联系，这也是当前需要解决的一个障碍。两国在许多传统文化领域具有相似特征，拥有许多共同的文化财富，中越两国人民友谊源远流长 ，两国人民在争取国家独立和民族解放过程中相互支持、患难与共，结下了深厚的友谊，“两国将军”洪水（阮山）、胡志明主席等均为两国人民熟知。同时，在中越边境地区的跨境民族拥有许多共同的文化遗产，这些都是两国共有的宝贵文化资源，可以让两国不同领域的文艺企业开发成具有中越两国市场价值的文化产品，但是由于文化产业领域缺乏推广平台，这方面成效并未得到真正提升。另外，越南文化市场发展处于起步阶段，民众消费进口文化产品的趋势在不断增长，而中国文化市场本身体量特别大，中越两国文化产业合作具有许多得天独厚的优势，但是这种需求和供给尚未得到很好的对接。

---

① 秦琴:《〈战争的哀歌〉在中国出版》, https://news. zing. vn/noi - buon - chien - tranh - xuat - ban - tai - trung - quoc - post932191. html, 访问日期:2020 年 1 月 10 日。

② 秦琴:《〈战争的哀歌〉在中国出版》, https://news. zing. vn/noi - buon - chien - tranh - xuat - ban - tai - trung - quoc - post932191. html, 访问日期:2020 年 1 月 10 日。

③ 武芳陶:《什么样的书被翻译成了中文?》, http://daibieunhandan. vn/ONA_BDT/NewsPrint. aspx? newsId = 120489, 访问日期:2020 年 1 月 10 日。

三、中越两国文化产业合作前景

（一）合作机遇

近年来，在两国领导人的共识下，中越全面战略合作伙伴关系一直保持良好的发展趋势，合作成效显著，合作前景广阔。外交关系的稳定是两国促进经济、政治、文化、社会等多个领域合作的重要基础。2020 年，中越两国建交 70 周年，在这段富有里程碑意义的历史中，两国以和平与发展为原则，着眼大局解决了中越两国关系中的许多困难，中越两国、两党和人民所取得的成就促进了越南和中国之间的友好合作关系，这是两国在包括文化产业在内的许多合作的重要基础。文化产业的合作具有经济和文化的双重特征，不仅具有经济价值，而且有助于增进对文化的了解和促进文化交流，增进两国人民之间的相互了解和信任。文化产业已成为每个国家文化发展的重要领域，这是中越两国能够紧密地进行文化产业合作、获得政策支持、创造条件促进两国文化企业合作的前提条件。2019 年 7 月，中国文化和旅游部发布了《文化产业促进法（草案征求意见稿）》。该草案因其肩负着“促进”的使命获得了较高的评价，中国文化主管部门将通过在技术、财政和税收等方面的支持，促进文化产业的健康可持续发展。此外，对中国而言，文化产业的发展也是“一带一路”倡议的重要内容，能够增进沿线国家和地区之间的相互联系，切实推动文化交流、文化传播、文化贸易创新发展。2020 年是中国对《“一带一路”文化发展行动计划（2016—2020）》实施情况进行总结的一年，以评估“丝绸之路文化产业带”的具体建设情况。

在越南，《越南文化产业发展战略到 2020 年以及 2030 年愿景》的出台，为促进文化产业的发展创造了体制框架。在到 2020 年的战略中，越南的目标是文化产业对 GDP 的贡献达到 3%，到 2030 年争取文化产业的收入占 GDP 的 7%，并继续为社会创造更多的就业机会①。为实现这一战略目标，越南政府鼓励国内外企业增加对文化创造活动、文化产品和文化服务的投资，发展文化企业网络体系，在传媒领域、电影行业、广播电视、软件和网络游戏领域形成文化产业领域的大型集团。

这些宏观规划为越南和中国的文化产业获得政府政策支持提供了绝佳机会。中越两国政治制度相似，发展道路和地理位置相近，在一些关键领域中已建立起了密切的合作关系，因此在文化产业的生产和供应链中，两国文化企业和文化机构的合作机会众多。

另外，中国已成为越南旅游业最大的客源市场，扩大了两国企业在文化方面合

① 越南政府总理 2016 年 9 月 8 日签署的“有关越南文化产业发展战略到 2020 年以及 2030 年愿景”第 1755/QĐ－TTg 号决定。

作的机会。其中，结合越南文化和自然资源以及中国的科学技术来发展旅游产品，能够有效发掘中国这一潜力巨大的旅游市场。例如实景表演艺术作为中国的优势领域，已成为中国许多旅游胜地的品牌，比较具有代表性的表演包括与风景秀丽的杭州西湖相结合的“宋城千古情”、与桂林山水相结合“印象刘三姐”、与云南丽江相结合的“印象丽江”等。实景表演艺术在越南出现仅有三年，但是一些实景戏剧演出给许多国内外游客留下了深刻的印象，例如“越南北部湾精华”、“会安的记忆”等。此外，越南许多著名的旅游胜地，例如沙巴、美山遗址等，都是中国游客流连忘返之地，它们具有丰富的历史、自然和人文景观，如果转化成实景表演艺术，将能够吸引更多的游客。

（二）困难挑战

在越南和中国的合作关系中，除了在许多领域的稳定合作之外，仍存在一些分歧需要双方进一步解决。海上纠纷问题极大地影响了两国人民间的传统友好合作关系，也间接地成为在文化产业领域中促进合作和相互接受文化产品的一个障碍。此外，美国、日本、韩国、印度等国在东南亚的文化产业合作中竞争激烈。中国和越南的两国企业需要认真研究市场，以进行深入和有效的合作。

（三）文化合作内容展望

根据中越两国的文化特点、文化优势和市场需求，越南文化体育和旅游部与中国文化和旅游部共同签署了两国间的文化产业合作备忘录。合作备忘录的内容可作为两国政府机构、文化企业和人民群众开展文化产业合作的基础。

对于具体的合作领域，两国在电影、电视、出版、电子游戏等传统合作的基础上，继续积极推动其他领域，例如表演、娱乐、创意设计、文化旅游、艺术品、传统手工艺品、文化设施、文化展览和电影院等。其中，在越南某些具备巨大旅游潜力的地方，文化旅游、传统手工艺品等领域可以深化合作，这有助于越南旅游产品的多样化，吸引中国游客在越南的消费。反过来，在中国许多具有优势的领域，例如数字文化产业、创意设计等方面，能够通过加强双方合作进入越南，将有助于越南开发具有较高预期价值的新兴网络经济市场，预计到 2025 年将实现 330 亿美元①的目标。

对于文化企业之间的合作，通过共同研究和寻找适合市场需求的文化产品种类、共同开发第三市场，能够实现进一步发展。展览、博览会、商业论坛等能够促进两国文化贸易企业有机会面对面交流，寻找共同的声音。中国每年都会举办广州进出

---

① 谷歌淡马锡：《2018 年关于东南亚互联网经济报告》，https://www.thinkwithgoogle.com/intl/en - apac/tools - resources/research - studies/e - conomy - sea - 2018 - southeast - asias - internet - economy - hits - inflection - point/，访问日期：2020 年 1 月 11 日。

口商品交易会（广交会）、中国—东盟博览会（CAEXPO）等众多大型博览会，但是仍然缺少相应的越南文化产品的展位。因此，这是今后需要进一步重视和推广的领域。

在人力资源合作方面，目前越南有33所大学、47所专科学校和27所中专学校为文化活动提供人力资源方面的培训。文化艺术工作者的队伍已经得到壮大，但是仍然需要加大投入，进一步将文艺管理人员和艺术人员的资源进行整合。此外，由于文化产业是一个新兴的领域，学者们需要对相关内容进行深入的研究。与此同时，在中国几乎所有的省级社会科学研究院以及各大学中都有文化产业研究单位，继续促进越南与中国在文化产业领域的学生和学者的交流计划，培养文化产品设计方面的人才，将有助于越南建立强大的文化产业人力资源队伍并促进两国之间的合作。

四、结论

近年来，在两国传统友好关系的基础上，中越两国间的文化贸易在产品种类和内涵上日益丰富。两国企业间合作的发展，不仅满足了两国人民对文化日益增长的需求，也为促进一国的文化价值在另一国的传播作出了贡献。从两国人民的信念和意愿来看，文化贸易是增进相互信任的主要方式之一。两国政府在文化产业领域的共识和意愿表明了未来在这一领域的合作前景。另外，随着近年来在越南的中国游客人数的稳定增长，文化与旅游业之间日益紧密相连也为双方的文化企业提供了合作机遇。越南人口接近一个亿，是东南亚充满活力的经济体之一，相信在不久的将来越南将成为中国文化企业的目标市场。

中国与中东欧国家的文化贸易现状和趋势①

[摘要] 目前，中国与中东欧国家的文化贸易迅速发展，但是存在着贸易规模偏小、商品种类相对较少且附加值偏低、贸易伙伴过于集中等问题。本文认为制约双方文化贸易发展的主要因素包括中国与中东欧国家的文化贸易开放度普遍偏低、中东欧国家的文化产品国际竞争力偏弱和较大的文化差异等。今后，中国要通过加强多领域的交流与合作，提高文化产品的品质，优化文化贸易结构和推动文化贸易创新，促进中国与中东欧国际文化贸易和谐发展。

文化往往是一个国家的灵魂，而文化产品②蕴含着一国或者地区的核心文化价值观。当今文化贸易已经成为带动世界经济增长的新亮点。中东欧作为连接欧亚大陆的重要枢纽，在"一带一路"建设中具有深远的意义。在中国—中东欧"17+1 合作"框架和《中国—中东欧国家合作杜布罗夫尼克纲要》颁布的背景下，中国与中东欧国家之间的文化贸易获得了迅速的发展，面临着新的机遇与挑战。但是，与欧美等发达国家相比，中国与中东欧国家文化贸易规模偏低，双方文化贸易潜力尚待深入挖掘。

一、中东欧国家在中国文化贸易中的地位

中东欧是"一带一路"建设的重要地区，17 个国家分别为阿尔巴尼亚、波黑、保加利亚、克罗地亚、捷克、爱沙尼亚、匈牙利、拉脱维亚、立陶宛、马其顿、黑山、波兰、塞尔维亚、罗马尼亚、斯洛伐克、斯洛文尼亚和希腊，这些国家在社会、经济、宗教信仰和对外经贸政策等方面存在较大的差异。中东欧国家的总体 GDP 不高，但是人均 GDP 相对较高。2018 年，只有阿尔巴尼亚、波黑、北马其顿和塞尔维亚等 4 个国家的人均 GDP 低于中国。

中国文化贸易的伙伴主要集中在两大类国家，一类是发达国家，例如美国、英

---

① 本文作者：王娟，北京工业大学耿丹学院讲师；吴巍巍，北京工业大学耿丹学院讲师。

② 本文采用联合国教科文组织（UNESCO）在 2009 年发布的文化统计框架（FCS）的方法将文化产品划分为六大类，分别是文化和自然遗产、表演和节庆活动、视觉艺术品和手工艺品、图书和出版、视听和交互媒体以及设计和创意服务。

国和德国等；另一类是文化渊源相近的国家，例如日本、韩国和新加坡等。中东欧国家在中国文化贸易中的地位如何呢？我们以 2017 年的“个人、文化与娱乐服务”为例。从出口的角度来看，中国出口到日本的“个人、文化与娱乐服务”占中国出口到全球的 20. 73%，出口到澳大利亚、法国和德国的比重依次是 13. 4%、8. 43% 和 5. 40%，而中国出口到中东欧国家的仅占中国出口到全球的 2. 03%；从进口的角度来看，中国从日本进口“个人、文化与娱乐服务”占中国从全球进口的 2. 2%，从澳大利亚、法国和德国进口的比重是 1. 3%、5. 5% 和 2. 46%，而中国从中东欧国家进口的仅占中国从全球进口的 0. 15%。[①] 可见，中国与中东欧国家开展文化贸易的空间还是比较广阔的。

中东欧国家经济发展水平存在较大差异，文化创意产业历史悠久。中国与中东欧国家的文化差异较大，文化产品贸易呈现出较强的互补性。伴随着双方经贸合作的不断深入，文化贸易的潜力将会进一步释放出来。

二、中国与中东欧国家的文化贸易现状分析

（一）中国与中东欧国家文化贸易开放度

文化贸易开放度可以反映一个国家或者地区的文化领域的对外开放程度[②]。借鉴服务贸易开放度的计算方法，我们采取文化产品开放度来进行测度。数值越大则表示该国的文化产品贸易越开放。这一指标综合反映了某一国家或者地区参与国际文化贸易的程度，也体现其经济增长对国际文化市场的依赖程度。见表 5 - 4 - 1，我们选取代表性的国家，分别计算了多国的文化产品贸易对外开放度。

通过将中国、中东欧国家与英国、美国、法国、意大利等发达国家进行比较，我们发现除了美国以外，其他发达国家的文化产品开放度均超过 0. 5%，中国的文化产品开放度为 0. 25%，而中东欧国家的文化产品开放度差异较大。

捷克的文化产品开放度达到 1. 30%，波兰的文化产品开放度是 1. 08%，超过了主要发达国家的文化产品开放度的水平。拉脱维亚、爱沙尼亚、立陶宛和斯洛伐克的开放度均超过 0. 5%。相比之下，阿尔巴尼亚、保加利亚、克罗地亚、匈牙利、北马其顿、塞尔维亚、罗马尼亚和斯洛文尼亚的贸易开放度均小于 0. 5%。这种情况在一定程度上说明了中国与中东欧国家进行文化贸易时往往存在净出口现象的原因。中国要高度重视与中东欧国家开展文化贸易，从而逐步扩大双方的文化产品和服务的消费需求。

---

① 数据来源于联合国贸发会议数据库，https://unctadstat. unctad. org/wds/TableViewer/tableView. aspx，访问日期：2020 年 2 月 24 日。

② 文化产品开放度的计算公式为 $TIC = (C_x + C_i)/GDP$，其中 C_i 和 C_x 分别表示文化产品的进口额和出口额，GDP 为国内生产总值。

表5-4-1 各国文化产品开放度的比较 （%）

序号	国家	2018年	序号	国家	2018年
1	中国	0.25	11	黑山	0.35
2	阿尔巴尼亚	0.4	12	波兰	1.08
3	保加利亚	0.38	13	塞尔维亚	0.31
4	克罗地亚	0.31	14	罗马尼亚	0.18
5	捷克	1.30	15	斯洛伐克	0.62
6	爱沙尼亚	0.57	16	斯洛文尼亚	0.10
7	匈牙利	0.26	17	英国	0.74
8	拉脱维亚	0.77	18	美国	0.29
9	立陶宛	0.51	19	法国	0.62
10	北马其顿	0.25	20	意大利	0.64

资料来源：Eurostat（online data code：cult_ trd_ prd），https：//appsso. eurostat. ec. europa. eu/nui/show. do？dataset = cult_ trd_ prd&lang = en，访问日期：2020年2月24日；教科文组织数据库，http：//data. uis. unesco. org/，访问日期：2020年2月24日；世界银行数据库，https：//data. worldbank. org. cn/，访问日期：2020年2月24日。

（二）中国与中东欧国家文化产品贸易国别构成

1. 文化产品贸易进口国别构成

如图5-4-1所示，中国在中东欧国家最大的文化产品进口国是捷克。2017年，中国从捷克进口的文化产品总额为3221.73万美元①，2018年达到了4316.96万美元，进口额增长了34%。中国的第二大进口国是波兰。波兰是中东欧国家中GDP最高的国家。2017年，中国从波兰进口文化产品2651.25万美元，2018年上升到3271.52万美元，增长了23.40%。中国第三大进口国是匈牙利。匈牙利是经济发达国家，经济高速发展。2017年中国从匈牙利的进口额达到1106.46万美元，2018年是1411.33万美元，增长了27.55%。中国的第四大进口国是斯洛文尼亚。中国与斯洛文尼亚多年来拥有较好的经贸往来关系，各领域的合作不断深化。2016年年初，斯洛文尼亚政府提出进一步扩大出口和推动对外投资。2017年，中国从斯洛文尼亚进口文化产品439.72万美元，2018年，中国的进口额是1047.59万美元，约为2017年的2.38倍。中国第五大进口国是罗马尼亚，该国经济发达，服务业发展迅速。2017年，中国从罗马尼亚进口文化产品达到751.31万美元，2018年中国的进口额是810.63万美元，增长了7.9%。中国第六大进口国是斯洛伐克，该国经济发达，历史景点较多，旅游资源丰富。中国从斯洛伐克的进口额从2017年的274.92万美元飙升到2018年的468.75万美元，增长了70.5%。中国从中东欧国家

① 2017年各国进口数据均来源于联合国商品贸易数据库，https：//comtrade. un. org/data，访问日期：2020年3月10日。

进口文化产品的金额是有较大差异的，前六大进口国可以达到几百万甚至几千万美元，相比之下，中国对有些国家的进口额仅仅是几千美元甚至为零。2017 年和 2018 年，中国从中东欧国家进口的文化产品更多的还是来自发达国家。中国与中东欧其他国家的文化领域的合作还有较大的发展空间。

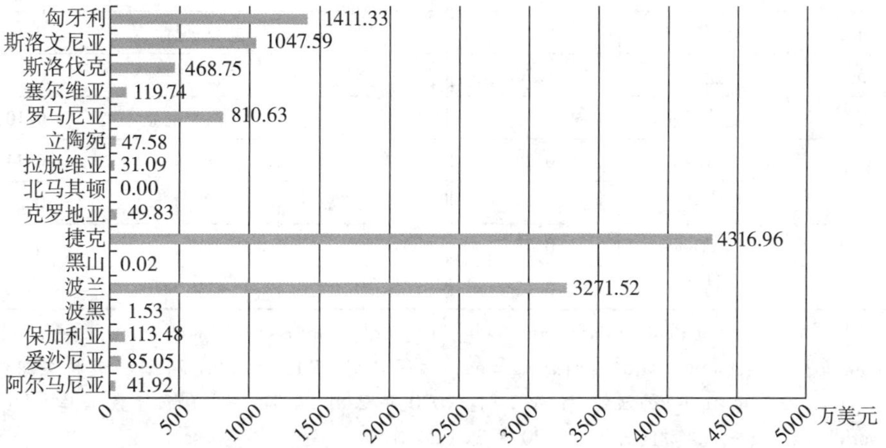

图 5－4－1　2018 年中国—中东欧文化产品贸易进口国别构成

资料来源：联合国商品贸易数据库，https：//comtrade. un. org/data，访问时间：2020 年 3 月 10 日。

2. 文化产品贸易出口国别构成

如图 5－4－2 所示，波兰是中国在中东欧国家出口文化产品最大的出口国。2018 年，中国对波兰出口文化产品达到 23767. 45 万美元，而 2017 年的出口额为 20295. 44 万美元①，增长了 17. 11%。中国的第二大出口国是斯洛文尼亚，2017 年中国的出口额为 6345. 92 万美元，2018 年中国的出口额为 10544. 95 万美元，是 2017 年的 1. 66 倍。中国的第三大出口国是捷克，2017 年出口额是 3893. 53 万美元，2018 年中国对捷克的出口额是 5471. 94 万美元，增长了 40. 54%。中国的第四大出口国是罗马尼亚，2017 年出口额是 5460. 81 万美元，2018 年出口额达到 4605. 01 万美元，出口额有所回落。中国的第五大出口国是匈牙利，2017 年的出口额是 3578. 57 万美元，2018 年达到了 4248. 31 万美元，增长了 18. 72%。斯洛伐克是中国的第六大出口国，2017 年中国出口额是 1636. 17 万美元，2018 年飙升到 2002. 41 万美元，增长了 22. 38%。

综观中国在中东欧国家的主要贸易伙伴，我们发现位于前六位的贸易伙伴分别是捷克、波兰、斯洛文尼亚、罗马尼亚、匈牙利和斯洛伐克。事实表明，中国的贸

① 2017 年各国出口数据均来源于联合国商品贸易数据库，https：//comtrade. un. org/data，访问日期：2020 年 3 月 10 日。

易伙伴相对集中，中国对中东欧国家的进出口国别构成有待进一步优化。

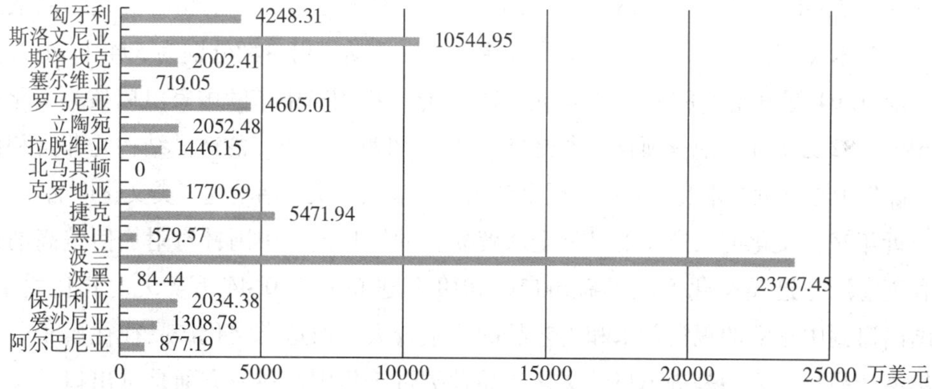

图 5-4-2　2018 年中国—中东欧文化产品贸易出口国别构成

资料来源：联合国商品贸易数据库，https：//comtrade. un. org/data，访问时间：2020 年 3 月 10 日。

（三）中国与中东欧国家文化产品贸易的产品结构

1. 文化产品进口贸易结构

如图 5-4-3 所示，2018 年，中国从中东欧国家进口的核心文化产品中视觉艺术和工艺品的总额是最多的，达到 11171. 25 万美元；其次是表演和庆祝活动，进口额为 602. 71 万美元；中国进口的第三大类文化产品是图书和出版，达到的 37. 13 万美元。2018 年，中国从中东欧国家进口核心文化产品 11816. 96 万美元，前三类占据进口总额的 99. 95%。由此可见，中国进口的文化产品相对集中。

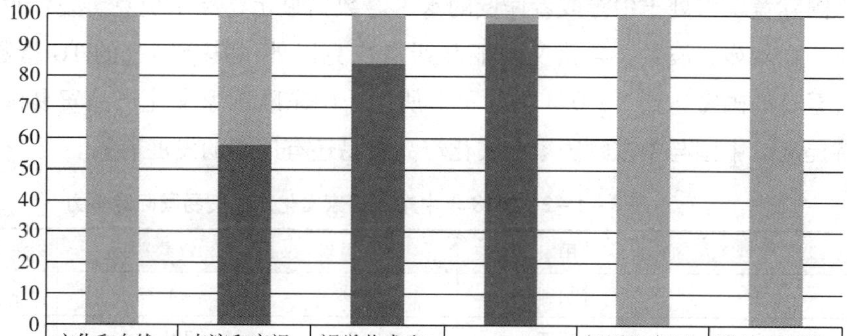

	文化和自然遗产	表演和庆祝活动	视觉艺术和工艺品	图书和出版	视听和交互媒介	设计和创意服务
■进口额(万美元)	5.13	602.71	11171.25	37.13	0.30	0.44
■出口额(万美元)	0.00	829.67	59421.21	1261.94	0.00	0.00

图 5-4-3　2018 年中国—中东欧文化产品进出口情况

资料来源：联合国商品贸易数据库，https：//comtrade. un. org/data/，访问日期：2020 年 3 月 10 日。

2. 文化产品出口贸易结构

如图5-4-3所示，2018年，中国对中东欧国家出口最多的核心文化产品依次是视觉艺术和工艺品、图书和出版、表演和庆祝活动，出口额分别为59421.21万美元、1261.94万美元和829.67万美元。2018年，中国对中东欧国家出口核心文化产品61512.82万美元，前三项合计占比99.99%。可见，进出口的产品结构是非常相似的，都集中在视觉艺术和工艺品、图书和出版、表演和庆祝活动这三类文化产品。

近年来，文化创意产品贸易是全球贸易新的增长点。中国针对附加值偏高的设计和创意服务这类文化产品没有出口，2018年进口只有0.44万美元。相比之下，中国出口到中东欧的视觉艺术和工艺品的比重较大，而这类文化产品往往属于劳动密集型产品。一方面是进出口的文化产品种类过于集中，另一方面是进出口的文化产品中劳动密集型产品占据了较大的比重。这些情形反映出中国文化产品贸易的不平衡。

（四）中国与中东欧国家文化产品贸易的国际竞争力

由表5-4-2可知，2018年中东欧国家文化产品贸易国际竞争力最强的是捷克，TC指数[①]为0.1339。位于第二位的国家是斯洛伐克，其TC指数为0.1227。第三位是波兰，其TC指数为0.1200。匈牙利和罗马尼亚的TC指数均为负值，分别是-0.0502和-0.3218。我们发现中东欧国家的TC指数均小于0.3，其中拉脱维亚的TC指数最大，但是也仅为0.2881，属于中等偏上的水平。中国2018年文化贸易的TC指数为0.8217。综观中国与中东欧国家的数据，我们发现如下两点：首先，中国文化产品贸易国际竞争力普遍高于中东欧国家；其次，中东欧国家的文化产品贸易国际竞争力处于中等或者偏低的水平。数据显示，除了捷克、爱沙尼亚、拉脱维亚、立陶宛、波兰、斯洛文尼亚和斯洛伐克以外，其余国家的TC指数均为负值，甚至有的国家达到了-0.8的水平。所以，中东欧国家文化产品贸易国际竞争力有待提高，中国与中东欧国家的文化产品贸易还有广阔的发展前景。

表5-4-2　2018年中东欧国家文化产品贸易国际竞争力　　单位：千欧元

序号	国家	贸易总额	贸易差额	TC指数
1	保加利亚	20819.3	-4222.3	-0.2028
2	捷克	293625.1	39314.1	0.1339
3	爱沙尼亚	13692.3	2682.9	0.1959
4	克罗地亚	18423.0	-4452.6	-0.2417
5	拉脱维亚	21898.6	6309.6	0.2881

① TC指数也称为贸易竞争力指数，是指一国进出口贸易的差额占其进出口贸易总额的比重。TC=(出口额-进口额)/(出口额+进口额)。该指数越接近于1，竞争力就越强；越接近于-1，竞争力越弱。TC指数等于0时，表明国际竞争力处于中间水平。

续表

序号	国家	贸易总额	贸易差额	TC 指数
6	立陶宛	22911.7	3890.5	0.1698
7	匈牙利	39124.5	-1962.1	-0.0502
8	波兰	618856.9	74251.3	0.1200
9	罗马尼亚	37097.2	-11939	-0.3218
10	斯洛文尼亚	31391.5	6701	0.0213
11	斯洛伐克	63495.5	7788.9	0.1227
12	黑山	1649	-1265.8	-0.7676
13	北马其顿	2524.7	-1673.1	-0.6627
14	阿尔巴尼亚	5321.1	-4316.9	-0.8113
15	塞尔维亚	13474.7	-1936.3	-0.1437

资料来源：Eurostat（online data code：cult_ trd_ prd），https：//appsso. eurostat. ec. europa. eu/nui/show. do? dataset = cult_ trd_ prd&lang = en，访问日期：2020 年 2 月 24 日。

注：由于波黑数据缺失，因此在计算国际竞争力时未计入。

三、中国与中东欧国家文化贸易发展趋势

中国与中东欧国家文化贸易的未来发展趋势取决于多个影响因素，例如双方的文化贸易开放度、文化产品的进出口关税、文化产品的竞争性与互补性、文化差异、基础设施建设和合作机制等。上述影响因素可以归结为两大类：一类是中国与中东欧国家的文化贸易促进因素；另一类则是中国与中东欧国家的文化贸易制约因素。这些因素有可能会影响未来的贸易发展趋势，应引起重视。

虽然，中国已经成为中东欧国家主要的文化贸易伙伴，但是中东欧国家对欧盟市场有着较大的依赖。2017 年，中国文化产品已经占中东欧国家从欧盟外进口总额的 30% 左右，但是主要的进口产品偏重于劳动密集型产品，例如视频游戏操控器等。由于中东欧国家各自的经济情况、宗教信仰均存在较大的差异，因此文化贸易需求是不同的。中国与中东欧国家进行文化贸易时要根据具体情况具体分析，而不能采取“一刀切”的做法。

（一）贸易增速预测

在中东欧国家中，波兰、捷克、罗马尼亚、匈牙利、斯洛文尼亚和斯洛伐克是中国主要的贸易伙伴，而且这 6 个国家都属于高收入国家。

2013 年至今，中国与中东欧国家的贸易额，无论是进口额还是出口额均呈现总体趋好的增长。统计数据显示，进口额的平均增速为 7.29%①，出口额的平均增速

① 根据联合国商品贸易数据库的数据计算而得，https：//comtrade. un. org/，访问日期：2020 年 3 月 10 日。

为9.38%，进口额的增速要小于出口额的增速。文化产品贸易进出口总额的平均增速在8.87%左右。由于中东欧国家是“一带一路”沿线重要的贸易伙伴，加上投资、金融和其他服务贸易等领域的积极合作以及陆海铁路联运线的不断建成，中国与中东欧国家的文化产品贸易增速将会加快，有望达到10%左右。

（二）贸易前景分析

如表5-4-3所示，中国与中东欧国家的文化产品贸易总额呈现较快的增长，从2017年的61514.80万美元攀升到2018年的73329.80万美元。从贸易差额来看，2017年，中国对中东欧国家文化产品贸易的顺差为43826.16万美元，2018年顺差额扩大到49695.82万美元。随着“一带一路”建设的不断深入，今后中国与中东欧国家的文化产品贸易额将呈现10%左右的增长，进出口比率逐渐减少，由目前的5.21下降到5以内，贸易逐渐趋于平衡。

表5-4-3　中国与中东欧国家文化产品贸易基本情况　　单位：万美元

年份	出口额（1）	进口额（2）	贸易总额（1）+（2）	贸易差额（1）-（2）	进出口比率（1）/（2）
2017	52670.48	8844.32	61514.80	43826.16	5.96
2018	61512.81	11816.99	73329.80	49695.82	5.21

资料来源：联合国商品贸易数据库，https：//comtrade.un.org/data/，访问日期：2020年3月10日。

（三）贸易商品类别的前景分析

由表5-4-4可知，中国与中东欧国家的文化产品贸易中“其他视觉艺术”的贸易总额最大，2017年达到47818.88万美元，顺差额为31781.83万美元。“工艺品”的贸易额居第二位，2017年的贸易总额为8981.67万美元，贸易顺差额为8424.40万美元。“乐器”的贸易总额为979.85万美元，顺差额为785.34万美元。“其他出版物”的贸易总额居第四位，达到了938.04万美元，顺差额是902.40万美元。居第五位和第六位的依次是“绘画”和“珠宝”，贸易额分别为470.89万美元和409.08万美元。上述分析表明，中国与中东欧国家文化产品贸易的发展是不平衡的。中国向中东欧国家出口的文化产品中有较大的份额是劳动密集型产品，例如其他视觉艺术、工艺品和乐器等。这类产品的附加值低而且具有较强的可替代性。近几年，创意产品进出口发展态势越来越好，这类产品的附加值高，文化内涵丰富。鉴于中国与中东欧国家的文化贸易互补性较大，加之“一带一路”的逐步深入，未来中国与中东欧国家的文化产品贸易会逐渐趋向于文化内涵丰富、附加值高的产品，而附加值偏低、文化内涵匮乏的劳动密集型产品的贸易比重将逐渐降低。

表 5 -4 -4　2017 年中国与中东欧国家文化产品贸易商品构成　单位：万美元

领域	类别	出口额（1）	进口额（2）	贸易总额 （1）＋（2）	贸易差额 （1）－（2）	进出口比率 （1）/（2）
A. 文化和自然遗产	古董	0.00	2.43	2.43	-2.43	—
B. 表演和庆祝活动	乐器	882.60	97.26	979.85	785.34	9.07
	记录媒介	0.00	0.00	0.00	0.00	—
C. 视觉艺术和工艺品	绘画	208.92	261.97	470.89	-53.04	0.80
	其他视觉艺术	39800.36	8018.53	47818.88	31781.83	4.96
	工艺品	8703.04	278.63	8981.67	8424.40	31.23
	珠宝	366.87	42.21	409.08	324.67	8.69
	摄影	3.40	0.38	3.78	3.02	8.92
D. 图书和出版	书籍	402.31	2.17	404.48	400.14	185.38
	报纸	7.61	3.84	11.44	3.77	1.98
	其他出版物	920.22	17.82	938.04	902.40	51.64
E. 视听和交互媒介	电影和视频	0.00	0.00	0.00	0.00	—
F. 设计和创意服务	建筑和设计	0.00	0.03	0.03	-0.03	—

资料来源：联合国商品贸易数据库，https：//comtrade. un. org/data/，访问日期：2020 年 3 月 10 日。

（四）贸易合作潜力分析

一般而言，如果两个经济体之间存在较大的贸易互补性，则意味着有较好的贸易潜力，也就是贸易联系的程度相对紧密。中国与中东欧国家的贸易潜力一方面可以通过引力模型进行实证研究，另一方面可以通过贸易结合度 TII① 进行研究。如图 5 -4 -4 所示，中国与斯洛文尼亚、立陶宛、拉脱维亚、爱沙尼亚、阿尔巴尼亚、保加利亚和波兰的贸易结合度均大于 1，说明中国在开展文化产品贸易时与上述国家的贸易往来比较紧密。中国与斯洛文尼亚的文化产品贸易结合度最高，达到了 2.04。中国与立陶宛、拉脱维亚的贸易结合度也比较高，分别达到了 1.71 和 1.53。2017 年，中国与中东欧国家文化产品贸易结合度的平均值是 1.07。中国与波兰的贸易结合度恰好在 1.07。今后，在与这些国家进行文化产品贸易时，中国一方面要优化文化产品贸易结构，重视探寻新的贸易合作机会，另一方面又要不断提升产品的品质，从而满足当地消费者的文化需求。

中国与罗马尼亚、黑山、匈牙利、克罗地亚、塞尔维亚、斯洛伐克、捷克、波

① 贸易结合度能够衡量两个经济体的贸易关系的紧密度。公式 $TII_{ij} = (X_{ij}/X_i)/(M_j/M_{ij})$，分子部分表示一国或者地区对某一贸易伙伴国的出口额占该国或者地区出口总额的比重；分母部分为该贸易伙伴国进口总额占世界进口总额的比重。若 $TII>1$，则表示两个经济体的贸易关系较为紧密；若 $TII<1$，则贸易关系较为松散；若 $TII=1$，则贸易关系既不紧密也不松散，位于平均水平。

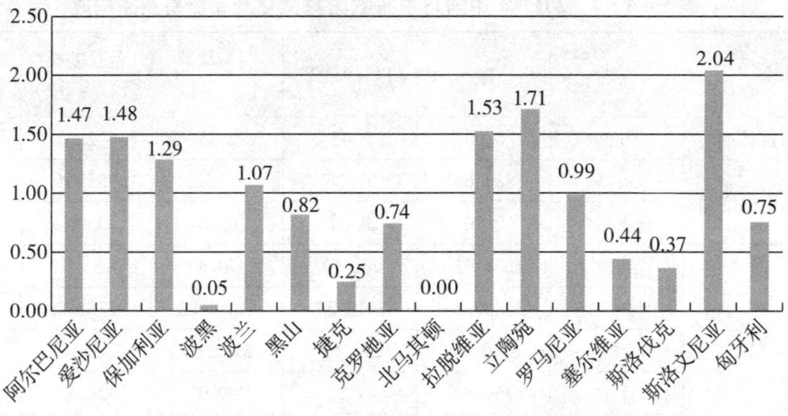

图5－4－4　2017年中国与中东欧国家文化产品贸易结合度指数

资料来源：联合国教科文组织数据库，http：//data. uis. unesco. org/，访问日期：2020年3月10日；联合国商品贸易数据库，https：//comtrade. un. org/data，访问日期：2020年3月10日。

黑和北马其顿的文化产品贸易结合度均低于1，说明中国与这些国家的文化产品贸易空间较大，需要进一步加强。中国在开展文化产品贸易时要多关注这类国家，通过签订各种经贸合作协议、削减贸易壁垒和执行差异化策略等办法不断加强文化贸易的紧密程度。

四、促进中国与中东欧国家文化贸易发展的建议

（一）加强多领域的交流与合作

中国要加强顶层设计，在“一带一路”和“16＋1”的框架下，聚集双方优秀的文化资源，探索双方宽领域、多层次的文化交流平台，完善货币兑换机制、建立经贸合作区域、加强基础设施的建设等，从而为双方的务实合作创造良好环境。

（二）提高中国文化贸易开放度

中国从中东欧国家进口的文化产品和服务的规模较低，导致多年的贸易发展不平衡。这种现象背后的原因是多方面的，但是其中一个主要原因是中国文化贸易的开放度较低。中国文化产业不仅要注重“走出去”，也要重视“引进来”，从而促进双边更深入的文化交流与合作。另外，要推动中国企业对中东欧国家的投资与各项经济合作，促进中东欧优质文化产品和服务出口到中国。

（三）实施差异化战略

中东欧16国的经济规模均不大，但是文化风俗、经济发展水平和法律完备程度等均存在差异。中国与中东欧国家的文化产品贸易呈现出较大的互补性，出口前景广阔。因此，中国企业出口前要针对中东欧各个国家的文化价值、消费心理、消费偏好和消费需求等进行调研，分析当地的竞争态势，实施差异化战略，避免“一刀

切”的做法。

（四）优化文化产品贸易的结构

在中国与中东欧国家的文化产品贸易中，“其他视觉艺术”和“工艺品”等劳动密集型文化产品进出口规模较大，而其他行业进出口规模偏小，还有待进一步提高。政府要出台有力的政策不断优化文化进出口的商品结构，培养有核心竞争力的文化产品，例如电影和视频、建筑和设计等，并且要不断提高出口的质量。

（五）提升文化产品的品质

随着时代的变迁和生活质量的提高，人们更加关心文化产品和服务出口的品质。发达国家的设计和创新服务的出口品质较高，而中国在这些产品上的品质偏低。鉴于中国与中东欧文化贸易的潜力较大，中国应更加注重出口附加值高、内涵丰富的文化产品，尽量避免陷入“比较优势陷阱”，这样中国的文化产品出口才有可能突破“低端锁定”。我们要积极探索各种方法不断提高文化产品和服务的质量，大力推广科技的应用，打造中国文化产品自己的品牌，以质取胜。对于正在成长的中国文化企业而言，应深入掌握核心技术和无形资产，也就是逐步进入产业链的核心领域，同时积极吸收国外新颖、优质的文化元素，延长和完善文化产业链，增加产品附加值和贸易附加值，以创造更加丰厚的利润。

（六）鼓励文化产品和服务创新

企业要加大文化产品和服务中的科研投入、产出与利用，进行管理创新、体制创新和服务产品创新等。中国与中东欧国家的文化差异较大，我们要将合理开发与有效利用结合起来，开展文化贸易时要勇于文化创新，创造更大的文化价值，从而创造丰厚的利润，提高文化贸易额和国际竞争力。

捷克文化旅游业发展路径及其对我国的启示[①]

旅游业是低能耗、低排放的绿色产业，也是增加国民收入、带动经济增长的有效产业。21 世纪以来，欧美发达国家均将旅游业置于优先发展位置。从体量上看，捷克是一个国土面积仅约 7.9 万平方公里、人口仅 1054 万的“小国”，但捷克的旅游业高度发达[②]，2017 年度接待境外游客超 1020 万人次，旅游业从业者超过 11 万人，总收入高达 115.31 亿美元（约 738.50 亿元人民币），占国民生产总值的 5.5%，成为捷克的战略性支柱产业。捷克是名副其实的“旅游大国”。

2019 年 5 月 22—30 日，作为西安交通大学公派的学术会议代表，作者应邀参加在布拉格举行的学术会议，发表了学术主题演讲，并在学术会议之余考察了捷克首都布拉格和“克鲁姆洛夫”（即 CK 小镇）等文化旅游项目。本文对捷克文化旅游产业发展现状及经验进行概括，以期为我国发展文化旅游业提供借鉴材料。

一、捷克与布拉格历史地理概况

捷克共和国（捷克语为 Êeská republika）是位于中欧地区的欧盟国家。1918 年第一次世界大战结束后，奥匈帝国瓦解，捷克与斯洛伐克于 1918 年 10 月 28 日合并为捷克斯洛伐克共和国。1948 年，捷克斯洛伐克共产党开始执政，成为社会主义阵营国家。东欧剧变后，1993 年 1 月 1 日，捷克与斯洛伐克解体成为两个独立国家。在此之后，捷克选择了多党议会制政治体制，并在经济上进行了彻底的市场化改革。[③] 在东部欧洲国家中，捷克的经济社会发展水平较高。2014 年捷克的人类发展指数为 0.861，居世界第 28 位。捷克是传统的工业强国，在机械制造、军工、汽车、轻纺以及制鞋、玻璃加工、啤酒酿造等传统领域优势明显。截至 2017 年底，捷

① 本文作者：吴锋，男，湖北郧西人，西安交通大学新媒体学院传播学系主任，教授、博士生导师，西安曲江新区管委会副主任（挂职），主要研究方向：新闻传播学和文化创意产业。

② 毕红毅．捷克旅游业的带动效应及对我国的启示[J]．山东经济，2004(3)：109 – 111.

③ 郑非．“天鹅绒分离”二十年——捷克斯洛伐克国家分裂的经验与教训[J]．开放时代，2013(1)：121 – 144.

克国内生产总值（GDP）为2096.52亿美元，人均GDP为21707美元。早在2006年，捷克已被世界银行列入发达国家，是实体经济、对外贸易和现代服务业发展水平较高的国家。

布拉格是捷克的首都，也是全国的政治、经济和文化旅游中心，被誉为欧洲最美丽的城市之一。虽然该市所占面积仅为496平方公里，人口118余万，在与中国国土面积对比的视角下只能算作中小城市，但其旅游业高度发达，不仅是欧洲乃至全球知名的旅游胜地，也是全球旅游产业的典范城市。2013年，布拉格入选“世界文化遗产”，成为全球首个整体进入世界文化遗产的城市。作为欧洲内陆的弹丸之地，捷克是如何将旅游业做到世界级水准的呢？其旅游产业跨越发展的秘诀何在？同为历史文化遗产资源富集之地的中国，应从捷克旅游业发展中汲取哪些有益经验？

二、捷克历史文化资源传承的基本路径

（一）把历史文化遗产保护置于首位，凸显文化旅游的首要性和唯一性

当今时代，各类旅游产品供给不断增多，但兼具唯美性、至高性和唯一性的旅游品牌仍然是吸引游客的最大优势。布拉格之所以能发展成为一座著名的旅游城市，与其占有的独特历史文化遗产有密不可分的关系。第二次世界大战期间，德国侵占捷克斯洛伐克时未发生大规模战争（捷克军队虽装备精良但主动放弃抵抗）①，这种特殊的历史背景使得该国国内大部分历史建筑得以保留得相对完整。时至今日，在布拉格老城区方圆5公里范围内，仍然拥有囊括欧洲各历史时期、各种风格的众多建筑，以哥特式和巴洛克式建筑最为著名。市区各种古建筑鳞次栉比，形成一片塔林景观，使布拉格得以拥有“千塔之城”的圣名。在布拉格，现代游客仍然可以亲身感受到中世纪城堡、教堂、钟楼、石桥等古建筑的非凡魅力，仍然可以感受中古西方文化的强大震撼力，因而被游客冠以“童话之城”“神秘之都”“欧洲古建筑文明的露天博物馆”的美名。位于南波西米亚的始建于13世纪的CK小镇，在二战中也未遭任何破坏，至今依然留有保存完好的中世纪风貌古城和恢宏的文艺复兴式城堡，在1992年被联合国教科文组织列为世界文化与自然双重遗产，被誉为全球最美小镇之一。

作为坐拥规模最大、样态最全的欧洲古代建筑文化资源的国家，捷克将历史文化遗产保护放在极其重要的位置，试图将古建筑文明传承下去。为此捷克实施了一系列与此相关的举措。

一是设立专门的文化遗产保护队伍，开展对历史文化遗产的常态化监测，投入

① 程广中. 1933—1939年德国军事战略演变初探[J]. 军事历史研究，1989(2)：148－157.

巨额经费对历史文化遗产进行精准保护和修复。在布拉格的众多文化遗产中，最显耀者当属布拉格城堡。布拉格城堡位于伏尔塔瓦河西岸的小山丘上，长570米，平均宽度约130米，其历史可追溯到公元9世纪，已有千余年的历史，是现存的世界上规模最大的古城堡，其内部存有波西米亚王国的王冠，藏有16—18世纪意大利、德国、荷兰等国绘画作品4000余幅。另一座著名古建筑是兴建于14世纪的圣维特主教座堂，它不仅是布拉格总教区的主教座堂以及神圣罗马帝国皇帝的加冕教堂，还是中欧地区的第一座哥特式大教堂。这些建筑是布拉格历史文化遗产的杰出典范，具有无上的文化价值，政府将这些区域设定为特殊保护区，进行重点监测，定期修护，最大限度维持历史文化遗产的原有风貌。

二是科学评估古建筑承受力，防止过度开发。例如，兴建于1357年的查理大桥是伏尔塔瓦河布拉格市区河段最著名的古桥，也是一座14世纪最具艺术价值的石桥，它长520米、宽10米，桥上有30尊精美的圣徒雕像。查理大桥不仅造型独特而且建造结构坚固，原本可承载现代车辆通行，但为最大限度延长查理大桥的生命，该桥禁止汽车通行（消防车及警车除外）。由于保护完好，桥上景观优美，加之汇集了一些露天艺术表演和工艺美术品，查理大桥成为布拉格旅客流量最大的热门景点，是体验布拉格波西米亚风情的重要场所。

（二）注重完善公共文化设施，烘托城市文化氛围

布拉格重视完善公共文化设施，为文化旅游业的发展营造良好硬环境。近年来，布拉格政府相继修建了一些著名的文化设施，如布拉格国家歌剧院、布拉格国家剧院、鲁道夫音乐厅（内设捷克爱乐乐团）、国家博物馆、国家图书馆、国家美术馆，以及数量众多的画廊、电影院和音乐俱乐部等文化机构。布拉格古城区还保留了相当数量的书店和报刊亭，为传统文化产品的传承提供了必要的销售渠道。在考察中，我们注意到，捷克居民还保持着良好的传统阅读习惯，在公交、地铁或电车上，读书阅报仍然是比较常见的文化景观。

布拉格重视塑造文化艺术氛围，完善文化古都的软实力环境。布拉格是欧洲传统文化重镇，涌现了一大批人文艺术领域的杰出人物，作曲家沃尔夫冈·莫扎特、作家弗兰兹·卡夫卡和米兰·昆德拉等人曾在该城进行创作活动，留下了诸多宝贵的文化遗产。政府引导举办的系列年度文化活动，有力激发了城市的文化艺术活力，使得现今的游客在布拉格仍然能够体验到浓郁的文化氛围。布拉格每月都要主办若干国际性文化活动或赛事，尤以各种音乐节庆最负盛名，是全球文化艺术类节庆活动最集中的城市之一。布拉格之春国际音乐节是一个具有世界影响力的音乐盛事，它始于1946年，每年的5月12日开幕，在布拉格老城区的核心地段巴黎街举行，开幕序曲为斯美塔那的交响诗组曲《我的祖国》，而后国内各少数族裔和外国精品节目相继登场，成为市民和游客的音乐海洋。此外，布拉格国际流浪文化节、布拉

格世界国际图书展、国际木偶节、布拉格国际作家笔会节等也各具特色。这些文化活动不仅大大丰富了市民的文化生活，而且大大激发了外来游客的参与热情，提升了文化旅游的体验感和互动性。

三、捷克文化旅游业的商业模式

捷克文化旅游业发展遵循“基础景观免费 + 延长衍生消费产业链”的商业模式。以免费为由，打造游客最佳旅游目的地。布拉格拥有欧洲首屈一指的历史文化遗产，但绝大多数景点皆为免费开放参观，旅游性价比高。以免费为卖点，极大限度地拉升了人气，使得布拉格成为欧洲乃至全球最受欢迎的旅游目的地之一，外国游客人数仅次于伦敦、巴黎、罗马和柏林。除了德国、英国和意大利等传统游客持续占据主导外，来自中国、韩国、日本等东方国家的游客数量也在快速增加。2017年，赴捷克旅游的中国游客已经突破50万大关。

虽然布拉格历史文化遗产以免费为主，但布拉格文化旅游业收入位居欧洲前列，关键在于形成了一条完整的文化旅游衍生消费产业链。

（一）依托布拉格历史文化遗产，打造工艺美术品特色街区

水晶工艺品是最具捷克特色的工艺品，在布拉格老城区，大约有1000家风格各异、独具特色的水晶店，几乎每家商店都有不同造型的水晶，水晶成为外来游客消费的首选产品。作为世界上首屈一指的工艺品，捷克水晶工艺品自18世纪起就以尊贵和高雅的姿态盛行于欧洲上流社会，一直被欧洲的王侯、贵族们所喜爱。水晶首饰、玻璃酒杯、水晶厨具、珠宝服饰、装饰华丽的烛台或其他一些由当代艺术家设计的精美工艺品，种类多达千余种，成为一道美丽的风景线。① 此外，布拉格城堡区的黄金巷两侧均为小巧房舍，昔日曾是为国王炼金的术士们聚居之处，现在则改为出售手工艺品的店铺，成为各种木制品、童话玩具等艺术品的天堂，同样吸引着大批游客前往。

（二）依托历史文化遗产，构建“咖啡 + 酒吧 + 美食”快速消费体系

捷克的啤酒酿造享誉世界，既是啤酒生产大国又是啤酒消费大国，啤酒快消费成为布拉格旅游产业的重要组成部分。此外，基于捷克独特文化而生产的美食制品甜甜圈，全部为手工现场制作，被誉为捷克国宝级美食，尽管售价较高（单个售价60～150捷克克朗，折合人民币18～44元），但并不影响其成为外地游客竞相品尝的美味甜品。虽然布拉格古城区的街道并不十分宽阔，但其以古色古香的文化古街作为背景，极易激发游客的快速消费欲望。政府引导租户利用历史文化建筑开发

---

① 王承遇，陶瑛．水晶玻璃的过去、现在与未来[J]．玻璃，2007(6):7－13.

“咖啡 + 酒吧 + 美食”的快速消费体系，有效拉动了旅游消费市场。

（三）依托历史文化遗产，打造特色文化商业街区

布拉格老城区历史文化遗产高度富集，游客流量大，适合发展特色文化商业综合体。政府引导租户在老城区建成了一批高质量的文化主题商场，售卖商业百货，其中，以制鞋、服装等捷克制品声誉较高。捷克拥有一批老牌制鞋企业，所制作的鞋子质量精良。企业服务意识强，品牌美誉度高，尽管鞋子售价不菲，但也是各国游客“扫货”的热门选项。创办于 1894 年的 T&A Bata 鞋业公司，凭借坚持不懈、追求完美的“匠人精神”，产品行销全球 50 多个国家，每天服务 100 万名顾客，已发展成为全球最知名的鞋业集团之一。

（四）依托历史文化遗产，发展现代服务业

布拉格老城区有著名的老城广场，亦称布拉格广场。广场竖立着宗教改革先驱胡斯的纪念碑，周围则聚集着哥特式的泰恩教堂、巴洛克风格的圣尼古拉教堂，以及老市政厅。在旧市政厅的外墙上，有著名的布拉格天文钟（也称“钟楼”），每到整点，时钟准时报时，引得布拉格广场上上万人同时驻足观看，成为城市的一道亮丽的景观。商家依托钟楼上的传统窗口发展了现代电子屏广告传播业务，成为历史文化遗产与现代科技融合的典范。依托布拉格的特色文化街区，一些酒吧推出移动酒吧车项目，让游客边品味啤酒边欣赏夜色街景，成为布拉格夜市的一道亮丽风景。

四、捷克布拉格旅游业的经验及不足

捷克布拉格旅游业高度发达，其背后的经验举措值得我国重视和借鉴。

（一）良好的外部环境和服务环境是旅游业发展的重要保障

其一，坚守生态底线，确保环境优良。在捷克，产业发展与环境保护同步进行，在经济快速发展的同时守护了青山绿水。捷克不仅空气质量优良，而且市容环境优美，即使在老城区人流密集区，也极少见到裸露垃圾。抬头可见蓝天白云，低头可见干净整洁的街道，游客置身于优雅的生态环境中，旅游幸福感自然显著倍增。对大多数中国大中城市来说，城市生态和市容环境的较大压力成为制约旅游业发展的一大瓶颈。

其二，城市公交高度发达，有效破解城市拥堵难题。布拉格市人口仅 100 余万，但城市公共交通高度发达，不仅拥有 A、B、C 三条地铁，而且建有全球最发达的轨道电车系统。布拉格市拥有轨道电车 1000 余辆，密集覆盖全市主要街道，且单体轨道电车长达三节车厢，载客量大，属于节能减排的绿色交通。在城市末端还有配套公交车有效接驳。利用地铁、轨道电车和公交，市民可到达绝大多数目的地，有效破解了城市拥堵难题。尤其值得称道的是，该市所有公交系统均由当地交通局管理

运营，实施“一票通”制度，[①] 乘客只需按乘车时间长度购票，然后可在地铁、轨道电车和公交车之间实现无障碍一次性限时付费换乘，无须重复购票，大大便利了乘客出行。在捷克其他地区，则有发达的城际通勤汽车和火车相连。在捷克，出租车数量较少，且价格昂贵，多数游客首选公共交通作为旅行工具，大大降低了旅游成本。

其三，旅游服务体系健全，城市酒店配套服务高度发达。在布拉格老城区等游客密集区，政府提供了非常完善的公共导引服务，每1000米处设置一家旅游信息咨询服务厅，以及免费旅游地图。值得说明的是，大多数捷克旅游行业从业者能够熟练运用英语、法语、西班牙语等多种语言，为境外游客提供了良好的语言服务。此外，布拉格城市治安管理良好，当地居民对外来游客态度友好，虽然历史文化遗产聚集区客流量高度密集，但较少发生恶性治安事件，游客的安全指数较高。

（二）坚守特色文化传统是旅游业可持续发展的重要经验

其一，维护城市整体风格，坚守文化传统特色。现代旅游业发展的普遍经验是追求旅游景观的唯一性和独家性。布拉格是一个文化古都，该市在规划管理层面注重城市建筑及外墙色彩与传统古建筑风格保持协调，使得古代文化与现代文化建筑相得益彰。同时，该市老城区主要街道仍然最大限度地保留了古代石砖风格，而不是铺设现代大理石或沥青。尽管铺设石砖成本高，且不利于穿现代时尚高跟鞋，但布拉格市政建设依然锲而不舍地坚守着这一传统，使得游客在古色古香的石砖街道中穿梭时，自然而然就被带入布拉格中古文化的艺术境界。

其二，制造业高度发达，打造特色旅游衍生品产业。现代旅游业发展的经验表明，单一的旅游消费难以持续，成功的旅游品牌大多伴随着成熟的旅游衍生品，以拓展旅游关联产业的广度和深度。捷克的水晶制品、木制工艺品和布艺制品创意设计水平高，做工精细，机械制造智能化水平极高，且具有鲜明的本土文化特色，极大触发了游客的购买欲，进而延长了文化旅游产业链，增加了旅游收入。

（三）注重品牌与口碑传播是文化旅游业跨越式发展的有效手段

其一，注重整体形象传播，提升国际声誉。布拉格政府通过宣传推广，使整个城市进入了世界文化遗产名录，此举开创了城市整体打包申遗成功的先例，极大提升了城市的知名度和美誉度，为开展全域旅游创造了极佳的条件。由此思考我国一些文化古域，例如西安，作为周秦汉唐文化遗产聚集高地，如何推动城市整体进入世界文化遗产，如何将布拉格的成功经验“本土化”进而达到对周秦汉唐文化遗产最大限度地传承，需要深入探索。此外，布拉格市内各种酒店数量众多，大多数不收取额外小费，房间干净整洁，酒店服务态度好，不仅免费提供旅游及文化活动资

---

① 徐艳文．捷克的城市公共交通[J]．城市公共交通，2018(2)：75.

料，而且能够解答游客的各种疑问，赢得了顾客的好评。布拉格市政府还大力支持各种亚文化传播形态，为街头行为艺术、流浪者艺术、特殊道具表演艺术和涂鸦艺术等非主流文化提供表演场所并加以特殊保护，为布拉格的文化街区增添了特殊的人文景观和口碑传播效益。

其二，注重节庆传播，增加文化旅游的体验感。布拉格每年举办的音乐活动有每年1月举办的歌剧和芭蕾舞表演节、每年6月的国际捷克莫拉维亚铜管音乐节、每年7月的古典音乐之夏、每年8月的国际四重奏音乐节、每年8—9月举办的国际风琴音乐节、每年9—10月举行的布拉格之秋国际音乐节、每年冬季布拉格之冬古典音乐、每年9月的国际小铜管乐节、每年10月的国际爵士乐节、每年10—11月的国际学生管弦乐节、每年10—12月的布拉格城堡古典音乐节、每年11—12月的国际耶诞音乐节等。每年在布拉格举办的国际电影节有当代欧洲电影节（每年1—2月）、国际影视视频节目节（每年3月）、“同一个世界”国际电影节（每年4月）等。上述活动的最大特点是各国游客共同参与，本土居民与外来居民同等待遇，体现出多元文化的和谐融合。举办此类活动的根本目的是调动游客参与，增加旅游消费的体验感、互动性和沉浸性。

需要指出的是，本文着重阐述捷克和布拉格旅游业的优势和经验，但捷克旅游业也存在一些不足，需要我们加以鉴别。例如，就笔者的观察来看，捷克公共场所烟民众多，而且女性烟民占比较大，其公共场所的控烟效果尚不理想；在推动公共设施私有化的背景下，捷克大多数公共场所的厕所实施收费如厕政策，给一些顾客造成不便；虽然捷克的国际游客占比较高，但公共场所的大多数路牌、引导文字、宣传资料等皆为捷克语，在一定程度上给外来游客造成障碍；捷克官方不允许在境内使用他国货币，但货币兑换手续费偏高，且标准不一，给游客造成困扰。此外，一些景区内存在充满争议的乞讨现象，尽管有游客认为这也是捷克旅游的组成部分，是一道独特景观（捷克的乞讨者与他国不同，景区的乞讨者也是一道特殊风景：乞讨者身边通常有1～2只可爱的宠物狗伴随，它们不仅时刻守护着主人的安全，也向游客投射出怜惜的目光，每当乞讨者就餐时也会同时为宠物狗添加食物，营造出一番人类与宠物和谐共生的“命运共同”感），但也有游客认为景区内的乞讨现象大煞风景。核心景区的乞讨现象是否要禁止，或者如何科学引导景区的乞讨行为，是当地政府需要进一步探索的问题。

附　录

附录 1　中国对外文化贸易政策梳理（2017—2019 年）

2017 年 3 月 1 日，《中华人民共和国电影产业促进法》作为我国文化产业领域的第一部法律正式实施。

2017 年 3 月 12 日，国务院办公厅转发了原文化部、工业和信息化部、财政部《中国传统工艺振兴计划》（以下简称《计划》）。自《计划》发布以来，工艺美术业开始从传统单纯的手工艺制作逐渐转向“工艺 + 文创”“工艺 + 特色旅游”“工艺 + 互联网”的发展模式，实现了工艺美术与文化衍生品、特色街道景区、服装服饰、网络动漫等领域的跨界合作。

2017 年 4 月，文化部发布了《关于推动数字文化产业创新发展的指导意见》（以下简称《意见》），提出要发挥高新技术对内容创作、产品开发、模式创新的支撑作用，提高产品品质、丰富表现形式。在对外文化贸易方面，《意见》指出，要充分利用国内国外两个市场、两种资源，培育具有国际竞争力的数字文化企业和产品，为全球数字文化产业发展提供中国模式。

2017 年 4 月 26 日，文化和旅游部发布《文化部“十三五”时期文化科技创新规划》，针对文化产业生产和消费以及创新做了重要指导。文件强调了在坚持和弘扬社会主义核心价值观的基础上，始终把社会效益放在首位的重要性。同时指出，社会效益应当和经济效益相统一，从而坚定文化自信，传承中华文明，不断增强国家软实力。另外，各级文化创新部门应当深入文化建设主战场和科技发展大舞台，将目光聚焦在文化发展的迫切需要上，有效利用新技术、新工艺、新材料和新设备，实现内容为王，技术制胜 ，发扬工匠精神，创作具有思想深度、艺术精湛、制作精良的文化产品。

2017 年 5 月，中共中央办公厅、国务院办公厅印发了《国家“十三五”时期文化发展改革规划纲要》（以下简称《纲要》）等文件，为我国“十三五”时期文化产业的发展提出了总体性的指导意见。《纲要》则从“加强国际传播能力建设、扩大文化交流合作、健全文化贸易促进政策、简化文化出口行政审批流程、支持开展涉外知识产权维权工作”等方面，提出了继续提高文化开放水平的具体要求。

2017 年 9 月 4 日，国家新闻出版广电总局、发展改革委、财政部、商务部、人力资源社会保障部等五部委联合下发了《关于支持电视剧繁荣发展若干政策的通知》，指导电视剧繁荣发展。

2017 年 9 月 20 日，国家新闻出版广电总局印发《新闻出版广播影视“十三五”发展规划》（以下简称《规划》），总结了主要成就、面临的新形势和存在的问题，并指出了发展目标和主要任务，以及保障措施。《规划》提出了做优做大做强新闻出版产业，进一步提高规模化、集约化、专业化水平；加强国际传播能力建设，传播中国声音、展现中国精神、提升中国影响等十一项主要任务。

2017 年 12 月 11 日，国家电影事业发展专项资金管理委员会办公室下发《关于奖励放映国产影片成绩突出影院的通知》，以差额退还专项资金的办法奖励全年放映国产影片票房收入占票房总收入 55% 以上的影院。12 月 11 日，国家电影局下发《关于加快电影院建设 促进电影市场繁荣发展的意见》，提出 2020 年全国城市电影院银幕总数超过 8 万元的任务。

2018 年 2 月 6 日，为了进一步规范开展国家新闻出版产业基地的创建工作，充分发挥其在推进新闻出版产业供给侧结构性改革、促进产业优化升级、引领行业高质量发展中的作用，国家新闻出版广电总局制定了《国家新闻出版产业基地创建工作规范》；2 月 13 日，国家新闻出版广电总局改革办公室制定了《新闻出版广播影视企业版权资产管理工作指引（试行）》，指出要高度重视版权资产管理工作，积极推动落实版权资产管理工作，总结推广先进经验；3 月 14 日，全国新闻出版单位数字出版工作交流会在京召开，国家新闻出版广电总局将通过一系列举措，推动数字出版业在新时代实现新作为；8 月 21 日至 22 日，全国宣传思想工作会议在北京召开，习近平总书记在会议上提出了新形势下宣传思想工作“举旗帜、聚民心、育新人、兴文化、展形象”的使命任务，强调要不断增强脚力、眼力、脑力、笔力，努力打造一支政治过硬、本领高强、求实创新、能打胜仗的宣传思想工作队伍。

2018 年 3 月，国务院办公厅印发的《关于促进全域旅游发展的指导意见》指出，要“深入挖掘历史文化、地域特色文化、民族民俗文化、传统农耕文化等，实施中国传统工艺振兴计划，提升传统工艺产品品质和旅游产品文化含量”。以文促旅、以旅彰文，为传统工艺的创新发展和传承积淀提供更大的平台。

2018 年 3 月 21 日，根据中共中央《深化党和国家机构改革方案》，为更好发挥电影在宣传思想和文化娱乐方面的特殊重要作用，发展和繁荣电影事业，将国家新闻出版广电总局的电影管理职责划入中央宣传部。随后，国家新闻出版广电总局更名为国家广播电视总局。6 月 27 日，中央宣传部、文化和旅游部、国家税务总局、国家广播电视总局、国家电影局等联合印发《通知》，要求加强对影视行业天价片酬、“阴阳合同”、偷逃税等问题的治理，控制不合理片酬，推进依法纳税，促进影视业健康发展。

2018年5月24日，文化和旅游部、工业和信息化部联合发布了第一批国家传统工艺振兴目录，纺染织绣、服饰制作、编织扎制、雕刻塑造等14个门类的383个传统工艺项目入选并予以重点扶持。

2018年6月，根据《国务院关于加快发展对外文化贸易的意见》，北京天竺保税区、中国（浙江）影视产业国际合作区等13家园区被认定为国家文化出口基地。

2018年6月，工业和信息化部、文化和旅游部共同召开会议，审议论证《文化装备发展应用行动指南（2018—2020年）》，指出文化装备是推动国家文化建设与文化创新的重要技术基础。

2018年6月27日，文化和旅游部发布了《关于大力振兴贫困地区传统工艺助力精准扶贫的通知》，针对第一批国家传统工艺振兴目录中贫困地区的工艺项目，大力推进“非遗+扶贫”。

2018年12月25日，国务院办公厅印发《文化体制改革中经营性文化事业单位转制为企业的规定》和《进一步支持文化企业发展的规定》，提出对电影发行放映行业、广播电视服务行业的部分收入免收增值税。2018年12月25日，教育部联合中共中央宣传部发布《关于加强中小学影视教育的指导意见》，以充分发挥优秀影片在促进中小学生德智体美劳全面发展中的重要作用。

2019年8月，科技部、中央宣传部、中央网信办、财政部、文化和旅游部、广播电视总局共同研究制定了《关于促进文化和科技深度融合的指导意见》，旨在促进文化和科技深度融合，全面提升文化科技创新能力，转变文化发展方式，推动文化事业和文化产业更好更快发展，更好满足人民精神文化生活新期待，增强人民群众的获得感和幸福感，对我国创意设计产业的发展具有重大战略意义。

2019年1月，根据《国务院关于促进服务外包产业加快发展的意见》，商务部、财政部、海关总署会同有关部门结合产业发展的新情况，编制并发布了《服务外包产业重点发展领域指导目录（2018年版）》，对促进我国服务外包产业转型升级，推动“中国服务”再上台阶、走向世界，具有重要意义。

2019年10月25日，国家新闻出版署关于印发《图书、期刊、音像制品、电子出版物重大选题备案办法》的通知；11月，中共中央办公厅、国务院办公厅印发《关于强化知识产权保护的意见》，明确要不断改革完善知识产权保护体系，促进保护能力和水平整体提升，力争到2025年，知识产权保护社会满意度达到并保持较高水平，知识产权制度激励创新的基本保障作用得到更加有效发挥。11月9日，国家广播电视总局下发《关于进一步加强广播电视和网络视听文艺节目管理的通知》，针对影视明星过多、追星炒星、泛娱乐化、高价片酬、收视率（点击率）造假等问题提出要求。

在2019年底公布的《中华人民共和国文化产业促进法（草案送审稿）》当中，在文化产业的定义中将文化装备生产纳入范畴，将其作为文化产业科技支撑的重要组成部分，强调“国家鼓励和支持文化装备制造业发展，支持内容制作、传输和呈现的相关设备、软件和系统的研发及产业化，提升技术创新能力和系统解决方案集成能力，提高文化核心技术装备制造水平”，再次以立法的形式明确了文化装备产业对于我国文化产业和整体经济发展的重要意义。

附录2　中国对外文化贸易文献整理（2017—2019年）

“一带一路”倡议下中国文化产品出口的法制思考

作者：魏简康凯、张建

关键词：“一带一路”；文化贸易；文化产品出口

摘要：随着全球化的深入发展，文化贸易正日益成为国际贸易的重要组成部分。中国有着悠久的历史文化传统，尽管文化贸易增速较快，但总量和内容都有待提升和扩展，同时还面临着国内法律体系不健全、国际法律理念围绕促进文化自由贸易与强化文化保护的重大分歧的严峻挑战。本文提出中国应借鉴日本、美国、韩国、英国等文化出口大国完善国内法律体系，克服国际法律困境的成功经验和有效做法，紧紧抓住“一带一路”倡议深入推进的机遇，通过制定《中华人民共和国文化产业促进法》规范文化产品出口，转变政府职能并改革文化管理体制，有效利用国际贸易救济与争端解决机制，打破市场准入壁垒等措施提升中国文化产品的国际竞争力，大力发展与沿线国家的文化贸易。（发表于《国际展望》2017年第1期第126－143页）

中华文化“走出去”对我国出口贸易的影响研究

作者：谢孟军

关键词：文化“走出去”；出口贸易；孔子学院；系统GMM

摘要：文章通过搜集整理我国在126个国家（地区）1326所孔子学院的数据，使用系统GMM方法实证研究了文化“走出去”的出口贸易效应，认为我国文化“走出去”具有显著的出口增长效应，并表现出较强的经济偏好和洲际差异性；孔子学院集中分布在欧美经济发达地区，出口增长效应在发达国家要好于发展中国家。（发表于《国际经贸探索》2017年第1期第32－46页）

文化差异与商品贸易：基于“一带一路”沿线国家的考察

作者：方慧、赵甜

关键词：文化差异；“一带一路”；初级产品；制成品

摘要：中国与“一带一路”国家经贸往来频繁，文化差异这一软环境因素对商品贸易的影响不可小觑。文章基于信号博弈模型分析发现，文化差异通过影响交易成本阻碍外贸活动的开展，但受消费者偏好多样性等因素的影响，对不同类型商品的阻力有所不同，相对于初级产品，文化差异对制成品贸易的阻碍更小。然后，文章选择文化距离作为代理变量，使用系统 GMM 法检验 1995—2015 年中国与“一带一路”国家商品贸易相关数据，验证了理论分析的结果。研究结论提升了对商品贸易影响因素特别是文化差异因素的认识，有助于扩大我国文化的影响力，减少外贸活动中文化差异带来的障碍，提高初级产品附加值以及鼓励制成品贸易，以改善外贸结构，促进产业升级。（发表于《上海财经大学学报（哲学社会科学版）》2017 年第 3 期第 56－67 页）

贸易引力、社会嵌入与文化产品出口
——来自中国与“一带一路”沿线国家的经验分析

作者：李世杰、邓茂杰、刘殿国

关键词：文化产品；文化产品出口；贸易引力；“一带一路”；社会嵌入

摘要：本文综合社会嵌入性理论与经典贸易引力模型理论，将贸易引力模型中的经济因素作为层一变量，将社会嵌入性理论中的认知、关系、结构、文化和政治嵌入作为层二变量，采用多层统计分析工具，运用 2002—2014 年中国与 27 个“一带一路”沿线国家的文化贸易数据，实证分析影响中国文化产品出口的核心因素及作用路径。结果表明：中国与“一带一路”沿线国家的核心文化产品出口存在较大差异，且这种差异多由各国的社会嵌入性因素造成；GDP、贸易条件、科技应用水平以及认知、文化和结构嵌入对中国文化产品出口具有显著的直接影响，文化和结构嵌入对中国文化产品出口还兼具间接影响；文化嵌入会削弱 GDP 对文化贸易的正向影响，结构嵌入能增强 GDP 对文化贸易的正向影响、削弱科技应用水平对文化贸易的正向影响。因而，本文提出推进“一带一路”发展战略，增强中国与“一带一路”沿线国家之间的文化交流与贸易往来，既要考虑经济因素，也要考虑社会嵌入性因素。（发表于《广东财经大学学报》2017 年第 4 期第 32－44 页）

中韩电视剧翻拍贸易中的文化折扣

作者： 贺弋晏、唐谦

关键词： 文化折扣；贸易逆差；同源异质

摘要： 20世纪初中韩建交以来，电视剧贸易逆差一直颇大。电视剧输出在某种程度上体现了文化软实力的强弱。为何中国在与韩国的文化交流中一直处于弱势地位，被韩流文化大量侵入而本国文化的输出却遏阻？本文从中韩电视剧翻拍贸易着手，分析贸易逆差的趋势、翻拍剧以及国产剧中文化折扣存在哪些差异，如何缩小文化折扣提高中国电视剧软实力。（发表于《东南传播》2017年第3期第35－37页）

中美文化创意产业出口的比较分析
——兼论中国文化产业“走出去”的策略

作者： 朱江丽

关键词： 文化创意产业；出口贸易；比较研究

摘要： 本文通过对中美文化创意产业贸易出口总量、出口结构与出口市场的比较，发现中美文化创意产业出口的差距主要表现为结构性差距，包括文化创意产品贸易与服务贸易的结构差距，以及文化创意产品中“硬件”产品与“软件”产品的结构差距。进一步讨论发现，中美文化创意产业贸易差距来源于国家政治经济发展水平与当今国际分工的不平等性。于中国而言，以促进文化创意产业贸易结构优化调整为核心，推动产品出口规模乘势而上，制定差异化市场竞争战略与市场发展路线，是中国文化产业进一步“走出去”的策略。（发表于《西南民族大学学报（人文社会科学版）》2017年第8期第168－173页）

“互联网＋”对中国文化贸易创新发展的影响研究

作者： 王江、陶磊、罗丹、吴莉

关键词：“互联网＋”；文化贸易；SWOT分析法；多元回归模型

摘要： 本文运用SWOT分析法分析我国现阶段“互联网＋文化贸易”的优势、劣势、机遇、挑战；通过构建多元回归模型并实证分析得出，互联网对中国文化贸易的发展总体呈现促进作用，但对文化产业中某些行业不具有影响或具有负影响作用。根据结果，本文提出进一步促进文化贸易创新发展的对策建议。（发表于《科技管理研究》2017年第10期第228－232页）

发挥文化“走出去”在“一带一路”建设中的引领作用

作者：鲍雨

关键词：“一带一路”；文化交流；文化贸易

摘要：在“一带一路”倡议顺利实施的背景下，我国推进中华文化“走出去”硕果累累，在文化交流、文化传播和文化贸易等方面均取得显著成就。建设“一带一路”，应当继续发挥文化“走出去”的先行引领作用，为促进沿线各国民心相通、提高我国文化软实力奠定坚实根基。（发表于《公共外交季刊》2018 年第 1 期春季号第 17－21 页、第 147 页）

“一带一路”背景下我国“文化‘走出去’”战略的话语变迁

作者：陈怀平、沈轩羽、李天姿

关键词：“一带一路”；文化“走出去”；文化输出；文化魅力；文化“软实力”

摘要：构建科学合理、国际认同度更高的理论话语体系是促进“一带一路”沿线国家文化对话，提升我国民族文化认同感和软实力，构建人类命运共同体的重要手段。文化“走出去”战略作为当前我国的核心话语体系，实现了对以强制性、扩张性为标志的西方发达国家“文化输出”的超越，但由于其表述上的“单向性”和“形式化”，往往容易被其他国家和民族误会和曲解。“文化魅力”的提法明确了我国“内涵式”文化发展道路的实质特征，更符合“一带一路”“和平合作、开放包容、互学互鉴、互利共赢”的建设理念。因此，需以“文化魅力”为基础，推进文化“走出去”，从内容和形式两个方面最终实现我国“文化软实力”的提升，这是“一带一路”文化交流背景下我国话语体系变迁的应有逻辑。（发表于《理论导刊》2018 年第 9 期第 86－90 页）

西部地区文化产品和服务“走出去”的路径优化
——基于四川省的实践

作者：刘鑫

关键词：“走出去”；出口额；民营文化企业；西部地区；四川省；路径优化

摘要：我国西部地区虽然有着丰富的文化资源，但是其文化产品和服务“走出去”仍处于起步阶段，规模不大，远落后于东部发达地区。通过对西部代表性省份四川省的研究发现，文化产品和服务“走出去”受意识、实力、创新、市场环境、服务平台、政策支持等方面的制约，西部地区需要根据自身特点，优化文化产品和服务“走出去”的路径，抓住重点出口行业，培育优质出口产品，给予充分出口保障，拓展重点出口市场。（发表于《人文天下》2018 年第 1 期第 51－57 页）

开展非遗出口贸易的国际经验及其启示
——以韩国和意大利为例

作者：林航

关键词：非物质文化遗产；非遗出口贸易；服务贸易模式；国际经验

摘要：随着当前中国国际影响力的提升，中国非遗对外出口的典型案例不断地涌现，但整体上仍处于自发发展的起步阶段。本文通过借鉴韩国和意大利非遗出口贸易的先行国家的成功经验，结合中国的实际情况，从服务贸易四种提供模式角度为中国开展非遗出口贸易提出相应的模式构想，具体为：非遗与制造相融合，推动非遗产品出口；以历史街区为带动，开展非遗体验旅游；以孔子学院为平台，助力非遗国际推广；把握体验经济规律，组织非遗跨境演出。（发表于《文化产业研究》2018 年第 2 期第 175－186 页）

“一带一路”视野下中国对外文化贸易发展与布局研究

作者：方伟洁

关键词：“一带一路”；文化贸易；文化产业；文化强国

摘要：发展对外文化贸易是增强我国文化产业整体实力、扩大中华文化世界影响力和建设文化强国的关键步骤。“一带一路”倡议为我国对外文化贸易发展提供了崭新的合作平台、技术平台、市场平台和资源平台。当前我国对外文化贸易面临文化品牌不响、文化距离尚存、文化贸易结构不合理等问题。借助于“一带一路”倡议的推进，深耕中国传统文化、打造中国特色文化品牌，加强文化创新、减少文化折扣，优化我国对外文化贸易结构，是复兴中华文化、进一步打开国际文化市场和增强我国对外文化贸易发展实力的必由之路。（发表于《价格月刊》2018 年第 7 期）

文化差异、本地市场效应与中国文化产品出口

作者：方慧、孙美露

关键词：文化差异；本地市场效应；文化产品出口；文化产品异质性

摘要：由于文化产品异质性的存在，不同类型文化产品在报酬递增与贸易成本上表现出较大差异。此外，文化产品作为文化内容的载体，与其相关的贸易活动并不是简单的经济活动，也是一个文化传播的过程，因此常受到贸易双方文化差异的直接影响。同样，由于文化产品的异质性，不同类型文化产品在出口过程中也会受到文化差异的影响。本研究结论表明，从各类文化产品来看，文化差异始终对中国出口文化产品形成本地市场效应起抑制作用，但对不同类型文化产品的作用程度不同：在控制劳动资本比这一变量的情况下，可以看出中国文化产品出口规模部分由本地市场效应决定。本研究启示：企业应加强文化交流、促进文化融合，出口企业应重视国内市场，增强本土文化认同感，注重中国文化亲和力的塑造，广泛建立国与国之间的文化交流，提高对中国文化的认同感，将中华文化的优秀基因渗透到文化产品出口的方方面面。（发表于《山东社会科学》2018 年第 10 期第 107－114 页）

中国与“一带一路”沿线国家文化贸易潜力及影响因素：基于随机前沿引力模型的实证研究

作者：方英、马芮

关键词：“一带一路”；随机前沿引力模型；文化贸易；贸易潜力

摘要：文章以 2011—2015 年中国对“一带一路”沿线 64 个国家的文化产品出口数据为基础，利用随机前沿引力模型实证分析影响中国文化产品出口的因素，测算了中国与主要伙伴国及地区的文化产品出口潜力，并量化评估了人为因素对中国文化产品出口效率的影响。实证结果表明，经济规模、人口规模等因素对文化贸易发展具有促进作用，而地理距离、文化距离等因素对文化贸易发展有阻碍作用。关税、自由贸易协定安排、进口清关时间等人为因素构成了影响中国文化出口效率的重要因素。中国与“一带一路”沿线国家具有较大的文化贸易潜力，这种潜力在不同国家和地区之间呈现出较大的不均衡性，潜力最大的国家是老挝，最大的区域是中东欧地区。（发表于《世界经济研究》2018 年第 1 期第 114－123 页、第 138 页）

城市外交会引致文化产品出口贸易增长吗？——基于友好城市数据的实证检验

作者：韦永贵、李红、周菁

关键词：城市外交；友好城市；文化贸易；文化差异

摘要：本文基于 2000—2015 年中国对 50 个贸易伙伴文化产品出口贸易的面板数据，以友好城市作为城市外交的代理变量，对城市外交的文化产品出口贸易效应进行实证研究。文章首先构建基于消费者偏好角度的理论模型，进而采用 LSDV、PCSE 和 POISSON 三种估计方法对总体样本进行检验，发现城市外交对中国文化产品出口贸易表现出显著的促进效应。随后，对经济发展属性、文化圈层属性、贸易制度推进程度以及洲际属性进行分样本回归，结果表明城市外交的文化出口贸易促进效应在不同的国家属性特征下存在明显的经济差异性和洲际非均衡性。据此，在推进国际友好城市建设的过程中，应加强评估、定位并完善相关政策制度，在保证质的基础上促进量的提高，同时推动国际友好城市网络分布格局的均衡性发展。（发表于《现代经济探讨》2018 年第 2 期第 62 – 71 页、第 99 页）

文化距离、文化贸易壁垒对中国文化产品出口的影响效应分析

作者：郭新茹、彭秋玲、刘子琰

关键词：文化距离；文化贸易壁垒；中国文化产品出口；影响效应

摘要：在借鉴贸易引力模型的基础上，以文化距离与文化贸易壁垒为核心解释变量，构建了影响我国文化产品出口的理论模型，并选取 2004—2015 年与中国文化产品贸易频繁的 31 个伙伴国为研究对象进行了实证检验。结果表明：①文化距离尽管是影响中国文化产品出口的主要因素，但与贸易伙伴国的文化市场开放度、经济发展水平、科技发展水平等其他影响因素相比，其对我国文化产品出口的影响效应较低。②在“文化折扣”效应和“偏好强化”效应的双重作用机制下，文化距离对中国文化产品出口的影响表现出先负向抑制后正向促进的“U”型曲线特征，文化贸易壁垒虽然负向影响了中国文化产品的出口，但其并不是影响我国文化产品出口的主要因素。③相比于发展中国家，发达贸易伙伴国与中国的文化距离对中国文化产品出口负向影响效应更低，正向影响效应更高，发达国家居民对中国文化产品的消费具有较高的“偏好强化”效应。（发表于《江苏社会科学》2018 年第 6 期第 106 – 115 页）

文化产品出口增长：来自价格还是质量？

作者：杨连星、孙新朋

关键词：集约边际；扩展边际；核心文化产品；出口价格；出口质量

摘要：文章基于 1996—2013 年中国文化贸易 HS 六位码数据，通过构建文化产品出口二元边际和出口质量指标，对文化产品出口增长的影响因素进行了实证分析。总体来看，文化产品出口价格、出口质量与出口集约边际间存在显著的促进效应，而与出口扩展边际间存在一定的负向抑制效应，即中国文化贸易增长可能存在“低

质竞价”模式。进一步研究显示，在二元边际水平较高的核心文化产品与较长的贸易持续期样本中，上述影响效应均显著存在。同时，在不同出口二元边际指标和持续期分类样本估计中，多种稳健性回归结果也均验证了上述结论。基于此，如何破解出口价格和出口质量对文化贸易高端出口能力的抑制效应，可能是未来一定时期内中国文化贸易国际竞争力与国家软实力提升的关键所在。（发表于《世界经济研究》2018 年第 2 期第 84 – 97 页）

以文化贸易竞争力的提升引导文化产业提质增效发展

作者： 范玉刚

关键词： 文化产业；文化贸易；提质增效；软实力；产业发展体系；“文化例外”

摘要： 以提升文化贸易竞争力促进文化产业提质增效发展，是经济新常态下贸易转型升级与文化产业迈入全球产业链中高端的必然要求。文化贸易关乎国家文化“软实力”，关乎中华文化在全球的位态，是中国文明型崛起的表征。文化贸易竞争力的提升需要增强国际分工体系和健全产业链意识，需要深刻理解“文化例外”原则。（发表于《学习与探索》2018 年第 2 期第 105 – 113 页）

文化贸易存在进口引致出口吗
——基于中国文化产品出口二元边际分析

作者： 刘晓光、杨连星

关键词： 文化贸易；进口引致出口；集约边际；扩展边际

摘要： 文化贸易发展对于提升一国“软实力”和打造“贸易强国”具有重要意义。在工业品贸易领域广泛存在“进口引致出口”机制是中国货物出口奇迹产生的重要原因。该机制在文化贸易领域是否同样存在，对于中国文化贸易发展具有深远意义。本文基于中国文化贸易微观产品层面六位码数据，对文化出口指标进行了二元边际结构性特征分解。实证分析发现：第一，总体来看，文化产品进口对出口没有显著的促进作用，即进口引致出口机制在中国文化贸易中并不存在；第二，文化产品进口对文化产品出口二元边际并不存在显著的引致效应，文化产品进口对集约边际甚至还有一定的抑制效应；第三，上述结论在不同的二元边际指标和持续期分样本估计中均成立，尤其对于二元边际水平较高的核心文化产品和具有较长贸易持续期的产品样本；第四，细分不同类别来看，目前仅在图书及其他印刷品比较标准化的文化产品贸易中，可能出现了一定程度的进口引致出口效应。总体而言，进口引致出口机制在文化贸易中未能有效地发挥作用可能是导致中国文化贸易发展相对迟缓的重要原因，未来如何更好地发挥文化进口对出口的促进效应将是强化中国文化贸易发展的关键。（发表于《经济理论与经济管理》2018年第3期第27－42页）

中国与“一带一路”沿线国家文化企业合作新路径
——以双维度整合视角下中蒙俄经济走廊为例

作者：王克岭、张灿、陈明祥（美国华盛顿州立大学）

关键词：“一带一路”；文化企业合作；合作关系紧密度；价值链匹配度

摘要：党的十九大报告关于“一带一路”建设的要求，使得文化产业被列为重要的开放领域。中国与“一带一路”沿线国家文化企业的合作，至今仍是以文化产品或要素贸易为主，深层次的企业合作并不多见。鉴于此，本文基于企业合作的横向—纵向维度（价值链环节的匹配程度）、市场化—层级化维度（合作关系的紧密程度）构建了文化企业国际合作的双维度概念模型。通过对中蒙俄经济走廊文化企业的发展现状、价值链环节、交易复杂性、知识重要性及行业准入限制的分析后提出：知识产权型文化企业以战略联盟、品牌特许、合资经营等合作路径为主；服务型文化企业以项目合作、合资经营及股权收购等合作路径为主；产品型文化企业以要素贸易、技术引进、市场开拓等合作路径为主。（发表于《企业经济》2018年第2期第20－26页）

中国与金砖国家间的文化贸易：比较优势与合作潜力

作者：方英、岳斯嘉

关键词：金砖国家；文化贸易；竞争性；互补性

摘要：从贸易规模、产品结构、市场结构等三方面分析了中国与其他金砖国家间的双边文化贸易发展状况，运用显示性比较优势指数分析了中国与其他金砖国家间的文化产品贸易竞争性，基于贸易互补性指数分析了双边文化产品贸易的互补性。研究结果表明：由中国引领的金砖五国的文化产品进出口贸易额在国际文化市场上的占比不断增长；中国文化产品的国际竞争力总体上强于其他金砖国家；中国具有显示性比较优势的出口产品是设计、工艺品和乐器，在文化创意含量和知识含量较高的部门如视听、视觉艺术品和出版物上具有明显劣势；中国与其他金砖国家间文化产品的贸易互补性较弱，双边贸易的进出口匹配程度不高。（发表于《福建论坛（人文社会科学版）》2019年第2期第70－79页）

中国文化产品出口的二元边际分析

作者：田子方、杜琼

关键词：文化距离；文化身份；二元边际

摘要：本文基于产品层面上的中国文化贸易出口六位码数据，将二元边际的结构分解应用于文化贸易领域，选取经济、文化、制度等指标，采用静态和动态面板数据实证检验了经济规模、经济距离、人口规模、固定贸易成本、可变贸易成本、进口规模、出口目的国的劳动生产率等因素对二元边际的影响。研究发现，在控制了文化资本积累因素后，文化距离和制度距离通过二元边际促进文化产品出口；同一文化身份以及文化和制度的交互作用通过扩展边际促进文化产品出口。基于此，本文提出中国应当采取明确重点市场、挖掘潜力市场、推动信息基础设施建设、加强国际文化交流、开展文化外交等措施提高出口的二元边际，推动出口市场多元化，保持文化产品出口贸易稳定持续增长。（发表于《宏观经济研究》2019 年第 4 期第 132 – 145 页）

新时代构建我国对外文化贸易新格局的有效策略

作者：李嘉珊、王伯港

关键词：“一带一路”倡议；对外文化贸易；溢出效应

摘要：“一带一路”倡议提出五年来，中国的文化产品和服务不断走向世界舞台，对外文化贸易也成为中国文化迈向世界有效、公平的途径之一。促进对外文化贸易发展成为新的历史时期我国建设成为世界文化强国的关键点。五年来，国际贸易的稳步成长为文化贸易提供发展基础，国内文化市场繁荣发展激发文化经济溢出效应，我国对外文化贸易得到持续发展。本文基于“一带一路”倡议提出以来我国对外文化贸易的发展现状与特征研究分析，发现中国对“一带一路”沿线国家的文化贸易呈现倾斜式发展，聚合效应显现，中国与“一带一路”沿线国家的文化贸易额则在波动中增长，并提出在“一带一路”建设新阶段，构建我国对外文化贸易新格局的有效策略：深研国际文化市场、拓宽文化产业合作领域、构建政产学研联动机制等。（发表于《国际贸易》2019 年第 3 期）

中国与中东欧国家文化产品贸易发展与对策研究

作者：曲如晓、杨修、李婧

关键词：文化产品贸易；文化交流；文化差异；贸易开放度

摘要：中国与中东欧国家文化产品贸易取得了显著成绩，但在文化产品贸易快速发展的同时，中国与中东欧国家也面临着文化产品贸易发展不平衡、核心文化产品贸易占比偏低、贸易伙伴过于集中等问题。本文认为中国与中东欧国家核心文化价值观的差异、中国文化产品市场过度保护以及双方文化产品国际竞争力偏低是制约中国与中东欧国家文化产品贸易发展的主要因素。未来中国政府应进一步加强与中东欧国家人文交流，充分发挥孔子学院在中东欧地区文化交流中的重要作用，引进中东欧地区优秀文化成果，积极开展同中东欧优势文化企业国际创新合作，促进中国与中东欧国家文化产品贸易可持续发展。（发表于《国际贸易》2019年第3期第83－92页）

文化特征如何影响了文化贸易出口品质

作者：杨连星、从欣、刘雪珂

关键词：文化特征；文化贸易；出口品质；理性成瘾；贸易联系持续期

摘要：文化特征对于文化贸易的发展具有十分重要的影响。本文基于1996—2016年中国文化贸易HS六位码产品，以及世界价值观调查（WVS）数据，通过构建微观文化产品出口品质以及文化特征指标，对二者间的影响与作用机制进行了实证分析检验。多种实证估计结果表明：出口目的国信任度水平、个人主义与出口品质间存在显著的正向促进效应，而民主程度、外国语言接受度则一定程度上呈现负向抑制效应；不同文化产品种类中，文化特征对出口品质影响存在显著差异性，尤其对于乐器、音乐以及视听类等核心文化产品以及最终消费品影响较为显著；而双边文化距离越大，文化特征对于出口品质作用越强，贸易联系持续期同样也能够强化文化特征对文化出口品质的内在影响。此外，本文进一步探究了文化特征对文化出口品质的可能影响机制。基于上述分析，本文提出，针对中国文化软实力的提升，要多途径提升核心文化产品的出口品质，同时应积极构建相关文化专业化贸易服务平台，大力提升文化贸易联系持续期。（发表于《宏观质量研究》2019年第4期第115－134页）

基于钻石模型的省域文化产业对外贸易竞争力评价

作者：颜姜慧、尤莉娟

关键词：文化产业对外贸易；竞争力；提升策略；钻石模型

摘要：当前全球经济正处在深度转型期，文化产业蓬勃发展，文化贸易成为拉动经济增长的新引擎。文化产业和文化贸易深度融合，对促进就业、助力经济转型、提升国家整体形象和竞争力具有重要意义。文章以钻石模型为基础构建文化产业对外贸易竞争力评价体系，并对我国31个省域行政单位文化产业对外贸易竞争力进行评估。研究结果显示，文化产业对外贸易竞争力强省各具自身优势，挖掘并发挥这些核心优势是提升文化产业对外贸易实力的关键。（发表于《统计与决策》2019年第6期第60-63页）

文化输出对出口及“一带一路”经济发展水平影响的实证

作者：潘文荣、刘英

关键词：孔子学院；出口额；经济发展水平；PVAR模型；“一带一路”

摘要：文章基于2008—2017年我国对“一带一路”沿线国家建立的孔子学院、贸易出口和沿线国家人均GDP的面板数据，将我国文化输出、出口贸易与沿线国家经济发展水平同时纳入一个互动分析框架并建立PVAR模型，实证分析三者之间的动态关系。结果表明，我国文化输出是促进出口和沿线各国经济发展水平的重要影响因素。孔子学院能极大促进我国的贸易出口，且一直呈正向效用；孔子学院也在一定程度上提高了沿线国家的经济发展水平。（发表于《统计与决策》2019年第7期）

孔子学院、文化距离与中国文化产品出口

作者：顾江、任文龙

关键词：孔子学院；文化距离；文化产品出口

摘要：基于2004—2017年中国对60个国家的核心文化产品出口数据，实证检验了孔子学院的设立以及文化距离对中国文化产品出口的影响。结果表明：①文化距离对中国文化产品出口有着显著的负向影响，孔子学院的设立促进了中国文化产品出口，并在一定程度上减轻文化距离对文化产品出口的抑制效应；②由于文化相近，孔子学院的设立对于中国向儒家文化圈国家的文化产品出口没有显著作用，但对非儒家文化圈国家的促进效应比较显著；③中国“一带一路”倡议成效显著，文化距离对于中国向“一带一路”沿线国家的文化产品出口的负向影响小于对非“一带一路”沿线国家的影响；④对于向中等人文发展水平国家的文化产品出口而言，中国与其文化距离的影响显著为负，孔子学院的影响显著为正，而对于向人文发展水平较高或较低国家的文化产品出口而言，文化距离和孔子学院对其均无显著影响。（发表于《江苏社会科学》2019年第6期第55-65页、第258页）

中美文化创意产品出口比较分析与启示

作者：刘璐、逄元魁

关键词：文化创意产品；出口；显性比较优势指数

摘要：文化创意产业具有低能耗、高附加值等特质，这使其成为全球经济增长的新引擎和中国文化走出去的重要载体。中国文化创意产品出口在2002—2016年保持了高增速发展态势，对GDP的贡献率也不断提升，但同时其在产品结构、市场结构和竞争力等方面也存在不足，进一步提升的空间仍然很大。美国作为全球文化创意产品出口大国，文化创意产业的发展颇具特色和竞争力。因此，本文根据UNCTAD创意经济数据库的数据，对中美两国文化创意产品从出口规模、产品结构、市场结构、显性比较优势指数四个方面进行对比分析，明确中国文化创意产品出口的发展状况和不足，有针对性地提出推动中国文化创意产品出口的措施。（发表于《山东行政学院学报》2019年第3期第102－108页）

中国与东盟国家文化产品贸易效率及潜力分析

作者：张欣、王子泰、陈宇豪

关键词：东盟；随机前沿引力模型；文化贸易；贸易效率；贸易潜力

摘要：文章以2002—2016年中国对东盟国家的创意文化产品出口数据为基础，利用随机前沿引力模型实证分析影响中国文化产品出口的因素，测算中国与东盟国家间文化产品出口潜力。结果显示，传统因素如市场规模、经济发展水平、地理距离等仍然是影响中国文化产品出口的主要因素；贸易自由度、国民宽带使用量等也在不同程度上对文化产品出口产生影响。我国与东盟国家间文化贸易效率整体较高，存在一定的贸易潜力，说明自贸区建设对双边文化产品贸易起到积极推动作用。（发表于《统计与决策》2019年第13期第150－153页）

中国文化产品出口模式特征
——基于偏最小二乘判别分析的实证研究

作者：陈波、林馨雨

关键词：文化贸易；文化产品；国际比较；模式识别；偏最小二乘判别分析

摘要：文化产品兼具商品属性和社会意识形态属性，能有效提高国家经济实力和文化影响力。本文基于联合国教科文组织公布的2004—2013年六个文化产品出口领域的面板数据，选取六个文化产品出口大国进行分析。采用主成分分析（PCA）

和偏最小二乘判别分析（PLS－DA）进行模式识别，找出文化产品出口的典型模式及影响因素。PCA 分析显示六国均具有各自的文化产品出口模式，且大体可分为三种模式；PLS－DA 对三类模式进行进一步区分，所构建模型的 R^2X（cum），R^2Y（cum）和 Q^2（cum）值分别为 0.995、0.863、0.829，模型稳健性好（$R^2=0.869$，$Q^2=0.850$）。这三类文化产品出口模式分别为以英国、美国、德国为代表的“传承发展模式”，以法国、新加坡为代表的“创新发展模式”，以及以中国为代表的“工业制造模式”。结果表明造成出口模式差异的主要因素在视听与互动媒体、书籍与报刊、表演与庆典等领域。在模式分析的基础上提出，我国应进一步调整文化国际贸易的结构，拓宽文化产品类型，理顺国际贸易渠道，从以工业输出为主导的文化出口大国向以价值输出为核心的文化出口强国转化。（发表于《中国软科学》2019 年第 10 期第 24－38 页）

推动我国文化企业国际化迈上新台阶

作者：王海文

关键词：文化企业；国际化；文化贸易

摘要：为了促进我国文化企业国际化向更高水平发展，要积极打造具有国际话语权和影响力的平台和渠道，大力增强文化企业国际化协同和信息服务共享能力，持续推动文化企业全球价值链构建和国际分工合作深化，加快文化企业国际化模式创新和战略规划差异化发展。（发表于《人民论坛》2019 年第 15 期第 128－129 页）

“一带一路”文化产业国际合作的优势选择与重点领域研究

作者：刘翠霞、高宏存

关键词：“一带一路”；文化产业；国际合作；优势选择；文化贸易

摘要：国家实施“一带一路”倡议背景下，国家间文化产业合作机制和模式的研究被提上日程，文化“走出去”战略成为建设文化强国、增强国家文化软实力整体战略组成内容。“一带一路”倡议提出六年来，取得了可喜的成效，但“一带一路”沿线文化产业发展也面临着巨大的风险挑战，如何趋利避险值得探讨。本文分析文化贸易、文化投资的区位特点和既有优势，提出既要进行传统贸易伙伴间产业贸易的深度拓展，又要结合优势领域和一些新型数字行业进行新的拓展，更好地带动中国实体经济的国际市场拓展和竞争力提升。（发表于《东岳论丛》2019 年第 10 期第 56－65 页、第 191 页）

构建均衡发展的对外文化投资格局

作者：孙俊新

关键词：对外文化投资；投资规模；互联网企业

摘要：近年来，我国对外文化投资规模在波动中实现有序增长，投资结构持续优化，民营企业特别是互联网企业表现抢眼。但我国对外文化投资也面临制度和政策创新不足、部门协同竞合不足、投资方式不合理、行业融合欠缺等问题，亟须深化认识、创新政策措施、强化融合机制、加强平台建设、拓展空间布局。（发表于《人民论坛》2019年第29期第140－141页）

基于CMS模型的中国文化产品出口增长分解研究

作者：齐玮

关键词：CMS模型；文化产品；结构效应；竞争力效应；二阶效应

摘要：文章运用CMS模型，对1996—2016年中国文化产品出口变化的影响因素进行了分阶段、分层次和分产品的分析。研究结果表明：结构效应对文化产品出口的影响是逐阶段减弱的；产品竞争力效应的影响不太稳定；交叉效应对文化出口的促进作用较为突出。在主要的文化产品出口中，竞争力效应是最主要的影响因素。鉴于此，本文提出中国应尽快制定和实施新的文化产品对外贸易发展战略，进一步提高我国文化产品的出口竞争优势。（发表于《统计与决策》2019年第12期第86－90页）

文化折扣与文化增值的本质及其数学模型

作者：孙婧博、昝廷全

关键词：文化折扣；文化增值；知识模块；内近似；外近似；模型

摘要：知识差异是文化折扣和文化增值现象产生的根本原因。文化产品的最大特点是知识含量，可以用文化产品所包含的知识模块来表征文化产品本身。文化折扣对应于文化产品在外国文化中的内近似，文化增值对应于文化产品在外国文化中的外近似。本文提出文化产品国际贸易的基本模式，并在此基础上分别建立了文化折扣的内近似模型和文化增值的外近似模型，为进一步深入研究文化折扣和文化增值提供了统一的理论分析模式。在此基础上，本文得出了三点结论：第一，文化折扣和文化增值主要发生在知识边界上；第二，文化折扣和文化增值只与和文化产品知识含量相交的知识模块有关；第三，文化折扣和文化增值具有非对称性。（发表于《现代传播：中国传媒大学学报》2019年第4期第127－129页）

“贸易成本说”还是“消费偏好说”
——文化距离对双边货物贸易的影响渠道探究

作者：张继军、胡如愿、孙文杰

关键词：文化距离；双边货物贸易；贸易成本说；消费偏好说；引力模型

摘要：文章基于53个国家2010—2015年双边货物贸易数据，按照人均收入水平分三组进行实证研究，探讨文化距离是否仅通过贸易成本说作用于双边货物贸易，进而从产品层面探究贸易成本说与消费偏好说两种渠道的有效性。研究结果表明，高收入国家间双边货物贸易不易受文化距离的影响；差异化小的产品贸易受文化距离影响更大；贸易成本说无法单独解释国家及产品层面回归结果，消费偏好说的作用不容忽视。国际贸易在考虑贸易成本的同时，更要注重国家间文化距离所带来的消费偏好差异对双边货物贸易的影响。（发表于《文化产业研究》2019年第1期第168－182页）

附录 3 中国对外文化贸易大事记（2017—2019 年）

2017 年 2 月，正值中墨建交 45 周年和墨西哥“中国文化年”，中国作为特邀主宾国参加了第六届尤卡坦国际书香节，举办了纪录片展映、学术讲座和研讨、文艺演出、艺术展览、图书推介和展售等近 30 场活动，展现了中国在文学和图书领域取得的成就。

2017 年 4 月，中国受邀担任第 27 届阿布扎比国际书展主宾国，书展中专门举行了《习近平谈治国理政》阿文版研讨推介会。

2017 年 9 月，“俄中动画文化周”在北京顺利举办，中俄双方就动画合拍、品牌授权、衍生品开发、影视播出、出版与新媒体等方面展开了全面交流与合作。

2017 年，《红楼梦》马来文版在马来西亚出版发行，经过多位马来西亚翻译家 30 多年的努力，中国四大古典文学名著《红楼梦》《三国演义》《水浒传》和《西游记》已全部译成马来文并出版发行。

2017 年，华策牵头成立了中国电视剧（网络剧）出口联盟，在一年多的时间里，成员单位的 2000 多集影视产品出口到美国、加拿大、墨西哥、摩洛哥、法国、意大利、韩国、越南、马来西亚、印度尼西亚、菲律宾、中国台湾等 180 多个国家和地区，总营收超过 3 亿元人民币。

2017 年底，中国国际电视总公司联合一批优秀影视企业发起成立“中国影视文化进出口企业协作体”。2018 年，协作体成员单位已经达到 58 家，成员单位作品在海外播出 467 部 9625 集，其中 78% 在国内首播后一年内实现了海外播出。

2018 年 2 月，中国应邀作为主宾国亮相第二十七届哈瓦那国际书展，这是中国首次在拉美国家和地区举办的大型国际出版交流会上担任主宾国。3 月 26 日至 29 日，中国应邀作为主宾国参加第 55 届博洛尼亚国际儿童书展，中国展区面积，系历届博洛尼亚儿童书展主宾国展区面积之最。参展图书中 40% 为近年我国对外输出的图书。10 月，中国作为主宾国亮相第 23 届阿尔及尔国际书展，扩大了中华文化在北非及阿拉伯国家的传播力和影响力。

2018 年，国外视频平台 Netflix 先后购买了《妈妈咪鸭》《肆式青春》《大鱼海棠》《未来机器城》等四部动画电影的海外平台播放权。其中，《大鱼海棠》在海外受到了大量好评，目前在烂番茄网站上的新鲜度高达91%，平均得分7.2分。

2018年8月，世界手工艺理事会亚太地区分会全体大会在尼泊尔首都加德满都召开，来自中国、科威特、印度、澳大利亚、尼泊尔、哈萨克斯坦等国家和地区的120余位成员代表出席此次会议。会议期间举办了包括中国在内的十余个国家的小型手工艺展览，中国丝绸、剪纸、2019世园会纪念品等代表性工艺品在此次展览中亮相。

2019年3月，伦敦书展国际书业卓越奖于书展开幕首日揭晓，方所书店斩获年度最佳书店奖，这也是奖项设立以来中国乃至亚洲首个获此殊荣的书店。

2019年4月9日至13日，作为世界最大的国际印刷展之一，每四年一届的中国（广东）国际印刷技术展览会成功举办，以PRINT CHINA为品牌，此届展览吸引了来自32个国家和地区的1268家参展商，成交额超过66亿元人民币，比上届增长10%以上。

2019年4月24日至5月4日，中国作为主宾国参加了第32届德黑兰国际书展。9月26日至10月6日，中国作为主宾国参加在墨西哥举办的第三十届人类学和历史国际书展。11月，中国以主宾国身份受邀参加委内瑞拉国际书展，主宾国活动以“阅读中国”为主题，多家出版机构同委内瑞拉文化部签署了战略合作协议。在2019年的第71届法兰克福书展上，中国发展机构发布了一系列高质量的新书。

2019年5月，第十五届中国（深圳）国际文化产业博览交易会成功举办。来自50个国家和地区的132家文化企业和机构在本届深圳文博会中参展，共计10万多件中外文化创意产品在此聚集展出。深圳文博会自2004年创办以来，以其国家级、国际化、综合性著称，被称为“中国文化产业第一展”，对实现我国文化产品“走出去”具有重要的战略作用。截至2019年，深圳文博会已连续八年实现全国31个省区市及港澳台地区全部参展。

2019年5月，第十五届中国国际动漫节在杭州举办，吸引了来自86个国家和地区的动漫企业、机构和专业人士参加，参与人次高达143.6万，成交及达成签约交易、意向合作项目1368项，涉及金额139.84亿元，动漫节消费涉及金额25.2亿元，总计165.04亿元。

2019年6月，“中国动漫日本行——从水墨中来”展览在日本大阪顺利开幕，中日双方文化机构、动漫企业、知名漫画作者、学者汇聚一堂，就中日两国动漫艺术与产业合作展开讨论，进一步加深了中日两国动漫产业的交流。

2019年7月，上海国际文化创意设计产业博览会（上海文博会）以推动我国文化创意产业快速发展为宗旨，为文化艺术产品交易、项目合作搭建了重要的国际交流平台，吸引了国内外众多文化产业相关群体，有效地促进了上海“设计之都”的

建设。此外，参展国家和地区众多，共计20余个，为了推动“一带一路”国家间的文化国际合作，还特别设置了国际文化精品展区，来自11个亚非国家的传统工艺美术、文化旅游及地域特色文化产品在这里集中展示，展现了较高的国际影响力。

2019年7月，由企鹅影视和上游动漫联合出品的动画片《超级小熊布迷》登陆加拿大著名儿童电视频道TreehouseTV，取得该频道2~5岁男孩观众群体的收视第一名。

2019年8月，国产电影票房冠军《哪吒之魔童降世》先后登陆澳大利亚、新西兰和北美等多个市场的电影院线，并在澳大利亚打破了华语电影在当地的多项纪录，取得了不错的口碑。

2019年9月至10月，由文化和旅游部、北京市政府联合主办的2019北京国际设计周顺利举行。

2019年10月，广西南宁举行的中国—东盟少儿出版阅读论坛上，成立了“接力—东盟少儿图书联盟”，这是中国与东盟各国建立的第一个少儿图书联盟，双方在儿童出版领域的合作日益密切。

2019年10月，中国（上海）国际乐器展览会举行，继续了保持全球三大乐展之一的地位，共有来自34个国家和地区的2414家企业参展，共吸引122519名海内外观众，较2018年增长10%。

2019年11月，《白蛇：缘起》在美国洛杉矶Nuart Theatre点映，并随后扩大在美国全境上线。

2019年11月，第二届长三角文博会举办，吸引了约12.8万人次参与，参展国家和地区22个，展商数量874家，展会现场交易金额达到4.5亿元，签约金额超50亿元，最大单笔签约金额为5360万元。

2019年11月22日，“2019中国文旅产品国际营销年会艺术品贸易国际合作论坛”在国家对外文化贸易基地（北京）开幕。论坛主题是“艺术品贸易与消费”，论坛通过主旨演讲、国际对话、市场报告、案例分享、精品对接等形式，探讨全球艺术品贸易发展趋势，挖掘艺术品产业合作模式和交易商机。